JN411088

제4의 길

제4의 길 2

초판 1쇄 인쇄 2012년 11월 09일
초판 1쇄 발행 2012년 11월 16일

지은이 김 진 수
펴낸이 손 형 국
펴낸곳 (주)북랩
출판등록 2004. 12. 1(제2012-000051호)
주소 153-786 서울시 금천구 가산디지털 1로 168,
우림라이온스밸리 B동 B113, 114호
홈페이지 www.book.co.kr
전화번호 (02)2026-5777
팩스 (02)2026-5747

ISBN 978-89-98268-34-3 04340
ISBN 978-89-98268-32-9 04340 (전2권)

모계적 가치로 구현하는

제4의 길

2

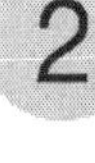

김 진 수 지음

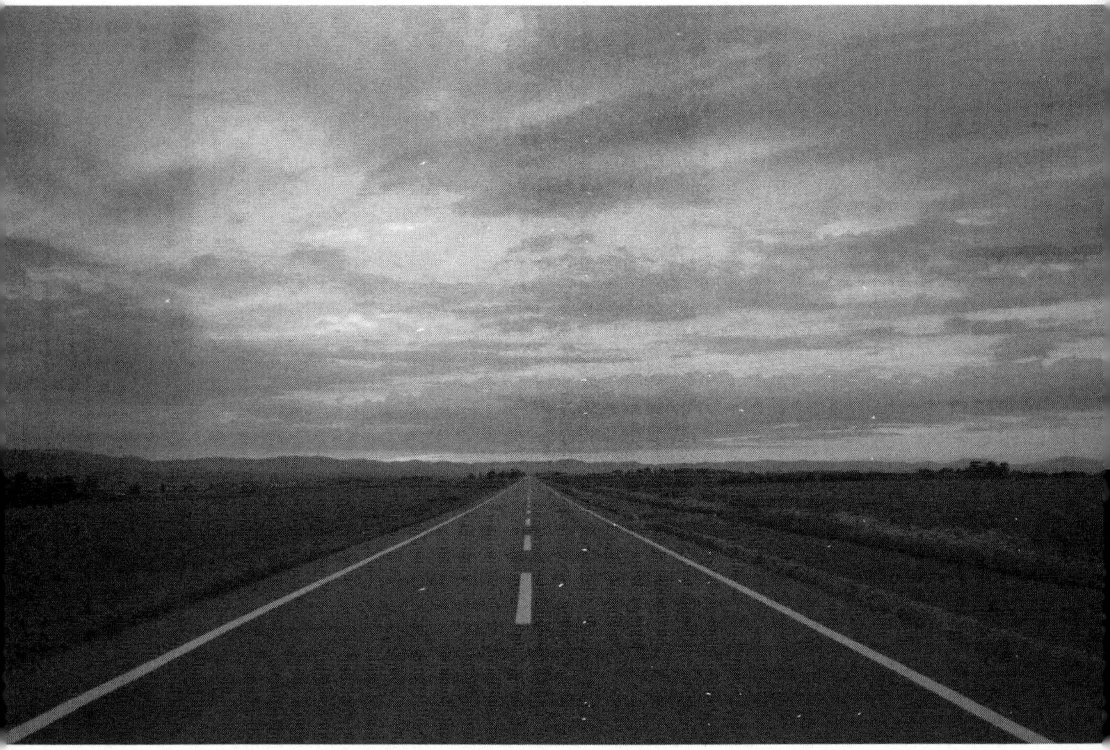

book Lab

차 례

제 4 부

신인류

I
자본주의

1. 자본주의의 태동

인본주의를 근간으로 성립한 근대사회의 서구 자본주의는 오늘날 대다수 나라의 경제제도로 자리 잡고 있다. 하여 서구적 가치의 역사적 배경의 한축을 이루는 고대 그리스의 역사를 이해한다는 것은 의미가 있을 것이다. 이는 인류 최초의 대제국을 이룩한 알렉산더대왕(BC 356~323)은 자신을 신으로 숭배하도록 각 도시에 강요한 사실에서 고대 그리스가 인본주의사회였음을 알 수 있기 때문이다. 이러한 고대 그리스의 헬레니즘(인본주의)은 로마제국의 성립과 건설까지 유럽, 중동, 인도 등에 300년에 걸쳐 영향을 주었다.

하지만 헬레니즘(그리스 인본주의)의 영향을 받아 성립한 로마제국은 후일 헤브라이즘(유대 부계신본주의)을 수용함에 따라 여성은 소외되었다. 이는 후일 로마가 부계편도의 타락한 성문화로 부패가 만연하게 되면서 멸망하는 원인이 되었다고 할 수 있다. 그리고 로마제국(BC 2C~AD 5C)은 2세기경 부계유일신을 숭배하는 기독교가 국교가 되면서 유럽은 3세기에서 13C세기까지 기독교제국이 된 소위 '중세암흑시대'를 살게 되었다. 즉, 교황을 중심으로 하는 종교제국으로서 토마스 아퀴나스와 같은 교부 철학자들에 의해서 종교사회를 공고히 한 절대봉건제 사회였던 것이다.

또한 5세기경 로마제국이 멸망한 다음 종교제국이 됨에 따라 노예거래와 교역 등을 자유롭게 하여 부를 축적한 대상은 봉건도시에 정치적 영향력을 행사하였다. 특히 1517년 마르틴루터(Martin Luther, 1483~1546)의 종교개혁은 자유주의사상을 가속화하는 계기가 되었다. 다음의 인용문은 이러한 상황을 잘 이해할 수 있다.

"제국의 몰락이 시작된 지 400년이 지난 9C 무렵 상인들의 대열이 장원에서 장원으로 이어졌으며 그 뒤에도 강도떼의 공격으로부터 이들을 보존하기 위한 무장 수행원들이 뒤따랐다. 이 상인들은 점점 장원 특히 내분의 일들에 참견하게 되었다.…

유럽의 대상인은 14C경부터 봉건도시에서 정치적 권위를 가지기 시작하였고 새로운 발전의 시도와 함께 기존 질서와 충돌하면서 자신들에게 유리한 환경을 확장하였다. 봉건 영주는 통치를 위해 돈을 부자 상인에게 빌려야 할 경우가 많았기 때문이었다. 영국에서는 17C말 부르주아가 정치권력을 장악했으며, 프랑스는 부르주아국가가 되었다. 19C에는 전 세계를 지배하는 정치세력이 되었다."(90) (로버트 하일브르너, 강철규 역, 『21C 자본주의』, 현대정보문화사, 1993, p.48) 이처럼 부계유일신을 숭배한 절대주의 토양에서 벗어나고자 한 자유주의는 불확실한 유일신 대신에 확실한 배금주의로 대체했음을 알 수 있다.

한편 동양에서는 공자(BC 552~479)의 유교가 통치이념으로 확산된 가운데, 조나라의 대상인 여불위(呂不韋)의 도움으로 등극한 진시황(秦始皇, BC 247~210)은 로마제국과 비슷한 연대에 여러 나라를 하나의 중국으로 통일하였다. 이어서 동시대에 한나라(BC 206~AD 220)가 통일을 이루고 있었지만 멸망하면서 고대 중국은 분열되었다. 하지만 고대 중국은 여러 나라들로 분열되어 있었으며 인본주의를 근간으로 성립한 동양적봉건제는 서구와 같은 자유주의적 토양을 조성할 수 없었다.

즉, 동시대에 유럽은 기독교의 교황체제의 등장과 함께 로마제국의 멸망으로 인하여 봉건도시국가로 만들어지면서 자유주의가 태동할 수 있었던 것이다. 물론 동양에서도 유럽처럼 상단에 무장수행원을 두었지만, 서양과 달리 동양은 유교를 통치이념으로 하는 중앙집권제였기 때문에 낮은 신분의 상인들은 권력의 간섭을 받아야 했다. 이는 모계신본주의 사회에서 '신시(神市)'라 하여 여제사장이 상단의 주체가 되어 상호이익과 함께 문화교류를 한 사실을 종교 편에서 참고하기 바란다.

이어서 동양의 칭기즈칸(1162~1227)이 아시아, 중동, 북유럽 등 동서양을 아우르는 거대 제국을 건설함에 따라 서구는 갈브레이드가 주장한 불확실성의 시대를 맞이하게 되면서, 이는 헬레니즘(인본주의)에 새로운 관심을 갖게 되는 계기가 되었으며, 이어 14세기 르네상스(문예부흥기)시대가 될 수 있었다. 이는 동서양의 교류 확대로 상호간의 문물에 매료되었고, 유럽의 상인들은 교역으로 부자가 되면서 봉건 영지에서 정치적 권위를 갖게 됨과 아울러 인본주의(상대주의)를 근간으로 하는 과학기술에 대한 확신을 갖게 되었기 때문이다.

반면 동서 교류의 영향으로 불확실한 존재가 된 절대존재의 종교적 권위가 약화됨에 따라 교황청의 지출은 증대하고, 수입은 감소한 재정 적자로 면죄부를 팔아야 하는 입장이 되었다. 이처럼 교권의 추락은 16세기 초엽 마르틴 루터에 의해 종교개혁을 부르짖게 된 원인이 되었고, 동시에 대상들의 후원이 중요하게 됨에 따라 대상들은 자연히 권력의 핵심으로 다가설 수 있는 계기가 되었음을 알 수 있다.

따라서 절대존재를 불신하는 불확실성의 시대를 겪으면서 절대유일신 종교의 권위와 절대봉건제의 정치권력이 동시에 약화되면서 중상주의가 등장하게 되었고, 이는 국가보다 개인을 우선시하는 개인주의(자유주의)가 발현되기 시작하였음을 알 수 있다. 그리고 유럽의 종교지도자들은 대체로 낮은 신분 출신이 주류를 이루고 있음으로 상인이나 생산자에게는 호의적이었던 반면, 정치권력에 비판적이었던 것이나 신 아래 만인평등을 설파한 마르틴 루터의 영향 등이 복합적으로 작용되어 자유주의가 구체화되었다고 볼 수 있다.

하지만 우리가 주목해야할 것은 상인들이나 시민의 자유가 확장되어 있었음에도 불구하고 여전히 여성은 소외되어 있었으며, 종교적으로 뛰어난 수만 명의 여성에게는 마녀라 하여 가혹한 형벌을 가했다는 사실에서 볼 때, 남성들만의 자유주의였음을 이해할 수 있다. 또한 자유주의는 전체주의에 반동한 절대적 개인을 강조한다는 점에서 인간의 사회성을 간과한 극단적, 편향적인 측면이 있다.

자유기업주의

서구의 육식문화는 동방의 후추나 향신료 등이 필요로 했다. 하지만 이슬람제국에 의해 교역이 방해를 받게 됨에 따라 유럽은 새로운 교역로를 열기 위해 16C 포르투갈의 항해를 시작으로 해서 스페인의 콜럼부스가 신대륙을 발견하는 등 해양무역시대를 열게 되었으며, 유럽의 봉건사회는 새로운 문물의 교역 확대와 식민지 개척으로 소비시장의 확대로 공업화를 이룬 결과, 영국은 18C 후반 방직공업과 증기기관의 발명으로 산업혁명을 이루었고, 이에 걸맞은 생산양식인 자본주의 경제제도를 아담스미스에 의해 창안되었다고 할 수 있다.

그리고 자본주의의 사전적 의미는 자본의 경제적 세력을 가지고 또는 그 이득을 위해 이권이나 상권 등의 패권을 가지려는 주의라고 했다. 또한 "19C 후반에 자리 잡은 자본주의라는 용어는 아놀드 토인비에 의해 사용되기 시작하였으며, 어떤 학자는 자본주의의 얼룩진 과거와 예측할 수 없는 미래 때문에 산뜻한 의미로 '자유로운 사적기업제도'라고 부른다."(91) (같은 책 p.50) 이는 오늘날 '자유기업주의'로 이해할 수 있다.

하여 서구의 자유주의는 개인 상호간의 자유경쟁을 제3자인 국가 개입을 거부하며, 자유경쟁을 통해 만들어지는 물질의 풍요만이 인간을 행복하게 할 수 있다고 믿는 사상이라 할 수 있다. 이러한 자유주의 사상이 상업을 발달하게 하였으며, 대상들의 정치후원은 정치참여를 하면서 스스로 사회적 지위를 높게 하는 원인이 되었다고 할 수 있다. 또 부의 축적을 위한 해외시장의 교역 확대나, 자원

확보와 소비를 위한 식민지 개척 등을 활발하게 한 원인으로 볼 수 있다. 이러한 노력의 결과 폭발적으로 증대한 수요를 감당하기 위해 일어난 산업혁명의 원동력이었던 셈이다.

그리고 자유주의를 근간을 하는 상업주의는 산업혁명을 일으키게 됨에 따라 자본주의가 등장하게 되었다. 이어서 자유주의를 근간으로 하는 자본주의가 구시대의 부패를 눈뜨게 했으며, 새로운 체제를 요구함에 따라 유발된 것이 시민혁명이었다고 할 수 있다. 또한 자본주의생산양식은 인구 도시집중과 더불어 수익이 발생되는 곳으로 이동함에 따라 각박한 사회를 만들기도 했다. 예를 들면 17세기 영국의 인클로저 운동으로서, 17세기 후반 농업보다 고수익의 양모무역은 농민을 몰아내고 축산을 하게 된 결과, 농민들이 150년간 유랑민 생활을 하여 엄청난 사회문제가 발생한 사실에서 이해할 수 있다.

즉, "영국에서는 인클로저(enclosure) 운동과 더불어 영국인들이 축산업을 시작하게 되자 많은 농노들이 농토를 잃고 도시로 나가게 되어 그들의 노동력을 팔게 되는, 즉, 생산요소로서의 노동이라는 개념이 성립되게 되었다."(92) (강강화, 『자본주의 성립과 발전』, 범신사, 1991, p.7)

아무튼 자유기업 간의 경쟁은 생산성 향상과 규모의 이익을 실현하기 위한 대자본이 필요하게 되었다. 하여 해외교역에서 자연재해 등으로 인한 피해를 부담하기 위한 주식이나 채권 등으로 자본모집을 활성화함에 따라 자본의 이식을 위한 다양한 회사로서 금융과 법률자문회사 등을 만드는 계기가 되었음을 알 수 있다. 즉, 우수한 품질의 공산품을 양산하기 위한 공업화는 대자본이 필요한 것이다. 이는 자본을 모으기 위한 투자개념이 일반시민에게도 확대될 수 있었던 이유로 볼 수 있다. 물론 돈으로 돈을 버는 것을 귀족에게만 허용되었던 구시대 사고방식으로는 상상할 수도 없는 획기적이었다고 할 수 있다.

2. 자본주의의 성립

산업혁명으로 성립한 자본주의

중세 유럽에서 부는 대부분 권력자의 것이었고 권력자와 결탁한 대부호의 것이었다. 당시 사회에서 부를 축적한 대상은 정치적 영향력을 갖게 되었던 반면, 소상공인들은 정부의 간섭에 불만을 갖고 있었으나 권력자에게 대항할만한 부를 축적하지 못하고 있었다. 그리고 식민지 개척과 해외시장 확장으로 폭발적 수요가 만들어낸 산업혁명에 적합한 제도가 필요하게 됨에 따라 아담스미스는 '국부론'에서 자본주의 경제학을 체계화하였다.

하여 산업혁명이 체제변화를 요구하게 됨에 따라 자본주의를 만들었고, 이어서 유발된 시민혁명은 구시대를 퇴출케 하여 근대사회가 성립될 수 있는 배경으로 볼 수 있다. 즉, 명분보다 실리를 우선하는 개인주의(자유주의) 사회로, 자유방임주의를 근간으로 하는 기능국가로 변모케 했던 것이다. 이러한 변화는 영국의 경험주의 철학자 존 로크의 자유주의(개인주의)로부터 구체화되기 시작했다.

이는 로크가 '시민의 정부에 관해 두 개의 논문(1760)'에서 자신의 노동은 자신의 것임에 따라 재화를 소유하기 위한 자유로운 노동을 할 수 있는 노동 권리의 중요성을 주장하는 것으로부터 시작된다고 할 수 있다. 즉, 노동이 재화를 소유할 수 있는 근원이기 때문에 개인은 권력으로부터 자유의 확장이 필요하다고 역설한 것이다. 물론 당시 사회가 봉건왕조가 국가자산을 독점하고 있었기 때문에, 공동자산으로 자연물을 취득하기 위한 자유노동으로 개인 소유가 가능하다고 주장한 것은 상당한 충격이었다. 이후 아담스미스가 인간의 자유노동을 신성불가침한 것이라고 하여 개인의 절대성을 근간으로 한 자유방임주의로 나타났다.

아무튼 자유주의가 중세 유럽의 르네상스부터 구체화되기 시작했다. 예를 들어 르네상스시대의 중심적 역할을 했던 이탈리아 피렌체에서 15~18C까지 번영했던 대부호 메디치 가문(Medici Family)의 금융업은 소유물과 화폐를 위탁받아 보관하고 보관료를 받거나, 자체 신용에 의해서 발행한 증서로 매매나, 교환의 중개료를 받았던 사실에서 이해할 수 있다. 이는 당시의 경제 규모가 소규모로 오늘날 창고업과 유사한 형태였다고 할 수 있다. 하여 대규모 경제에서 만들어진 자본주의는 금융기관에 저축을 하고 이자를 받거나, 직접투자방식인 유가증권을 취득하여 이식이나 배당을 받는 등 돈이 돈을 버는 것을 공식화한 것과 달랐음을 알 수 있다.

즉, 르네상스 당시의 서구는 기독교문화를 근간으로 하였던 까닭에 돈이 돈을 버는 형태인 이자나 이식을 불로소득이라 하여 금기시했던 것이다. 하지만 18C 말에 산업혁명과 더불어 성립된 자본주의가 돈으로 돈을 벌 수 있게 도덕적 정당성을 갖게 함에 따라 인본주의를 근간으로 하는 근대사회를 성립하게 하는 원동력이 되었다. 즉, 재산을 자본화할 수 있게 되었고, 임대료처럼 차용금에 대한 이자를 주는 현상이나 직접투자로 주식이나 채권 등의 유가증권을 통해 배당수익이 발생하거나, 해외교역의 위험 부담을 분산하기 위해 투자 모집을 하는 등으로 인하여 대규모 경제로 발전하면서 메디치가의 재화중심 사고가 막을 내리게 되었으며, 자연스럽게 자본(금융)이 중심이 되는 사회로 발전되었던 것이다.

따라서 공급경제로 유발된 산업혁명은 대량생산을 위한 자본주의 생산양식을 만들고, 자본모집의 방식이 발달하면서 자연인과 법인의 개념이 확립되었으며, 더불어 과학, 경제학, 법학 등 여타 학문이 발달하는 계기가 되었다고 할 수 있다. 또한 산업혁명은 배금주의를 형성하게 됨에 따라 과학기술을 발달케 하면서 인본주의에 대한 확신을 갖게 되면서, 상대주의로서 민주주의를 인류의 이상으로 확신을 갖게 한 원인으로 볼 수 있다. 뿐만 아니라 산업혁명은 노동자의 이동이 가능했고, 다수의 자본가가 실력자로 등장함에 따라 절대주의 체제가 붕괴하게 되었다고 할 수 있다.

물론 중앙집권현상으로 권력양극화와 인구의 도시집중현상으로 인한 인구감소 등을 극복하기 위해 봉건귀족들은 대상들과 정경유착하면서 투자에 참여하고, 소상공인에 대해서 지나치게 간섭하는 등 부패했기 때문이다. 또한 산업화로 절대봉건제에서 억압을 받았던 농노가 정치경제적 자유를 위해 탈출할 수 있게 됨에 따라 봉건영주의 재정악화도 원인이었다. 따라서 절대봉건제가 무너진 것은 봉건귀족과 대자본가의 결합으로 1대 99라는 절대적 양극화가 형성되어 절대빈곤층이 폭넓게 확대된 결과로 볼 수 있다.

아담스미스 자본주의

산업혁명을 뒷받침하고 발전시킬 이론이 필요한 상황에서 아담스미스(1723~1790)가 당시 산재한 경제이론을 체계화하여 만든 것이 '국부론'(1776)이다. 이는 인류 최초의 경제학으로서, 소위 자본주의 이론으로서 중요한 의미가 있다. 즉, 개인의 이기적 목적을 위한 자유경쟁을 국가가 간섭하지 않을 때, '보이지 않는 손'에 의해 자동 조절되면서 전체가 조화롭게 된다고 주장하였던 것이다. 이는 '보이지 않는 손'의 의미가 시장원리로서 여러 가지의 복합적인 의미가 내포되어 있지만, 시장에서 교환수단인 화폐의 힘이 자동 조율의 능력을 갖추게 되었다는 의미로 볼 수 있음에 따라 화폐경제가 뚜렷하게 부각되고 있다.

하지만 아담스미스가 개인의 중소기업을 역설했음에도 불구하고 자본가는 법인을 활성화함에 따라 초기 자본주의에서 부르주아가 새로운 지배계급으로, 마치 생사여탈권을 가졌던 구시대의 귀족처럼 민중들 앞에 등장하였다. 즉, 민중들이 예전에는 절대봉건제라는 전통에 의한 지배를 받았지만, 부르주아의 금력에 의해 지배되고 착취를 당하게 되었던 것이다. 하여 자본주의에서 인간은 상품이나 소모품처럼 변모하게 되었음을 알 수 있다.

예를 들어 초기 자본주의가 착취를 정당화하는 빛 좋은 개살구였음을 하일브로너의 글에서 이해할 수 있다. 즉, "인간은 몇 가지에 불과한 작업을 수행하면서 생애를 보낸다.… 이해력을 발휘할 기회도 갖지 못하고… 더할 수 없이 어리석고 무지한 상태가 되는 것이 보통이다.… 19 C초반까지 작은 규모였던 공장들은 여성과 소년들까지 동원하여 겨우 생존하는 데 불과한 임금만을 지급하면서 혹독한 상황에서 노동을 시킨 '악마의 공장'에 밀려나기 시작했다. 디킨즈의 묘사를 통해 그러한 영국의 뒤안길은 잘 알려져 있다. 하지만 당시의 양심 있는 사람들을 경악케 했던 바로 그 공장들이 대규모 축적의 중심이었을 뿐더러 해외로까지 손을 뻗치는 1차 기지였다는 사실에 대해서는 별반 언급이 없다."(93) (R 하일브로너, pp.57~58)

이처럼 빈민 여성의 출산은 노동력 확보로 생각할 만큼 혹독하고 부패했던 구시대를 타파하기 위해 쁘띠부르주아(소상공인)들의 자금과 자유주의지식인 및 유산층으로서 시민과 함께 민중이 합류하여 시민혁명을 일으키는 것은 당연했음을 이해할 수 있다. 참고로 당시의 신분제사회에서 시민은 농노와 다른 중산층으로 볼 수 있으며, 일반 민중보다 상위그룹을 의미하지만 구태여 시민과 민중을 구분할 필요가 없을 것이다. 단지 시민혁명 후 정부와 민중사이의 가교 역할을 한 새로운 주체세력으로서 시민단체(정당)를 만들어 여론을 주도한 계층이었다고 할 수 있다.

즉, 오늘날 의미의 중산층인 시민이 중심이 되고 하층민과 민중이 연대하여 자유, 평등, 박애라는 구호 아래 구체제를 퇴출케 하였던 것이다. 하지만 중산층이 혁명을 주도하여 근대사회를 열었음에도 불구하고 민중들은 굶어죽을 자유밖에 없었다. 하여 경제적 자유주의로서 자본주의와 인간 존엄을 구현코자 하는 근대 민주주의 사회는 배치됨을 이해할 수 있다. 즉, 철학적 상대주의를 근간으로 하는 성립한 근대사회는 모계적 분배양식으로 역사 발전되어야 했던 것이다. 왜냐하면 인간은 빵만으로 살 수 없는 문화적 존재이기 때문이다.

이는 오늘날 인류는 '경제적 동물'로 살고자 하는 사람이 증가하는 만큼 존재의 삶을 추구한 성현들의 삶을 따르는 사람도 증가하고 있다는 사실에서 이해할 수 있다. 따라서 오늘날 신자유주의가 문화적 존재인 인간에게 '경제적 동물'로 변모하도록 강제하는 것은 역사 퇴보하고 있음을 이해할 수 있다. 이는 시민혁명으로 근대사회가 성립된 지 200년을 넘어 지구촌시대가 된 오늘날 시민혁명정신으로서 자유, 평등, 박애의 인권선언에 부합되는 적극적 복지사회가 세계화되어 있어야 하기 때문이다.

아울러 자본주의사회가 만들어내는 과소비의 결과로. 자원고갈과 생태계파괴, 난개발, 환경오염이나, 인간성 황폐화 등으로 인한 위험한 사회를 벗어나기 위해서 근본적으로 다른 새로운 모계적 분배양식을 근간으로 하는 체제가 필요하다. 예를 들어 오늘날 미국 등 세계 일부 지역에 벌들이 폐사함에 따라 식물들이 수정을 못하여 농작물의 수확량 감소로 이어져서 먹이사슬이 붕괴되고 있는 경우에서 이해할 수 있다. 즉, 위험을 예고하는 징조로 부계적 분배양식에서 벗어나야 인간이 살아갈 수 있음을 경고하고 있는 것이다. 그리고 아인슈타인이 만약에 세상의 벌들이 전부 죽는다면 4년 이내 인류는 멸망한다고 하였던 주장을 상기할 필요가 있다.

비단 이것뿐만 아니라 엄청난 재앙을 징조로 예고하고 있음을 2011년 3월 일본 후쿠시마에서 있었던 대형 쓰나미, 지진 등으로 인한 원전사고는 체르노빌보다 피해 범위가 훨씬 넓은 사실에서 알 수 있다. 이러한 현상으로 인하여 유발되는 천문학적 경비의 지출을 감당할 수 없다는 사실과 아울러 인류가 소탐대실한 사실을 깨닫게 될 때쯤 이미 늦었다고 볼 수 있는 것이다. 즉, 부계주의 분배양식의 종말을 의미하는 모계적 분배양식을 근간으로 하는 적극적 복지사회를 위한 근본적인 변화가 없이 임시처방에만 의존하려는 태만함의 결과를 감당할 수 없게 됨을 말하는 것이다.

다시 말해서 인간은 문화적 존재임에 따라 모계적 분배양식이 생태적으로 적합하다는 사실은 태고 모계사회부터 알고 있음에도 불구하고 애써 무시하며 탐욕을 배양한다면 성현의 경고는 실제로 일어날 수 있다는 뜻이다. 하여 모계신본주의사회가 내면세계와 외면세계의 균형을 이루고자 했던 것이나, 오늘날에도 인간의 사회성과 개인성이 균형을 이루어야 하는 것처럼, 인간은 언제나 영육의 균형을 이루며 살아가는 숙명에서 벗어나면 곤란함을 알 수 있다. 따라서 오늘날 지구촌시대를 살아가는 신인류는 '존재의 삶'을 위해 적극적 복지사회로 역사 발전케 하는 소임이 있음을 알 수 있다.

참고로 모계신본주의사회가 대자연의 순환처럼 인간도 영적 존재로서 완숙한 인간이 되기 위해 순환 진보한다고 생각함에 따라 죽음을 삶의 일부분으로 생각하였으며, 영혼과 물심양면(物心兩面)의 3박자가 균형을 이루며 무한한 삶을 살아가는 이상적인 사회였다고 전하고 있다. 즉, 약간 부족한 삶을 만족하며 살아감으로써 풍요한 생활이 가능했고 행복지수가 높은 사회였던 것이다. 또한 모계사회가 야만적이지 않았음을 모계신본주의사회는 모계유일신을 숭배했다는 사실과 인간 스스로 대모신의 후손으로 믿었다는 점이나, 공유제로 복지사회를 구현한 사실 등으로부터 긍정할 수 있다.

물론 모계신본주의 사회는 나눔으로 얻어지는 평화와 풍요한 자연에서 행복한 인생을 살았다. 이는 경제학자 하일브르너의 글에서 이해할 수 있다. "우리가 생각하는 것처럼 전통이 지배하는 사회라 해도 반드시 절망적인 빈곤의 수준에 처하는 것은 결코 아니다. 인류학자 마샬살린즈는 부족민들의 기대치를 충분히 채우는 방식이 확립되어 있었다는 사실에 주목해서 그러한 사회들을 '최초의 풍요한 사회'라고 부르기까지 했다."(94) (하일브르너, p.28) 따라서 태고의 모계사회가 원시 부계사회보다 풍요한 사회였음을 추정할 수 있다. 그래서 부계사회에서도 행복한 삶을 위해 각고의 노력을 한 결과인 자본주의가 인간의 행복한 삶을 위해 봉사하고 있지만, 인간의 상품화로 세상의 반인 여성이 불리할 뿐만 아니라, 1대 99라는 절대적 양극화와 과소비로 인한 위험한 사회를 벗어날 수 있는 체제를 성립해야 함을 알 수 있다.

3. 자본주의의 공고화

절대봉건제와 배치되는 자연법사상과 철학적 상대주의를 근간으로 경험주의, 자유주의사상 등과 함께 만들어낸 결과물로서 영국의 산업혁명은 자본주의를 성립케 하였다. 이는 부정부패가 만연했던 프랑스 귀족을 퇴출한 프랑스 대혁명(1789년)을 유발케 한 원인으로 볼 수 있다. 즉, 산업혁명은 인본주의를 근간으로 하는 근대민주주의 사회로 진보케 했던 것이다. 물론 17세기 유럽 봉건영주들의 권위는 이탈리아에서 발현된 르네상스를 일으킨 대상(大商)들에 의해 약화되었다. 그리고 경제적 부르주아가 쁘띠부르주아(정치적 부르주아)를 육성하기 위해 문화와 예술, 학문, 결사, 지적활동 등을 돕거나, 자유주의(개인주의)논리의 정당성을 위한 지식인의 집필활동이나, 새로운 정치문화에 대한 활발한 논의 등을 위한 중소상인들의 후원도 근대사회를 여는 초석이 되었다고 할 수 있다. 또한 경제적 부르주아들은 정부의 간섭을 싫어했지만, 절대봉건제에서 달리 방법이 없음에 따라 정경유착을 근간으로 한 중상주의를 추구하였던 결과, 상호간에 명분과 실리를 동시에 얻을 수 있었다.

예를 들어 대상들은 이익을 위해 절대봉건영주의 권위에 도전하지 않으면서, 정치적 권위도 획득하여 노동자를 착취할 수 있었던 사실에서 이해할 수 있다. 즉, 민중의 생활은 곤궁하여 정치 불신이 만연하게 되었고, 아울러 상인자신들의 이익을 위해 정치적 부르주아를 통해 영주에게 압력을 행사하는 이중적 태도 등에 의해서 권력이 약화되었던 것이다. 그리고 절대봉건제국가의 중상주의가 대부호를 만들었으며, 권력유지를 위해 돈이 필요한 권력자는 대상과 결탁하면서 소상공인의 상행위를 지나친 간섭을 함에 따라 시민과 민중은 봉건귀족에 대해서 적대의식을 가졌다.

즉, 경제적 부르주아는 부와 권력과 명예를 독점적으로 차지한 가운데, 대자본을 축적함에 따라 국가의 부는 총체적으로 향상되었지만, 민중은 궁핍한 생활에서 벗어날 수 없었던 것이다. 이러한 현상은 정치적 부르주아들과 유산층인 시민의 불만을 자극했고, 특히 유산층의 여성들은 사회의 주요 불만세력으로 토론과 좌담의 장소였던 살롱에 참여하여 논변을 함에 따라 사교계의 새로운 세력으로 급성장하는 계기가 되었다. 이는 서구의 유산층의 여성들이 사교계에 적극적이었던 이유는 중세 때 유산층 여성들조차 소외되어 있었으며, 봉건제에서 농기구를 사지 못할 정도의 소출의 일부를 받은 극빈의 농노가족에 속한 여성은 노예보다 힘든 생활을 한 사실에서 알 수 있듯이 서구 여성들의 한이 깊었기 때문으로 볼 수 있다.

즉, 소외된 여성들은 자유주의가 무르익어 가는 사회적 환경에서 여성해방과 더불어 여권신장의 꿈을 이루기 위해 적극적인 참여를 하였던 것이다. 물론 중국의 태평천국의 난에서 여성들이 남녀평등의 강령을 갖고 탁월한 조직력과 맹렬하게 참여한 것만큼 강력하지는 못했다. 이처럼 유산층 여성들의 사회참여는 인류의 위대한 유산인 근대사회를 성립케 한 1789년 프랑스 대혁명을 일으킨 원동력이 되었음을 알 수 있다. 하지만 혁명을 주도하고 전개했던 수많은 여성 지도자들의 생활은 비참했으며, 경우에 따라서는 집권한 남성의 부인들의 질투에 의해서 단두대의 이슬로 사라지거나 파멸되었다.

이는 토끼사냥을 하고난 다음 사냥개를 잡아먹는다는 '토사구팽'을 당한 것은 시민사회가 성립된 후 여성 상호간에 불신으로 여성이 여성의 적이 되었거나, 당시 가부장에 종속된 여성은 남편의 지위가 자신의 지위와 같은 것으로 생각했기 때문이다. 즉, 가족이기주의적인 경향으로 여성의 지위가 향상되는 것을 거부하는 이중성이 있었음을 말하는 것이다. 이는 여성의 경우 여권신장이라는 공동의 목표가 있음에도 불구하고, 오늘날 양극화로 인한 여성양극화로 인하여 유산층 여성들이 가족이기주의적이고, 진보로 이룬 가치를 유지하기 위해 보수적으로 변모하고 있다는 사실에서 이해할 수 있다.

참고로 당시에 혁명 참여를 한 여성들 중의 한 사람인 테르아뉴 드 메리클의 삶에서 앞의 사실들을 이해할 수 있다. "그녀는 자신의 어린 시절을 잊지 않았다. 지주와 징세관이 집에 남아있는 마지막 빵 조각까지도 빼앗아가던 그때의 일들… 테르아뉴는 그녀에게 돈을 탕진한 금전 숭배자들을 눈썹 하나 까딱하지 않고 매정하게 파산시켰다. 그렇게 해서 그녀는 집과 보석과 훌륭한 마차를 가질 수 있었으며 하인도 부리고 저축도 할 수 있었다. 1789년 불란서 파리에서 그녀는 더 이상 방종한 고급 창녀가 아니었다. 테르아뉴는 가두의 대중과 함께 행진하고 혁명가를 불렀으며 귀족들을 매도했다.… 군중 속에서 그녀는 불행하게 학대받아온 몹시 의기소침한 여자들이 있다는 사실에 주목했다. 이 여성들의 지도자가 되었다…"(95) (김성원 편역, 『혁명기의 여성들』, 한울림, 1985, pp.12-13)

테르아뉴의 연설문에서

"…프랑스의 여성이여! 다시 한 번 되풀이하지만 우리의 사명은 숭고합니다. 우리의 족쇄를 끊읍시다. 남자들의 불공평한 오만과 무지에 그토록 오랜 세월을 굴종해 온 여성, 그 여자들도 이제야말로 우리 몸을 붙잡고 있는 고정된 보잘 것 없는 세계에서 탈출할 수 있는 때입니다. 우리의 어머니라고 할 수 있는 갈리아족과 자랑스러운 게르만족의 여자들이 공공 집회에 참가하고 남편과 함께 투쟁하여 자유의 적을 격퇴했던 그 시대를 생각해 보십시오.… 포용력 있는 여성 여러분, 나의 말을 들어주신 여러분 우리들도 무장합시다. 군사훈련을 받고 프랑스 여군 명부에 맨 먼저 등록합시다. 조국을 진심으로 사랑하고 있는 사람은 모두 모여서 여성부대에 들어갑시다."(96) (같은 책 p.20)

간략히 살펴보자면, 테르아뉴는 1789년 7월 14일 바스티유 감옥을 선두 진격했으며 남자들을 설득해서 베르사유로 진격하여 국왕 루이 16세를 끌어내서 직접 규탄도 하였다. 하지만 그녀는 자신의 재산을 거의 탕진했음에도 불구하고, 수천 년간의 억압을 받은 여성들은 새로운 변화에 능동적이지 못하여 가정으로 돌아갔다. 이처럼 테르아뉴는 여성해방운동에 선구적 역할을 하고 공헌을 했음에도 불구하고, 단지 여성이라는 이유로 자코뱅클럽의 회원이 될 수 없었을 뿐만 아니라, 자신이 만든 부인클럽도 여성들이 가정으로 돌아갔으므로 폐쇄하게 되었다. 그 후 자코뱅파의 온건 부르주아였던 지롱드파의 브릿소와 친하게 되었으며 여성해방과 뜻을 둔 그녀는 남성에게도 여성에게도 버림받는 처지가 되었고 자코뱅의 여성들은 그녀를 참혹하게 린치를 가했다. 그 후 그녀는 정신병자가 되었다고 전하고 있다.

그 시대의 또 다른 부류의 여성으로서 마농 롤랑의 예를 들어보자. "마농은 자신이 상인의 자녀이면서 평민이라는 사실을 어릴 때부터 싫어했을 뿐만 아니라, 다른 평민을 싫어했고 자존심이 강한 여성이었다. 하지만 영특한 여성으로서 귀족의 여성과 친하고 싶어 해도 귀족들은 그녀를 싫어했다. 그래서 그녀는 신분제를 극복하기 위해서 부르주아 철학자 늙은 롤랑과 결혼하여 롤랑부인이 된 후 노동자를 혹독히 부려야 한다고 하면서 동시에 귀족의 방만한 생활도 비난했던 것이다.

1789년 롤랑은 리용의 공업검찰장관으로 있으면서 귀족생활을 하였는데 돈은 있어도 배운 것이 없는 부르주아와 부인들에 대해 경멸하는 듯한 마농의 언동은 분노를 자아내게 했던 것이다. 이러한 마농의 권력욕을 이용하기 위해 지롱드파의 브릿소는 살롱을 개설하여 마농을 끌어들이려 했으나, 온건 부르주아적인 자유기업관을 갖고 있었던 브릿소를 신용할 수 없었던 까닭에 마농은 그를 피해 다녔던 반면 마농은 로비스피에르를 가까이 하고 싶었지만 그는 거만한 마농을 멀리하였다.

그녀는 여성해방을 위해 행동하지 않았고 기회주의적인 처신을 하여 1772년 대신으로 임명되었고 소원대로 호화롭게 살게 되었다. 하지만 1789년 혁명과 함께 사임을 하였는데 그녀의 살롱은 상인을 옹호했던 지롱드파의 사령부가 되었으며 여성과 빈천한 자를 무시함에 따라 여성과 빈곤자의 조직이 없었던 마농은 혁명의 말기에 이르러 민중의 적이 되어 있었다. 결국 지롱드파의 배후에서 조종하는 잔재주 많은 여성으로 기록되면서 단두대의 이슬로 사라지면서 마농은 자유의 여신상을 향하여 '아! 자유여, 당신의 이름으로 어찌 이처럼 많은 범죄가 행해질 수 있단 말입니까?'라고 부르짖었다."(97) (같은 책 p.93)

위의 두 여성만이 아니라 대다수 여성 지도자들은 부계주의를 극복할 만한 축적된 지식이나 사상이 정립되지 못한 상태에서 불만을 터뜨리는 정도로 감정에 호소할 뿐, 논리적이지 못함에 따라 한계가 있었음을 이해할 수 있다. 하지만 신념체계나 정치적 경험부재, 훈련부족 등과 조직화를 위한 핵심 동지가 없는 상태에서 세력을 형성할 수 없었다 할지라도, 이러한 일들로 인하여 여성들은 각성하고 내공을 쌓는 계기가 됨에 따라 후일 여성운동의 초석이 되었던 것은 분명하다.

즉, 여성 개인의 고달픈 영혼을 위로받기 위해 투쟁하였던 여성들로 구성되어 여성인권운동을 전개한 것은, 서구 기독교문화에서는 상상도 할 수 없는 획기적인 일로서 여성들은 자신감을 갖게 되는 계기가 되었던 것이다. 근대사회가 성립되었음에도 불구하고 여성들은 마치 어린이와 같은 무지한 상태임에 따라 분열되었지만, 후일 많은 여성들은 여권신장이 인류의 인권신장임을 이해하면서부터 여성의 결사로 사회참여가 본격화된 것이다.

이는 당시의 여성들이 어떠했는가를 알려주는 내용을 메리 울스톤 클라프트가 한 말에서 이해할 수 있을 것이다. "남자들이 부정하든 긍정하든 권력과 명예를 향해 가는 길은 다양합니다. 그리고 남자들은 서로 충돌이 있을지라도(왜냐하면 동일한 직업을 가진 사람들이 친구인 경우는 좀처럼 없기 때문에) 혹 그럴지라도 결단코 충돌이 없는 사람의 수가 훨씬 많습니다. 그러나 여자들은 여자끼리의 관계에서 완전히 다른 생태에 있습니다. 여자들은 모두가 각각 서로 경쟁자인 것입니다.…

여자들은 과대망상에 빠지지 않고 서로 질투하지 않는다면 여자들은 초인적인 미덕의 주인이라 할 수 있습니다. 복장, 쾌락, 지배권에 대한 지나친 욕망은 미개인들에게는 특유한 정열입니다. 요컨대 이것을 오성의 범위를 넓힐 수 없고 또 주의를 도출하는 수미일관된 추상적 사상에 이르는 데 필요한 사고능력에 아직 익숙지 못한 무지한 인간들을 조정하는 정열입니다. 따라서 여자들이 이러한 교육의 결과 문명사회의 현상에 있어서 다름 아닌 이러한 미개의 상태에 있다는 것은 논의의 여지없이 있을 수 없다고 나는 생각합니다."라고 메리는 쓰고 있다.(98) (같은 책 p.249)

착취를 정당화

여성들은 스스로 보호를 받을 수 없음에 따라 모래알 같았던 여성들은 이기심을 배양하는 자본주의 사회에서 착취의 대상으로 손쉽게 전락되어 노동의 변두리에서 살아야 했다. 이는 산업혁명이 일어나기 전에는 노예나 여성이 별반 차이가 없었으나, 산업혁명 이후 노동시장의 수요급증과 더불어 인구가 도시로 집중함에 따라 말썽 많은 노예제도를 폐지하고, 오히려 빈곤층의 남성이나 여성으로부터 더 많은 착취가 가능하게 되었기 때문이다.

즉, 당시 사회에서 자본가들은 물질의 풍요로 세상을 구제할 것처럼 홍보함에 따라 봉건농노체제에서 살았던 농노는 장밋빛 꿈에 젖어 도시로 도망하면서 봉건농노체제가 무너지기 시작했고, 동시에 도시인구집중으로 인하여 유발된 높은 실업률로 노동시장은 붕괴됨에 따라 아이들까지도 돈벌이에 나서야만 할 입장이었던 것이다. 다시 말해서 민중들은 자유의 대가를 혹독하게 치러야 했으며, 도시 빈민가에서는 인간성 황폐화로 인한 전대미문의 범죄와 더불어 엄청난 산업재해 등으로 노예보다 못한 비참한 생활을 했음을 말하는 것이다. 이는 초기 자본주의가 노예노동보다 합법적으로 가혹했던 생지옥으로 볼 수 있다.

즉, 임신, 출산, 수유, 양육, 가족복지 등의 가사노동과 아울러 임금노동이라야 부업거리 반찬값 정도임에 따라 참담한 생활을 했던 것이다. 그리고 가부장들은 노동시장의 경쟁으로 성과에 비해 턱없는 저임금과 열악한 환경으로 인한 많은 산업재해로 사망, 사고를 당한 경우가 많음에 따라 이를 감당하는 여성의 경우 이중 고통을 당하였다. 하여 근대사회가 성립되었음에도 불구하고 여성들은 구시대보다 별로 나아진 것이 없음을 알 수 있다. 이는 자본가들의 혹독한 착취로 이익을 극대화하고 자본을 축적하는 만큼, 여성의 삶은 고단했기 때문이다. 물론 근대사회가 성립된 후 자본가의 지나친 착취를 간섭하지 않은 자본주의에 반등한 사회주의가 생성된 사실로 볼 때, 민중의 생활이 생지옥과 같았을 것으로 추정할 수 있다. 이는 자유주의자들은 자유경쟁으로 물질을 풍요하게 할 때, 인간답게 살 수 있을 것이라는 믿음으로 인하여, 인간의 내면세계에서 발현된 종교나 관념적인 정치의 영역보다 형이하학의 경제적인 부문을 중시하기 때문이다. 하여 실제로는 자유주의자들로서 자본가들만 풍요로웠을 뿐, 민중의 생활이 비참했던 사실로 볼 때, 부자를 위한 사상임을 이해할 수 있다.

여성에게 불리한 자본주의

시민혁명의 결과로 만들어진, 1804년 공포된 나폴레옹 민법전의 주요 골자인 사적자치(私的自治), 무주물선점(無主物 先占), 과실책임(果實責任), 계약자유원칙(契約自由原則) 등은 자연법사상(自然法思想)과 함께 경제적 자유주의를 근간으로 자유경쟁을 보장하기 위한 법전으로서 의미가 크다. 하지만 프랑스혁명의 인권선언의 핵심인 자유, 평등, 박애와 자유주의사상은 민법전의 기초가 되었음에도 불구하고, 가부장권의 강화라는 특이한 면이 있었던 것을 부정할 수 없다. 즉, 아내가 남편에 종속되어 있음에 따라 아내는 재산의 취득이나 매매를 할 수 없었다고 명문화한 것은 자연법사상과 배치되는 것이다. 물론 시민혁명을 일으킨 명분이라 할 수 있는 인권선언의 취지와도 부합되지 않았던 것이다. 또한 주인이 없는 물건은 먼저 취득한 자가 임자라는 의미인 '무주물 선점'이라는 원칙으로 하여 만든 일방적인 법에 의해 등기함으로써 식민지의 자원을 소유할 수 있었다. 즉, 해외식민지를 마치 무인도와 같이 생각하여 서구적사고로 일방적으로 설정하였던 것이다.

예를 들어 인디언의 전통적인 분배양식은 공유제임에 따라 어느 누구나 개척하여 경작을 할 수 있다고 생각한 반면, 서구는 경작을 하지 않아도 소유할 수 있다고 생각한 점에서 문화적 차이가 있음을 이해할 수 있다. 원주민 나름대로 고유한 문화나 생존양식이나 소유양식 등이 있음에도 불구하고, 서구는 일방적인 기독교적 세계동포주의로 문화적 차이를 무시하거나 서구적 가치를 원칙으로 하여 지키도록 강제하며, 적자생존을 들먹이며 폭력을 동원해서라도 소유하는 것을 당연하게 생각하였던 것이다. 이는 수천 년에 걸쳐 공고화된 각 지역의 생존양식과 전통문화를 무시할 수 있을 만큼, 무기가 발달함과 동시에 지나치게 착취기술이 발달하였기 때문이다. 물론 미개한 지역의 경우 먼저 도착해서 약간의 사례를 하고 등기를 한 경우도 있었지만, 역시 먼저 본 자를 정부에서 기득권을 보장하였던 것은 해외식민개척을 활성화하기 위한 면이 있었음을 부정할 수 없다.

예를 들어 기독교 유일신의 허락을 받은 우월적 존재처럼, 일방적으로 무시하고, 자신들의 논리로 합리화하여 수탈했음을 묵인한 사실에서 이해할 수 있다. 아메리카는 사실상 인디언이 조상 대대로 수천 년에 걸쳐 이루어놓은 삶의 터전으로서, 사실상 공동소유를 근간으로 실효적인 지배를 하고 있었기 때문에, 개인소유를 위한 등기는 의미가 없었으며 서구적 가치인 자유주의사상을 이해할 필요가 없었던 사회임에도 불구하고, 서구인들이 만든 덫에 걸려 빼앗겼던 것이다. 이는 정복전쟁을 통해서 지배를 하였다면 문제는 달라지겠지만, 경제원칙에 의해 최소의 경비로 최대의 이익을 낼 수 있는 식민지개척을 하는 방편으로, 자신들도 불확실하게 생각하는 기독교를 내세워, 부계유일신의 피조물로서 인간 동료를 위한다는 명분인 복음주의로 자연스럽게 접근함으로써 경계심을 풀게 하였기 때문이다.

이미 오래전에 유럽의 기독교 성지를 되찾겠다는 십자군 전쟁의 이면에는 경제적인 이유가 있었다는 사실과 더불어 계속 기독교 교리를 명분으로 이익을 취한 이율배반적인 역사적 경험을 한 나라들이 제3세계를 형성하여 기독교와 대립하거나, 아메리카대륙의 약소민족으로 전락한 인디언의 경우에서 이해할 수 있다. 이는 역사적 경험에 의해 형성된 절대존재의 불확실성은 가치체계에 상당한 변화를 일으킨 결과, 가치부재로 인한 아노미현상을 겪은 사람들은 소유를 위해 종교든 정치든 무엇을 이용하든 간에 상관없다고 하는 실용주의적인 사고가 팽배해진 결과로 볼 수 있는 제국주의에서 이해할 수 있다.

이처럼 불확실성의 시대를 겪으면서 만들어진 탐욕을 정당화한 초기 자본주의는 부르주아의 탐욕을 양성화하여 착취기술이 도를 넘을 만큼 발달함에 따라 사람들은 영혼을 팔아서라도 빵을 구해야 하는 상황으로 전개되었음을 알 수 있다. 이는 사람들은 장밋빛으로 보았던 자본주의를 불신하여 사회주의를 창안했으며 공산당선언까지 한 사실로부터 초기자유방임주의가 어느 정도였는지 이해할 수 있다. 시민혁명의 명분이었던 인류의 인권선언으로 혁명을 성공함에 따라 근대사회를 열었음에도 불구하고, 시민혁명의 인권선언과 배치되는 당시 자본가의 착취는 횡포 수준으로 도를 넘었으며, 대외적으로는 식민정책을 고수하면서 노동착취를 했던 것이다.

예를 들어 나폴레옹 민법전에서 가족의 결속은 국가의 결속이라고 함에 따라 가부장제 국가로서 가부장의 권위는 절대적이었던 반면, 자연법사상을 근간으로 하는 시민혁명에 의해 성립된 근대사회였음에도 불구하고 여성은 종속적이었다는 사실에서 이해할 수 있다. 물론 나폴레옹은 근대사회를 세계화하기 위해 인접한 절대군주제 국가를 공격해서 빠른 시간 내에 정착시킴에 따라 인류의 보편적 가치로 발전하였음을 부정할 수 없다.

아무튼 시민혁명의 성공으로 성립한 근대사회는 국가권력은 국민으로부터 나온다고 한 점에서 국가권력이 총구에서 나왔던 것과 절대봉건제의 구시대와 근본적으로 다름을 이해할 수 있다. 즉, 자연법사상을 근간으로 성립된 근대민주주의국가는 주권재민의 국가로서 국민에 의해 국민 스스로 꾸려가는 국가임을 말하는 것이다. 하여 인류는 인간 존엄을 구현하기 위해 성립한 근대사회를 스스로 만들면서 한 단계 더 도약할 수 있는 토대를 준비했다고 할 수 있다. 즉, 서구가 부계유일신에서 벗어남에 따라 여성에게 새로운 가능성을 열게 한 점일 것이다.

마지막으로 부르주아를 지향하는 자유주의와 복지주의를 내재한 민주주의와 서로 상반됨에도 불구하고, 결합될 수 있는 것은 민주주의가 절차적 정의에 머물러 있기 때문에 가능한 것이다. 하지만 인류의 이상인 적극적복지사회의 구현을 위해 민주주의가 절차적 정의에 머무르지 않고, 형식과 내용이 일치하는 온전한 민주주의로서 모계민주주의가 성립되어야 함을 알 수 있다. 따라서 분권을 본질로 하는 민주주의에 걸 맞는 탈 양극화를 지향하는 모계적 분배양식으로 적극적 복지사회를 구현하는 것이 근대정신으로 시민혁명정신에 부합됨을 알 수 있다.

4. 자본주의의 한계

지구촌시대와 배치

서구의 독특한 역사 발전에서 형성된 자유주의 사상은 산업혁명 당시 아담 스미스에 의해 자본주의로 구체화되었다. 이를 두고 갈브레이스 교수(1908~2006)는 자신의 저서 『불확실성의 시대』(1977)에서 서구사회는 르네상스를 맞이하여 기독교 유일신에 대한 불신으로 모든 것을 의심함에 따라 절대봉건제를 부정하기에 이르러 실존하는 자신의 개인성을 중시하는 자유주의(개인주의)사상이 형성되었다고 논변하고 있다. 불확실성의 시대를 살면서 가장 확실한 존재로서, 본질보다 앞서는 실존하는 자신의 삶에 의미를 두게 된 것이다.

하여 자본주의는 형이상학적 관념의 세계보다 형이하학적인 현실에 존재하는 물질의 확실성을 통해 인간문제를 해결코자 하는 경향에 의해 만들어진 것임을 알 수 있다. 이는 비록 자신이 고립무원의 개인으로 전락할지라도, 과거와 달리 인류가 문명화된 상태에서 실존하는 자신이 미개인으로 퇴보할 수 없을 것이라는 믿음에 근거하고 있다. 하여 이기적 개인의 생존경쟁을 자유롭게 하면서 살아가는 것을 체계화한 자본주의 생활양식은 분업과 협동으로 공공선(선업)을 이루고자하는 인간의 심성에서 비롯된 것임을 알 수 있다.

따라서 인간은 태고로부터 이기적인 면과 이타적인 면을 균형을 이루기 위해 노력했음을 상기해 볼 때, 아담스미스 시대의 자본주의가 인간의 이기심을 배양하고 양성화하여 탐욕을 정당화한 것은 작은 경제규모에서는 유용했지만, 오늘날 천문학적 경제규모가 되면서 이기적 편향성으로 형성된 위험한 사회가 됨에 따라 인간의 이타심과 균형을 이루는 탈자본주의적인 정치경제제도가 필요하게 되었음을 알 수 있다. 즉, 오늘날 천문학적 경제규모로 인하여 인간의 이기심을 극단화하는 자본주의는 퇴출되어야 함을 말하는 것이다.

다시 말해서 인류의 대다수가 문명인이 된 지구촌시대는 인간의 사회성이 우선하며, 개인성과 균형을 이루기 위한 새로운 모계적 분배양식을 세계화(보편화)할 수 있는 체제의 성립을 말하는 것이다. 물론 무한경쟁과 절대적 양극화로 인하여 몰락한 중산층의 부재는 중산층이 감당했던 나눔이나 양보할 의사가 결핍되고, 무의식적으로 적대의식을 갖게 되는 위험한 사회가 되었으며, 이로 인해 유발되는 사회적 비용의 폭발적으로 증가로 인하여 비효율적인 사회가 되었기 때문이다.

또한 지구촌시대의 자본주의 분배양식은 '풍요속의 빈곤'을 만들고 있으며, 절대적 양극화로 대다수 사람들은 좌절감과 자포자기 상태가 됨으로써 공격적 태도로 변모케 하기 때문이다. 그리고 자유경쟁을 하는 만큼 불안정이라는 대가를 치르고 있을 뿐만 아니라, 살아남기 위한 치열한 경쟁은 증오심과 절대적 양극화로 절대다수의 사람들이 더 이상 잃을 것도 없게 됨에 따라 자포자기 상태의 사람들이 점증하고 있다. 하여 자본주의가 상대적인 박탈감을 부추기는 '상극의 삶'을 살도록 강제하는 체제임을 알 수 있다.

따라서 자본주의가 자유경쟁에 의해 사회 전체가 발전했다는 측면도 있는 것은 사실이지만, 오늘날에 이르러 거대 규모의 경제거래로 인한 충격도 엄청남에 따라 이에 걸맞은 상생의 삶을 살게 하는 새로운 체제가 필요함을 알 수 있다. 즉, 자본주의가 지구촌시대를 살아가는 신인류와 불 합치함에 따라 인류는 모계적 분배양식을 근간으로 하는 적극적 복지사회의 구현을 위한 모민주의 체제가 적합할 것이다. 다시 말해서 인간은 행복한 인생을 위해 풍부한 상상력으로 만들어내는 창조력을 발휘할 수 있는 '존재의 삶'을 살 수 있는 적극적 복지사회를 구현할 수 있는 체제를 말하는 것이다.

참담한 역사적 경험

"자유주의는 인간 내면생활을 발전시켜 나아가는 데 필요한 외형적 전제조건들을 마련해주는 것만을 목표로 하고 있다."(99) (루드비히 폰 미제스, 이지순 역, 『자유주의』, 한국경제연구원, 1990, p.20)고 함에 따라 자유주의는 경제적 자유를 통해 물질적 풍요를 이루는 것에 비중을 두며, 내면세계에 대해서는 2차적인 것으로 생각하고 있음을 이해할 수 있다. 이는 아마도 오랫동안 부계주의에서 형성된 역사적 경험에서 비롯된 것으로 볼 수 있다. 즉, 충돌이 많은 부계사회는 부국강병을 해야 함에 따라 높은 세율이 적용되는 억압적인 사회로서, 대다수의 사람은 내면세계를 생각할 여유가 없을 만큼 궁핍이 만성화된 상태였기 때문일 것이다.

하여 전체주의 사회로서 부계사회는 권력양극화와 신분제로 인한 고통을 받은 민중은 자유주의 사상에 매료될 수밖에 없었을 것이다. 이는 수천 년에 걸친 전체주의 정치에서 시달려 빈곤했던 사람들은 억압에서 해방되기를 염원한 결과이기 때문이다. 이는 후일 시민혁명을 일으키는 원동력이 되었고, 혁명의 성공으로 근대사회가 성립된 후, 무정부적인 수준의 정부의 간섭이 없는 기능국가로서 야경국가를 만든 사실에서 이해할 수 있다.

하지만 복지 책임이 개인에게 있음을 전제하는 초기 자본주의사회에서 자본가의 지나친 착취로 민중들은 구시대나 다름없는 빈곤한 생활을 하면서도 누구에게도 원망을 할 수 없었다. 즉, 근대 민주주의사회는 자유주의를 위한 형식적 민주주의(반쪽 민주주의)사회였던 것이다. 다시 말해서 실질적 민주주의를 위한 경제적 민주주의가 없었던 것이다. 이는 자본주의 속성에 충실했던 초기 자본주의사회에서 이해관계의 첨예한 대립과 지나친 경쟁을 유발하여 제국주의를 만들고, 이에 반동한 공산당의 출현과 더불어 세계 1차, 2차 대전이나 냉전시대 등이 유발된 사실에서 이해할 수 있다. 즉, 자본주의사회가 되면서 탐욕의 배양과 함께 대규모 경제로 인하여 전대미문의 대부호가 등장하면서 더 많은 소유를 위한 의지작용으로 인한 각축장이 된 것이다.

이는 인간은 문화적 존재임에 따라 사회성과 개인성의 균형을 이루어야 함에도 불구하고, 이기심을 동기유발로 하는 자본주의에서는 불균형을 정당화하기 때문이다. 따라서 홉스가 인간의 이기심으로 인하여 유발되는 '만인에 대한 만인의 투쟁'을 방지하기 위해 제3자인 국가의 간섭이 있어야 한다고 하며 전체주의사회를 정당화했던 것이나, 이와 상반되는 자유주의는 이기심을 극대화하는 삶을 정당화하면서 무정부를 이상으로 하였음에도 불구하고, 참담한 역사적 경험과 더불어 오늘날 위험한 사회라는 악순환을 끊기 위해 새로운 체제가 필요함을 이해할 수 있다.

아무튼 전체주의에 반동하여 생성된 자유주의(개인주의)는 전체의 목적보다 개인이 중요하다는 절대적 개인을 강조한 사상이다. 물론 자유주의자는 인간의 이기심에 의해서 인류의 총체적 이익을 증진케 됨에 따라 결과적으로 공공선을 이루게 된다고 주장하고 있다. 따라서 자유주의자들은 원자적 개인의 이기적 역할이 인류의 물질적 풍요로 이어져서 인류가 번영할 것으로 믿음에 따라 인간성에 대해 낙관적으로 생각하고 있음을 이해할 수 있다. 하지만 헌트는 다음과 같이 쓰고 있다.

"자유주의(개인주의)의 심리적 신조는 인간의 본성에 대한 다음과 같은 네 가지 가정에 바탕을 두고 있다. 즉, 인간을 이기적이고 냉정하게 계산하고, 본질적으로 무기력하고 원자적이다."(100) (E. K Hunt, 『자본주의 전개와 이데올로기』, 정연주 역, 비봉출판사, 1986, p.55) 그리고 "자유주의 사고에서 만들어진 자본가적 사회를 자본주의라 한다."(101) (같은 책 p.27) 이처럼 자유주의에 대해서 헌트는 부정적임을 이해할 수 있다.

이는 자유주의가 인류의 물질적 풍요를 위한다는 명분일 뿐, 실제로는 선진국의 경우 식민개척으로 이룩한 자본축적으로 첨단과학기술을 발달케 했으며, 이로 형성된 세계적 양극화로 대다수 사람이 빈곤층으로 전락되고 있다는 점에서 이해할 수 있다. 또한 자유주의가 인간 존엄을 위해 최소한 물적 기초를 보장하지 않고, 어떠한 개인이 독차지하고자 하는 것을 허용함에 따라 급속한 양극화와 환경오염 등으로 인류가 곤경에 처하게 되었다.

하여 과거 소규모 경제에서 자유주의가 적합하였지만, 오늘날 천문학적 규모의 경제와 과소비로 인해 만들어진 자원고갈, 환경오염 등의 나쁜 결과를 볼 때 자본주의가 지구촌시대와 불 합치함을 알 수 있다. 실제로 초기 자본주의에서 자본가만 풍요로웠을 뿐 대다수 사람들은 빈곤했으며, 오늘날에는 지역 간의 양극화로 인해서 테러가 만연하는 위험한 사회가 되었을 뿐이다. 특히 복지 축소를 근간으로 하는 신자유주의는 사회적 약자의 삶은 고단하며, 여성은 성적 존재로 전락될 수 있다는 점에서 탈자유주의적인 새로운 체제가 세계화되어야함을 알 수 있다.

위험한 사회를 형성

자본주의가 등장하고부터 인류는 단기간에 많은 대가를 치렀다. 물론 첨단과학기술을 만들어 하나의 지구촌으로 만든 원동력이었다는 점이나, 인류를 문명화한 점에서 긍정적으로 볼 수 있다. 하지만 문제는 자본주의가 지금까지 만든 결과로 인하여 앞으로 다가올 더 큰 위험을 극복할 수 없다는 데 있다. 특히 장기적인 안목에서 볼 때 자본주의의 속성에 의해 유발되는 양극화가 인간성 황폐화로 이어지고 있으며, 여성이 과거처럼 빵을 위해 자유를 버려야 하거나, 성적 존재로 전락하는 등의 상황이 전개될 경우 회복불능의 상태로 고착화될 수도 있다.

이는 이미 자본주의 속성에 충실코자 하는 신자유주의가 절대적 양극화는 빠르게 가속화하는 사실에서 이해할 수 있다. 아울러 자유주의사상과 자본주의제도는 막스 베버가 지적하듯이 의도하지 못한 결과였다고 했을 뿐만 아니라, 프랑스대혁명의 정신인 자유, 평등, 박애를 이룩할 수도 없었고 빈곤의 자유만 있다고 주장한 사실을 상기해 볼 때, 앞으로 부계적 가치와 근본적으로 다른 새로운 정치체제가 성립되어야만 위험한 사회에서 벗어날 수 있음을 이해할 수 있다.

예를 들어 인류가 탈 양극화를 공존의 법칙으로 지적했던 절대주의 철학자 플라톤의 주장을 실천한다면 가능할 것이다. "플라톤은 제자 아리스토텔레스에게 이르기를 어떤 조직에서든지 최고임금이 최저임금의 5배를 넘어서는 안 된다고 하였다."(102) (고철기, 『자본주의 종말』, 물병자리, 1998, p.88) 따라서 절대주의 철학자였던 플라톤이 행복한 인생을 살기 위한 법칙으로 '소유상한제'를 제시하였음을 알 수 있다. 즉, 양극화를 플라톤은 부 정의한 것으로 생각했고, 불행한 인생을 만드는 원인으로 생각하였던 것이다. 다시 말해서 플라톤은 동료로서 인간 상호간에 소유제한에 의해 조화를 이루어야 행복한 인생을 살 수 있다고 믿었던 것이다. 이는 종교사회였던 모계신본주의사회의 나눔(박애)을 생활화한 것과 부계우월종교에서도 자비나, 사랑을 교리의 핵심으로 하고 있는 사실에서 이해할 수 있다. 물론 모계신본주의사회에서는 나눔을 진리로 알고 공유제로 나눔을 실천하였던 반면, 사유제를 근간으로 하는 부계사회의 등장으로 만들어진 부계우월종교에서 나눔이 명분으로 된 경우가 많다.

아무튼 부계주의에 바탕을 둔 경제적 자유주의로서 자본주의가 천재지변, 인간성 황폐화, 자원고갈, 환경문제, 양극화 등을 유발하며 위험한 사회를 고착화하고 있다. 지구촌시대를 맞이한 인류는 나눔을 실천하라는 성현의 가르침을 상기해서 위기를 극복해야 할 급박한 상황에 처해 있는 것이다. 즉, 상상의 자유는 무제한일지 모르나 행위규범으로서 자유주의는 제한적이어야 할 만큼 위기에 있는 것이다. 물론 오늘날 인류가 행복한 인생을 위한 해답으로서 삶의 질 향상이나 존재의 삶을 위한 방안을 다각도로 연구하지만 자본주의 틀에서 벗어나지 못하여 한계를 맞고 있다. 예를 들어 절대주의 철학자였던 플라톤은 행복을 위한 법칙으로서 상한제를 제시하였음에도 불구하고, 지켜지지 않았던 것은 전체주의로서 부계주의와 상반되었기 때문에 구현하지 못한 사실에서 이해할 수 있다.

하여 인류가 지속 가능한 삶을 위해 플라톤의 상한제를 수용하고자 한다면, 탈 부계주의적인 새로운 정치경제제도가 성립되어야 함을 알 수 있다. 즉, 부계적 가치를 근간으로 하는 정치경제제도를 퇴출하여 부계와 모계가 공존하는 탈자유주의적인 새로운 체제로서 모민주의가 성립되어야 하는 것이다. 다시 말해서 한정된 재화의 적정한 분배를 위한 새로운 모계적 분배양식인 '소유상하한제'로 적극적 복지사회를 구현할 수 있는 '모민주의' 정치경제제도가 세계화되어야 함을 말하는 것이다.

II

포스트자본주의

1. 신인류 분배양식

경제민주화

시민혁명 후 자유주의를 근간으로 하는 근대사회가 성립하였다. 이는 경제적 자유주의를 위한 절차적 정의로서, 민주주의와 결합한 형태인 자유민주주의 체제로서 소위 자본주의 체제라고 할 수 있다. 하지만 자연법사상을 근간으로 하는 자유주의나, 철학적 상대주의를 근간으로 하는 민주주의는 다 같이 인본주의적이며 개인이 주체가 된다는 의미에서 결합이 가능하지만, 복지문제에 있어서 근본적으로 다름에 따라 무리한 결합으로 볼 수 있다. 이는 모계적 가치를 내재하고 있는 민주주의는 복지적이지만 자유주의(개인주의)는 비복지적이라는 점에서 이질적이기 때문이다.

문제는 모계적인 민주주의와 부계적인 자유주의는 본질적으로 상반됨에도 불구하고, 부계주의의 연장선에서 결합됨에 따라 경제적 자유주의를 위한 민주주의로서 반쪽 민주주의에 머물고 있다. 이는 부계민주주의로서 민주주의 방향성인 복지사회 구현을 위한 정치적 의무를 다할 수 없기 때문이다. 즉, 인간의 사회성을 근간으로 하는 정치적 민주주의보다 인간의 개인성에 연유하는 경제적 자유주의가 우선하는 체제인 것이다. 따라서 무제한소유를 허용하는 자유주의를 위한 민주주의로서 절차적 정의에 머물게 하는 자본주의사회는 모계적 분배양식을 근간으로 하는 적극적 복지사회를 구현하기 곤란함을 알 수 있다. 즉, 자유주의는 목적이 되고 민주주의는 수단이 되는 반쪽민주주의로서는 복지사회를 구현하는 데 한계가 있음을 말하는 것이다.

물론 집산제로 복지사회를 구현하는 사회주의가 국민을 위해 민주주의 이상을 실제로 구현할지라도 민주주의가 목적이 되는 것은 아니다. 왜냐하면 국민에 의한 정치가 민주주의이기 때문이다. 그리고 1인 다 주식주의로서 경제적 자유주의와 1인 1표주의인 민주적 생활양식과는 상반되는 것을 결합한 자본주의는 불안정한 체제로 볼 수 있다. 이는 자유주의와 민주주의라는 두 개의 정치 시스템이 혼재하고 있는 것과 같기 때문이다. 하여 국민에 의한 정치로서 민주주의가 자본주의발 양극화를 극복하고자 한다면, 절차적 정의와 경제적 민주주의라는 형식과 내용이 일치하는 온전한 민주주의로서 모민주의가 성립되어야 함을 이해할 수 있다.

왜냐하면 국민스스로를 위한 적극적 복지사회를 구현하기 위해 플라톤의 소유상한사상을 대다수 사람들이 공동체의 일반의사(규범)로 설정하기를 바란다면, 온전한 민주주의로서 모민주의가 성립되어야 '소유상하한제'라는 장치를 만들 수 있기 때문이다. 물론 자본주의를 극복하기 위한 전 단계로서 복지사회의 구현을 위한 생활정치로 발전하고 있다는 점에서 모민주의가 성립될 수 있음을 예측할 수 있다.

모계적 분배양식

절대주의 철학자 플라톤의 소유상한사상은 서구가 기독교제국이 됨에 따라 실천될 수 없었을 것이다. 즉, 소유상한사상을 제외한 플라톤의 절대주의철학을 원용한 기독교는 절대존재를 중심으로 한 전체주의 토양을 구축했음에도 불구하고, 플라톤의 주요사상으로서 소유상한사상을 제외했던 것이다. 이는 상대주의를 근간으로 하는 근대사회가 탈 양극화를 지향하고 있음에도 불구하고, 자본주의가 1대 99라는 절대적 양극화를 만들고 있다는 사실에서 이해할 수 있다. 즉, 자유, 평등, 박애를 명분으로 한 시민혁명의 취지는 물심양면의 균형을 이루어 인간답게 살기 위한 복지사회의 구현에 있었음에도 불구하고, 절대봉건제를 대신한 배금주의에 충실코자 한 자본주의가 시민혁명의 의미를 퇴색케 했던 것이다. 다시 말해서 복지사회를 구현할 수 없는 인권선언은 선언에 머무르게 했던 것이다.

예를 들어 구시대는 사회적 약자가 시혜의 은전이라도 받을 수 있었지만, 초기 자본주의에서는 자기 팔 자기가 흔들면서 살아가는 사회로서 은전도 없음에 따라 굶어죽을 자유밖에 없었던 사실에서 이해할 수 있다. 즉, 구시대 사람들은 신분제의 지배를 받았으나 근대사회가 성립하면서 복지 책임이 개인에게 있음에 따라 배금주의에 지배받게 되었던 것이다. 예를 들어 자본주의사회가 성립되면서 경쟁력을 갖추지 못했던 대다수 여성의 경우 오히려 복지적 시혜도 없어진 상태가 됨에 따라 구시대의 노예등급 수준으로 추락되었던 사실에서 이해할 수 있다. 따라서 민주주의의 알맹이라 할 수 있는 복지사회 구현을 간과하는 자본주의는 생태적으로 민주적이고 복지적인 여성과 불합치함을 알 수 있다.

이는 오늘날까지 대다수 나라에서 만민평등에 근거한 남녀평등을 규정하고 있지만, 부계편향의 사회임에 따라 현실적으로 차별이 있다는 점에서 이해할 수 있다. 예를 들어 우리나라 헌법 제11조 1항에 "모든 국민은 법 앞에 평등하다. 누구든지 성별, 종교 또는 사회적 신분에 의하여 정치적, 경제적, 사회적, 문화적 생활의 모든 영역에 있어서 차별을 받지 아니한다."고 하며, 제36조는 가족의 민주적 제도보장과 아울러 양성평등에 관한 규정들과 함께 "국가는 여성의 복지와 권익향상을 위하여 노력해야 한다." "국가는 모성보호를 위해 노력해야한다."고 규정하였으며, 최근 호주제 폐지와 함께 남녀평등을 위한 차별금지법을 규정하고 있음에도 불구하고, 여성들은 법의 실효성을 의심하고 있다는 사실에서 이해할 수 있다.

하여 인류의 구심력인 모성을 보호해야 할 만큼 위험한 사회가 됨에 따라 생태적으로 복지적인 여성과 부합되는 모계적 분배양식을 근간으로 하는 새로운 체제를 성립한 다음, 모성보호를 위한 물질적 기초를 입법으로 보장되어야 할 때가 되었음을 알 수 있다. 아울러 비복지적인 신자유주의로 초국가적 거대기업의 위력이 지구촌사회를 이끌게 되는 현상은 위험한 사회를 가속화함에 따라 부계적 분배양식을 근간으로 하는 체제는 퇴출되어야 하기 때문이다. 즉, 모계가 부계를 견제하여 균형발전을 이룰 수 있는 권력의 반을 보장하는 정치경제제도가 성립되어야 하는 것이다.

이는 부계적 분배양식을 근간으로 하는 자본주의로 인하여 형성된 위험한 사회를 극복하기 위해 생태적으로 복지적이며 민주적인 여성이 적극적 복지사회를 구현하기 위한 생활정치에서 중심 역할을 해야 하기 때문이다. 물론 실현 가능한지 의심을 할 수도 있겠지만, 인권선언을 명문화한 자체가 법의 실효성을 보장 받기 위해 여성 스스로 정치적인 힘을 배양할 수 있는 근거가 마련되어 있음에 따라 공은 여성에게 넘겨졌으며 조직화하여 체제를 성립할 경우 국정의 주체가 되어 정치권력을 행사할 수 있을 것이다.

즉, "권리 위에 잠자는 자는 구제할 수 없다."는 법치주의 명언처럼, 근대사회의 여성은 정치적 힘을 스스로 배양하여 스스로 도울 수 있는 자격을 갖게 된 것이다. 다시 말해서 여성들이 뭉쳐 탈 양극화사회로서, 적극적 복지사회의 구현을 위한 온전한 민주주의인 모민주의 체제를 성립할 수 있는 사회가 준비되어 있음을 말하는 것이다. 하여 종이호랑이로 머무는 남녀평등법이 실제 호랑이로서 실효성을 갖추려면 노동조합처럼, 여성들이 결사에 참여해야함을 알 수 있다.

지난 잘못에 대한 보상

부계사회의 등장으로 여성의 삶이 고단하였으며 근대사회가 성립되어 차별금지법이 명문화되어 있음에도 불구하고, 여성을 경시하는 사회풍토가 여전한 이유는 거의 모든 제도가 부계주의를 근간으로 하여 만들어졌고, 의식을 지배하기 때문으로 볼 수 있다. 즉, 부계주의 정치문화에서 여성들이 정치적 토대를 형성할 수 없었기 때문일 것이다. 하여 여성들은 정치역량을 키우기 위해 마치 노동조합처럼 여성 지도자를 중심으로 모계적 분배양식을 성립하기 위해 조직화로 세력을 형성해야 남녀평등지수가 5대 5 정도로 견제와 균형이 가능함을 알 수 있다. 즉, 모계를 정치의 한축으로 인정하고, 권력의 반을 보장하여 부계와 견제와 균형을 이루며 남녀평등의 실효성이 보장되는 '모민주의' 정치경제제도가 세계화되어야 하는 것이다.

하지만 부계 정치지도자가 다수를 차지하는 정치현실에서 부계주의로 세상의 문제가 해석되는 것을 부정할 수 없음에 따라 사회정서로 공고화된 후진국 기준으로 10대 1의 남녀 차별을 대등한 수준으로 만들거나, 탈 부계적 체제를 보편화하는 등은 어려운 문제로 볼 수 있다. 실제로 자본주의사회에서 자유경쟁을 위한 거래당사자가 평등을 전제로 한 대등한 입장으로 자유계약의 원칙을 지켜지기 어려우며, 남녀평등의 경우 법률로서는 평등하지만, 현실에서는 차별이 엄연히 실재한다는 사실에서 이해할 수 있다.

예를 들어 서구는 남성을 원자적 개인으로, 여성은 원자에 종속되어 있는 전자적 개인처럼 생각한 기독교문화가 오랫동안 의식을 지배했기 때문에 여성들은 시민혁명에 참여하여 자유, 평등, 박애를 위해 피 흘린 대가조차 받지 못했고, 후일 실효성이 없는 남녀평등 선언을 획득한 사실만으로도 만족했던 사실에서 알 수 있다. 즉, 희생과 봉사를 필요로 할 때는 평등을 말하고, 실제 분배에 있어서는 능력의 불평등을 들어 차별받았던 부정의 사회였던 것이다. 따라서 지구촌시대를 살아야하는 신인류는 오랫동안 여성을 열등한 존재로 생각하여 착취를 당연한 것으로 생각하게끔 하는 사상을 근절하기 위해 민주주의가 한 단계 더 본질에 가깝게 발전하는 적극적 복지사회의 구현을 위한 새로운 정치문화가 형성되어야 함을 알 수 있다.

즉, 지난날 잘못된 생각이나 제도에 의해 피해가 발생한 사실을 두고, 마치 아무 일도 없었던 것처럼 지나칠 수 없기 때문에, 생태적으로 복지적인 여성과 부합되는 정치경제제도의 성립으로 보상을 대신해야 함을 말하는 것이다. 물론 근로자와 사용자 간에 실제로 대등하지 않음에 따라 사회법을 첨가한 수정자본주의에서 인정한 노조로서 사용자와 대등한 입장에서 타협하게끔 사회적 합의를 한 사실을 상기해 볼 때 가능한 것이다. 따라서 모민주의의 '소유상하한제'로 적극적 복지사회를 구현할 수 있음을 알 수 있다. 이에 대해 자세한 내용은 경제 편을 참고하기 바란다.

2. 존재의 삶으로 진보

이성적 존재인 인간의 삶

서구의 경우 절대존재의 계시로 남성우월주의가 정당화됨에 따라 남성들은 무임승차의 복을 누린 반면, 여성이 소외되었으며 착취하기 쉬운 대상으로 전락케 되었다. 이는 근대민주주의사회가 성립되었음에도 불구하고 태생적으로 복지적이고 민주적인 여성이 정치참여를 할 수 없었던 이유로 볼 수 있다. 즉, 모계적 가치를 근간으로 하는 민주주의는 분배양식도 민주적이어야 함에도 불구하고 표리부동함에 따라 소통에 장애가 있기 때문이다. 이는 말로 하는 민주주의정치에서 폭력이 난무하는 이유로 볼 수 있다. 다시 말해서 무한축적을 정당화하는 경제적 자유주의를 위한 절차적 정의로서 민주주의가 아닌 경제적 민주주의로 적극적 복지사회의 구현을 위한 민주주의가 공고화될 때 소통이 되는 것이다. 이는 인간의 욕구 충족을 근간으로 하는 자본주의 분배양식에서는 과잉경쟁과 시장 확대가 필연적임에 따라 이해관계의 충돌을 피할 수 없기 때문이다.

예를 들어 자본주의의 무국적성은 만약 전쟁이 일어난다 할지라도 자본가는 자본축적을 할 뿐이며, 국민은 동원의 대상이 됨에 따라 결과적으로 '곰이 재주를 부리고 돈은 사람이 가진다'라고 하는 속담처럼 자본가에게는 전쟁을 통해서 세 가지를 얻을 수 있었던 사실에서 이해할 수 있다. 즉, 하나는 부를, 또 다른 하나는 권력을 얻었으며, 나머지는 명예까지 획득할 수 있었던 것이다. 반면에 권력자는 국민 희생에 대한 책임을 져야 하기 때문에 권력과 부와 명예까지 잃었을 경우에도 자본가는 책임지지 않았던 사실에서 자본주의의 속성을 이해할 수 있다. 하여 자본주의사회에서는 양극화가 형성되는 것이나, 구시대의 권력투쟁으로 권력양극화를 이루고자 하는 것과 같은 성질이라 할지라도, 자본주의발 양극화가 세계적이며, 1대 99로 훨씬 강력함을 알 수 있다.

따라서 자본주의발 부의 양극화가 다른 분야까지 양극화하고 있음에 따라 결과적으로 철학적 상대주의를 근간으로 성립한 근대사회가 철학적 절대주의를 근간으로 하는 구시대보다 위험한 사회로 고착화될 것을 예측할 수 있다. 이는 구시대에서 권력의 유무에 따라 형벌의 정도가 부패했던 것처럼, 오늘날 자본주의사회의 실상을 압축하여 전하는 '유전무죄 무전유죄'라는 속어에서 이해할 수 있다. 즉, 자본주의사회에서 자본가는 자본축적이 선이 되고 도산은 악이 됨에 따라 우선 자신부터 살아남아야 하는 절박한 입장에 있는 것이다.

하여 자본주의의 무정부적인 경향으로 사람들은 공동체를 위한 조세부담을 싫어할 뿐만 아니라, 손해는 무능, 이익은 유능의 결과로 의식하게 되었음을 알 수 있다. 물론 공공선을 지향하는 인간의 경우 왜곡된 의식임에 분명하다. 따라서 초기 자본주의에서 개인의 이기적 행동이 공동선을 이룬다고 했지만, 자본의 축적과정에서 유발되는 이해관계의 충돌로 일어난 공동악의 결과인 세계대전을 볼 때 오히려 악이 배양되고 있음을 이해할 수 있다. 예를 들어 쓰라린 역사적 경험으로 자본주의를 불신하게 되었지만, 인간의 탐욕을 동기유발로 하는 자본주의는 너무나 강력함에 따라 유발되는 나쁜 결과를 억제하기 위해 자본주의를 수정한 사실에서 이해할 수 있다.

하지만 수정자본주의 국가로서, 관료제가 비대화되고 간섭주의가 뚜렷할수록 더 많은 문제를 유발하고, 정부가 무력하고 한계에 이르러 자유기업중심의 정책을 펴고자 하는 신자유주의를 만들었다. 즉, 본주의의 속성과 배치되는 소극적 복지국가로 변모했지만 결국 비복지적인 자유주의에 충실코자 신자유주의로 다시 돌아온 것이다. 이처럼 자본주의가 강력한 것은 사유제를 근간으로 하는 부계사회가 1회적 삶을 근간으로 하고 있기 때문으로 볼 수 있다. 하여 다생의 삶을 믿어 공유제를 하였던 모계사회의 분배양식은 참고가 될 것이다. 물론 지구촌시대를 살아야 하는 신인류를 위해 생태적으로 복지적이고 민주적인 여성이 주류로 형성될 수 있는 체제로 진보해야 할 것이다.

과소비의 위험성

자본주의에 반동하여 나타난 사회주의자들은 자신들이 진짜민주주의를 구현한다고 주장함에 따라 자유주의 체제가 붕괴될 위기 상태로 발전하였다. 이러한 상황으로 인하여 20세기 초 국가존립의 정당성을 복지국가에 두어, 자본주의에서 사회법을 수용한 수정자본주의를 근간으로 한 바이마르헌법이 성립하기에 이르게 되었다. 즉, 자본주의가 부의 절대성을 지나치게 강조한 결과 사회정의가 무너졌을 뿐만 아니라, 국가존립의 위기를 맞이하게 됨에 따라 자본가의 횡포를 억제할 수 있는 노동3권의 보장과 사회적 약자를 위한 생활권이나 사회복지를 위한 제3자로서 국가의 간섭을 허용했던 것이다.

하지만 행정국가로서 관료제가 비대해짐에 따라 상대적으로 의회민주주의는 약화되었다. 이는 초기 자유방임주의에서 수정한 국가자본주의로 변모하여, 마치 구시대의 전체주의체제처럼 정부가 적극적으로 간섭하기 때문이다. 즉, 지구촌시대로 발전하면서 만들어진 복잡성이나, 폭발적 갈등, 대량소비로 인한 환경문제 등 현실적인 문제를 해결하기 위해 전문성을 가진 관료가 주체가 되고 있는 것이다.

하지만 자유방임주의가 야경국가를 필요로 했던 것처럼 자본주의는 관료제를 축소하려는 경향이 있다. 예를 들어 자본주의 속성에 충실코자 하는 신자유주의가 관료뿐만 아니라, 의회까지 무력하게 만들고 있는 현실에서 이해할 수 있다. 하여 자본주의의 속성에 충실하기 위한 신자유주의가 복지축소를 한다면, 초기 자본주의가 제국주의를 형성했던 것처럼 국제적 긴장관계를 유발할 수 있음을 알 수 있다. 따라서 자본주의의 강력한 욕구본능을 배양하는 속성에 의해 만들어지는 악순환의 고리를 끊기 위해 근본적으로 다른 모계적 분배양식이 세계화되어야 앞의 문제를 해결할 수 있음을 알 수 있다.

이는 신자유주의가 추구하는 세계분업화를 가능케 했던 석유자원의 고갈이 빠른 속도로 진행됨에 따라 석유화학제품 등에 의존하는 인류의 생활의 전반을 붕괴할 수 있을 뿐만 아니라, 물류비용의 상승으로 지역 내 자급자족의 생활로 재편될 것으로 예상할 수 있기 때문이다. 즉, 자본주의의 성장성을 가능케 한 화석연료로서 석유자원은 재생산이 되지 않음에 따라 자본주의가 한계를 맞이했음을 말하는 것이다.

특히 화석연료 에너지를 대체코자 원자력개발을 할수록 방사능오염으로 인한 위험을 체르노빌이나, 2011년 후쿠시마에서 일어난 원전사고로 인류가 공멸할 수 있음을 알게 됨에 따라 더 이상 과소비를 유도하는 자본주의로 인류가 살 수 없음을 알게 되었다. 따라서 무한정 발전하여 문화적 차이를 극복하고 세계화를 할 수 있을 것으로 믿는 자본주의발 착각을 벗어나야 함을 알 수 있다. 그런데 아직은 석유자원이 남아 있으며, 다국적기업의 가공할 만한 자본축적과 더불어 확고한 세력을 형성하고 있음에 따라 자본주의자(자유기업가)들은 신자유주의를 역설하며 자본주의자가 세상을 이끄는 신자유주의 정치가 가능할 것으로 착각하고 있다.

물론 신자유주의들은 정보통신이나 과학기술의 발달로 세계분업화가 가능한 것으로 보이겠지만, 대량소비로 인한 석유고갈로 석유화학제품의 감산이나, 대다수 물류가 이동이 불능하게 된 극단적인 상황을 경험하지 않았기 때문일 것이다. 따라서 이미 징조로 고유가를 몇 차례 경험하여 에너지나 자원 확보에 국가의 명운이 걸려 있는 상황이 전개되고 있음에도 불구하고, 자본주의의 강화로 신자유주의를 제3의 길로 생각하는 것은 남은 다 죽어도 자신은 죽지 않을 것이라는 아둔함에서 비롯된 것임을 알 수 있다.

'존재의 삶' 은 필수

석유자원고갈과 환경파괴 등으로 인한 먹이사슬의 붕괴를 눈앞에 두고 있는 상황에서조차, 신자유주의자들은 국제정치의 중심에서 각국의 정치에 직간접으로 영향력을 행사하고 있으며, 신자유주의에 부합되는 체제개편을 관철하기까지 한다. 즉, 자본주의가 엄청난 양의 에너지소비나 과소비 등을 부추김에 따라 만들어진 환경오염, 자원고갈, 생태계파괴, 의존성의 증대 등으로 이미 국내외의 문제를 벗어나 국제적 공조를 해야만 지속가능한 삶을 살 수 있는 입장이 되었음에도 불구하고, 자유무역을 위한 세계시장 확대만 관심이 있는 것이다.

하여 세계를 하나의 정부처럼 자유무역을 하고자 함에 따라 각 나라는 자신들의 문제가 차선이 되면서 주권재민의 민주주의는 위기를 맞게 되었음을 알 수 있다. 즉, 국가자본주의와 달리 선진국 중심의 세계자본주의로서, 신자유주의는 자유무역을 활성화하기 위해 국내에서는 기업의 경쟁력제고로 인해 생성되는 복지축소 요구나, 양극화로 유발되는 사회적 경비부담의 증대나 개방을 강제하는 국제적 압력 등으로 인하여 정부가 무력하게 되는 것이다.

예를 들어 자본주의로 세계화된 오늘날은 상호 의존성의 증대로 인하여 국내의 민주주의 정치로서는 쉽게 풀 수 없는 입장이 됨에 따라 국민들은 민주적 권위까지 부정하게 되어 사회통합을 이루기가 어려워지고 있다. 또한 자본주의의 분배양식으로 유발되는 양극화현상으로 나타나는 인권 무시의 경향은 일인일표주의인 민주주의가 위기를 맞는 원인이 되고 있다. 이는 부계적 분배양식을 모계적인 민주주의가 통제하는 데 한계가 있기 때문이다. 즉, 민주주의와 부계적 분배양식의 결합은 모순인 것이다.

따라서 인류에게 부담이 되고 있는 자본주의를 넘어 민주주의와 모계적분배양식이 결합한 모민주의 체제로 세계화해야 할 때가 되었음을 알 수 있다. 그리고 서구의 식민통치를 받았던 자본주의 주변국들은 대다수의 나라들이 제국주의의 혹독했던 경험으로 아직도 혼란스러운 상황에 있으며, 이들 나라의 대부분이 반기독교적인 정서로 제3세계를 형성하여 반자본주의적 경향이 있다는 점도 고려해야 할 것이다. 즉, 시민혁명으로 이룩한 인간 존엄을 구현하기 위해 성립한 인류의 위대한 유산인 근대 민주주의사회까지 자본주의로 인하여 폄하되고 있는 것이다.

그리고 서구 식민통치를 받은 지역 민중들은 자신들의 정체성이라 할 수 있는 전통문화를 부정하면서 형성된 경박한 출세주의, 이기주의 등의 식민찌꺼기를 제거하기 위해 반기독교적인 이슬람으로 서구적 가치를 부정하고 있다. 즉, 전통가치에 의한 사회목표와 식민지 통치를 위해 만들어진 제도는 근본적으로 이질적임에 따라 유발되는 가치부재 현상을 극복하기 위해 각고의 노력을 하고 있는 것이다. 하여 '존재의 삶'과 상생을 위해 연대를 중시하는 전통문화와 배치되는 '소유의 삶'을 위한 체제인 자본주의로 인해 이웃과 갈등이 심화된 결과로 전통문화파괴, 인간의 유대성의 훼손 등으로 훼손된 것을 회복하기 위해 부계유일신주의인 이슬람교를 수단으로 강화하고 있음을 알 수 있다.

즉, 로버트 머튼(Robert K. Merton)이 1957년 『사회이론과 사회구조』에서 발표한 아노미현상을 극복하기 위한 대안인 것이다. 다시 말해서 억제할 수 없는 탐욕으로 배타적인 종교를 내세워 식민지지배를 위한 명분을 축적하면서 수탈한 사실은 사회통합을 위해 반기독교적, 반자본주의로 아노미현상을 극복할 수 있다고 생각했다. 따라서 지역의 문화와 의식은 적어도 수백 년에 걸쳐 뿌리가 내려져 있기 때문에, 서구문명이 합리적이라 할지라도 토착민의 문화를 존중하여 점진적인 수교나 교류되어야 충격을 완화할 수 있음에도 불구하고, 탐욕을 정당화하는 자본주의는 이익을 위한 조급증으로 전통문화를 간과했음을 알 수 있다. 물론 오늘날의 경우 다국적 기업이 석유자원이 곧 고갈되기 전에 부를 축적하기 위한 조급성에서도 자본주의 속성을 알 수 있다.

이는 하일브르너의 다음 글에서 이해할 수 있다. "더 중요한 이유는 부가 저개발주변으로부터 발전된 중심으로 빠져나가는 것이다. 이미 오랜 역사를 지닌 강자에 의한 약자의 제국주의적 착취가 자본주의적으로 변형된 것이라 할 수 있다. 점점 더 넓어지는 부국과 빈국간의 격차는 의심할 바 없이 자본주의 세계의 탁월한 성과를 입증하는 척도일 뿐만 아니라 자본주의적 착취의 힘을 보여주는 징표이다."(103) (하일브르너, p.54)

이처럼 자본주의로 인하여 만들어진 대량소비, 대량생산시대를 살아야하는 인간을 '경제적 동물'로 살게끔 강제함에 따라 각 지역의 전통적 가치로 이루어진 인간적 유대는 약화되고, 삶의 질을 떨어뜨려 인간을 경박하게 만든다는 점을 알 수 있다. 즉, 자본주의가 이기적인 욕구를 동기유발로 함에 따라 배양되어 만들어지는 탐욕만큼, 과당경쟁으로 인한 자원고갈과 자연훼손이나, 비인간적이고 무자비한 측면 등으로 위험한 사회를 만들고 있는 것이다.

또한 태생적으로 종교적 심성이 내재되어 있는 인간은 태고부터 선함을 목표로 진보해왔으며 인류의 이상임에 따라 성악설적인 인간으로 만드는 환경이나, 제도는 마치 밭에서 끝없이 잡초를 제거하는 것처럼 퇴출되어야 할 것이다. 이는 자본주의가 물질풍요를 통해 인간다운 행복한 삶을 구현한다고 역설한 것을 무한한 자원이 있다면 믿을 수 있지만 현실적으로 유한한 자원으로 인간의 끝없는 욕망을 충족할 수 없음에도 불구하고, 탐욕의 배양을 부추김에 따라 성악설적인 위험한 사회가 되었기 때문이다.

그리고 자본주의가 인간의 비교차별의식을 필요 이상으로 자극하거나 양극화 등으로 인하여 배금주의가 의식을 지배함에 따라 유발되는 위험한 사회를 더 이상 방치하면 회복불능상태가 될 수 있기 때문이다. 사실 삼라만상의 주체로서, 인간의 우수한 두뇌와 무한한 상상력을 경제에 국한한다는 자체가 위험한 것이다. 하여 지구촌시대를 사는 신인류는 모계신본주의사회가 독점하지 않음으로써 풍요했던 사실을 상기할 필요가 있다. 따라서 착취기술을 발달케 하는 자본주의는 인간성 황폐화를 가져옴에 따라 새로운 모계적 분배양식으로 역사 발전해야 함을 알 수 있다.

3. 모민주의의 소유상하한제

신자유주의의 위험성

자본주의는 국가자본주의를 이어 무한 경쟁을 근간으로 하는 신자유주의로 발전함에 따라 복지국가는 의미를 잃어가고 있다. 즉, 선진국의 다국적 거대기업은 초기 자본주의가 수요개발을 하는 공급적인 경제였던 것처럼, 첨단기술을 기반으로 한 경쟁력 있는 가격을 유지하기 위해 원가부담으로 작용하는 복지축소나 관료제의 축소 등을 지향하고 원칙적으로 국가간섭을 배제하고 있는 것이다. 이는 선진국의 경우 유리한 반면, 중진국의 경우 샌드위치의 입장이 되었으며, 후진국은 경제성장이 둔화됨에 따라 현실적으로 복지국가의 구현이 어렵게 되고 있다.

또한 대량소비로 인해 발생한 지구환경오염은 온난화로 이어져서 생태계파괴와 더불어 정화기능을 잃게 됨에 따라 환경복원을 위한 천문학적 비용 부담을 누가할 것인가, 등의 책임 공방으로 혼란한 세상이 되고 있다. 아울러 국제정치는 거대자유기업의 상업적 활동을 위한 수단으로 변모하게 됨에 따라 조정능력을 잃어가고 있다. 즉, 지구는 소유의 삶을 위한 각축장으로 변모하여 만사를 경제적 가치로만 평가하려는 경향으로 위험한 사회가 되고 있는 것이다.

이는 경제는 행복한 인생을 위한 수단이었지만, 자본주의는 인류가 일찍이 경험하지 못했던 전대미문의 천문학적 규모의 경제로 발전케 함에 따라 경제 자체가 목적으로 변모했기 때문이다. 그리고 현대에 이르러 소유가 삶의 목적이 됨에 따라 유발된 아노미현상이나, 허무주의나 아파시(Aparhy, 무감동, 무관심) 등의 부정적인 현상을 경험하게 되었다. 하여 이성적인 존재로서 인간은 본질적으로 사회적 동물임에 따라 무제한 소유를 정당화하는 자본주의 분배양식보다, 어느 정도 균형을 이루는 모계적 분배양식을 위한 정치경제제도가 합리적임을 이해할 수 있다. 즉, 자본주의가 인간을 '경제적 동물'로 살아가게 하는 자체가 영적 존재임을 스스로 부정하는 것이다.

다시 말해서 문화적 존재로서 인간은 본래 '존재의 삶'을 살기에 적합한 존재이기 때문에 '소유의 삶'을 지나치게 강조하는 자본주의 경제제도가 오늘날 문명화된 신인류에게 부적합함을 말하는 것이다. 이는 영적 존재로서 인간은 존재를 위한 소유로 균형 잡힌 삶을 살아야 하는 존재로 진보했기 때문이다. 하여 각 지역이 존재의 삶을 위한 다양한 정체성으로 고유한 문화와 '소유의 삶'을 근간으로 하는 자본주의를 수용함으로써 혼란을 겪었던 것보다 각성된 세계에서 배금주의의 세계화와 같은 선진국 중심의 신자유주의 이념으로 인한 문화적 충돌이 더욱 심화될 것을 예상할 수 있다.

왜냐하면 최대이윤추구 속성에 충실한 초국가적인 거대기업은 무한경쟁을 방해되는 것을 제거하고자 하며, 국가조차 자본축적을 위한 수단으로까지 생각하는 극단적인 사고방식을 신인류는 거부하기 때문이다. 또한 초기 자본주의 국가에서 활발한 거래로 이루어진 세수증대로 국가의 부가 증대하였던 반면, 민중에서 실익이 없었던 사실이나 초기 자본주의에서 국내외 착취로 이루어진 막대한 자본축적의 충돌로 인해 형성된 제국주의의 나쁜 경험 등을 신자유주의가 등장하면서부터 악순환이 될까 우려하고 있기 때문이다. 물론 자본주의가 등장하고부터 두 차례나 세계대전을 치렀다는 사실과 과당경쟁으로 인한 자원낭비와 환경오염, 절대적 양극화, 테러집단의 배양, 인간성 황폐화 등으로 이루어진 위험한 사회를 만든 사실 등에서 근거하고 있다.

뿐만 아니라 선진국의 거대기업은 냉전체제가 무너지고 난 다음 후진국을 배려할 필요가 없는 상황이 됨에 따라 복지축소로 기업의 조세부담을 완화하고, 우수한 기술력과 대자본으로 무한경쟁을 하겠다는 선진국 주도의 신자유주의 원칙이 일방적으로 적용되고 있다는 사실을 두려워하고 있는 것이다. 또한 1인 다 주식주의로서 자본주의가 주권재민(主權在民)의 1인 1표주의인 민주주의와 부합되지도 않으며, 양극화로 위험한 사회를 만들었고 탐욕을 배양한 결과, 인간성이 황폐화되어 공공선이 무너지고 있는 것을 신자유주의는 가속화할 수 있다. 하여 부계일변도의 내국민주주의와 신자유주의는 지구촌시대와 부적합함에 따라 온전한 민주주의로서 모계 민주주의 정치경제제도가 세계화되는 것이 바람직함을 알 수 있다.

탈 배금주의 지향

자유기업주의로 자본주의는 원칙적으로 비복지적이며 불개입주의를 지향함에 따라 자본축적을 방해한다면, 사익추구를 위한 이익집단으로서 기업은 자유주의원칙을 제시하며 저항하거나 수익이나 안전성이 보장되는 기업하기 좋은 국내외지역에 투자를 한다. 이는 자본주의 속성에 충실코자 하는 신자유주의원칙이라 할 수 있다. 즉, 배금주의에 충실한 소유의 삶을 위한 '경제적 동물'로 충실해야 생존할 수 있는 사회로 발전된 것이다. 따라서 지구촌시대에서 자유기업이 살아남기 위해 치열한 무한경쟁을 해야 함에 따라 국경이 의미가 없게 되는 자유기업 세상이 되었음을 이해할 수 있다.

하여 이로 인하여 유발되는 세계적 양극화는 인류가 공황으로 인해 가혹한 대가를 주기적으로 치렀던 과거의 경험보다, 절대치에 근접한 양극화사회로 인하여 힘든 삶을 살게 될 것을 우려하고 있다. 이는 초기 자본주의가 생각했던 것과 달리, 자본주의 속성으로 인해 유발되는 갈등과 충돌로 야기되는 국방, 치안 문제나 사회복지 등에 소요되는 천문학적 경비나, 핵개발이나 첨단 개인화기 등으로 나타난 사실에서 알 수 있다.

그리고 자본주의 속성에 의해서 발생하는 치안유지나 복지부담 등 사회적 비용의 증대로 인해 유발되는 기업의 조세부담은 정부와 갈등으로 이어지고 있다. 예를 들어 오늘날 무한경쟁으로 인한 기업의 경쟁력 강화, 이윤 감소 그리고 기업과 관련된 복잡한 법적규제, 복지나 사회적 비용의 증가로 인한 조세부담 등으로 '고비용저효율' 사회가 됨에 따라 더 이상 국가자본주의로서는 선진국의 거대기업이 경쟁력을 잃게 되면서부터 국가개입주의(보호주의)를 거부하며 신자유주의를 창안한 사실에서 이해할 수 있다.

물론 공산당의 퇴출로 선진국의 다국적 거대기업은 자본주의 속성에 충실할 수 있게 됨에 따라 신자유주의 체제를 세계화할 수 있었다. 즉, 자유기업이 무한한 자본축적을 위해 지나친 규제와 과중한 담세를 피하면서 유리한 곳을 찾아가는 속성을 충족하기 위해 신자유주의가 성립되었던 것이다. 하여 초국가적인 무한경쟁으로 인하여 국가개입주의가 의미를 잃게 됨에 따라 약화된 정치권력은 복지사회를 구현하기 위한 사회통합을 이루기 어렵다는 사실을 이해할 수 있다. 이는 자본주의사회에서 재화를 압축하는 화폐기능을 넘어 무한히 압축할 수 있는 정보축적 능력으로 인하여 형성되는 금력은 책임지지 않는 현실적 권력이 만들어지고 있기 때문이다.

뿐만 아니라 다국적 기업은 해외시장 확대를 위한 방편으로 각 나라 정부에도 민주적 통제를 받지 않는 금력 등으로 영향력을 행사하면서 유발되는 손해나 피해는 사회적 약자가 부담하고 있는 것이 문제이다. 따라서 지구촌시대는 경제적 자유주의를 근간으로 하는 자본주의 분배양식보다 경제적 민주주의로서 모계민주주의가 세계화되어야 함을 알 수 있다. 즉, 앞으로 사회는 완전한 민주주의로서 모계민주주의 '소유상하한제'로 적극적 복지사회를 세계화해야 되는 것이다. 이는 분권을 근간으로 하는 민주주의와 소유제한은 동일한 의미이기 때문이다. 이에 대한 논의는 정치 편을 참고하기 바란다.

행복지수가 높은 사회로 진보

자신을 중시하는 만큼 모든 행위의 결과도 책임져야 하는 개인주의를 근간으로 '소유의 삶'을 위해 성립한 자본주의사회에서 사람들이 두 차례 세계대전으로 인한 생지옥을 경험하면서 본질보다 존재가 우선한다고 한 실존주의가 발현되었다고 할 수 있다. 이는 인간을 대우주와 연동된 소우주이며 독립적인 주체로 생각한 동양의 천지인사상과 '실존주의'는 매우 흡사함을 알 수 있다. 이는 사르트르의 '실존주의'는 자본주의의 인간 상품화에 대한 실망에서 비롯된 사상으로서, 인간의 본질을 신의 종으로 설정한 것을 거부하며, 인간은 삼라만상의 주체로 소우주로 생각한다는 점에서 같기 때문이다. 하여 '소유의 삶'을 중시하는 자유주의보다 한 단계 발전한 '존재의 삶'은 인류가 이미 태고부터 염원했던 것이며, 지구촌시대와 같이 어느 정도 조건이 성숙되었을 때 제도화해서 살아야 함을 알 수 있다. 즉, 지구촌시대는 '존재의 삶'을 살아갈 수 있는 환경과 지적능력이 갖추어지고 있음에 따라 모계적 분배양식의 세계화로 '존재의 삶'을 살 수 있는 것이다.

물론 에리히프롬(Erich Fronm, 1900~1980)이 자신의 저서인 『소유냐 존재냐』(1976)에서 삶의 의미가 소유보다 존재에 있다고 주장하였다. 그리고 탐욕을 양성화한 자본주의가 장구한 인류의 역사에 비해 짧은 기간 동안 인간성 황폐화를 유발하는 것을 볼 때, 이성적 존재로서 인간은 '존재의 삶'을 사는 것이 합리적임을 이해할 수 있다. 따라서 '존재의 삶'을 살기위해 모계적 분배양식을 보편화할 수 있는 정치문화가 형성되도록 제도를 정비해야 함을 알 수 있다. 즉, 자연계에서 공존하기 위한 구조화된 먹이사슬의 정점에 있는 인간역시 인간 상호간에도 약육강식의 삶을 살고 있지만, 동료로서 인간 상호간에는 소유제한을 통해 '존재의 삶'을 살도록 하는 새로운 정치문화를 창조해야 하는 것이다. 이는 이성적 존재로서 인간은 대자연 속에서 육화되어 자연을 객체로 지배하고 있음에 따라 전쟁이나, 테러 등으로 인한 과소비나 환경파괴가 없이 공존할 수 있는 환경조성과 자연을 가꾸어야 할 선의의 관리자로서 의무가 있기 때문이다.

물론 인간은 본질적으로 '존재의 삶'이 적합함에 따라 이상으로 하고 있지만, 사실은 '소유의 삶'보다 실현하기 어려운 측면도 있다. 하지만 '소유의 삶'을 넘어 자연친화적인 '존재의 삶'을 산다면, 삶의 궁극적 목적인 행복한 인생을 살게 될 것이다. 예를 들어 수만 년간 '생로병사'를 위해 '존재의 삶'을 살았던 느림보 거북이 같은 모계사회에서 행복지수가 높았던 사실은 참고가 될 것이다. 하여 문화적 존재로서 인간은 '존재의 삶'을 살 수 있는 특별한 능력이 있음을 알 수 있다. 즉, 인간은 영적 존재이기 때문에 '존재의 삶'을 이해하고 실천할 수 있는 것이다. 이는 인간은 '소유의 삶'보다, 한수 위인 '존재의 삶'을 실천하는 종교에서 이해할 수 있다. 물론 스스로 만든 돈을 숭배하며 돈벌이 자체가 인생의 궁극적 목적이 되는 것은 대다수 사람을 불행하게 만들었던 역사적 경험에서 근거하고 있다.

따라서 욕구경쟁을 동기유발로 하는 자본주의는 인간이 선을 지향하는 문화적 존재임을 간과하면서 형성된 위험한 사회를 극복하기 위해 민주주의를 공고히 할 수 있는 모계적 분배양식이 세계화되어야 함을 알 수 있다.

적극적 복지사회로 진보

인류의 이상인 적극적 복지사회와 비복지적인 무한소유를 제도로서 보장하는 자본주의와 상반됨에 따라 적극적 복지사회의 구현을 위한 소유제한을 할 수 있는 체제가 세계화되어야 함을 알 수 있다. 물론 태고 모계신본주의사회의 신념인 '해혹복본'을 위한 나눔의 실천이나, 불교의 무소유와 기독교의 사랑, 회교의 나눔, 도교의 조화, 유교의 청빈, 무교의 상생 등이나, 동양철학의 중용, 전통한국의 선비사상, 플라톤의 소유제한 등이 참고가 될 것이다. 즉, 모두가 탐욕을 악으로 간주하고 있다는 점에서 물욕을 제한하여 공공선을 이루는 체제인 것이다.

다시 말해서 물욕으로 인한 부자유한 삶을 살게 하는 '소유의 삶'보다, 스스로 존재 자체를 소중히 여겨 '존재의 삶'에서 행복한 인생을 살 수 있게 돕는 정치경제제도가 성립되어야 함을 말하는 것이다. 왜냐하면 자본주의가 만든 위험한 사회를 극복하고자 하여 등장한 신자유주의 이데올로기는 오히려 세상을 불안정하게 하거나, 테러, 자원고갈, 온난화, 환경오염 등으로 절망하는 가운데 힘든 삶을 살고 있기 때문이다. 물론 인류가 자본주의를 시작한 후 잦은 공황이나, 자원고갈, 풍요속의 빈곤, 세계적 양극화, 온난화, 인간성 황폐화 등으로 이미 인류는 탈자본주의를 위한 사회주의를 비롯해 다양한 대안을 제시하고 있다.

예를 들어 잦은 공황에 대해서, "19C 전반만 하더라도 미국이 두 번(1819, 1837년), 영국은 네 번(1815, 1825, 1836, 1847년)의 경제 위기를 겪었으며 19C 후반에는 미국은 다섯 번(1854, 1857, 1873, 1884, 1893년) 영국은 여섯 번(1857, 1866, 1873, 1882, 1890, 1900년)의 경제적 어려움을 겪게 되었다. 따라서 경기변동은 자본주의 시장경제의 외부적 요인에 의해서 설명하기보다는 자본주의 내부적 요인으로부터 찾아야 했다. 이와 같은 경제변동에 따른 경제적 불안정은 시장경제를 기반으로 하는 자본주의의 약점으로 인식되었고 이를 시정하는 방법이 없다면 자본주의는 몰락하고 말 것이라는 견해를 나타나게 되었다."(104) (김광현, p.90)

이처럼 자본주의로 인해 만들어지는 크고 작은 수많은 공황을 상기해볼 때, 시장기능에 의해 자동조절이 된다는 믿음은 더 이상 설득력이 없음을 알 수 있다. 즉, 자본주의사회에서 만들어지는 각박함은 빈곤층을 양산하게 됨에 따라 주기적으로 시장 자체가 형성될 수 없었던 것이다. 하여 양극화현상으로 인하여, 시장의 자동조절기능은 무력하고 비현실적임을 경험함에 따라 공평한 제3자로서 기능국가가 시장기능의 정상화를 위한 역할이 필요함을 알게 되었다. 이는 선진국은 성장과 분배의 균형이 중요함을 인식하는 계기가 되어, 자본주의를 수정한 개입주의로 시장을 정상화하였던 것이다. 예를 들어 고용증대나 국민소득을 향상케 하여 소비를 진작케 하거나, 저소득층의 복지소비를 위한 정부보조금의 지급 등을 정부가 주도하여 경기를 조정하였던 것이다. 이는 초기 자본주의에서 있었던 가혹한 착취로 형성되었던 반사회적인 정서가 만연하여 사회주의사상이 등장되고, 이어서 공산당이 만들어지면서 자본주의가 퇴출될 위기에 있을 때, 복지사회의 구현을 위한 사회적 합의로 자본주의 원칙을 한발 양보한 소극적 복지국가가 성립되면서부터 가능했다.

하지만 자본주의는 인간의 탐욕과 부합되는 최대이윤을 본질로 함에 따라 시장을 정상화하기 위한 국책사업이나 사회간접자본투자 등에 편성한 정경유착으로 거대기업을 형성해서 양극화를 심화시켰다. 하여 비복지적인 자본주의는 소극적 복지조차 제대로 구현할 수 없는 속성이 있음을 알게 되었다. 이는 상업주의에서 한 단계 더 발달한 자본주의는 양극화를 가속화하여 사회적 약자를 양산함에 따라 복지사회의 실현이 불가능하게 되기 때문이다. 하여 수정자본주의 국가로서 행정(복지)국가는 임시방편에 지나지 않음을 알 수 있다. 즉, 다시금 자본주의원칙으로 돌아온다는 뜻이다. 이는 원초적 본능을 자극하는 자본주의로 인류는 혹독한 역사적 경험을 겪고 난 후 자본주의가 수정되었음에도 불구하고, 강력한 속성으로 인하여 오늘날 신자유주의가 등장한 사실에서 이해할 수 있다.

즉, 자본주의로 인하여 만들어진 양극화나, 환경오염과 파괴, 인간성상실, 무한경쟁 등으로 인한 위험한 사회를 극복하지 못하고 자본주의에 충실한 신자유주의가 등장한 것이다. 물론 인간은 이성의 한계를 인정하지 않는 자만과 자본주의 현상을 개선할 의지가 없는 태만의 결과일 것이다. 하여 부계적 분배양식을 근간으로 하는 체제를 고수하는 한, 각종 테러와 환경재앙이 증가되어 위험한 사회가 고착화됨을 예상할 수 있다. 물론 위험한 사회를 벗어나기 위해서 자본주의와 근본적으로 다른 분권적인 민주주의와 부합되는 모계적 분배양식의 보편적 가치가 되는 과도기 과정으로 볼 수 있다.

참고로 전통 한국의 경우 조화로운 삶을 위해 개인이 99칸의 주택을 소유할 수 없게 한 소유제한으로 양극화를 억제한 사회였다. 이는 동양의 민본주의에서 백성의 뜻은 하늘의 뜻임에 따라 백성을 노엽게 하는 수준의 양극화나, 분노를 일으키는 독재 등으로 백성이 힘들 때, 민란이나 자연재앙으로 나타난다고 생각했기 때문이다. 따라서 인간은 나눔에서 행복함을 느끼는 선함이 많은 존재임에 따라 선함을 배양하는 제도적 장치를 만들었던 모계신본주의 사회를 상기해본다면, 모계가 권력의 반을 갖는 모계민주주의를 성립하여 적극적 복지사회로 역사 발전해야 함을 이해할 수 있다. 즉, 지구촌시대를 맞이한 인류는 인류의 이상인 적극적복지사회의 구현을 위해 민주주의를 한 단계 더 업그레이드한 완전한 민주주의로서 모계민주주의 체제가 세계화되어야 하는 것이다. 이는 자본주의를 더 이상 수정할 수 없음에 따라 모계적 분배양식을 근간으로 하는 민주주의 경제제도로 근본적인 틀을 바꾸어야 적극적 복지사회를 구현할 수 있기 때문이다. 이는 자본주의에 반동하여 생성된 사회주의가 아직도 주류가 되지 못하고 있으며 공산당이 퇴출된 사실에서 이해할 수 있다. 하여 부계주의의 종말로부터 적극적 복지사회가 구현될 수 있음을 이해할 수 있다.

그렇다면 포스트자본주의를 위해 자본주의의 역사적 배경에 대해서 다시 한 번 살펴볼 필요가 있다. 즉, 구시대 서구는 로마의 멸망으로 인하여 상업이 발달하면서 형성된 자유주의사조는 14세기 르네상스(14세기~16세기)로 나타나게 되었다. 하지만 유럽문화의 근간이 되는 기독교문화가 자유주의를 거부하였다. 이어서 16세기 초 마르틴 루터의 종교개혁의 영향으로 등장한 캘빈주의는 개인의 축재(蓄財)가 하나님의 축복을 받은 결과임을 역설하였을 뿐만 아니라, 하나님께 영광이라고 하여 자유주의를 기독교가 승인함에 따라 상업주의와 함께 본격적으로 발전할 수 있었다. 이후 산업혁명으로 만들어진 초기 자본주의는 국내에서도 가혹한 착취와 더불어 식민지에서 혹독한 수탈로 절대빈곤층을 확산케 하거나, 착취기술을 능력으로 평가하는 등 결코 인간으로서 해서는 안 되는 일조차 스스럼없이 하였다.

즉, 식민지의 사람들에게 기독교로 개종할 것을 명분으로 하여 탄압을 하거나, 자본주의자들은 자신들만의 어떠한 기준이나 원칙에 의해 편리한대로 해석하는 기고만장한 삶을 살았던 것이다. 다시 말해서 절대주의적인 토양에서 성립된 자본주의가 수천 년을 이은 피식민지의 고유한 문화를 일방적으로 무시함에 따라 이익을 취할 수 있었음을 말하는 것이다. 물론 타 지역의 금기를 깨트린 일이 당장에 증세로 나타나는 것은 아니지만, 수십 년이나, 수백 년에 걸쳐 마치 방사능의 피해가 대를 이어가는 것처럼 피해를 회복하는 데는 오랜 기간이 소요되는 것이다.

이처럼 자본주의가 짧은 기간 동안 인간의 탐욕을 배양하여 만들어진 증오심의 결과가 핵으로 나타난 사실 자체가 충격적임을 알 수 있다. 예를 들어 자본주의가 위험하다는 사실은 변증법의 창시자인 포에르바하의 영향을 받은 헤겔의 변증법이 마르크스에게 이어지면서, 유물론적 변증법을 근간으로 하는 공산주의가 발현된 결과, 소련공산당이 성립된 사실에서 이해할 수 있다. 즉, 마르크스가 자본주의를 과격한 착취수단으로 생각하여 사회민주주의(사회주의)로서는 근절할 수 없다고 생각함에 따라 상대적으로 과격성에 맞서는 한 단계 더 발전한 공산주의가 세상의 주류가 되어야 한다고 역설한 것이 공산당으로 구체화되었던 것이다. 다시 말해서 초기 자본주의에서 가혹한 착취와 식민지 수탈로 자본을 축적하는 만큼, 비례하는 유사폭력의 증가와 무기를 양산한 자본주의를 타파하기 위해, 폭력에 맞선 폭력으로 자본주의국가를 전복하여 프롤레타리아 독재를 이루어야 한다고 주장했던 것이다. 즉, 말로 하는 민주주의사회에서 말이 통하지 않는 자본주의국가를 실력행사로 해체하겠다고 역설했던 것이다. 반면 최대이윤을 위해서 수단과 방법을 가리지 않는 자본가는 식민지에 타종교와 배타적인 기독교적 가치를 앞장세워 수탈과 착취를 하거나, 자본주의의 정당성을 허용한 기독교와 유착으로 인한 해악을 경험하였기 때문에 마르크스는 "종교는 마약이다."라고까지 하였다.

또한 마르크스는 무한축적을 정당화하는 자본주의사회는 기업의 경쟁결과 거대기업으로 발전함에 따라 중소기업의 자본가는 결국 노동자로 전락하게 된다고 예측하였던 것은 오늘날에 실증되고 있다. 이러한 현상은 마르크스의 잉여가치론에서, 일한 것보다 턱없이 적은 임금을 지불한 결과 만들어진 이윤잉여로 자본이 축적되기 때문이라고 주장했다. 이러한 마르크스의 주장이 사회주의보다 공산주의의 극단적 과격성을 선호한 이유로 볼 수 있다.

물론 1917년 소련공산당의 창당으로 공산당선언(1848년)이 구체화됨에 따라 자본주의 국가가 존립의 위협을 느끼게 되었다. 하여 수정자본주의로서 사회권을 명문화한 바이마르헌법(1919년)에서 소극적 복지국가를 표방한 것은 우연이 아님을 알 수 있다. 특히 세계 제1차 대전 중 무산층의 민중들에게도 민주주의 요건에 맞는 투표를 할 수 있게 됨에 따라 주권재민의 민주국가가 본격화된 사실은 자유주의 진영을 위협할 만큼 공산주의가 빠르게 확산된 결과로 볼 수 있다.

인간 존엄을 위한 분배양식

20세기에 이르러 자본주의와 공산주의의 체제 경쟁으로 인한 무기개발의 경쟁은 제2차 산업혁명인 중화학공업을 발달케 하였다. 이는 과학기술의 발달이라는 긍정적인 측면이 있는 반면, 개인 화기의 첨단화로 테러가 많아진다는 점과 자본가에게는 비시장적인 정경유착으로 대자본을 형성하여 다국적 거대기업으로 만들어지면서 양극화를 세계화하는 원인이 된 사실 등은 부정적인 측면으로 볼 수 있다. 그리고 오늘날 과잉한 힘의 경쟁은 대량살상무기, 고성능개인화기, 핵무기, 생화학무기 등을 개발하거나, 비시장적인 국가수요에 의해서 만들어진 거대기업의 등장으로 양극화가 가속화되면서 시장질서가 붕괴되거나, 과소비로 인한 자원고갈, 환경오염, 파괴된 생태계의 복구불능 등의 결과는 절대다수의 사람이 피해를 받고 있다. 즉, 인류의 공동자산을 동의도 없이 값싸게 마음대로 낭비하고 있는 것이다.

하여 실패한 자본주의를 벗어나기 위해 제3의 길로서 신자유주의가 새로운 대안으로 등장하였으며, 이어서 공산주의는 퇴출되었지만 오히려 양극화의 가속화나, 천재지변, 생태계 파괴 등은 증가하였을 뿐만 아니라, 자본주의로 인하여 인간 존엄이라는 근대정신이 제대로 발현되지 못한 결과 포스트모더니즘이 등장했다고 할 수 있다. 예를 들어 초기 자본주의에서 사회주의가 반동적으로 생성된 것처럼, 반신자유주의적인 원한을 조직 원리로 하는 자포자기의 테러세력이 배양되고 있음에 따라 근대사회를 넘어 새로운 가치가 지배되어야 한다고 주장하는 사실에서 이해할 수 있다.

하여 이상으로서 이데올로기는 나름대로 삶에 의미를 심어주고 있지만, 서구의 이분법적인 사고에 의해 극단화된 이데올로기의 대립은 모순으로 인한 것으로 볼 수 있음에 따라 지구촌시대정신과 부합되는 체제가 성립되어야 함을 알 수 있다. 물론 지구촌시대에 맞는 이상으로서 세계민주주의 체제를 성립하지 않는다면, 만약에 테러집단이 핵을 보유한 가운데 절대적 극한상황에 이르게 된다면, 마치 궁지에 몰린 쥐가 천적인 고양이를 물듯이 같이 죽자고 할 경우 대안이 없음을 알 수 있다. 이는 자본주의가 제국주의를 만들었고 주기적인 공항과 양극화, 환경오염 등을 유발하고 재앙을 만드는 하책이기 때문이다. 아울러 형이하학과 형이상학이 뒤바뀐 것처럼, 수단이 목적으로 변모하는 가치전도의 사회가 되었기 때문이다.

뿐만 아니라 배금주의가 이해관계의 충돌을 극단화하고 민주적 권위까지 부정케 하여 사회통합의 구심력을 무너지게 하기 때문이다. 하여 인간은 문화적 존재로서 이데올로기를 떠나서는 존재의 의미를 잃을 수 있음을 알고 있는 가운데, 스스로 이데올로기의 종말을 역설하는 것은 인간의 이상을 포기하는 것과 같은 위험한 것임에 따라 인류의 이상으로서 적극적 복지사회의 구현을 위한 새로운 체제가 만들어져야 할 시점이 되었음을 알 수 있다. 왜냐하면 음양철학에서 음양이 중간적인 제3의 충기(沖氣)의 장(場)에 의해 대립과 보완을 교차하며, 균형을 이루며 상호교호작용하여 조화를 이룬다고 역설한 것을 생각해볼 때, 충기와 같은 의미인 이데올로기는 삶의 원동력이 되기 때문이다. 다시 말해서 이념의 궁극적인 목적이 조화에 있음을 말하는 것이다. 이는 모계신본주의사회에서 '해혹복본'의 신념을 위해 나눔의 실천으로 조화를 이루었던 것은 참고가 될 것이다.

지구촌시대에 적합한 체제

자본주의 초기에 식민지 확보경쟁이나 인종차별 등으로 유발된 천문학적 군비증강으로 인한 과중한 조세부담은 사회를 불안정하게 하였으며, 대다수 국민은 빈곤하여 소비할 수 없는 소비부진으로 인한 잦은 공황을 겪었다. 식민지에서 혹독하게 착취를 당한 식민지 사람들이 원한을 품으면서 유발된 충돌을 제압하기 위해 가해자로서 열강들은 군사력을 증강했고, 서로 경쟁을 벌였던 것이 주요원인이었던 것이다. 그리고 시장원리를 적용받지 않는 방위산업과 같은 국가수요를 선점하기 위해 정경유착을 한 기업은 대자본을 축적할 수 있었던 반면, 방직이나 식품 등 경공업 중심의 기업은 시장에 의존하는 특성이 있는 기업은 공황이 있을 때마다 퇴출되었다.

하여 자본주의가 하책임에 따라 발달할수록 인간의 무한한 상상력과 능력을 경제에만 국한시키며 민주주의를 위기에 몰아넣게 됨을 이해할 수 있다. 다음의 인용문을 예로 보자.

"1960년대 미국과 서유럽에서 나타난 신진, 지식인들의 움직임으로 신좌익이 있었다. 그것은 마르크스, 레닌주의와 새로운 과격사상이 혼합된 개념으로 정통 마르크스주의와 자본주의 비판이론, 비스마르크주의자의 이론(갈브레이스, 허버트 마르쿠제), 모택동, 카스트로사상 그리고 무정부주의 등의 영향을 받아 형성되었다.… 즉, 현재 경제이론에 정통하고 마르크스의 용어를 회피하며, 정통마르크스주의의 실천방법을 혐오한다.

또 자본주의는 본질적으로 부패되었으며, 이것은 사회적 개혁의 수단으로는 구제될 수 없다. 따라서 근로자 계급과 기타 소외된 계급에게 자본주의에서의 그들의 진실된 위치를 이해하도록 재교육시켜야 하며, 이 기능은 학생과 지식으로 구성된 새로운 혁명정예가 담당하여야 한다. 그들이 비판하는 것은 정치권력과 밀접하게 관련되어 나타난 불평등한 분배구조, 신제국주의 성향의 경제적 침략, 소외 및 비인격화 그리고 과도한 발전, 과도한 상업화속에서의 생활의 질의 악화 등이 있다."(105) (강광하, p.26)

이처럼 자본주의가 양극화를 가속화할수록 상대적으로 반자본주의 세력이 저변을 이루면서 필요에 따라 조직화로 급속히 이루어질 수 있음을 알 수 있다. 하여 자본주의가 만든 위험한 사회를 벗어나기를 바란다면, 모계적 분배양식을 근간으로 하는 적극적 복지사회의 구현을 위한 상책인 모민주의 체제로 근본적인 변화를 해야 할 시점이 되었음을 이해할 수 있다. 다시 말해서 첨단과학기술시대를 사는 신인류는 '소유의 삶'을 넘어 '존재의 삶'을 살 수 있는 능력을 갖춘 문명인에 걸맞은 모계적 분배양식을 위한 정치경제제도가 세계화되어야 함을 말하는 것이다. 왜냐하면 과학기술의 격차가 절대치에 도달함에 따라 형성되는 양극화가 절대치로 공고화된다면, 인류의 대다수를 이루는 절대빈곤층이 절망감을 갖거나, 무책임한 행동까지 자신을 합리화하는 등 무슨 짓을 할지도 모르기 때문이다. 이는 이미 사회병리현상으로 불특정 다수에 대한 테러나, 전대미문의 잔혹한 범죄나, 각종 '묻지 마 범죄' 등으로 나타나고 있음에 따라 예상할 수 있다. 하여 오늘날 고도문명시대를 살고 있는 인류가 마음만 먹는다면, 근본적인 변화를 할 수 있을 만큼 능력을 갖추었다고 볼 수 있음에 따라 적극적 복지사회의 구현을 위해 모계적 분배양식인 모민주의의 '소유상하한제'를 세계화하여 양극화를 극복해야 함을 알 수 있다.

III

지속가능한 사회

1. 탈자본주의사회

상업주의에서 발현된 자본주의

유럽의 신분제사회에서 상인의 지위는 낮았지만, 칭기즈칸의 세계화로 동서양의 문물교류가 크게 증가하면서 대상으로 변모하게 되어 소위 자본가로서 영향력을 갖게 되었으며, 후일 자유주의를 근간으로 하는 르네상스를 주도하면서 상업주의가 등장하게 되었고, 이어서 발전된 것이 자본주의라고 할 수 있다. 이처럼 근대사회가 성립하게 된 원동력이 상업과 관련성이 많음을 알 수 있다. 즉, 유럽의 봉건영주들은 부와 명예와 권력의 상속으로 봉건귀족들은 전쟁과 같은 외부환경의 급격한 변화가 없는 한 절대적 위치였지만, 상업주의의 영향으로 인하여 귀족들은 대부호와 결탁하여 재산을 축적했고, 귀족의 재산을 차용하여 재투자한 결과 거상이 되어 귀족의 토지를 소유할 수 있게 되면서부터 대상들은 사회적 지위를 획득할 수 있게 되었고 신분제로서의 봉건체제는 무너지기 시작했던 것이다.

하여 영원히 변치 않을 것만 같았던 절대봉건의 신분제사회가 서서히 변화하고 있는 가운데, 시민들은 자연법사상을 근간으로 하는 근대사회를 성립할 수 있다는 확신을 갖게 되었다. 즉, 중산층으로 지식인으로서 시민이 자연법사상을 더 많이 이해하고 토론함에 따라 세습을 하던 봉건귀족보다 상당한 실력을 갖추었던 것이다. 당시의 자본가들은 이미 자산을 운용하는 능력이 상당한 수준에 이르렀으며, 현실생활에서는 상업주의가 보편화되어 있었다.

하여 자본의 축적이 용이한 만큼 기하급수적으로 불어나는 이윤의 증대가 금력으로 실질적인 힘으로 작용하면서부터 봉건귀족의 권력이 약화되었음을 알 수 있다. 이는 로마제국이 멸망한 후 오랫동안 기독교에 의해 정치 공백이 있는 가운데 형성된 자유주의 사조가 르네상스를 거치면서 발전했기 때문으로 볼 수 있다. 하여 절대봉건제사회이면서도 종교적 입장에서 절대유일신의 피조물로서 인간은 누구나 대등하다고 생각한 독특한 역사에서 자유주의가 발현되었음을 알 수 있다.

특히 13세기 칭기즈칸의 세계화로 인하여 유럽이 암흑시대를 벗어날 수 있었으며, 칭기즈칸의 동서 문물교류와 상업 활성화 정책은 대상인의 정치적 영향력이 상당한 수준에 이르게 한 결과 르네상스시대를 열게 된 원인으로 작용했다. 그리고 산업혁명으로 인한 자본수요의 증대는 토지 등의 고정자산을 자본으로 투자하게 됨에 따라 토지의 금융적 기능이 확대되었으며, 이는 금력과 권력이 분리되는 계기가 되면서 봉건귀족의 몰락을 가져왔다고 할 수 있다. 이는 하일브루너가 자본주의 성격에 대해서 "자본도 재산이지만 자본의 가치는 물리적 특성 속에 있는 것이 아니라 더 큰 양의 자본을 창조하기 위해 자본을 사용하는 데 있다"고 한 사실에서 이해할 수 있다.(106) (하일브루너, p.43)

동양이 본 자본주의

초기 자본주의사회에서 자본가는 사용자로서 노동자를 노예 이하로 가혹하게 부릴 수 있었다. 물론 당시의 기독교는 자본가의 기부에 의존해야 하는 입장에 있었기 때문에 가혹한 착취에 대해서 도덕적 비판이 강력하지 못했다. 하여 사회적 책임을 전제한 권력의 지배보다, 사회적 책임이 없는 금력에 의한 지배가 가혹하였음을 이해할 수 있다. 다시 말해서 절대봉건제의 성격을 이은 배금주의에 의해 형성되는 권력의 획득을 위해 착취가 심하였음을 말하는 것이다. 하일 브루너 교수는 자본주의의 절대주의적인 성격에 대해서 다음과 같이 쓰고 있다. "자본주의는 항구적인 변화의 특징을 가진 사회일 뿐 아니라 고대의 군사적 위용과 개인적 위엄이 했던 것과 똑같은 무의식적 목적을 이제는 자본의 충족을 추구하는 사회로 보인다."(107) (하일브루너, p.45)

이는 서구문화의 근간이 되는 기독교가 오랫동안 의식을 지배한 역사적 배경에서 이해할 수 있다. 즉, 중앙집권의 로마제국이 멸망하기 전부터 이미 절대유일신종교인 기독교가 교황체제로 권력이 유지되어 있었으며, 로마가 멸망한 후 봉건도시국가로 분화된 유럽은 종교제국으로 있었지만, 13세기 칭기즈칸의 세계화로 중세 유럽의 암흑기(3세기~13세기)가 무너지고 문물교류가 활발하게 전개되면서부터 동양의 민본주의, 인문학, 과학기술과 지식, 문화 등은 서구 지식인들을 자극하게 되었던 것이다. 이는 인본주의(상대주의)로서 경험주의가 발달하게 되었고, 기독교가 불확실하게 된 가운데 상업주의가 발달하는 계기가 되었다고 할 수 있다. 즉, 기독교의 절대존재를 숭배하면서 성립한 절대봉건제에서 돈을 숭배하는 배금주의(물신주의)로 변모했던 것이다.

하여 동양이 '존재의 삶'을 중시하여 자신을 연마하여 모범이 되어야 한다는 수기치인(修己治人)을 권장한 것과 서구가 '소유의 삶'을 중시하여 형성된 배금주의와는 근본적으로 다름을 이해할 수 있다. 물론 동양의 경우, 인간은 천지만물의 주체임에 따라 만물 상호간에 조화를 중시했던 반면, 서구는 창조주의 피조물로서 인간을 자연의 부분으로, 객체적인 존재로 생각한 사실에서도 차이를 알 수 있다. 하여 동양은 불가지(不可知) 세계에 대해서 단정적이지 않으며, 주체로서 인간은 상호간 유대를 위해 이성의 한계를 인정하는 조심성 있는 사회였다고 할 수 있다. 즉, 동양은 오래전부터 인본주의 전통이 있으며 진리탐구를 중시하는 사회였던 것이다. 물론 동양철학은 절대존재의 의지에 의한 삶을 산다고 생각한 서구의 부계신본주의에 비해 불확실한 것으로 볼 수 있지만, 서구가 중세 암흑기를 벗어나면서 불확실한 사회가 되었던 것을 상기해본다면, 동양의 인본주의가 합리적이었음을 이해할 수 있다. 예를 들어 고대 동양에서는 극단적인 것을 불확실한 것으로 생각하면서 중용의 삶을 살았던 사실에서 이해할 수 있다.

불확실성에 의해 만들어진 자본주의

중세 유럽은 불확실성의 시대가 형성되면서 유발된 아노미현상으로 혼란함에 따라 공리주의자인 홉스는 제3자로서 전체주의 국가가 '만인에 대한 만인의 투쟁' 상태를 억제해야 한다고 역설하였다. 이는 유럽이 부계신본주의와 인본주의와 갈등을 겪었던 르네상스(문예부흥기)시대를 상기한다면 이해할 수 있다. 이후 상업주의의 발달로 유발된 산업혁명을 뒷받침하기 위한 자본주의가 아담스미스에 의해 창안하게 되었다. 이어서 산업혁명이 사회체제의 변화를 요구하고 있는 가운데 일어난 시민혁명이 성공함으로써 성립된 근대사회가 자유경쟁(계약)을 위한 자본주의 체제를 만들었던 것이다. 즉, 자본주의가 나폴레옹 민법전으로 명문화함으로써 공식화되었던 것이다. 하여 자본주의가 무한축적을 위한 탐욕을 법과 제도로서 정당성을 획득함에 따라 호랑이에게 날개를 달아준 격이었음을 알 수 있다.

하지만 자본주의사회에서 경쟁기업을 시장에서 퇴출하게 하거나, 적대적 합병을 통해 독점적 지위를 확보하는 등 약육강식의 적자생존논리로 여타의 합법을 가장한 부도덕한 일련의 일들이 많았다. 예를 들어 자유기업에서 최대이윤을 위해 노동자를 경쟁시키고 갈등을 조장하며 조기퇴직을 유도하는 등으로 착취를 하는 것은 오늘날에도 원칙으로 적용되고 있다. 따라서 부에 대한 도덕성 시비가 끊이지 않고 있지만, 자본주의자체가 부를 이루기 위한 체제임에 따라 한계가 있음을 알 수 있다.

이에 대해서 하일브루너는 다음과 같이 쓰고 있다. "마르크스는

'한 명의 자본가는 늘 여러 명을 죽인다고' 말했다. 그리하여 순전한 팽창의 기운 외에 부분적으로 공격적이면서도 부분적으로 방어적인 전쟁의 기운이 싹튼다."고 하였으며(108) (하일브루너, p.45), 또한 "엄청난 재산이 있는 곳에는 어디에나 엄청난 불평등이 있다.… 풍요로운 부는 다수의 궁핍을 전제로 하고 있다. 이것은 아담스미스의 말이다."(109) (하일브루너, p.39)

이처럼 초기 자본주의 사회에서 대외적으로는 가혹한 식민정책으로 인면수심(人面獸心)의 수탈이 정당화되었고, 국내적으로는 고도로 착취기술이 발달함에 따라 절대빈곤층의 양산, 인간에 대한 불신과 증오심, 절박감 등 불안정한 사회를 극복하기 위한 방편으로 외부에 핑계를 대고자 하거나 이해관계의 충돌로 인한 갈등과 적개심고취 등의 복합적 원인이 전쟁으로 나타났음을 알 수 있다.

하여 돈을 숭배하는 배금주의에 기초한 자본주의가 적대적 정서를 만들고 있음을 다음 예에서 이해할 수 있다. 예를 들어 벼랑 끝에 몰린 자유기업가(자본가)들은 산업재해를 만들고, 산재를 당한 가정은 해체되었으며, 이어서 해체된 가정의 모성들은 자식들의 생계를 위한 매춘으로 인격파멸에 이르렀던 사실을 베벨의 글에서 이해할 수 있다. "1877년 뮌헨에서는 경찰의 장부에 등록되어 감독을 받는 매춘부들 중 노동자나 수공업자의 아내가 최소한 203명은 되었다고 한다. 그밖에 얼마나 많은 기혼여성들이 경제적 궁핍 때문에 수치심과 인간의 존엄성을 깊이 손상당한 채 경찰의 감시를 피해가면서 몸을 팔고 있었다."

이처럼 초기 자본주의 사회에서 소모품으로 전락하게 된 사회적 약자는 기업이나 정부나 어디에도 기댈 수 없는 처지가 된 사실을 알 수 있다. 이는 자유주의가 자유경쟁을 방해하는 국가개입주의 거부하는 무정부 수준의 야경국가를 추구함에 따라 자본가가 노동자를 노예처럼 대우할지라도 자유계약이라는 미명하에 국가는 방관하였기 때문이다. 물론 노동자는 조세나 병역 등을 위한 의무만 있었다. 따라서 국가권력으로부터 자유로워지기 위한 자유주의가 노동자의 경우 오히려 자본가로부터 억압을 당할지라도 정부는 개입할 수 없음에 따라 오히려 대다수 사람들이 상당한 곤경에 처하였음을 알 수 있다.

소극적 복지국가를 넘어

구시대 신분제사회에서 상인은 비교적 낮은 신분이었지만, 시민혁명의 자금을 지원한 중소자본가는 시민혁명의 성공으로 주류가 될 수 있었다. 하여 사람들은 근대사회의 성립으로 자본주의가 공고화됨에 따라 권력보다 사회적 책임이 없는 부를 축적하여 자본가가 되고자 열망했다. 왜냐하면 갖가지 비열한 방법으로 도덕적 비난을 받을지라도 부를 이루려 했던 것은 자본주의사회에서 금력이 현실적인 힘이기 때문이다. 이처럼 무자비한 착취로 인한 빈곤과 과잉경쟁과 이해관계의 충돌 등으로 인한 민중들의 고단함으로 인한 저항이 상당함에 따라 사회권(노동3권)을 인정한 바이마르 헌법이 복지국가를 천명하게 되었음을 알 수 있다.

그러나 바이마르헌법에서 복지국가를 천명했음에도 불구하고, 실제 소극적 복지국가를 시행한 것은 공산주의가 소련을 중심으로 국제사회에서 상당히 확산되었던 제2차 세계대전 후 사회복지가 구체화되었다는 사실과 아울러, 70년대 후반 공산주의가 약화될 무렵부터 선진국을 중심으로 한 비복지적인 자본주의의 본질에 충실하겠다는 신자유주의가 등장한 사실 등을 참고해 볼 때, 자본주의는 하이에나와 같은 속성이 있음을 이해할 수 있다.

이러한 이유에 대해 고철기는 다음과 같이 쓰고 있다. "첫째, 국제교역의 자유화 흐름 속에서 이들 선진국의 기업들 역시 국제경쟁의 높은 파도를 헤쳐 나가야 하는 상황을 맞고 있어 생산시설의 자동화 및 해외이전, 중간재의 해외구매, 감량경영, 해외직접투자 등을 더욱 적극적으로 추진하고 있다. 둘째, 공산주의 체제의 붕괴이후 개인의 이기심에 기반을 둔 자본주의 경제이념이 마치 절대적으로 우수한 사상인 것처럼 인식되면서 기업들은 국내고용의 확대나 건전한 투자 등 기업의 '사회적 책임'은 경시하는 반면에 이윤극대화의 목표는 그 어느 때보다 강조하고 있다."(111) (고철기, p.22)

이처럼 자본주의에 충실코자하는 신자유주의로 인하여 인류는 '경제적 동물'의 삶으로 단순해지는 가운데, 거대규모의 거래와 더불어 무한축적을 위한 무한경쟁은 전쟁의 수준으로 과격한 양상으로 나타나고 있음을 알 수 있다. 즉, 자본주의속성인 상극의 삶은 전체가 불안하게 되는 위험한 사회를 만들고 있는 것이다.

다시 말해서 인간의 야만성은 역사발전과 함께 퇴화되어야 함에도 불구하고, 자본주의로 인하여 유발되는 사회병리현상이나, 인간성 황폐화 등의 결과로 볼 때, 오히려 야만성이 배양되고 있다는 뜻이다. 이는 오늘날 세계 인구 70억이 부에 의한 서열화와 아울러 세계적인 절대적 양극화로 인한 결과로 유발된 9·11테러에서 이해할 수 있다. 하여 비복지적인 자유방임주의가 사회법을 수용한 국가자본주의로 발전하였다면, 지구촌시대에 필요한 적극적 복지사회로 역사 발전해야 함에도 불구하고, 탈 복지국가를 원칙으로 하는 세계자본주의로서 신자유주의가 등장한 것은 역리임에 따라 위험한 사회를 벗어나기 어려운 사실을 이해할 수 있다. 이는 자본주의로 인하여 유발되는 극단적인 현상들은 위험한 사회를 공고화하기 때문이다. 다시 말해서 탈자유주의적 정치경제제도가 성립되어야 적극적 복지사회가 가능하게 됨을 말하는 것이다. 따라서 오늘날 지구촌시대에 이르러 첨단과학기술로 인하여 형성된 양극화로 고실업이 만연하고, 과소비, 환경오염, 투기자본의 글로벌화, 개인첨단무기 발달 등으로 볼 때, 분권적인 민주주의에 걸맞은 새로운 분배양식을 준비해야 함을 알 수 있다.

2. 존재의 삶

소극적 복지사회를 넘어

서구적 가치에 대해서 인류의 위대한 유산인 근대사회의 성립과 과학기술문명을 이루어 지대한 공헌을 한 것은 긍정적이지만, 반면에 '소유의 삶'으로 인한 상극의 삶을 살게 된 결과인 제국주의로 피해를 본 피식민지는 해방 후에도 혼란과 빈곤에서 벗어나지 못한 점에서 부정적이다. 즉, 양극화나 환경문제 등으로 형성된 위험한 사회의 원인제공자로 그야말로 '병 주고 약주고' 하는 상태가 되게끔 한 서구적 가치에 대해서 애증(愛憎)이 교차하고 있음을 말하는 것이다. 하여 서구의 자본주의를 핑계로 하여 보상이 없는 사과나, 반성이 없는 합리화로 양극화를 정당화하거나, 공해로 인한 산성비, 지구온난화로 인한 생태계파괴로 식량감소 등으로 원망하는 마음을 갖게 하거나, 위험한 사회가 형성된 것 등에 대해서 선진국은 묶은 자가 풀어야한다는 의미인 결자해지(結者解之)의 태도로 문제해결에 앞장서야 함을 알 수 있다.

이는 선진국이 주도하는 신자유주의를 인류의 보편적 가치로 공고화함에 따라 이를 거부하는 세계 여러 지역에서 테러와 전쟁을 벌이는 새로운 위기를 맞고 상황이 악화되고 있기 때문이다. 하지만 자본주의가 인간의 본질인 내면세계를 비경제적인 것으로 생각하여 무관심하며, 물욕을 배양함에 따라 때를 놓치는 경향이 있는 것이 문제이다. 즉, 대량소비로 인한 천연자원의 고갈과 환경오염, 대자연 시스템의 훼손의 복운 등을 위해 첨단과학기술로 극복하고자 하는 만큼, 천문학적 비용으로 인플레를 유발하고 있음에 따라 경황이 없는 것이다.

또한 지난날 식민 지배를 받은 국가의 경우, 서구의 기독교가 전세계를 상대로 한 이단의 논리와 명분으로 수탈을 합리화한 배타적종교로 인식함에 따라 오랫동안 기독교와 대립했던 회교가 제3세계의 주요종교가 되었으며, 반자본주의적 사회가 되었다. 뿐만 아니라 제3세계 국가는 선진국중심의 신자유주의를 신제국주의로 생각하며, 내심으로 '호박에 줄긋는다고 수박이 되느냐'고 저의를 의심하고 있다.

이러한 반서구적 정서가 이슬람적인 세계동포주의와 제3세계의 조직원리가 되어 세계화함에 따라 세계 각 지역에서 테러를 일으키는 원인이 되고 있다. 물론 테러는 제3세계뿐만 아니라, 어떠한 지역에서도 언제나 가능하며, 상당한 파괴력을 전 세계의 매체로 전달됨에 따라 이로 인한 불안심리가 매우 크게 작용하는 특징이 있다. 즉, 첨단개인무기와 반자본주의명분과 함께 서구인들에 대한 증오심을 조직 원리로 한 테러는 신념에 의한 것이기 때문에 공포를 더 많이 느끼는 것이다. 이는 끝없는 테러의 공포가 전 세계에 걸쳐 천문학적 사회적 비용을 유발하는 원인이 되고 있으며, 이로 인한 조세부담과 양극화로 인한 복지수요증가 등은 고비용 저효율의 사회가 되는 원인으로 작용하고 있다.

뿐만 아니라 자본주의사회는 갈등이 증폭할수록 비시장적인 군수산업의 확대나, 빈곤층의 양산이나, 경기부양책 등의 정책적 수요로 인한 지출이 비시장적인 부문에 진입한 자본가에게는 정경유착을 통해 오히려 자본을 획기적으로 축적했다. 물론 자본주의사회에서 자유기업은 최대이윤이 목적임에 따라 자본축적 과정에서 유발되는 분쟁조차 이윤추구수단으로 활용한 행위를 두고 도덕적 비판을 하는 것은 별개의 문제이다. 왜냐하면 자본주의가 정치, 종교, 내면세계 등 형이상학적인 부문까지 최대이윤을 추구하는 자유기업의 자본축적을 위해 사용될 수 있음을 정당화하고 있기 때문이다.

이처럼 비인간적인 결정조차 면죄부를 받고 있는 경우가 많아지고 있음을 볼 때, 민주주의의 위기가 자본주의에 있음을 이해할 수 있다. 또한 자본주의는 자유경쟁이 궁극적으로 사회발전에 기여한다고 역설하지만, 결과적으로 '풍요속의 빈곤'이라는 양극화를 공고화함에 따라 유발되는 빈곤층의 확대와 인간성 황폐화, 자원고갈, 환경파괴 등으로 볼 때, 오히려 역사 발전을 거스르고 있음을 알 수 있다. 즉, 자본주의는 자유경쟁으로 만들어지는 사회적 자산을 몇몇 자본가에게 집중케 함에 따라 유발되는 시장기능의 마비가 주기적으로 반복되고 있음을 상기해볼 때, 인류에게 위기를 만드는 경제제도로 볼 수 있는 것이다.

이는 공황이 유발될 경우, 국가의 신용창조와 조세 등에 의한 경기부양책으로 시장기능을 회복하는 과정에서 대자본가는 더 많은 부를 축적하고, 양극화를 가속화한 사실에서 이해할 수 있다. 하여 구시대 신분제에 의한 권력양극화와 유사한 자본주의사회의 양극화를 벗어나기 위해 민주주의의 탈 양극화 본질에 충실한 모민주의의 '소유상하한제'를 근간으로 하는 적극적 복지사회로 진보해야 함을 알 수 있다. 다시 말해서 자본주의가 무한축적을 허용함에 따라 만들어진 위험한 사회를 극복하기 위해서 모계적 분배양식을 근간으로 하는 '소유상하한제'의 성립을 위한 '모민주의' 체제의 세계화를 말하는 것이다. 예를 들어 '모민주의'의 '소유상하한제'는 자유경쟁으로 획득한 개인의 소유가 어떠한 기준에 의해 잉여가 될 경우, 국가나 자치단체로 이전하여 인류의 적극적 복지사회를 구현하기 위한 재원이나, 인류의 연구과제나 숙원사업 등에 사용되는 제도를 말하는 것이다. 물론 적극적 복지사회의 구현을 위한 생활정치는 지역별 위원회가 분배에 참여할 것이다. 이는 지면 관계상 정치 편을 참고하기 바란다.

존재의 삶을 살았던 모계사회

절대주의를 근간으로 했던 구시대가 퇴출되고 상대주의를 근간으로 하는 근대사회가 성립되었음에도 불구하고, 무한한 축적을 정당화하는 자본주의로 인하여 인권선언을 선언적 의미로 머물러 있었다. 즉, 자본주의는 제국주의를 만들었고, 수많은 전쟁을 유발케 했으며, 냉전체제가 무너진 후 오히려 오늘날 대다수 사람은 빵을 얻기 위해 자유를 팔고 있는 것이다. 다시 말해서 철학적 상대주의를 근간으로 하는 근대사회가 성립되었음에도 불구하고, 구시대의 절대주의 유습은 배금주의를 근간으로 하는 자본주의로 나타났음을 말하는 것이다. 즉, 구시대 절대유일신을 숭배한 것이 돈을 숭배하는 배금주의로 대체된 것이다.

다시 말해서 인간 스스로 유일신의 피조물로 인정함에 따라 정치의 주체가 유일신이 된 것처럼, 자본주의사회에서는 인간 스스로 돈을 숭배하여 돈의 노예가 되었음을 말하는 것이다. 하여 분권을 근간으로 하는 근대 민주주의사회와 절대적 양극화를 만들어가는 자본주의는 배치됨을 알 수 있다. 따라서 문화적 존재로서 인간은 과당경쟁으로 삶을 극단화하는 논리나, 제도보다, 오히려 완만한 삶으로 '존재의 삶'을 살 수 있는 체제를 만들어야 함을 알 수 있다. 즉, 인류의 이상인 적극적 복지사회를 구현할 수 있는 모민주의 체제를 말하는 것이다.

참고로 태고의 유습을 이은 모계신본주의사회가 인간은 신의 후손으로 순환 진보한다고 믿은 것은 영감을 통해 알게 된 것으로 볼 수 있다. 하여 모계신본주의사회가 대우주 시스템에 의해 영혼과 육화를 반복하며 순환 진보한다고 믿음에 따라 '존재의 삶'을 추구한 사실을 믿는다면 손해는 없으며 얻는 것은 무한할 것이다. 물론 인간이 영적 존재이기 때문에 첨단과학기술을 이룰 수 있었을 것이라는 믿음은 긍정할 수 있다. 또한 오늘날까지도 인간의 독특한 육감에 대해 과학자들도 근거가 없는 것으로 생각했지만, 실제로 인간의 뇌에 있다는 사실이 밝혀졌기 때문이다.

"미국 미주리주 세인트루이스 소재 워싱턴大의 죠슈아 브라운은 어떤 상황을 처리하는 전두대피질(Anterior Cingulate Cortex, ACC)로 알려진 뇌 부분에 이런 육감이 존재하여 위험에 대해 경보를 울린다고 설명했다. ACC는 대뇌 전두엽의 위쪽부근에 위치하고 있으며 좌뇌반구와 우뇌반구를 가르는 벽을 따라 존재하는 부분으로 정신분열증과 강박 신경장애 등 심각한 정신질환과 밀접한 관계가 있다."고 보고하고 있다.(과학잡지 '사이언스'에서, 2005년 2월 18일자, 워싱턴 연합)

하여 문화적 존재로서 인간이 스스로 궁극적인 삶의 목표를 '해혹복본'으로 설정한 모계신본주의사회를 긍정할 수 있다. 따라서 부계적 분배양식을 근간으로 하는 자본주의 문제점을 확실하게 알게 되었으며, 지구촌시대에 부합되는 속성으로 인해 유발되는 끝없는 갈등의 악순환을 단절하기 위해서 모계적 분배양식을 인류의 보편적 가치로 정착하기 위한 부계와 모계가 균형을 이루는 정치경제제도가 성립되어야 함을 알 수 있다.

영적 존재로서 인간의 삶

인간은 생명의 경이로움에 감동하고, 무한한 상상력과 의문을 풀기 위한 탐구심으로 삶을 재창조하며 살아가는 영적 존재임을 긍정할 수 있다. 즉, 모든 생명체가 독립적, 개체적임에 따라 영원히 살고자 하며 굴복을 싫어하지만, 인간의 경우 스스로 창조한 문화(가치)에 복종하며, 주체로서 동식물을 비롯한 자연을 대상으로 하거나, 풍부한 상상력과 도구를 사용하여 재창조할 수 있는 능력이 있다는 점에서 신의 후손임을 긍정할 수 있는 것이다. 다시 말해서 인간은 결코 내면세계에서 만큼은 굴복되지 않으며 스스로 만든 전통에 복종하는 문화적 존재라는 점에서 모계신본주의사회가 믿었던 대모신의 후손임을 말하는 것이다.

또한 인간은 창조적이며, 나눔으로 행복해한다거나, 종교적 심성을 갖고 있다는 점 등을 상기해 본다면 영적 존재임을 긍정할 수 있다. 예를 들어 유일하게 문화를 갖고 있는 인간은 자신이 소속한 곳을 위해, 인류역사 발전을 위해, 때로는 가족을 위한 것 등 이타적인 이유로 생명을 버렸던 살신성인의 정신을 갖고 있다는 사실에서 이해할 수 있다. 하여 인간은 아무런 이유 없이 인간 상호간에 지배받는 것을 본능적으로 싫어하지만, 사회협동이 필요한 정당한 이유가 있을 때 스스로 복종을 한다는 사실에서 문화적 존재임을 이해할 수 있다.

물론 전체주의사회가 이기적인 목적에 의해 구성원을 강제하는 경우, 스스로 복종을 했다고 하기는 무리가 있겠지만, 공동체 존립의 정당성인 정체성이나 오랜 전통으로 이루어진 문화적 풍토에 의해 적응해야 행복한 삶을 살 수 있기 때문일 것이다. 예를 들어 자본주의사회는 돈이 인격이라는 등식을 설정한 배금주의가 순리임에 따라 만약 이를 거부하는 개인이 있다면 외로운 무인도에서 로빈슨 크루소처럼 격리되어 살아야 한다는 사실에서 이해할 수 있다. 즉, 절대봉건제사회가 퇴출된 후, 근대사회의 성립으로 자본주의가 공고화됨에 따라 형성된 배금주의는 인간이 지켜야 할 보편적 가치가 되었음을 말하는 것이다. 하지만 서구의 독특한 역사적 배경에서 만들어진 자본주의가 태고부터 염원한 인간의 이상으로서 적극적 복지사회를 구현할 수 없음을 신자유주의를 통해 알게 되었다.

그리고 산업혁명은 자본주의 생산양식을 만들게 되었고, 이로 인한 생활양식의 변화는 근대사회를 성립케 하였으며, 이후 학문과 과학기술 등은 획기적인 발전을 한 것은 자본주의의 긍정적인 측면이지만, 탐욕의 배양으로 주체할 수 없는 욕구충돌이 대량살상무기를 만들게 되었으며, 양극화, 환경오염, 지구온난화, 생태계파괴 등으로 인해 불행한 인생을 살게 된 세상의 절대다수의 빈곤층으로부터 원성을 사고 있다. 뿐만 아니라 초기 자본주의의 모순을 해결하기 위한 방편으로 성립된 국가자본주의(복지국가)는 관료제를 비대케 했으며, 중앙집권의 강화로 의회정치가 위기를 맞거나, 절대적 양극화현상 등으로 인하여 여전히 절대다수의 사람들이 고달픈 삶을 살고 있다.

즉, 자유주의가 물질의 풍요로 행복한 인생을 살게 될 것이라고 주장하지만, 마치 여러 사람이 먹는 일정한 양의 샘물을 펌프질하거나 독점한다면 샘물이 고갈되어 여러 사람이 곤경에 처하는 것처럼, 인간의 탐욕을 정당화한 자본주의는 결과적으로 수많은 사람이 빈곤하게 된다는 사실을 간과하고 있는 것이다. 이는 자본주의의 결과로 만들어진 배금주의가 의식을 지배하면서 위험한 사회가 만들어진 사실에서 이해할 수 있다. 하여 지구촌시대를 사는 문명화된 신인류는 한정된 자원으로 무한한 물욕을 채울 수 없다는 사실과 함께 평화가 행복한 삶을 살게 한다는 점을 알고 있음에 따라 '존재의 삶'을 살 수 있는 새로운 체제가 성립되어야함을 알 수 있다.

지구촌시대가 요구하는 삶

자본주의사회는 비인격적인 금력이 사회적 책임을 부담하지 않으면서 권력을 만드는 실질적인 힘이 있음에 따라 책임을 전제한 권력보다, 무책임한 금력을 선호하는 사회가 되었다. 이는 일반의사에 의해서 형성되는 권력이나 인격에 복종하는 것이 아니라, 이해관계의 충돌로 비롯된 제국주의로 인한 두 차례의 세계대전과 주기적으로 찾아오는 빈번한 공황 등에서 자본주의사회 특징을 이해할 수 있다.

뿐만 아니라 자본주의자가 중산층 중심의 다이아몬드형 사회구조로 발전한다고 예측한 것과 달리, 오늘날 현실은 절대적 양극화가 공고화되어 절대봉건사회처럼 첨탑의 피라미드형으로 빠르게 변모한 사실에서도 자본주의가 비민주적임을 알 수 있다. 즉, 무한축적을 정당화하여 탐욕을 배양하는 자본주의는 근본적으로 다이아몬드형 사회를 만들 수 없는 것이다. 이는 다른 어떠한 것이 혼합될 여지가 없는 강력한 원초적 본능을 자극하는 자본주의는 오늘날 비민주적인 1대 99라는 절대적 양극화로 위험한 사회가 형성된 사실에서 알 수 있다. 다시 말해서 '소유의 삶'을 위한 체제로서 자본주의는 돈이 어른 노릇하는 경박한 사회가 되었음을 말하는 것이다. 하여 수백만 년 동안 진보한 인간의 위대함을 파괴하는 위험한 자본주의는 막을 내리고, 모계적 분배양식을 근간으로 하는 모민주의가 인류의 보편적 가치가 되어야 함을 알 수 있다. 왜냐하면 인간은 첨단과학기술을 이루었으며 우주를 해석할 수 있는 유일한 존재임을 생각해볼 때, 완만한 성장으로 여유를 갖고 내면세계를 탐구하기 위해 '존재의 삶'이 적합하기 때문이다.

물론 중세 유럽은 규모가 작은 지역경제수준이었지만, 항해술의 발달로 교역과 식민개척이 확대됨과 아울러 신기술에 의한 발명품은 공급자 중심의 경제로 발전하여 대량생산이 필요함에 따라 일어난 제1차 산업혁명으로 인하여 만들어진 자유방임주의로서 아담스미스 자본주의는 소상공인으로 제한했다. 하지만 농노들에게 임금노동자가 된다는 새로운 희망과 자본가가 될 수 있다는 가능성과 더불어 신분제에서 벗어나기 위해 영지 탈출을 하여 돈벌이에 올인(all in)함에 따라 아담스미스의 소자본주의는 의미를 잃고, 대규모 법인으로 이루어진 자본주의가 되었던 것이다.

이는 산업화로 인한 인구의 도시집중은 노동의 공급초과로 입에 풀칠하는 정도의 저임금으로 노예보다 힘든 생활을 한 사실에서 아담스미스의 뜻인 소자본주의와 다른 사실을 이해할 수 있다. 즉, 당시의 조악한 방직기는 여성이나 청소년들의 노동력이 필요하였으며, 기계를 보조하는 소모품으로 살아야 했던 것이다. 물론 여성을 노예수준의 저임금 노동자로 착취를 당연하게 생각했던 것은 오랫동안 소외한 서구문화의 영향으로 볼 수 있다. 예를 들어 중세암흑시대를 이어 17~18세기에 이르기까지 초야권이 있었던 사실에서 남녀가 10대 1의 극단적 차별이 있었던 사실에서 이해할 수 있다. 즉, 서구는 부계유일신이 지배하는 절대주의 사회로서 오랫동안 절대존재의 피조물인 인간을 출산하는 모성을 수단으로 경시했던 것이다.

하여 모계를 폄하하는 절대주의사회에서 형성된 자본주의가 돈으로 돈을 버는 것이나, 무한축적을 정당화함에 따라 유발된 위험한 사회를 멈추기 위해 더 이상 자본주의 분배양식을 보편적 가치로 한다면 곤란함을 알 수 있다. 즉, 자본주의가 경제규모를 증대케 한 만큼, 경제가 삶의 수단이 아니라 목적이 됨에 따라 인간이 '경제적 동물'로 살 수는 있지만, 영적 존재로서 인간에게는 가능한 '존재의 삶'을 사는 것이 바람직한 것이다. 물론 철학적 상대주의를 근간으로 하는 민주주의에 부합되는 모성의 구심력과 부성의 원심력이 균형을 이루는 모민주의 분배양식으로 진보해야 할 것이다. 이는 세상의 반인 여성문제는 시효가 없는 인류의 문제로 모계적 분배양식을 구현하는 체제의 성립은 보상의 의미로 볼 수 있기 때문이다.

3. 상생의 삶

긴장을 유발하는 '상극의 삶'

자본주의사회에서는 무한한 자본축적이나, 최대이윤이라는 자유기업의 궁극적 목적을 이루기 위해 경쟁한 결과, 양극화나, 인간성 황폐화, 환경오염 등으로 위험한 사회가 되었음에도 불구하고, 자본주의가 인간의 이기심을 동기유발로 함에 따라 책임을 묻기 어려운 경우가 많다. 즉, 절대주의적 풍토에 의해서 만들어진 자본주의는 '소유의 삶'을 우선하여 삶을 해석하기 때문이다. 예를 들어 초기 자본주의 사회에서 자본가들은 자본축적을 위해 노동자를 생산도구나 소모품처럼 대우하거나 혹독하게 착취하는 등 기고만장하였음에도 불구하고 합법적이었던 사실에서 이해할 수 있다. 즉, 국가불개입을 원칙으로 하는 자본주의는 합법을 가장한 야만을 정당화한 제도였던 것이다. 하지만 주기적 공황으로 시장기능이 마비되면서 수많은 자유기업이 도산함에 따라 개입주의가 자유기업에 유리함을 알게 되면서부터 자본주의를 수정할 수 있었다. 물론 아담스미스의 주장대로 개인 기업이나 소 법인으로 제한한 기업 등으로 경쟁을 한다면 정부개입이 필요 없을 것이다. 즉, 아담스미스의 경고를 무시한 대기업의 등장은 주기적으로 시장기능이 마비된 공황을 극복하기 위해 정부의 개입을 수용해야만 했던 것이다.

따라서 대기업의 등장으로 국민이 부담하게 됨과 동시에 초국가적인 다국적기업의 시장진입은 세계평화에 악영향을 끼치는 원인이 됨을 이해할 수 있다. 예를 들어 신자유주의처럼 자본주의가 발전할수록 국제 분업화가 빠르게 형성됨과 동시에 어느 한 지역의 보호주의로 인하여 문제가 발생한다면, 전체에 상당한 파급이 큼에 따라 긴장관계가 조성된다는 사실에서 이해할 수 있다. 이는 이해관계의 충돌로 인한 개인화기의 발달과 마치 채권자가 채권을 회수하기 위한 방편처럼 실력행사를 위한 수단으로서 군수산업이 발달한 경우에서도 이해할 수 있다. 또한 과학기술을 기반으로 하는 초국가적인 거대기업간의 무한경쟁으로 인한 중소기업의 감소로 고실업사회가 됨에 따라 위험한 사회가 되었다. 따라서 탐욕을 정당화하는 자본주의사회에서 자유기업은 정경유착에만 관심이 있을 뿐 정치나 세계평화 등에 대해서 무관심함을 알 수 있다.

즉, 자본주의사회는 어른이 없는 사회로서, 마치 유아처럼 사회에 대해 무책임하고, 공익을 위한 정치권력이 약화되면서 사회통합을 이루기 어려운 사회인 것이다. 이는 자본주의는 정치를 무력하게 만들었음에도 불구하고, 위기에 처했을 때는 정치적 결정으로 수습이 되고 있음을 생각해 볼 때, 이익을 위해 편리한대로 해석하는 상업주의에 뿌리를 두고 있기 때문이다. 물론 자본주의의 자동조율기능이란 비현실적이라는 사실이 이미 증명되었다. 하여 상업적 속성을 본질로 하는 초기 자본주의가 동일문화권에서 사는 내국인에게도 자유계약이라는 명분으로 노예보다 더한 저임금이나 고리대금 등으로 착취를 정당화한 것을 되풀이하는 신자유주의는 영적 존재임을 인식하게 된 신인류에게 맞지 않음을 알 수 있다. 또한 초기 자본주의의 무책임한 유아적 태도가 당시 유럽의 소규모경제에서 적합했지만, 지구촌시대의 천문학적 규모에서는 자본주의가 부적합하기 때문이다. 따라서 정보화시대를 맞아 시장자동조율을 위한 모민주의 '소유상하한제'가 실현가능함에 따라 신인류에게 적합한 새로운 분배양식인 모민주의가 세계화되어야 함을 알 수 있다.

'소유상하한제' 의 보편화

민주주의의 공고화와 첨단과학기술시대를 이룬 자체가 모계신본주의사회가 인간스스로 대모신의 후손으로 믿었던 사실을 긍정할 수 있다. 즉, 인간이 삼라만상의 주체로서 무한한 상상력과 창조력이 있는 영적 존재임을 말하는 것이다. 하여 자본주의도 인류의 이상인 적극적 복지사회의 구현을 방해한다면 신인류에 의해 퇴출될 것으로 예상할 수 있다. 이는 유럽의 경우 절대유일신을 믿는 기독교적 가치에 의해 성립된 절대봉건제가 영원히 존립할 줄 알았지만, 칭기즈칸의 세계화인 동서 문물교류로 불확실성이 만연하면서 형성된 르네상스는 상업주의를 만들었다. 이어서 자본주의가 태동한 후, 시민혁명으로 근대사회가 성립되었고, 이어서 20세기 초에 소극적 복지국가를 성립한 후 오늘날 지구촌시대에 이르러 적극적 복지사회로 진보하기 위해 '모민주의 분배양식'이 세계화되어야 하기 때문이다.

즉, 구시대를 퇴출한 자본주의가 소극적 복지국가를 구현할 수 있지만, 지구촌시대가 요구하는 적극적 복지사회를 구현하기 위해 모계적 분배양식을 위한 새로운 체제가 성립되어야 할 것이다. 물론 인류는 제3차 산업혁명인 지식정보산업으로 인프라가 구축되면서 모계적 분배양식을 근간으로 하는 적극적 복지사회로 진보가 가능해졌다. 아울러 유럽이 불확실성의 시대를 겪으면서 형성된 가치혼란의 와중에 자본주의가 태동하면서 유발된 시민혁명으로 자연법사상을 근간으로 하는 근대사회가 성립되었고, 20세기 초에 복지국가가 성립된 후 오늘날의 인류는 훌륭하게 되어 자연법사상의 확장이라 할 수 있는 적극적 복지사회를 구현할 수 있는 생활정치로 역사발전하고 있기 때문이다.

예를 들어 구시대의 농노는 대를 이어서도 갚을 수 없는 채무를 빌미로 영원히 노예로 만들고자 했던 것처럼, 초기 자본주의에서도 절대주의 영향으로 무기한 채권확보를 위한 연대 보증제로 식민지 통치나 내국의 빈곤층을 노예화하였지만, 수정자본주의가 성립된 후부터 최근까지 선진국을 중심으로 연대 보증제를 자연법사상과 배치된다고 생각함에 따라 채무를 직계존비속에게 상속케 하는 것을 제한하거나, 보증액수나 기간을 제한하거나, 폐지하는 등의 탈자본주의적인 경향으로 발전하고 있다는 사실에서 이해할 수 있다. 즉, 식민통치수단으로서나, 노예화를 위한 연좌제가 개인주의와 배치된다하여 퇴출이 된 것처럼, 인간의 기본권인 생존권에 배치되는 채권자의 지나친 권리 확장이라 할 수 있는 연대 보증제가 퇴출되고 있는 것이다. 다시 말해서 채권자가 이익을 바라고 빌려주는 만큼, 위험부담을 감수해야할 책임이 있다는 의미이다. 즉, 연좌제와 더불어 연대보증제는 인간을 노예화하고자 하는 의도에서 만들어졌던 구시대의 유습으로, 인간 존엄을 구현하기 위해 성립한 근대사회가 200년이 지났음에도 불구하고 유지되고 있는 것은 잘못된 것임을 알고 최근에 연좌제는 퇴출이 된 것이다. 이는 자본주의 사회에서 개인의 사익을 위해서 성립된 계약임에도 불구하고, 채권보전을 위한 방편으로 무한책임을 연대 보증인에게 전가한다는 것은 전체주의의 연좌제와 같음에 따라 근대정신과 배치되고 있기 때문이다.

물론 선진국의 경우 채무자가 실직하였거나, 사고, 재난 등의 이유로 채무를 변제할 능력이 없을 경우 탕감하거나 소멸되며, 사회협동으로 이루어진 개인의 역량이나 지식 등은 사회적 자산으로 생각하기 때문에 다시금 사회활동을 할 수 있도록 하거나, 취업을 통해 어느 정도 소득이 있을 때 수년에 걸쳐 채무변제를 한다거나, 사회적 약자를 위한 장학 우선이나 취업을 하여 빚을 갚을 수 있도록 하는 제도 등을 실시하고 있다는 사실에서 이해할 수 있다. 즉, 완전고용을 전제한 복지국가의 기능의 일환이라기보다 개인의 도덕적 책무를 고양하는 상생의 사회로 발전하고 있는 것이다. 하여 지구촌시대는 인류가 상생의 삶을 살아가기 위해 관용의 정신을 근간으로 하는 민주주의가 공고화될 수 있는 '모민주의' 체제가 성립될 수 있는 환경이 조성되었음을 알 수 있다. 따라서 짧은 인생을 살아가는 인간에게 가혹하리만큼 채권우선의 사회는 비인간적으로 악용할 소지가 다분함에 따라 이를 완화하여 인간의 기본권으로서 행복추구권을 구현하기 위한 모민주의의 '소유상하한제'가 성립되어야 함을 알 수 있다.

인간의 선한 면을 배양

선한 면이 더 많은 인간은 성선설적인 인간으로 육성되기 위한, 상생의 삶을 위한 정치경제제도를 만드는 삶이 인간의 도리를 다한 인간다운 삶이라고 할 수 있다. 하지만 자본주의가 과잉경쟁을 부추기면서 유발되는 복잡성의 증대와 끝없는 권리충돌로 인한 갈등을 해결하기 위해 법률제정의 폭발적 증대로 인하여 인간은 악한 존재로 오해받고 있다. 이는 자본주의 속성상 양보의 미덕은 약자의 변명으로 생각하는 경향이 있다는 사실에서 이해할 수 있다. 이처럼 자본주의는 지정의(知情意)의 전인교육을 주변부로 전락케 하는 반면, 기능훈련과 같은 지식교육이나 돈벌이만 관심을 갖게끔 하는 체제임을 알 수 있다. 즉, 배금주의가 인문학을 퇴조케 하여 지덕체(智德體)의 불균형으로 인한 인간성 황폐화와 함께 정서가 메말라 냉소적 인간으로 변모케 하였던 것이다.

예를 들어 과잉경쟁은 교육과 학문을 구별할 수 없을 만큼 청소년들에게 교육 낭비적인 잡동사니를 집어넣음에 따라 삶의 의미를 부여했던 인문학은 퇴조하였으며, 이로 인해 막연히 세상을 두려워하는 경향으로 인해 유발된 공격적인 인성으로 변모해가는 현실에서 이해할 수 있다. 즉, 신자유주의가 무한경쟁을 원칙으로 함에 따라 체감하는 적자생존(適者生存)의 절박함으로 인하여 인간 상호간에 적대의식이 심화되었던 것이다. 그 예로 자본주의가 만든 상극의 삶은 양극화로 나타났으며, 이로 인해 유발된 각종 범죄로 사회적 비용의 증가와 복지수요의 증대 등은 재정의 부담을 가중케 하여 고비용저효율 사회가 되면서 구성원 상호간에 원망이나 적대감이 형성된 사실에서 이해할 수 있다.

따라서 몇 사람은 거대한 부를 이룰지 모르지만, 과당경쟁으로 인한 사회전체의 막대한 손실과 자원고갈이나, 환경오염 등을 생각해볼 때, 천문학적 손해임에도 불구하고, 무언가 이룬 것처럼, 역사 발전한 것으로 착각을 하는 것을 경계해야 함을 알 수 있다. 왜냐하면 인간은 동료로서 도덕성에 기초한 연대감을 갖고 상호간 인권을 존중해서 최소한 물적 기초를 상호간 보장하는 '상생의 삶'을 살게끔 하는 것이 역사발전이기 때문이다. 하여 탐욕은 99마리 양을 가진 사람이 한 마리의 양을 채우기 위해서 혼신을 다한다는 격언으로 주위 사람을 곤경에 빠트리게 된다는 사실을 고발하고 있지만, 탐욕을 정당화하는 자본주의가 인간성 황폐화, 지구온난화 등을 만들고 있는 것이다. 다시 말해서 자본주의를 고집한다면, 작은 것을 탐하다가 큰 것을 잃는다는 '소탐대실(小貪大失)' 하게 됨을 말하는 것이다. 하여 지구촌시대는 '상생의 삶'을 위해 모민주의 '소유상하한제'가 세계화한 가운데 자유경쟁을 해야만 시장이 자동조율이 될 수 있음을 알 수 있다. 물론 인간은 문화적 존재로서 스스로 선업을 쌓도록 제도를 만들어 가는 슬기로운 존재임에 따라 모민주의의 '소유상하한제'가 보편화될 것이다.

4. 지속가능한 삶

위험한 사회를 만드는 자본주의

강력한 욕구를 뒷받침하는 자본주의에 맞서 균형을 이루고자 했던 공산당의 몰락과 아울러 사회민주주의(사회주의)의 쇠퇴로 신자유주의가 등장하게 됨에 따라 선진국의 초국가적인 거대기업은 자본주의 틀 속에서 교섭능력을 갖게 되었다. 이는 후진국의 경우 견제할 수 없는 입장이 됨에 따라 사회통합에 어려움을 겪는 원인이 되고 있다. 즉, 공산당의 퇴출로 냉전체제가 무너지면서 신자유주의가 공고화됨에 따라 개입주의를 허용한 국가자본주의(행정국가)의 보호주의도 의미를 잃게 되었음을 말하는 것이다.

예를 들어 비복지적인 자유방임주의가 식민지나 후진국에게 자유무역을 원칙으로 강제했던 사실에서 이해할 수 있다. 선진국은 냉전체제의 퇴출로 약소국과 무역거래를 하는 데 있어서 정치적 배려가 필요 없게 되었고, 노조와 타협한 복지지출의 증대나, 노동시장의 경직성이나, 범죄증가로 인한 치안과 국방비 등의 사회적비용의 증가를 비롯해, 개도국의 자국의 산업보호를 위한 높은 관세와, 시장개방을 억제하는 노조, 자국의 산업공동화(産業空洞化) 현상 등으로 인하여 만든 신자유주의가 중진국이나 후진국을 힘들게 하고 있는 것이다. 다시 말해서 무정부적 불개입주의, 세계분업화, 자유무역, 무한경쟁, 복지축소 등 자본주의(자유기업주의) 속성에 충실하고자 하는 등 선진국 중심의 신자유주의 원칙을 후진국의 경우 지키기 어려움을 말하는 것이다. 이는 국가자본주의의 보호주의의 퇴출을 의미하는 신자유주의원칙은 선진국의 초국가적인 거대기업이 유리하기 때문이다.

한편 신자유주의는 선진국이 상당한 수준의 과학기술의 발달로 경쟁력을 갖고 있음에도 불구하고, 빈곤계층이 양산되는 양극화현상을 극복하기 위해 만들어진 선진국중심의 이념으로서 실제로 선진국 자신이든 후진국이든 별로 덕이 없음을 최근에 알게 되었다.

이는 오늘날 미국을 중심으로 한 세계경제가 오랫동안 침체에서 벗어나지 못하고 있다는 사실에서 알 수 있다. 하여 신자유주의는 자유기업이 최대이윤을 획득하기 위한 안전한 곳으로 자본을 투자할 수 있게 함으로써 인류에게 실익(덕)이 없음을 알 수 있다. 따라서 자본주의로 인하여 만들어진 제국주의를 통해 알 수 있듯이, 각 지역의 전통이나 생활양식과 상관없이 마치 하늘에서 뚝 떨어진 존재처럼 오직 경제적 이익만 챙기고, 환경오염을 유발하고 떠난다면, 오랫동안 적응하며 살아남아야 하는 지역민들은 곤경에 처하게 됨을 알 수 있다.

예를 들어 초기 자본주의시대 자본가들에 의해 민중들은 착취를 당하였고, 식민지에서 가혹한 착취나 수탈로 유발된 분쟁에 파병됨에 따라 나쁜 민족으로 기억되는 등 피해를 입었음에도 불구하고, 보상은커녕 복지조차 스스로 책임졌던 사실에서 이해할 수 있다. 물론 식민지역의 정체성 파괴와 환경파괴 등이 오랫동안 상처로 남아 지역민을 괴롭히고 있다.

하여 선진국의 대다수 국민은 초기 자본주의에서 상당한 고통을 받았으며, 더불어 수탈과 착취기술이 발달한 민족이라는 불명예와 역사적 책임까지 뒤집어쓰고 있는 가운데, 양극화로 고통까지 받게 됨에 따라 '누구를 위해 종을 울리는가?' 하고 불신하면서 사회주의가 등장하게 되었음을 이해할 수 있다. 그리고 선진국이 부강한 만큼 양극화의 심화와 인간성 황폐화, 유대감의 상실, 환경오염, 자원고갈 등 위험한 사회가 됨에 따라 유럽이 근대사회의 성립이라는 위대한 유산을 남겼음에도 불구하고 색안경을 끼고 서구사람을 보게 되었다. 즉, 자본주의의 속성에 충실하여 위험한 사회가 된 것을 두고 선진자본주의국가의 책임으로 성토하고 있는 것이다. 특히 식민피해를 당한 지역은 결코 잊지 않으며 반 서구적이다. 이는 자본주의에서 살아가는 인류는 시간이 갈수록 인류가 감당하기 어려운 상황이 전개되고 있는 가운데, 피 식민지역의 경우 상황이 악화되고 있기 때문으로 볼 수 있다.

또한 자본주의는 수정했음에도 불구하고, 양극화의 심화로 복지수요가 폭발적으로 증가하여 결국 복지를 포기해야 하는 상황에 이르게 되었다면, 새로운 분배양식을 근간으로 하는 체제가 성립되어야 함에도 불구하고, 오히려 자본주의 속성에 충실코자 하는 신자유주의가 등장하였기 때문이다. 즉, 대자본이 형성되는 만큼 양극화가 가속화될수록 국민은 국가의 부채가 되어 자율성을 잃게 된 상황을 세계시장 확대로 문제를 해결코자 하는 것이다.

예를 들어 영국이 1980년대에 초기 자본주의와 같이 세율인하를 단행하여 조세가 감소되었으며, 반면에 공공지출은 확대됨으로써 정부부채가 증가된 결과 정부투자로 경기부양을 할 수 없음을 알고, 제3의 길을 선택한 사실에서 이해할 수 있다. 통계를 보자면, "정부의 재적적자를 보면 선진국들의 집합체라고 할 수 있는 OECD의 총 공공부채(정부가 갖고 있는 자산을 감안하지 않는 빚)가 1974년에는 GNP 대비 35%에 불과했으나 1980년에는 42%, 1994년에는 71%로 상승하였다. 특히 벨기에와 이탈리아의 경우 1995년 현재 각각 275%와 120%를 달하였다."(112) (고철기, p.41)

이는 금융정책으로 경기부양을 시도한 결과, 오히려 인플레이션이 유발됨에 따라 정부가 국제금융시장에서 높은 금리로 자본을 조달하면서 국가부채가 증가케 된 결과, 초국가적 거대기업의 투자자들에 의해 국가정책이 결정되는 경우가 많았던 이유로 볼 수 있다. 예를 들어 한국의 1997년 소위 IMF라는 국가부도는 국제투기자금의 유입과 공공재산이나 대기업지분을 헐값에 매각함으로써 실로 엄청난 손실을 국민이 부담했으며, 국제자본이 경영권 지배한 사실에서 이해할 수 있다. 이러한 자본주의의 속성을 두고 죽어서 부패한 고기를 폭식하는 맹수인 하이에나와 비교하기도 한다.

이처럼 자본주의가 세계화할수록 국제투기자본에 의해 투기장이 되거나, 경영간섭을 통해 정책에 영향을 끼치는 등으로 이윤만을 챙김에 따라 정부가 무력하게 되면서 사회통합 자체가 힘들게 됨을 알 수 있다. 이는 자본주의에서 살아남으려면 배금주의에 적응해야 하고, 부를 축적하는 과정에서 도덕적 비판을 받는 행위를 할지라도 합법적이면 문제가 없다는 법치주의로 정당화하는 경우가 많기 때문이다. 따라서 자본주의가 심화될수록 자연법사상은 표류하고 유명무실하게 되면서 인간성 상실로 이어지게 됨을 이해할 수 있다.

이는 자본주의가 발달할수록 지역사회의 전통적인 유대관계를 단절케 하기 때문이다. 그리고 자본주의발 양극화의 폐해를 조율할 수 없는 반쪽 민주주의임에 따라 민주적 권위조차 무시당하는 가운데, 사회통합의 주체가 되지 못하게 되면서, 스포츠나, 집단오락 등이 사회통합의 방편이 되고 있다. 즉, 신자유주의시대가 추구하는 세계분업화에 의한 무한경쟁으로 기업의 이윤감소로 한계기업이 퇴출되거나, 각 나라의 중소기업이 대기업에 합병되는 등으로 유발되는 높은 실업률로 인한 고비용 저효율의 구조가 고착화되고 있음에도 불구하고, 자본주의의 절차적 정의로서 민주정치는 한계가 있는 것이다.

예를 들어 대기업에 중소기업이 흡수되거나 퇴출 등으로 인한 기업의 감소로 고실업사회가 됨에 따라 복지비 등 폭발적으로 증대하는 사회적 비용을 감당하기 위해 각 지역은 다국적기업을 경쟁적으로 유치해야하는 입장이 되면서부터 민주정치가 위기를 맞게 된 사실에서 이해할 수 있다. 뿐만 아니라 자유무역으로 인한 자본의 급속한 이동은 환율을 방어하기에 급급하였으며, 높은 실업률은 인구의 도시집중이 가속화하여 도시와 농촌간의 불균형한 발전과 더불어 중앙정부와 지방지치단체와의 불균형이 심화되고 분열되어가고 있다는 사실에서 이해할 수 있다. 하여 신자유주의는 여러 나라의 기업 간의 자유로운 무한 경쟁을 위해 정부개입을 원칙적으로 거부함에 따라 개입주의로 빈곤을 극복코자 했던 후진국은 어려움에 처하게 되었고, 중진국은 샌드위치처럼 되었음을 알 수 있다.

민주주의의 위기

지구촌시대를 맞이한 오늘날 국제 분업과 규모의 이익을 구현하기 위한 대기업의 해외투자가 상당한 성과를 이루는 반면, 내수시장에 기반을 두고 있는 중소기업은 몰락하고 있다. 즉, 초국가적인 거대기업 간의 시장쟁탈전 등으로 인하여 마치 고래 싸움에 새우 등 터진다는 속담처럼 경쟁력이 없는 중소기업은 퇴출되고 있는 것이다. 다시 말해서 거대자본의 지배로 시장기능이 왜곡됨에 따라

고실업상태가 고착화되면서 경기침체와 동시에 양극화가 형성되어 위험한 사회가 빠르게 진행되고 있음을 말하는 것이다.

물론 선진국은 냉전시대를 벗어나게 되면서 실리를 추구하는 입장으로 선회할 수 있게 됨에 따라 개도국에는 엄격한 잣대를 적용하고, 후진국에 대한 원조를 줄여 위기를 극복하고자 하는 신자유주의에서 원인을 찾을 수 있다. 즉, 냉전종식으로 자본주의와 균형을 이루었던 공산주의가 퇴출되면서 공고화된 신자유주의는 국제분업을 통해 경제문제를 해결코자 함에 따라 냉전체제로 인한 보호주의(개입주의)는 더 이상 의미가 없게 되었기 때문이다.

하여 대기업의 시장 확대와 더불어 원자재조달이나, 우수한 노동력확보나, 생산비 절감을 위한 공장설비의 입지확충 등으로 각국이 상호의존도가 심화되는 현상과 더불어 기업 감소로 인한 고실업사회가 고착화되었음에도 불구하고, 당분간 신자유주의를 수용할 수밖에 없음을 알 수 있다. 예를 들어 국제정치의 중심 역할을 했던 미국조차도 자본주의 주변국에게도 상호주의원칙에 의해 경제적으로 대등한 관계를 요구한다는 사실로부터, 세계경찰국가로서 초강대국인 미국 스스로 지도력을 포기하면서까지 신자유주의를 공고화하고 있다는 사실로 볼 때, 얼마나 절박한가를 이해할 수 있다.

즉, 상위체계인 정치를 목적이라고 본다면, 하위체계인 경제는 정치적 목적을 위한 수단으로써 의미가 있음에도 불구하고, 경제가 목적이 되고 정치가 수단이 된 것이다. 이는 자본주의가 가치전도 현상을 유발함에 따라 민주정치가 위기에 맞이하거나 위험한 사회가 만들어지는 원인으로 볼 수 있다. 하여 정치가 경제적 목적을 위한 수단으로 변모했던 공산주의가 퇴출된 것처럼 오래지 않아 자본주의 역시 퇴출이 될 것을 예상할 수 있다. 물론 정치와 경제는 동전의 양면과 같다고 할 수 있음에 따라 분리될 수 있는 성질은 아니지만, 정치는 인간의 이상을 구현하는 유일한 수단이며 목적임에 따라 민주정치가 공고화되는 것이 바람직할 것이다.

하여 인류의 이상인 민주주의를 공고화하기 위해 사회적 합의로 어느 정도 소유를 제한할 수 있는 새로운 체제가 성립되어야 함을 알 수 있다. 즉, 복지주의가 내재된 민주적 분배양식으로써 경제민주화가 인류의 보편적 가치가 되는 것을 말하는 것이다. 물론 인간은 빵만으로 살 수 없는 문화적 존재라는 사실과, 아울러 정치와 경제가 인간적인 박애주의를 원칙으로 하여 해석하며 균형을 이루게 하는 '모민주의' 정치경제제도가 적합할 것이다. 이는 개인으로서 인간은 유한하지만, 전체로서 인류는 행복한 인생을 위해, 인간답게 살기 위해, 무한하게 역사 발전을 하고 있음을 상기해 볼 때, 지구촌시대를 사는 신인류에게 인간의 연대의식을 훼손하는 자본주의 분배양식보다 인간적인 연대감을 중시하는 모민주의 분배양식이 합리적이기 때문이다. 즉, 무한축적을 허용하는 자유주의 분배양식과 복지주의를 내재한 민주주의와 상반됨에도 불구하고, 결합한 자본주의는 지구촌시대에 이르러 요구되는 민주주의의 공고화와 어울리지 않음을 말하는 것이다.

다시 말해서 '소유의 삶'을 추구하는 자본주의의 역할은 지구촌시대의 개막과 함께 끝을 내고, 다음 단계인 '존재의 삶'을 위한 경제민주화로 민주주의를 완성하는 것을 말하는 것이다. 물론 자본주의시대가 되면서부터 잦은 분쟁과 제국주의를 비롯해 짧은 기간 동안 두 차례에 걸친 세계대전과 전대미문의 천문학적 재산피해와 인명살상 등 이루 말할 수 없을 만큼 처참했던 역사적 경험으로부터 포스트모더니즘이 발현되었다. 하여 배금주의로 인하여 무력해진 민주주의정치를 냉소적으로 보며 민주적 권위까지 무시하며 심지어 정치무용론까지 등장한 사실을 상기해 볼 때, 모계적 분배양식을 근간으로 하는 모민주의 사회가 성립되어야 함을 알 수 있다.

무한경쟁에 내몰린 불행한 인생

오늘날은 정보통신과 이동수단의 발달로 세계시장 확대와 아울러 자유로운 여행은 내국처럼 되었지만, 현실은 경제적으로 유익한 전문가나 과학기술자만 선진국으로 이동할 수 있음에 따라 국가 간 양극화가 심화되고 있다. 뿐만 아니라 신자유주의원칙을 각 나라에 권고함에 따라 기업에 대한 정부지원의 축소로 경쟁력을 잃은 수많은 중소기업이 도산으로 이어지면서 고실업사회가 되었다. 그리고 이러한 내우외환(內憂外患)의 상황에서 역할을 할 수 없게 된 기능국가의 관료제를 부정하기에 이르렀으며, 국정을 책임지는 정치지도자의 민주적 권위까지 특정 관료나 일부 국민이 무시하는 경우가 빈번함에 따라 마치 어른이 없는 사회처럼 되었다. 즉, '경제적 동물'로 가게끔 하는 신자유주의 영향으로 민주정치는 무력해짐에 따라 사회통합은커녕 불신으로 분열이 만성화되면서 민주적 권위까지 권위주의로 부정하는 냉소적인 사회로 변모한 것이다.

예를 들어 중소경제 규모였던 과거에는 환경문제를 국내에서 해결할 수 있었으나, 오늘날 지구촌시대에서 대량소비와 전쟁수준의 과당경쟁으로 자원고갈, 온난화, 산성비, 핵(방사능)공해, 환경오염 등으로 인한 생태계파괴를 복원하는 데는 오랜 기간과 엄청난 경비가 소요됨에 따라 국제공조가 필요한 복잡한 정치적 해결이 요구되는 문제임에도 불구하고, 자본주의체제에서 민주정치는 무력한 사실에서 이해할 수 있다. 또한 신자유주의 무한경쟁에서 살아남기 위해 첨단자동화시설에 의한 최고의 품질, 최대의 생산성, 품질에 비해 저렴한 가격 등과 더불어 무정부와 같은 수준의 간섭배제나, 조세부담축소 등을 요구할 만큼 절박한 현실에서 중소기업의 감소로 인한 고실업을 해결할 수 없었으며, 반민주적인 양극화를 해결할 수 없는 정치를 불신하게 되었던 것이다.

그리고 신자유주의를 선진국이 설정함에 따라 첨단과학기술과 더불어 거대한 자본과 경험을 축적하고 동일한 문화권에서 자유주의적 법치주의가 확립된 선진국은 유리한 반면, 전통문화와 반자유주의적인 생존양식을 갖고 있는 자본주의 후발국의 경우 불리함에 따라 보호주의를 고수하려는 경향이 있다. 문제는 규모가 작았던 초기 자본주의의 공급경제로 인해 형성된 제국주의에서 대다수 사람들에게 가혹한 삶을 살게 했던 것보다 신자유주의의 대규모 공급경제로 인한 세계적 양극화로 유발되는 각종 테러로 불안정한 사회가 되는 것이다. 뿐만 아니라 오늘날 천문학적 거래 규모는 양극화를 가속화하며, 과소비로 인한 환경오염이나, 지구온난화나, 가공할 무기체계, 고실업, 핵 발전의 불안정성 등이 복합적으로 작용하고 있음에 따라 위험한 사회에서 적합함을 알 수 있다.

하여 오늘날 지구촌시대에 이르러 의식을 지배하는 각 지역의 정체성과 문화권이 다름에 따라 유발되는 충돌을 방지하기 위해 탈배금주의로서 존재의 삶을 중시하는 체제가 세계화되어야 하는 절박한 상황에 있음을 알 수 있다. 따라서 오늘날까지 이어온 각 지역의 정체성이 다르며 동일문화권의 관습이 정서로, 일반의사로 되어 있음을 존중하여 상호간에 한발씩 양보하는 모민주의의 '소유상하한제'가 지구촌시대에 적합함을 알 수 있다. 이는 '소유의 삶'을 중시하는 자본주의가 개인무기의 첨단화와 동시에 양극화로 인한 테러유발이 용이해진 위험한 사회를 극복해야 하기 때문이다. 즉, 인류의 이상인 적극적 복지사회로 '존재의 삶'을 살게끔 역사 발전해야 하는 것이다. 물론 인간의 이기심을 극대화하는 자본주의를 넘어 모계적 분배양식으로 역사 발전한다는 것은 쉬운 일이 아닐 것이다. 하지만 이미 자본주의에 대한 부정적인 견해는 무수히 많고 정리되어 있음에 따라 제3차 산업혁명에 의해 만들어진 정보화시대를 맞이한 신인류가 새로운 시대를 여는 것은 그리 어려운 일도 아닐 것이다. 그리고 자본주의가 발달할수록 인간의 사회성이 무디어져서 정당한 민주적 권위도 무시당한다는 사실을 다음 고철기의 글에서 잘 이해할 수 있다.

"신보수적 자본주의의 영향이 확산되면서 1990년대는 특이한 현상이 나타나고 있다. 선후진국 대부분이 국가경영마저 기업경영의 차원에서 이끌어 가려는 붐이 일어나기 시작했다. 정부가 정부조직 및 정부산하조직의 관리에 있어서 공익성 차원을 점차 경시하는 반면에 수익성은 강조하는 방향으로 나아가고 있다는 것이다. 또한 일부 국가에서는 공무원을 대기업에 파견하여 민간 경영방식을 익히게 하는 일까지 벌이고 있다. 이러한 풍토에서는 기업인의 이윤극대화 사고방식이 공익우선의 정서가 지배되어야 할 국가의사결정 철학까지 스며들어 공무원이나 정치인들의 정책결정내용이 대기업에게 유리하게 될 가능성이 높은 것이다.…

극단적으로 표현하자면 신보수적 자본주의의 이념의 파급으로 대기업이나 자본가들의 착취의 대상이 소비자나 근로자의 수준을 뛰어넘어 이제는 공익의 마지막 보루라고 할 수 있는 공무원의 의식 속으로까지 파고들어 국가 전체를 착취의 대상으로 하게 되었다."(113) (고철기, pp.58~59)

하여 오늘날 신자유주의가 어떠한 특성을 내재하고 있는지를 잘 이해할 수 있다. 물론 자본주의가 국가권력에 의한 억압을 오랫동안 받은 결과로 만들어진 사실에서 속성을 이해할 수 있다. 예를 들어 고대사회의 강대국의 경우 약소국을 수탈하여 무력하게 하거나, 강대국으로서 전승국은 여성약탈, 재산압수, 노예노동의 확보 등으로 유가족의 복지비와 전쟁비용을 상계하는 등으로 피폐한 계층이 권력의 억압에서 해방코자 자유주의를 꿈꾸었던 사실에서 이해할 수 있다. 물론 근대사회가 성립된 후 자본주의사회임에도 불구하고, 전체주의인 파시즘, 나치즘 등이 등장하였다. 하여 신자유주의가 복지를 명분으로 한 개입주의를 원칙적으로 거부하며, 자유무역을 방해하는 보호주의를 퇴출하고, 세계분업화를 통해서 최대이윤을 획득하고자 하는 것은 서구문화에서 기인하고 있음을 알 수 있다.

경제적 동물이 될 수 없는 인간

구시대 정치권력에서 분리된 자본주의사회의 금력은 무책임하고, 무소불위의 힘을 갖게 되어 이를 획득하기 위한 치열한 자본축적 경쟁의 결과로 신자유주의가 등장하였다. 물론 신자유주의가 1대 99라는 세계적 양극화를 형성함에 따라 신자유주의를 패권주의(覇h權主義)로 보는 시각이 있다. 그리고 신자유주의가 내면세계가 없는 차가운 로봇처럼 이익집단의 부품으로 삶을 살아가는 영혼이 없는 단지 머리 좋은 '경제적 동물'로 살아가게끔 강제하고 있음을 우려하고 있다. 초기 자유방임주의와 달리 오늘날 초국가적 거대기업들이 만들어지고, 복잡성의 증대와 함께 전문화된 무수한 집단이 경쟁하는 까닭에 조직 속의 개인으로 살아야 하는 구조가 되었기 때문이다. 즉, 비복지적인 신자유주의에서 만들어지는 고실업사회를 살아가는 개인은 스스로 복지를 위해 이익집단에 소속되기 위한 경쟁이 치열하게 된 것이다. 예를 들어 신자유주의 세상을 천명한 미국이 다자간 협상보다 쌍방협정을 추진한다는 사실과 더불어 거대기업집단에 의해서 정책이 결정되는 경우가 많아지고 있다는 사실에서 이해할 수 있다.

물론 서구는 전통적 가치나 자본주의를 거부하는 사회주의 등에 의해서 상당한 진통이 있었던 반면, 자본주의에 충실하여 실리를 추구한 미국과 차이가 있다. 즉, 유럽의 경우 국가위신을 지키고, 각종이익을 취하면서도 식민지 개척과 착취를 개인적인 것으로 간주하는 이중적이었던 반면, 자본주의를 신념으로 성립한 미국은 개척정신과 실용주의로 자본가를 육성한 나라였던 것이다. 이처럼 미국은 전대미문의 초강대국으로 자본가가 세상을 움직이는 신자유주의를 펼칠 수 있는 국가였음을 알 수 있다. 하지만 자본주의를 악으로 간주하며 보여준 9·11테러와 함께 2008년 하반기에 이르러 금융위기로 전 세계가 곤경에 처하게 되어 오늘날까지 회복을 하지 못함에 따라 미국 발 신자유주의를 불신하기에 이르렀다.

즉, 지구촌시대는 자본주의 분배양식이 절대적 양극화를 빠르게 가속화하면서 위험한 사회를 만든다는 사실을 알게 되었다, 하여 지구촌시대에 세계시민으로서 살아가기 위해서는 각 나라의 독특한 문화를 존중하기 위한 새로운 모계적 분배양식을 근간으로 하는 상호간에 신뢰할 수 있는 모민주의 '소유상하한제'가 세계화되어야 함을 알 수 있다. 선진국 중심의 신자유주의에 의해서 세상이 절대적 양극화로 공고화되어 대다수 인류가 빈곤층으로 전락된다면, 제국주의시대의 전면전보다 더 큰 동시 다발적인 국지적 저항인 테러로 인류는 파국을 맞이할 수 있기 때문이다. 이는 물질의 풍요를 통한 인간해방을 구현하겠다는 자유주의가 민주주의와 결합하여 성립한 자본주의가 '소유의 삶'에 집착케 하여 인류의 이상인 적극적 복지사회의 구현이라는 역사발전을 멈추게 하고 있기 때문이다.

즉, 새로운 모계적 분배양식으로서 경제민주화를 이루는 모민주의가 세계화되어야 할 것이다. 물론 자본주의는 민주주의를 위기로 몰고 있으며, 양극화를 유발하여 자연법사상을 무색케 한다는 점에서 근대정신(모더니즘)과 배치되고 있다. 특히 자본주의가 인간의 상품화를 가속화하고 있다는 점에서 인간 존엄을 훼손하는 체제임을 알 수 있다. 아무튼 자본주의가 다윈의 진화론, 라마르크의 용

불용설, 적자생존론(適者生存論) 등과 함께 발전하면서, 제국주의까지 만들면서 인류에게 가혹한 삶을 살게 했다는 점에서 극단적 속성이 있음을 이해할 수 있다. 이는 혹독한 착취를 합리화하기 위해 인간을 탐욕스런 존재라는 전제로 하고 있기 때문이다. 즉, 사람을 머리 좋은 동물정도로 생각하고 있는 것이다.

다시 말해서 인간에게만 있는 영적감응장치에 의한 창조력을 갖고, 삶을 스스로 재창조하는 문화적 존재임을 알고 있음에도 불구하고, 애써 외면하고 있음을 말하는 것이다. 물론 영적 존재로서 인간이 주체이면서도 객체인 자연에 지배를 받기 때문일 것이다. 하여 인간은 동물도 신도 아닌 중간적 존재로서 제한적인 자연의 섭리와 부합도 되어야 하며, 영적 존재로서 창조력이 있음을 고려해 볼 때, 영적 존재로서 육화된 인간의 행복한 인생을 위해 모계적 분배양식이 적합함을 알 수 있다.

물론 탐욕을 제한하지 않는 부자연스런 자본주의는 지구촌시대가 요구하는 새로운 분배문화가 형성되면 소멸될 것임을 예상할 수 있다. 따라서 자본주의가 한 단계 더 발전한 신자유주의보다, 탈자본주의로서 모민주의 체제에 의한 적극적 복지사회가 세계화되는 것이 합리적임을 알 수 있다. 즉, 인간을 단지 머리 좋은 경제적 동물로 만들어가는 자본주의는 지구촌시대의 개막과 함께 역할을 다한 것이다. 다시 말해서 인간을 상품화하고, 배금주의가 만든 제국주의 등으로 인생의 쓴맛을 보게 한 자본주의는 지구촌시대를 연 것으로 소임을 다했음을 말하는 것이다.

하여 오늘날 첨단과학기술시대를 만든 인간을 대모신의 후손으로 믿는다면, 연대성을 훼손하는 제도보다, 인간의 선한 면을 배양하는 제도를 확립해야 하는 것이 인간의 도리임을 확신할 수 있다. 따라서 지구촌시대를 사는 신인류에게 영적 존재로서 '존재의 삶'과 사람으로서 '소유의 삶'이 균형을 이루는 '모민주의' 분배양식이 적합함을 알 수 있다.

제 5 부

존재의 삶을 추구하는 신인류

Ⅰ. 지구촌사회의 분배양식

Ⅱ. 신인류에 적합한 모민주의

Ⅲ. 신자유주의

I

지구촌사회의 분배양식

1. 부계적 분배양식의 퇴출

인간은 행복한 인생을 위해 스스로 창조한 문화에 의해 지배를 받고 자신이 누구인지를 궁금해 하며, 사물을 탐구하면서, 선한 존재가 되기 위해 진보를 하고 있다. 이는 동물이 약육강식의 단순한 축생의 삶을 살아가는 반면, 인간은 선악시비분별(善惡是非分別)을 하는 복잡한 인생을 살고 있다는 점에서 이해할 수 있다. 또한 인간은 본질적으로 선한 존재이기 때문에 현실세계에서 겪는 양심과 욕망의 갈등을 극복하기 위해 스스로 지역 환경에 맞게 생존양식(문화, 가치)을 설정한 사실로부터 지혜로운 존재임을 이해할 수 있다. 그리고 모계신본주의사회가 인간을 신의 후손으로 선한 본성을 수련하기 위해 순환·진보한다고 믿었으며, 악은 일시적이며 선을 위한 악으로 생각하거나, 영혼에서 육화(肉化)되어 현실의 어려움을 통해 인간의 선한 본성을 나눔으로 배양하고 연마하여 인간의 본향으로 되돌아간다고 믿은 사실을 상기해볼 때, 스스로 행복한 인생을 만들어가는 문화적 존재임을 이해할 수 있다.

하여 앞의 사실에 대해서 사실 여부를 떠나 인간이 이룩한 정신문화와 물질문명을 생각해볼 때, 인간은 선한 존재임을 알 수 있다. 예를 들어 인간은 본질적으로 선한 존재임을 인류가 근대사회를 성립한 것이나 소극적 복지국가를 구현했으며, 이어서 인류의 이상인 적극적 복지사회를 구현하기 위해 언제나 노력하고 있는 사실에서 이해할 수 있다. 하여 인간이 문화로 삶을 재창조하며 이룩한 지구촌사회를 만든 자신들의 노고를 생각한다면, 모계적 분배양식을 근간으로 하는 적극적 복지사회로 스스로에게 보상하는 것이 바람직할 것이다. 물론 '소유의 삶'을 근간으로 하는 자본주의가 발달할수록 지구온난화나 생태계파괴, 절대적 양극화 등 부정적인 여러 징후들이 나타남에 따라 '존재의 삶'을 살아야 하는 측면도 있다. 하여 지혜로운 인간이 지식을 축적한 결과, 인류가 지속적으로 발전하고 있음을 생각해 볼 때, 자본주의가 인류를 위태롭게 한다면 마땅히 퇴출해야 함을 알 수 있다.

그리고 자연계는 제한된 약육강식의 먹이사슬의 구조로 균형을 이루고 있다. 반면에 자연계에 속해 있으면서도 주체로서, 먹이사슬의 최고 위치에 있는 인간은 우수한 두뇌로 삶을 재창조하는 문화를 갖고 있으며, 우수한 육체를 갖고 행복한 삶을 위해 도구를 사용하며 각자 맞는 역할에 따라 사회협동으로 현실의 어려움을 극복하고, 잉여생산물을 비축도할 수 있음에 따라 인간은 자연계의 먹이사슬과 다른 인간 상호간의 경쟁에 의해서 불균형을 이루고 있다. 이는 부계사회가 등장하고부터 신분제로 극단적인 양극화를 정당화한 것이나, 근대사회가 성립된 오늘날 1대 99라는 절대적 양극화를 유발한 자본주의 분배양식에서도 이해할 수 있다.

즉, 자본주의가 만든 극단적인 불균형으로 절대적 양극화로 인간 상호간이나, 다른 생명체와 공존이 불가능한 상황에 이르게 된 것이다. 이는 오늘날 과소비로 인한 부작용을 제거하기 위한 소비자 운동이나 자연친화적인 삶의 중요성을 인식하면서 만들어진 녹색 생명운동이나, 삶의 질 향상을 위한 각종 사회단체의 활동 등으로 자연계와 균형을 이루려하는 사실에서 알 수 있다. 즉, 인간은 창조력이 있음에 따라 빵을 위해 살아가는 하이에나(맹수가 먹다 남은 것과 부패한 동물까지 먹는 맹수)와 같은 미물처럼 '소유의 삶'을 살고자 한다면 공멸하게 됨을 말하는 것이다.

하여 인간의 경우 '소유의 삶'을 위해 무엇을 이용하든, 어떤 전략이든, 합법을 가장한 야만이나 부도덕한 짓을 하더라도 결과만 좋다면 된다고 하는 사고방식을 형성하는 자본주의제도는 잘못된 것임을 알 수 있다. 이는 절대적 양극화를 만들어 인간을 곤경에 빠트리게 하는 자본주의는 인간 상호간에 대립과 반목으로 성악설적 인간형을 만들기 때문이다. 물론 인류가 양극화를 공고화하는 부자연스런 제도에서 살아간 구시대나, 근대 자본주의사회에서 이전투구로 혹독한 대가를 치른 역사적 경험을 한 사실에서 이해할 수 있다. 따라서 인간에게 적합한 새로운 모계적 분배양식을 위한 정치체제가 성립되어야 함을 이해할 수 있다.

문화적 존재로서 인간

사유제를 근간으로 하는 부계사회가 발전을 거듭한 끝에 생성한 자본주의가 인간의 유한한 인생에 비해 지나친 경쟁으로 소모적인 삶을 살아가게 함에 따라 왜 사는가? 라는 회의에 빠지는 경향이 많아졌다. 이는 자본주의가 행복한 삶을 살게 할 것이라고 생각했지만, 자본주의가 등장한 지 불과 얼마 되지 않는 짧은 기간임에도 불구하고, 험악한 역사적 경험과 오늘날에는 위험한 사회가 되었기 때문이다. 즉, 자본주의가 욕구를 배양함에 따라 인간이 상품화되고 소외된 결과인 것이다. 다시 말해서 물신주의(배금주의)사회가 되어 인간이 생산을 위한 소모품이나 수단이 되었음을 말하는 것이다.

이는 구시대의 억압에 반동하여 성립한 자본주의가 인간의 이기심(개인성)을 강조한 결과로 볼 수 있다. 예를 들어 부정부패한 구체제에서 착취를 당한 대다수 민중이 평균적으로 빈곤했던 사실에서 이해할 수 있다. 물론 이를 극복하기 위해 인권선언에 기초한 근대사회가 성립되었음에도 불구하고, 초기 자본주의사회는 착취로 인하여 대다수 민중은 빈곤했다. 이는 지나친 착취로 원성을 쌓게 된 결과, 근대정신인 복지사회를 구현하기 위한 국가개입주의로, 계획주의를 근간으로 하는 사회주의가 등장한 사실에서 이해할 수 있다. 이는 자본주의가 본질적으로 인간의 이기심을 자극하고, 배양하는 사회로 발전되는 것을 정당화하였기 때문이다. 즉, 자본주의 생활양식이 이기심을 선순위로 동정심은 후순위로 설정함에 따라 무한축적 경쟁으로 인한 빈곤층의 양산이나, 환경오염으로 인한 다수에게 피해를 입힐지라도 도덕적 책임을 망각케 하였던 것이다.

이처럼 인간의 경우 이기심과 동정심의 균형이나, 개인성과 사회성 등이 균형을 이루어야 함에도 불구하고, 자본주의는 개인성을 선순위로 함에 따라 사회적(정치적) 동물이라는 인간의 특질을 왜곡시켜 인간의 연대성이 무너지게 되는 체제임을 이해할 수 있다. "슘페터가 자본주의의 파멸을 예상한 이유는 무엇인가? 그 답은 경제학에 있지 않고 사회학에 있다. 즉, 분석에 있지 않고 통찰에 있는 것이다. 슘페터는 자본주의의 문화가 가치를 부식시키는 성질을 갖고 있다고 본다."라고 한 사실에서 이해할 수 있다.(114) (하일브루너, p.121)

다시 말해서 태생적으로 종교적 심성을 갖고 있는 인간이 영적 존재임을 부정하는 체제임을 말하는 것이다. 물론 서구적가치인 자본주의는 인간은 피조물로서 마치 산업기계의 부품처럼, 단순한 소모적인 존재로 전락케 한다는 사실에서 이해할 수 있다. 즉, 인간이 삶의 주체가 되지 못하고 스스로 상품화되면서, 상품을 만드는 수단으로 객체가 되어 소외된 것을 말하는 것이다. 이는 부계사회가 하드웨어적인 유한한 것에 머물러 1회적인 소모적인 존재로 생각한 사실에서 이해할 수 있다. 하여 모계신본주의사회에서 인간인 내가 신의 후손으로 순환·진보하는 다생의 삶을 사는 영적 존재라고 생각한 것과 근본적으로 다름을 알 수 있다. 따라서 사회시스템에 의해 형성된 문화와 소프트웨어적인 정신과 하드웨어적인 몸이라는 3가지 요소로 구성된 인간은 스스로 재창조하고 규율하는 문화적 존재임을 알 수 있다. 물론 인간은 스스로 재창조한 문화로 행복한 삶을 살게 하는 탁월한 능력이 있음을 생각해 볼 때 문화적 존재임을 이해할 수 있다.

과잉경쟁으로 지친 인간

물질의 풍요를 통해 행복한 인생을 구현코자 했던 자유주의의 의도와 달리 구시대 신분제사회의 계급투쟁처럼, 자본주의가 발전할수록 절대적 양극화를 구축하기 위한 과잉경쟁을 하고 있다. 또한 오늘날 신자유주의 이념을 근간으로 하는 레이거노믹스의 '공급자경제'처럼, 첨단과학기술에 의한 생산성과 우수한 품질이나 가격 등에 의한 우월적 경쟁력으로 인한 소비확대를 1대 99라는 양극화가 빠르게 공고화되고 있다. 이는 자본주의사회는 마치 멈추면 넘어지는 두발자전거가 끝없이 달려가야 하는 것처럼 소비를 해야만 유지되는 체제이기 때문이다. 하여 소비를 위한 유혹과 홍보경쟁으로 인해 유발되는 만성적인 욕구불만을 배양함에 따라 누구나 '풍요속의 빈곤'이라는 현상으로 물신주의가 만연하게 되었고, 절대적 양극화로 대다수 사람들은 빈곤층으로 전락하게 됨을 알 수 있다.

따라서 무한한 상상력이 있는 내면세계와 달리 유한한 현실(외면)세계에서 무한한 축적이 불가능함에도 불구하고, 무한축적이 가능한 것처럼, 허용한 자본주의가 위험한 사회를 만들게 됨을 알 수 있다. 즉, 자본주의에서 살아가는 모든 사람이 선의의 피해자가 되는 것이다. 이는 짧은 인생살이를 하는 사람이 자신이 누구인지, 어디서 왔는지, 미지의 긴 여정을 준비할 자기성찰의 여유도 없는 가운데, 불행은 끝없이 발생하고 함정도 많아지는 등으로 인하여 인간에게 꼭 필요한 여유를 갖지 못한다는 사실에서 이해할 수 있다. 따라서 인간의 원형사회로서 내면세계를 탐구하는 기술이 발달한 모계신본주의사회에서 인간을 신의 후손으로 영원히 불멸하는 나로 믿은 사실은 인간에게 결코 손해가 아니었음을 이해할 수 있다.

또한 '소유의 '삶을 살기 위해 성립한 자본주의 사회에서 클래식은 우수한 음악임에도 불구하고, 시장원리에만 내버려둔다면 사장될 수 있기 때문에 장기적인 국가 균형발전을 위한 전략으로서, 많은 비용이 소요되는 클래식에 투자를 하고 있다는 사실에서 이해할 수 있다. 즉, 기업은 최대이윤을 위해 시장의 원리에 의해 수요가 많고 돈벌이가 되는 재즈, 유행가 등에 투자가 집중됨에 따라 메말라가는 정서를 보완하기 위한 방편으로 비시장적인 필수불가결의 공공재로서 클래식을 정부가 투자하게 되는 것이다.

이는 지구의 물질적 요소가 근본적으로 부족함에 따라 무의식중에 부를 축적하고자 하는 경향이 있다고 앞에서 언급한 것을 상기해볼 때, 주체로서 인간은 부족한 물질을 정신문화로 채워야 하는 입장에 있기 때문이다. 조선중기 거상 임상옥의 일대기를 그린 최인호의 소설 『상도』에서 아무리 부어도 7부 안에 머무르는 술잔으로 소개한, 전통 한국의 계영배(戒盈盃)는 7부 이하만 채울 수 있는 컵으로서, 컵에 가득 채우는 것을 금기로 한 것을 교훈삼아 욕망을 항상 자제한 결과 위기를 모면하고, 조선 중기 최고의 대상이 된 사실에서 이해할 수 있다.

즉, 전통 한국의 삶의 지혜를 알려주고 있는 술잔 내지는 찻잔으로 계영배(戒盈杯)는 내부에 구멍이 나있어 술을 아무리 채우려 해도 70% 이상 채울 수 없는 전통 한국의 성배(聖杯)였던 것이다. 하여 현실세계에서 3분의 2정도가 한계이며, 이성의 한계로 알 수 없는 세계를 위해 3분의 1은 남겨둘 것을 권고하는 선조들의 상징물로 이해할 수 있다. 물론 박애정신을 내재하고 있는 중용의 실천적, 구체적인 기준을 계영배로 제시했다는 점에서 의의가 크다 할 것이다. 즉, 인간의 물욕은 무한하지만 현실세계에서 원천적으로 30% 정도 부족함에 따라 부족한 부분을 채우기 위해 과당경쟁을 하여 자타가 곤경에 처하게 되는 것보다 무릇 사람은 30% 정도 부족한 것을 당연히 받아들여, 타인이나 다른 생명체와 공존해야 하는 주체로서 사회적 책임을 인식하고 있었던 것이다.

이러한 사고방식은 최근에 영국의 천체물리학자인 호킹 박사가 우주가 만들어질 때부터 인간이 살아가는 데 필요한 물질이 30% 가량 부족하다고 하며, 우주는 7차원으로 구성되어 있다고 가설을 제시한 것과 한민족의 계영배 철학과 부합하고 있다는 것은 흥미롭다. 이는 모계신본주의사회가 인간이 완전하지 못하기 때문에 물질과 정신의 균형을 이루기 위해 공유제로 순환진보를 원만히 해야 한다고 생각했던 이유가 될지도 모른다. 그리고 계영배의 의미를 실천한 거상 임상옥은 사농공상의 가치체계의 상인이었음에도 불구하고, 후일 고위관료가 되었던 사실에서, 전통 한국의 반상제가 개인의 사회공헌도에 따라 결정되었음을 이해할 수 있다. 따라서 계영배는 나눔의 법칙을 무언으로 가르치고 있을 뿐만 아니라, 인간의 약점인 탐욕을 스스로 경계하는 상징물이었음을 이해할 수 있다.

이는 스스로 자신을 닦아 타인에게 본을 보인다는 '수기치인'(修己治人)의 삶과 일치함을 알 수 있다. 즉, 타인에게 관용적이지만 자신에게 엄격한 삶을 사는 것을 인간의 도리라고 생각했던 것이다. 하여 동양은 사농공상의 질서에서 살아감에 따라 상업주의에서 진보한 자본주의를 낮은 단계의 경박한 사상으로 생각하였음을 알 수 있다. 이는 동양의 경우 인간의 사회성과 개인성이 균형을 이루는 사회를 좋은 사회로 생각했음을 중용을 중시한 사실로부터 이해할 수 있다. 즉, 조화를 중시한 동양은 자본주의가 극단적임에 따라 사람을 경박하게 만들고 불안정한 사회가 형성된다고 생각했던 것이다. 더불어 인간의 강력한 본능으로서 이기심을 구태여 자본주의로 물욕을 배양하는 제도까지 만들 필요는 없다고 생각했을 것이다.

물론 인간의 끝없는 지적욕구로 인류는 인문학적인 성과를 이룰 수 있었고, 질적인 변화를 가져온 사실을 상기한다면, 구태여 탐욕을 배양할 필요까지는 없을 것이다. 이러한 동양의 생활태도는 사리사욕으로 타인에게 해를 끼치는 것을 경계하는 사자성어로서 '지나침은 모자람만 못하다'라는 '과유불급(過猶不及)'에서 이해할 수 있다. 이처럼 동양은 서구 자본주의를 수용할 만한 토양이 없었음을 알 수 있다. 다시 말해서 타인에게 인색하고 자신에게 관대하며, 만족할 줄 모르는 상극의 삶으로 극단화하는 자본주의를 경멸했던 것이다. 즉, 인간은 주체로서 마땅히 공존을 위한 사회적 책임이 있다고 본 동양의 분배문화가 서구의 분배문화에서 만들어진 자본주의와 상충됨을 알 수 있다.

예를 들어 전통 한국에서는 사회를 개인의 수양(수기치인)을 쌓아 실현하는 곳으로 생각하여 나눔을 최고의 덕목으로 생각함에 따라 타인에게 나누지 못할망정 피해를 주지 않겠다는 안빈낙도(安貧樂道)의 청빈한 삶을 근간으로 하는 사회였으며, 개인과 사회가 도덕적 기준에 의해 조화를 이룬 선비가 지배하는 국가로서, 전통 한국은 서구적 가치로서 개인주의를 소인배주의라 하여 배격했던 전통국가였다는 사실에서 이해할 수 있다. 특히 조선 중기 거상 임상옥이 상인의 신분임에도 불구하고, 벼슬도하여 신분변화를 하였던 것은 누구나 '수기치인'의 덕을 갖추면, 신분상승과 아울러 벼슬길을 열었던 사실에서 인격이 지배하는 개방적인 사회였음을 이해할 수 있다. 하여 전통 한국이 도덕성을 근간으로 한 '사농공상'의 가치체계와 자본주의의체제와 배치됨을 이해할 수 있다.

소외된 인간

자유기업주의를 근간으로 하는 자본주의사회는 많은 일자리를 제공하였지만, 중화학 공업을 위한 제2차 산업혁명 이후 공장자동화에 의해 과당경쟁으로 수많은 기업이 퇴출되면서, 미국 발 세계대공황을 겪게 되었고, 이후 제3차 산업혁명인 정보화시대를 맞이해 지식정보통신과 첨단과학기술 등으로 획기적인 생산성 향상과 더불어 고실업사회로 변모하고 있다. 또한 대자본은 인플레로 인한 자산가치의 감소를 극복하고자 하거나, 무한경쟁시대에서 살아남기 위해 수단과 방법을 가리지 않고 금융투기나 적대적 M&A(기업합병), 고용축소 등을 함에 따라 양극화의 속도는 가파르고, 고비용저효율 사회로 변모하였다.

물론 자본주의사회가 적자생존을 위한 자유경쟁을 제도적으로 보장하고 있음에 따라 무한축적을 위한 과잉경쟁의 결과일 것이다. 이는 구조적으로 자본가, 노동자, 소비자나 다 같이 자신에게만 관대해야 하는 자본주의 정서에서 벗어날 수 없기 때문으로 볼 수 있다. 이는 자본주의는 인간의 이기심과 동정심이 균형을 이루며 살아야하는 독특한 존재임을 간과하며 이기심을 편향적으로 배양하며 살아가기 때문이다. 즉, 자본주의가 인간의 이기적 동기에 의해 물질적 풍요를 이루어 공동선을 이룬다고 하였지만, 실제로는 1대 99라는 극단적 양극화로 위험한 사회를 만드는 체제인 것이다. 이는 공동선은 1차적으로 자신에게 엄격하고 타인에게 어느 정도 양보할 수 있는 관대함이 전제되어 있음에 따라 결과에 있어서도 다수가 균형을 이루어야 함에도 불구하고 실제로는 극단적 불균형으로 나타나기 때문이다.

또한 자본주의가 이기심을 배양함에 따라 치른 혹독한 경험은 인간 상호간에 동료가 아닌 적대적 먹이사슬의 개체로 각인하게 되었다. 이는 과잉경쟁을 유발케 하여 환경오염과 인간성 황폐화가 가속화되는 원인으로 볼 수 있다. 즉, 자본주의를 부분 수정하거나, 사회적 환경의 변화에 따라 부분 개혁 등을 한다 할지라도 결과에 있어서 마찬가지인 것이다. 하여 자신에게 관대한 이기적인 삶을 정당화하는 자본주의가 세상문제를 해결한답시고 부분을 땜질하는 위험을 자초하기보다 모계적 분배양식을 근간으로 하는 체제가 세계화되어야 함을 알 수 있다.

다시 말해서 오늘날 인류가 당면하고 있는 위기가 자본주의로 인한 결과로 볼 수 있음에 따라 자본주의 분배양식은 퇴출되어야 함을 말하는 것이다. 이는 사람들이 자본주의사회에서 살면서 사회성의 근원인 이타심이 약화되어 위험한 사회가 되었기 때문이다. 즉,

이기심보다 이타심이 더 많은 인간의 특성을 간과하는 자본주의가 위기를 만들고 있는 것이다. 이는 아무도 책임질 수 없는 상황까지 이르게 되는 지속불능의 사회가 될 수 있음을 과학자들의 예측에 근거하고 있다. 하여 소우주로서 인간이 대우주와 연동되어 순환 진보를 한다고 생각한 모계신본주의사회의 공유제처럼, 모계적 분배양식을 세계화하기 위한 모민주의 정치경제제도를 성립되는 것은 시대적 요청임을 알 수 있다.

아무튼 오늘날 자본주의사회에서 인간이 상품화됨에 따라 상품이 주체가 되고 인간은 객체로 소외되고 있다. 다시 말해서 자본주의에서 살아가는 인간은 삶의 주체가 되지 못하고 물욕을 충족하기 위한 객체로서 살아가고 있음을 말하는 것이다. 그리고 오늘날 지구촌시대는 개인이나, 기업, 국가 간에 양극화가 형성되는 가운데, 상호 의존성의 증대로 인하여 동시에 세계가 위험에 빠질 수가 있다. 또한 과거와 달리 세계공황의 늪은 깊고 넓어지는 현상이 있음에 따라 무한경쟁의 다른 의미인 '경제전쟁'이라는 새로운 패러다임에서 살아남기 위해 경제적 동물로 살아야 하는 부담이 있다.

뿐만 아니라, 오직 경제적 억압으로부터 벗어나기 위해 경쟁적으로 무자비한 도축과 무분별한 채취와, 채굴 등으로 자연생태계의 질서가 붕괴되어 자정능력을 잃게 되었음에도 불구하고, 신제품 개발경쟁과 신상품개발이나, 과소비 등으로 유발된 환경오염이나, 지구온난화로 인한 생태계 파괴 등으로 위기를 맞고 있다. 더불어 전세계가 산성비에 의한 식량감소, 오염된 농수축산물로 인한 질병증가 등으로 인한 의료비의 부담증가와, 노동력상실 등으로 인한 유효수요의 감소 등 악순환에서 벗어나지 못하고 있다. 예를 들어 자본주의 사회가 정착되고부터 과거처럼, 지역사회에서 스스로 남획을 방지하는 자율규제에 의한 생존양식은 의미를 잃었으며, 빈자로 전락되지 않기 위해서 경쟁적으로 남획한 결과, 생태계파괴와 자원고갈로 인한 피해가 전체에 영향을 끼치는 사실에서 이해할 수 있다.

이처럼 불과 200년 정도에 이르는 자본주의가 제국주의를 비롯해 인재, 천재지변이나 생태계 파괴 등으로 인한 재앙의 규모가 크며, 위험한 사회가 됨에 따라 탈자본주의 정서가 확산되고 있다. 이는 인간이 살아가는 지구에서 인간의 욕망을 충족할 만큼 충분한 재화도 없을 뿐만 아니라, 수백 년을 장수할 수 있도록 도와주는 특수한 물질도 없고, 환경도 그렇지 못함을 알게 된 인류는 과당경쟁으로 인한 공멸이 실제로 일어날 수 있다는 사실을 인식했기 때문이다. 또한 자본주의가 상대주의를 근간으로 하고 있음에도 불구하고, 절대주의적인 양극화를 정당화하거나, 인간을 상품화하는 것 등으로 인하여 유발되는 인간성 황폐화는 도를 넘고 있다.

물론 제3세계가 자본주의를 악의 축으로 생각하여 퇴출을 선언한 2001년 9·11테러에서 이해할 수 있다. 즉, 선진국과 후진국간의 자본과 기술의 차이에 대해서 과거 착취의 결과로 보는 제3세계가 신자유주의를 신제국주의로 이해하고 있는 것이다. 하여 기독교와 동일한 절대유일신으로부터 마호메트가 계시를 받아 6세기에 창립한 마호메트교와 기독교 간의 종교전쟁인 7세기경 일명 십자군전쟁에서부터 제국주의에 이르기까지 피해를 본 중동지역의 경우, 자본주의를 타파하는 것을 이슬람교 신자들의 의무로 생각하고 있음을 이해할 수 있다. 하여 지구촌시대는 부계적 가치를 근간으로 하는 자본주의 체제가 세계통합을 구현할 수 없음을 알 수 있다.

예를 들어 자본축적 경쟁으로 형성되는 1대 99라는 절대적 양극화로 인한 고실업과 더불어 유발되는 수만 명의 자살은 전쟁의 규모보다 커지고 있으며, 불안정성에 취약한 여성의 삶이 힘들어지는 등 위기를 맞고 있는 사실에서 이해할 수 있다. 하여 인간이 살고 있는 현실세계에서는 원천적으로 물질이 부족하며 완벽하지 못한 가운데, 누구나 빈손으로 돌아가며 마음만 갖고 간다고 한 사실을 생각해 볼 때, '존재의 삶'으로 행복한 인생을 살게 하는 '모민주의' 체제를 세계화되는 것이 바람직함을 이해할 수 있다. 따라서 근간으로 하는 적극적 복지사회를 구현하기 위한 부계적 분배양식을 퇴출하고, 모민주의 체제가 글로벌(지구촌)시대에 부합됨을 알 수 있다.

2. '존재의 삶'을 위한 분배양식

대다수 사람은 생명이 있는 한 재화와 용역의 교환수단으로서 화폐를 갖고 싶어 하며, 부자가 되기를 소망한다. 이는 인간에게 있어서 돈은 태어나면서부터 죽을 때까지 필요하며, 돈은 원하는 것을 얻거나 자신의 이상을 실현할 수 있기 때문이다. 즉, 돈은 삶의 궁극적인 목적인 행복한 삶을 위한 수단 이상의 것이다. 다시 말해서 사람들이 풍부한 인간성이나 도덕성 등을 갖추기 위한 교양이나, 인격연마 등을 하고 있지만, 대다수 사람들은 돈벌이 자체를 삶의 목적으로 생각하며, 오직 부자로 사는 것을 행복한 인생으로 생각하고 있는 것이다. 물론 행복한 인생을 모계신본주의사회에서 공유제로 구현했던 것과 '소유의 삶'으로 행복한 인생이 될 것이라고 생각한 자본주의와 사고방식(문화적)의 차이가 있음을 알 수 있다. 하여 인간이 행복한 인생을 위해 태고부터 염원했던 '존재의 삶'이 지구촌시대를 맞아 모계적 분배양식이 가능함에 따라 모민주의가 보편화되어 대다수 사람들이 행복한 인생을 살 수 있도록 사회협동을 해야 함을 알 수 있다.

양극화를 유발하는 '소유의 삶'

모든 생명체들은 하나의 독립된 개체로서 무생물과 동식물 등 다른 생명체와 유기적인 관계를 갖고서 유지계승이 되고 있다는 사실은 경이로운 것이다. 뿐만 아니라 모든 생명체가 생명유지를 위한 자유본능과 영원히 살고자 하는 본능을 갖고 있다. 더구나 인간은 지역의 환경과 경험에 의해 형성된 생존양식으로서 문화에 의해 스스로 복종하는 선한 존재라는 점은 특기할만하다. 물론 인류의 원형사회로서 모계사회가 종교사회였으며, 인간의 종교적 심성이 태고부터 오늘날까지 변치 않는다는 사실을 상기한다면, 영적 존재로서 인간은 선한 존재임을 알 수 있다. 예를 들어 창조적인 우수한 인간은 삶의 궁극적인 목적을 실현하고자 하는 의지로 죽음을 가볍게 생각하는 사람들에 의해 오늘날 문명세계를 이룩하게 된 사실에서 이해할 수 있다.

하지만 자유본능으로 인한 충돌방지와 안전 등을 위한 전통적 금기사항을 지켜야 하거나, 인간은 집단적 결정인 정치적 이유나 종교적 신념, 강제규범에 의해서 전쟁에 동원되는 등으로 인하여 성악설적 존재로 오해하고 있다. 즉, 부계사회의 등장으로 유발된 폭발적인 갈등으로 인하여 선한 면이 약화되고, 성악설적인 측면이 배양되었던 것이다. 예를 들어 사람은 생명유지 본능으로 죽음을 두려워하며, 기아와 폭력에 대해서 공포를 갖고 있음에 따라 이를 악용한 부계사회가 수천 년에 걸쳐 생명경시와 폭력을 정당화한 사실에서 이해할 수 있다.

이는 생명의 순환 진보를 믿은 모계신본주의 사회에서 모성의 재창조 능력을 인류의 구심력으로 신성하게 생각했던 반면, 부계사회가 등장하고부터 출산양육을 하는 여성을 열등한 존재로 폄하한 사실에서 이해할 수 있다. 즉, 모성은 잉태와 출산으로 인간을 재창조하고 있으며, 오랫동안 수유, 양육, 가정교육 등을 통해 인간으로서 기본적인 소양을 갖추게 하는 실재적인 것을 부계사회가 무시하였던 것이다. 예를 들어 모성의 경우 사람다운 삶을 살도록 하기 위한 아이의 보호와 양육의 시기는 육체적으로나 정신적으로 가장 힘든 시기로, 외부와의 접촉은 제한적이고 수동적일 수밖에 없다는 점조차 약점으로 변모한 사실에서 이해할 수 있다.

즉, 부계사회의 등장과 함께 생명경시풍조가 만연하면서 인간은 소모적 존재로 전락함에 따라 아이를 낳고 기르는 자체가 약점이 되었던 것이다. 하여 모권사회가 공유제사회로서 정치와 종교를 통합한 미분화된 상태에 있을 때는 자연스럽게 인간을 모신의 후손으로 믿고, 인간의 생명을 존귀하게 여겼지만, 부권사회의 등장으로 모계는 종교를, 부계가 정치를 전담하면서 생명을 경시하였던 것으로 추정할 수 있다. 이는 여성의 지위가 어떻게 변천하였는지를 모계신본주의사회였던 마고시대에서 고대 한국으로, 고조선을 이은 삼한시대의 신라로 이어지는 과정을 서술한 종교 편을 참고하기 바란다. 참고로 일만 년 전 절대존재로서 모계유일신을 숭배한 시대를 마고시대라 하며, 마고(麻姑)는 모계하나님의 별명이다.

자본주의 역할 종료

부계사회가 등장하고부터 부계혈통주의를 근간으로 하는 신분제가 공고화되면서 남녀 차별이 뚜렷하게 되었다고 볼 수 있다. 예를 들어 권력과 소유가 비례한 구시대의 절대주의사회에서 민중은 권력의 억압으로부터 자유로워지고 싶었지만, 권력에 의한 수탈, 횡포, 체벌, 협박 등으로 뼈에 사무치는 억압을 받은 민중들은 과중한 조세나 여러 종류의 준조세의 부담으로 항상 빈곤한 반면. 권력자는 모든 것을 갖고 있는 권력양극화에서 부계혈통주의의 속성을 이해할 수 있다. 물론 '금권일체시대'의 절대 권력의 횡포에 반동하여 만들어진 자본주의는 '금권분리'를 원칙으로 하고 있지만, 실제로는 양극화로 금권일체시대가 되어가고 있다는 점에서 부계혈통주의의 연장선으로 볼 수 있다.

다시 말해서 구시대의 전제군주의 권력확장 의지나 자본가의 자본축적의 욕구가 절대주의적인 양극화를 지향하고 있다는 점에서 동일함을 말하는 것이다. 즉, 구시대의 부계유일신주의가 근대사회에서 배금주의로 대체된 것이다. 하여 무제한 소유를 정당화하는 자본주의는 구시대가 권력으로 착취를 했던 것처럼, 자본에 의한 합법적 착취와 흡사함을 알 수 있다. 하여 분권을 근간으로 하는 근대 민주주의사회가 성립되었음에도 불구하고, 자본주의가 구시대 권력양극화처럼, 부의 양극화를 유발하는 것은 근대 시민정신과 배치되고 있음을 알 수 있다.

아무튼 인류는 제1차 산업혁명으로 획기적인 발전을 하게 되었으며, 이를 뒷받침한 자본주의제도는 오늘날 천문학적 규모의 경제로 발전케 함에 따라 경제가 목적이 되고, 정치는 수단으로 변모하였다. 하여 태고의 모계사회는 종교사회였으며, 부계사회가 정치사회라 한다면, 근대사회는 자본주의사회로서 경제가 중심이 되는 사회로 변모하였다고 할 수 있다. 즉, 상업주의에서 연유한 자유주의와 주권재민을 근간으로 하는 민주주의의 결합으로 이루어진 자본주의사회로서 배금주의 사회가 된 것이다. 하지만 자본주의는 돈이 돈을 버는 것을 특징으로 함에 따라 머니게임으로 발전케 하는 속성으로 실물경제를 불안정하게 만들어 가고 있으며, 물신주의나 배금주의로 인하여 유발되는 1대 99라는 절대적 양극화로 인하여 국내정치가 무력하게 되는 문제를 낳고 있다.

이는 자본주의가 경제적 자유주의를 근간으로 함에 따라 민주주의는 자유주의를 위한 형식적 민주주의로서 절차적 정의에 지나지 않음에 따라 양극화를 억제하는 데 한계가 있기 때문이다. 예를 들어 자본주의의 속성에 충실해질수록 금력은 절대화됨과 동시에 민주주의의 정치적 의무인 사회통합기능이나 국가의 복지기능이 약화되는 사실에서 이해할 수 있다. 이는 상대주의를 근간으로 하는 민주주의정치와 절대주의적인 양극화를 정당화하는 자본주의 분배양식은 근본적으로 다르기 때문이다. 하여 인류의 이상으로 민주주의는 탈 양극화를 지향함에 따라 모계적 분배양식을 근간으로 하는 새로운 체제가 세계화되어야 함을 이해할 수 있다.

뿐만 아니라 지구촌시대는 생태적으로 민주적이고, 복지적인 여성이 분배의 중심에서 역할을 하는 적극적 복지사회로 진보해야 하기 때문이다. 즉, 자본주의로 유발된 위험한 사회를 극복하기 위해 태고로부터 오늘날까지 인류의 구심력을 이루고 있는 여성이 복지주체가 되어야 함을 말하는 것이다. 이는 지구촌시대를 사는 신인류는 자연법사상과 합치되는 사회로 발전하게끔 생활정치를 해야하기 때문이다. 물론 모계신본주의사회가 일원론적 사회로서 정신노동이나 육체노동을 동일한 가치로 생각하여 공유제를 한 것은 참고가 될 것이다. 하여 모권사회에서 모성이 중심이 되어 남녀가 균형을 이루었던 것처럼, 지구촌시대는 모계적인 민주주의와 부계적인 자유주의가 균형을 이루기 위해 온전한 민주주의로서 '모계민주주의' 정치경제제도가 세계화되는 것이 바람직함을 알 수 있다.

아무튼 성장과 효율을 중시하는 자본주의사회에서 여성 자신의 복지 성향으로 인해 불평등하게 되었다고 볼 때, 인류의 반인 여성의 행복한 삶을 위한 체제의 성립으로 역사 발전하는 것이 바람직함을 알 수 있다. 이는 양성평등원칙을 천명한 자연법사상과도 합치되기 때문이다. 하여 자연법사상을 근간으로 한 근대사회에서, 남녀가 본질적으로 다름을 인정한 기하학적인 평등을 이루기 위한 분배양식이 세계화되어야 함을 알 수 있다. 예를 들어 모계신본주의사회가 양성의 양육을 위해 모성이 분배권을 가지고, 공유제로 물질적 기초를 보장한 사실에서 기하학적인 평등을 이해할 수 있다. 이는 부계주의가 주류를 이룬 현실에서 산술적, 양적으로 대등한 관계로 생각한 근대사회에서 실질적 남녀평등이 구현될 수 없기 때문이다.

하여 부계사회의 등장으로 모성애, 성실성과 인내심, 여성성이나 인간을 재창조하여 현재를 있게 한 사실 등을 재평가해야 함을 알 수 있다. 즉, 생태적으로 복지적인 우수한 특성이 약점이 되어 남성에게 종속된 사실이나, 가사노동, 보살핌, 출산양육 등이 저평가되고 있음을 고려할 때, 질적으로 다름을 존중하는 기하학적인 평등으로 관점이 바뀌어야 하는 것이다. 하지만 부계유일신종교인 기독교는 온순하고 유익한 여성을 10대 1로 차별함에 따라 사람들은 출산양육의 고통을 벌로 믿었으며, 인간은 부계유일신의 피조물로 전락하게 되면서 인간을 재창조하는 여성은 성적 노예나, 씨받이로 전락한 사실을 상기해볼 때, 기하학적 평등을 이해하기가 쉽지 않을 것이다.

이는 기독교가 발현된 중동에서 살았던 유목민은 내면세계를 탐구할만한 여유가 없을 만큼, 척박한 환경에서 오직 생존을 위해 형성되었기 때문일 것이다. 이는 인본주의를 근간으로 하는 근대사회가 성립했음에도 불구하고, 오늘날까지 여전히 부계가 주류를 이루고 있으며, 대다수 여성이 경제적 독립을 이루기 어려운 이유로 볼 수 있다. 예를 들어 자유주의에서 임금이 없는 가사노동은 노동으로 인정하지 않는 가운데, 임금노동을 하는 여성의 경우 대다수 보조노동에 머물러 있으며, 오늘날 양극화의 직접적인 피해를 입고 있다는 사실 등에서 이해할 수 있다. 이는 오랫동안 여성을 소외하고 무시한 서구 부계사회의 사고방식에서 만들어진 자본주의는 남성에게 유리하기 때문이다. 하여 대다수 여성들이 자본주의의 내용인 금력을 획득하지 못함에 따라 실질적으로 불평등한 사실을 알 수 있다.

그러나 자연법사상을 근간으로 하는 근대사회는 여성에게 사회참여라는 새로운 전기를 마련하는 계기가 됨에 따라 스스로 유리한 체제를 성립할 수 있게 되었다. 예를 들어 인권선언에 기초한 근대사회가 성립된 후 20세기 초 여성이 선거권을 쟁취함으로써 생태적으로 복지적이고, 민주적인 여성에게 적합한 복지국가가 이루어진 사실에서 이해할 수 있다. 하여 자본주의는 모계적 분배양식을 근간으로 하는 적극적 복지사회의 구현을 위한 전단계임을 알 수 있다.

다시 말해서 모계적 가치를 근간으로 하는 민주주의 정치와 경제적 자유주의와 불합치함에도 불구하고, 결합한 자본주의는 지구촌시대의 도래와 함께 역할이 끝났음을 말하는 것이다. 물론 자본주의의 모순을 극복하기 위해 반동으로 생성된 사회주의를 통해서 이해할 수 있다. 즉, 모계주의를 내재한 민주주의와 배치되는 자본주의는 모계적 분배양식을 위한 과도기 체제인 것이다. 하여 비복지적인 자본주의가 소극적 복지를 구현하고자 하는 수정자본주의로 진보한 사실을 상기해 볼 때 적극적 복지사회로 역사 발전하는 것이 순리임을 이해할 수 있다. 즉, 인간이기 때문에 요구되는 기하학적인 평등을 구현하기 위해 새로운 모계적 분배양식이 보편화되어야 하는 것이다.

아담스미스의 뜻과 다르게 발전한 자본주의

18세기 말에 시민혁명으로 성립한 근대사회는 민주주의정치와 경제적 자유주의를 결합한 자본주의체제를 성립하였다. 물론 아담스미스가 시장기능을 무력화할 수 있는 법인대기업을 거부하여 제한되기를 주장했으며, 자본가의 양심과 자율을 통한 경쟁을 강조했음에도 불구하고, 법인대기업으로 대자본을 축적하거나, 근대시민사회에서 자본가는 국가정책에 지나치게 개입하여 국정을 주도한 것 등을 참고해 볼 때 아담스미스의 자본주의와 다르다.

그리고 구체제의 정치권력의 억압에서 벗어나서 자유로운 경쟁을 통한 풍요한 삶을 생각했던 아담스미스는 자유방임주의의 한계와 조건을 제시하였음에도 불구하고, 자본가는 이러한 점을 간과했을 뿐만 아니라, 전통사회의 도덕적 간섭마저 거부하고 착취를 정당화했다는 점에서 아담스미스의 의도와는 다름을 이해할 수 있다. 즉, 아담스미스의 자유방임주의는 중소규모로서 상대주의적이고 소박한 면이 있음에 따라 민주주의의 본질인 모계적 가치에 충실코자 했던 반면, 자본가중심의 자본주의는 대기업을 지향하고 있음에 따라 절대주의적이고 계급투쟁적인 면이 있다는 점에서 상당한 차이가 있었던 것이다.

물론 절대주의(전체주의)가 권력양극화를 유발하는 것처럼, 자본주의에서 대 법인을 허용한다면, 부의 양극화로 불안정한 사회가 됨을 알았던 아담스미스의 자유방임주의는 자본가들의 공격으로 성공적이지 못했다. 즉, 상생을 위한 분권적인 민주주의와 무정부적이며 집권적인 경제적 자유주의는 본질적으로 다름에도 불구하고, 편의에 의해 결합하여 만든 자본주의가 근대사회의 정신인 분권화와 배치되었던 것이다. 하여 아담스미스가 보이지 않는 손에 의해서 시장이 자동으로 조정된다고 주장한 것은 부계적 분배양식에서 불가능함을 알 수 있다.

이는 무제한 소유를 허용하는 부계적 분배양식이 보편화된 세상에서는 이전투구에 몰입해야 하기 때문이다. 이는 자본주의사회가 가치지향적인 사회가 아니라, 자본에 의한 가치를 부여하는 사회로서 가치전도로 인하여 유발된 혼돈(카오스적 상황)에 빠진 역사적 경험에서 자본주의 속성을 이해할 수 있다. 다시 말해서 이성적 존재인 인간은 동료로서 인간에 대한 연민과 박애정신을 갖고 있는 존재임에 따라 '상생의 삶'을 살고자 할 때 행복한 인생을 즐길 수 있음을 말하는 것이다.

예를 들어 근대사회가 성립되어 국가로부터 억압을 벗어났으나, 마치 늑대를 피하려다 호랑이를 만난 것처럼, 거대 법인기업 간의 자본축적을 위한 착취가 보편화되었으며, 이해관계의 충돌로 만들어진 제국주의에서 사람들의 삶이 고단했던 사실에서 이해할 수 있다. 뿐만 아니라 중소기업이나 신생기업의 경우 국가의 간섭과 규제가 많아 시장진입이 곤란했던 반면, 관료 출신과 함께 경영한 대기업의 경우 국가정책과 부합되는 방향으로 자본축적을 함에 따라 폐해가 많았다. 즉, 국가가 소비하는 비시장적인 부분을 결탁한 정경유착으로 축적한 대자본으로 시장적인 부분을 압도함에 따라 시장 질서를 왜곡케 하였던 것이다.

그리고 근대사회는 자본가가 주류를 이루게 되면서부터 여성이나 무산층의 민중은 선거권이 없었고, 유산층인 시민에게만 투표권이 있었다. 물론 착취로 인해 민중이 빈곤하였음에도 불구하고, 개인의 탓으로 전가한 결과 투표권이 없었던 것이다. 이처럼 자본주의의 비정함에 반동하여 만들어진 사회주의는 자신들이 진짜 민주주의라고 주장하고 자유민주주의를 반쪽(형식적) 민주주의라고 하면서 자본주의의 표리부동함을 역설했던 이유를 알 수 있다. 즉, 자본주의가 민주주의의 복지본질을 왜곡하였다고 주장했던 것이다. 다시 말해서 모계적 가치를 근간으로 하는 민주주의의 본질인 복지에 충실해야 함을 말하는 것이다. 하여 자본주의적 민주주의는 소위 부계민주주의로서 불완전함을 알 수 있다.

이는 자유주의가 내용이 되고 민주주의가 형식적인 절차적 정의로 구조화되어 있는 자유민주주의 체제에서는 자유주의가 목적이며, 민주주의는 수단이 되기 때문이다. 즉, 자유주의 원칙을 고수해야 하는 부계민주주의인 것이다. 하여 자본주의의 가치전도 현상으로 인한 인류의 당면한 문제를 해결하기 위해 이타심을 근간으로 하는 민주주의가 우선하고, 이기심을 근간으로 하는 자유주의가 한발 양보하는 경제적 민주주의(경제민주화)를 구현할 수 있는 모계민주주의의 '소유상하한제'가 성립되어야 함을 알 수 있다. 물론 자유민주주의 체제에서는 '천부소유권'을 보장하는 모계적 분배양식에 근거한 '소유상하한제'가 논란의 여지를 갖고 있음에 따라 새로운 체제인 모계민주주의(모민주의)의 성립을 위한 풍토조성이 있어야 할 것이다.

한편으로 실질적으로 경제적 평등을 이루어야만 진짜 민주주의라고 주장하는 사회주의와 민주주의를 결합한 형태로서, 사회민주주의(사민주의)와 자유민주주의로서 자본주의가 다같이 편향적이라는 점에서 이분법적인 것으로 볼 수 있다. 다시 말해서 인간의 개인성에 편향적인 자본주의와 인간의 사회성에 편향적인 사회주의도 극단적이라는 점에서 동일함을 말하는 것이다. 물론 이러한 사실을 인식하여 오늘날에 이르러 두 체제를 혼합한 '중도주의(中度主義)'를 대안으로 제시하고 있다. 즉, 오늘날 양극화로 인한 경제적 불평등은 심각한 상황에 이르게 한 자본주의는 문제를 해결하기 위해 수정자본주의를 넘어 사회주의의 일부를 수용하는 체제 수렴을 말하는 것이다.

하지만 중도주의나, 사회주의, 자본주의 등 각각의 체제가 다같이 이분법적이며, 부계적 가치를 근간으로 함에 따라 반쪽 민주주의로서 한계가 있다. 하여 근대민주주의는 부계민주주의로서 인간의 개인성과 사회성의 조화를 이루지 못함에 따라 형성된 위험한 사회를 극복하기 위해 온전한 민주주의인 '모계민주주의'로 민주주의를 공고화해야 함을 알 수 있다. 이는 인간은 독립된 주체로서 '존재의 삶'을 염원한 결과로, 모계적 가치를 근간으로 하는 인류의 이상인 민주주의가 성립되었음을 상기해 볼 때, 민주주의의 복지 본질인 복지사회가 공고화되어야 하기 때문이다.

따라서 자본주의적인 논리로 착취를 정당화하기보다 인간 동료로서 '상생의 삶'을 살아가는 것이 바람직함을 이해할 수 있다. 즉, 모계적 분배양식인 '소유상하한제'를 성립할 수 있는 모계민주주의가 적합한 것이다. 예를 들어 나눔으로써 서로가 상생된다는 사실을 떡 다섯 개와 물고기 두 마리로 오천 명이 먹고도 열두 광주리가 남았다는 성경의 마가복음에 있는 '오병이어(五餠二魚)'의 기적에서 이해할 수 있다. 즉, 당시의 사회는 사람들은 먹을 것을 가지고 다녔으며, 예수의 산상수훈을 듣고 삶의 궁극적인 목적이 나눔(사랑)에 있다는 사실을 진리로 깨달으면서 실천했던 것이다. 하여 탐욕을 합리화하기 위해 문화적 존재인 인간을 편리한대로 해석하여 상품화하거나, 양극화로 대다수 사람을 빈곤하게 만들어가는 무한한 탐욕을 제도적으로 뒷받침하는 것은 진리가 아니며, 잘못된 것임을 알 수 있다.

예를 들어 모성의 미덕의 경우 자본주의의 부의 양극화로 인하여 오늘날 더 이상 사회적 미덕으로 포장된 착취에 대해서 위로의 구호는 무의미해지고 있으며, 현실적이지 못할 뿐만 아니라, 대다수여성들이 빈곤함에 따라 자긍심이나 책임감을 느끼지 못하고 있다는 사실에서 이해할 수 있다. 하여 모성의 보살핌, 출산양육 등을 사회적 미덕으로 강조하는 만큼, 현실화하기 위해 국가에 의해서 실질적으로 보장되는 적극적 복지사회가 세계화되는 것이 바람직함을 이해할 수 있다.

물론 부계주의에 의한 과거의 잘못을 체제 변화로 보상을 할 수 있을 만큼, 세상이 문명화되어 있으며, '존재의 삶'을 추구하고자 하는 의지와 더불어 첨단과학기술 문명으로 실현가능하게 되었다. 만약에 사회협동으로 이루어진 세상이 공존을 위한 것임에도 불구하고, 상극의 삶을 유발하는 부계적 분배양식으로 양극화를 공고화할 경우 전쟁, 테러, 민란 등으로 상당한 대가를 치렀던 역사적 경험에서 알 수 있듯이 위기를 넘기기가 힘들 것이다. 예를 들어 로마제국은 과도한 부계독점의 결과로 유발된 성문화가 타락하여 쾌락을 위한 부정부패와 천재지변이나 질병 등으로 인하여 멸망한 사실에서 이해할 수 있다.

9·11테러의 의미

자본주의가 '풍요속의 빈곤'을 특징으로 하며 양극화를 유발함에 따라 위험한 사회를 만들어가고 있다. 이러한 자본주의의 문제점을 개선하기 위해 개입주의(보호주의)를 허용한 수정자본주의(소극적 복지국가)는 통상 마찰의 원인이 됨에 따라 자유방임주의를 세계화한 선진국 중심의 신자유주가 등장하였다. 하지만 세계경제가 침체됨에 따라 선진국조차 신자유주의사상에 대해서 부정적인 견해가 점증하고 있다. 즉, 서구적 가치인 신자유주의가 동일문화권에서는 부합될 수 있지만, 이질적 문화권으로서 반서구적인 후발국의 경우, 수천 년에 걸쳐 형성된 각 지역의 독특한 문화(정체성)를 통해 사회통합을 구현하고자 함에 따라 상호간 문화적 차이로 인한 충돌로 이어지고 있는 것이다. 예를 들어 이슬람교가 특정한 지도자가 없이 연구한 사람이 집도하며, 생활자체로서 회교는 수입의 40분의 1을 테러 단체나, 주고 싶은 아무에게나 나누는 종교이며, 조직도 자금도 없는 것에 비해 기독교는 십일조를 헌금해야하며, 조직과 자금이 많다는 점에서 상반됨을 알 수 있다.

이는 서구적 가치로서 발현된 자본주의 생활양식이 보편화되어 있을지라도, 자본주의 후발국의 경우 지난날의 상처로 인하여, 형성된 빈곤과 혼란 등으로 반서구적인 정서를 배양하여 자신들의 문제를 해결코자 하기 때문이다. 즉, 서구적 가치와 자신들의 정체성과 불합치되는 가운데, 자본주의에 의한 혹독한 역사적 경험과 더불어 현재의 혼돈으로 인한 빈곤한 상황을 극복하고자 하는 의지로 볼 수 있는 것이다. 아울러 유럽의 식민지였던 나라들은 산업혁명 이후 자본주의에 의해 성립된 제국주의의 혹독함을 상기하면서, 첨단과학기술로 막강한 생산성이 있는 선진국의 수요개발로 생각하고 있는 것이다. 이는 선진국 중심의 신자유주의를 퇴출하겠다는 강력한 의지를 표명한 21세기 2001년 9·11테러에서 이해할 수 있다.

아무튼 근대사회를 성립한 인류는 자연법사상과 자유주의사상, 경험주의를 근간으로 한 실증주의, 민주주의정치, 자본주의, 과학기술의 발달 등을 체험했으며, 지구촌시대가 된 오늘날 제3차 산업혁명으로 정보화 사회까지 도달했지만, 환경오염이나, 양극화, 인간성 황폐화 등으로 위험한 사회가 됨에 따라 고민이 깊어가고 있다. 하여 인류는 '소유의 삶'으로 인한 결과가 어두움에 따라 '존재의 삶'이 인간에게 적합함을 알게 되었다. 즉, 인류는 찬란한 문명과 더불어 인문학적 성과나 첨단과학기술문명을 이룩한 사실로부터 소우주 인간임을 알아차렸기 때문인 것이다. 다시 말해서 인류가 사회협동을 이룩한 첨단과학기술 문명을 통해 인간은 영적 존재로서 '존재의 삶'이 적합함을 인식하게 된 것이다.

물론 신자유주의로 지구촌시대를 살게 된다면, 1대 99라는 절대적 양극화의 속도가 빠르게 진행되어 전체주의(절대주의)였던 구시대보다 훨씬 힘들게 될 것이다. 이는 서구가 불학실성의 시대를 겪으면서 만들어진 초기 자본주의에서 고도의 착취 방법을 지속적으로 개발하여 마치 양의 탈을 쓴 늑대처럼, 부도덕한 것조차 합리화한 제국주의에서 이미 경험한 바 있다.

이는 서구적 가치가 식민지, 제국주의, 세계 제1차 2차 대전을 비롯해서 거대한 무기체계와 냉전체제와 환경문제, 세계적 양극화 등으로 나타난 사실에서 2분법적인 '상극의 삶'에 기초하고 있기 때문이다. 하여 구시대 전체주의에 의한 억압을 부정하면서 개인이 없는 국가는 의미가 없다고 등장한 자유주의는 '상생의 삶'이 요구되는 지구촌시대와 불합치함을 이해할 수 있다. 즉, 인간의 개인성을 중심으로 세상을 해석하는 자유주의(개인주의)가 인간의 사회성과 조화가 중시되는 지구촌시대와 맞지 않는 것이다. 다시 말해서 지구촌시대는 행복한 삶을 살기위해 적극적 복지사회가 구현되어야 함을 말하는 것이다. 물론 무정부적인 속성이 있는 자본주의가 발전할수록 절대적 양극화와 더불어 초국가적인 다자주의적인 새로운 형태의 사회가 만들어지면서 형성된 불안정한 사회를 극복해야 하기 때문이다.

마지막으로 제정일치(祭政一致)의 모계신본주의사회를 이은 부계사회에서 모계가 종교를, 부계는 정치로 정교분리를 하였다. 하지만 정치에서 소외된 여성은 부계사회의 공고화로 부계우월종교가 성립하면서부터 종교에서도 주류를 이룰 수 없었다. 그리고 근대 민주주의사회가 성립된 후, 약 100년이 지난 20세기 초에 여성의 결사에 의해서 선거권을 획득함으로써, 정치참여가 가능하게 되었다. 즉, 제1차 산업혁명으로 자본주의 생산양식과 근대시민사회가 성립되면서, 남성은 획기적인 변화를 했지만 여성은 완만한 변화를 했던 것이다. 이는 준비되지 않았던 자에게 권투시합에 투입되는 것과 같다고 할 수 있다. 하여 여성과 남성이 각각 권력의 반을 갖고, 균형을 이루는 모민주의 체제가 성립되어야 함을 이해할 수 있다.

즉, 자본주의사회에서 사적 이익을 추구하는 자유기업이 자신에게 유리한 근시안적인 정치적 결정이나 권력구조에 영향을 끼치는 경향이 없어질 것이다. 다시 말해서 모계적 분배양식을 근간으로 하는 새로운 정치경제제도인 모민주의의 세계화로 자본주의발 위험한 사회를 극복할 수 있음을 말하는 것이다. 이는 무제한 축적을 정당화하는 자본주의 분배양식으로 유발된 양극화는 수많은 문제를 만드는 원인임을 알고 있음에도 불구하고, 자본주의에서는 해결할 수 없기 때문이다. 하여 여성에게 정치권력의 반을 보장하는 체제인 모민주의를 성립하여 적극적 복지사회를 구현하는 것은 당연함을 알 수 있다.

또한 지구촌시대를 맞이한 인류는 환경문제나, 세계적 양극화나, 문화적 충돌 등으로 형성된 위험한 사회를 극복해야 하는 과제가 남아 있다. 물론 인류의 구심력인 변치 않는 모성애를 근간으로 한 모계신본주의사회가 수 만년을 평화로운 가운데 원형문화를 창조한 사실을 상기해 볼 때, 모계적 분배양식을 세계화한다면, 극복할 수 있을 것이다. 즉, 부계사회의 등장으로 소외되었던 여성들에게 보상이라는 측면과 '천부소유권'을 보장하는 장치로서 '소유상하한제'의 세계화를 말하는 것이다.

다시 말해서 여성의 경우 부계에 종속된 극단적으로 불공평했던 제도, 사상, 관행, 사회적 정서, 복지본능 등으로 인한 결과, 오늘날까지 빈곤의 원인이 되었다고 볼 때, 지구촌 시대에 부응하는 정의로운 사회라면, 마땅히 모민주의 '소유상하한제'로 적극적 복지사회의 구현이라는 보상이 있어야 함을 말하는 것이다. 물론 인간 존엄을 구현코자 성립된 근대사회였지만, 제국주의로 인한 수많은 전쟁, 식민화, 도를 넘은 양극화, 생태계 파괴 등으로 인한 인간경시라는 폐단을 극복하기 위해 물적 기초를 보장하는 모계적 분배양식이 세계화되어야 하는 측면도 있다. 이는 지구촌시대를 살아가는 신인류 스스로 '경제적 동물'로 살아갈 수 없음을 인식했기 때문으로 볼 수 있다. 따라서 지구촌시대는 '존재의 삶'을 가능케 하는 모민주의 체제가 세계화되어야 함을 알 수 있다.

3. 구심력 강화를 위한 분배양식

높은 실업률로 고통 받는 여성들

서구사회에서 철저히 소외되어 있었던 여성이 근대 민주주의사회가 성립된 후 형식적으로 나마, 해방될 수 있었다. 즉, 기독교문화를 근간으로 하는 서구는 중세에 이르러 동서 문화교류와 교역확대의 영향으로 르네상스시대를 맞이하면서 절대존재에 대한 믿음이 불확실하게 되고, 인본주의로서 경험주의가 발달하게 됨에 따라 철학적 상대주의를 근간으로 하는 민주주의와 과학의 발달로 산업혁명과 시민혁명이 일어나면서 성립된 근대사회가 여성을 해방케 했던 것이다. 다시 말해서 산업혁명으로 여성이 방직공장에 임금노동자로 대거 참여하였으며, 동시에 생성된 자유방임주의는 시민혁명을 유발케 하는 원인이 되었고, 이후 근대시민사회의 성립으로 여성해방이 가능케 되었음을 말하는 것이다.

하지만 근대사회가 성립되었음에도 불구하고, 서구사회에서 단지 부계우월종교에서 설정한 검증되지 않은 전통가치에 지배받고 있었던 여성들은 오랫동안 소외되어 교육도 제대로 받지 못한 체, 남성에게 종속되어 살았으며, 20세기 초에 이르러 선거권을 쟁취할 수 있었다. 즉, 여성은 기초교육의 부족으로 기술습득이 어려움에 따라 경제적 독립이 어려웠으며, 자신의 몸임에도 불구하고, 정조의무라는 사회정서에 의해 마음대로 할 수 없었던 것이다.

그리고 대부분의 여성들은 주로 출산양육, 가사노동, 가족복지, 사육, 농사일 등의 내부적인 일들로 인해 산업화시대가 요구하는 기술습득을 할 수 없음에 따라 주로 남성을 보조하거나, 허드렛일을 하였다. 하여 자본주의사회가 되면서 남녀 역할분담의 경계를 무너뜨림에 따라 여성이 힘든 측면도 있었음을 알 수 있다. 예를 들어 초기 자본주의사회에서 무지한 여성과 청소년까지 착취를 하여 가정을 위기에 빠트렸던 사실이 될 것이다. 이어서 오늘날 자본주의가 신자유주의로 발전되면서 만들어진 절대적 양극화로 인한 위험한 사회가 됨에 따라 여성과 청소년이 불리하게 되고, 가족해체가 증가되고 있다.

따라서 자본주의가 발달할수록 불안정하게 되어, 생태적으로 복지적인 여성이 불리해진다는 점을 생각해 볼 때, '남녀평등원칙'에 부합되는 권력의 반을 여성에게 보장하는 새로운 체제가 성립되어야 함을 이해할 수 있다. 다시 말해서 자본주의를 넘어, 생태적으로 복지적인 여성과 부합되는 모민주의 체제가 세계화되어 적극적 복지사회를 구현해야 함을 말하는 것이다. 예를 들어 선진국의 경우 신자유주의정책에 의해서 복지축소가 현실화되면서 부유층의 기부로 민간 스스로 의존도를 높여가고 있지만, 소수부유층의 기부로는 양극화로 인해 형성되는 절대다수의 빈곤층의 복지수요를 감당할 수 없다는 사실에서 이해할 수 있다.

이는 신자유주의가 국가를 기업경영방식으로 효율성내지는 성장성에 초점을 맞추고자 하는 가운데, 상업적으로 하나의 세계가 된 자본주의적 세계화는 다국적 거대기업의 적대적 기업합병(M&A)이나, 국제투기자본의 활동 등으로 인하여 만들어지는 절대적 양극화에 의해 유발되는 폭발적인 복지수요를 국가가 감당할 수 없기 때문이다. 다시 말해서 다수의 공룡기업이 생성된 오늘날, 마치 공룡들이 먹이를 위해 각축전을 벌이는 것처럼, 이익집단이나, 자유기업간의 무한경쟁을 해야 하는 이익집단의 춘추전국시대로 고실업사회가 되었음을 말하는 것이다. 하여 무한경쟁으로 인해 유발되는 초고속시대를 인간이 적응하기 어려우며, 아울러 자본주의를 지속하는 한 과소비로 인한 자원고갈과 환경문제 등의 당면한 문제를 극복하기 어려울 것으로 예상할 수 있다. 물론 국가별, 기업별, 산업별, 개인별 양극화로 인한 수요 감소는 보다 넓은 세계시장이 필요하게 된 자체가 새로운 위기라고 할 수 있다. 즉, 오늘날 초국가적인 대기업이 등장함에 따라 시장 확대를 위한 자유무역주의의 가속화로, 마치 블랙홀처럼, 세계적양극화가 가속화되고 있는 것이다.

예를 들어 인류의 과소비는 자원의 고갈로 이어지면서, 거대기업군이 형성으로 적자생존의 무한경쟁을 해야 할 뿐만 아니라, 국제투기자금의 비대화와 다국적 기업의 시장잠식은 국내 산업을 위축케 하여 양극화를 가속화하면서 갈등이 폭증하고 있다는 사실에서 이해할 수 있다. 하여 생존을 위한 무한경쟁으로 국가권력이 약화되면서 문제를 해외로 전가함에 따라 국제사회의 긴장요인이 되고 있음을 알 수 있다. 즉, 방어할 수 없을 만큼, 강력한 쓰나미 같은 해외의 영향으로 국가가 한계에 이르게 되는 것이다.

또한 다국적기업의 거대자본은 작은 빈국의 규모 정도임에 따라 거대기업이 최대이윤을 획득하기위해 국제정치에 직접적인 영향력을 발휘하며, 국가를 움직이는 실체로까지 성장한 사실에서 이해할 수 있다. 이는 인수합병의 과정에서 대다수 제조업이 위축되고 고용감소로 인하여 실물경제는 위축이 되지만, 자본가는 오히려 자산이 기하급수적으로 불어나는 가운데, 중산층의 몰락을 의미하는 양극화가 형성되면서 불황을 겪게 됨에 따라 해외자본에 의존적으로 변할 수밖에 없기 때문이다.

다수에게 실익이 없는 자본주의의 퇴출

특정한 자연자원을 보유한 국가의 경우 자원보호주의와 아울러 독점화하려는 경향으로 인하여, 원자재의 국제가격이 상승하게 되면서 유발된 소비감소는 실물경제를 위축케 함에 따라 경쟁력을 잃은 수많은 기업은 도산되었으며, 동시에 금융투기가 활발하게 되면서 불안정하게 된 세상은 누구에게도 실익이 없음을 알게 되었다. 이는 과거 다국적 기업이 원자재를 낮은 가격으로 안정공급을 받기 위한 방편으로 투기적 자본과 함께 복합적으로 작용하여 충돌이 발생되기도 하였으며, 전쟁으로 이어질 경우 패자는 전쟁배상금을 지불하거나, 승자의 경우도 막대한 전쟁비용을 국민이 부담하면서 역사적 책임까지 떠안은 사실에서 깨달았기 때문이다.

즉, 원자재도 시장원리를 적용하여, 자원의 가치를 존중하여 제값을 주고 구매하여 자원이 풍부한 빈국의 유효수효를 발생케 하여 이익을 공유한다면, 상생할 것이라고 생각한 것이다. 하지만 후발국의 추격으로 다국적 기업은 박리다매를 통한 시장점유율을 높이고자 했지만, 실익도 없이 오히려 충돌까지 유발함에 따라 막대한 자본과 상당한 시간이 필요한 고도과학기술과 지적재산권을 근간으로 하는 공급적인 경제를 통해 문제를 해결코자 했다. 이것이 세계분업화를 근간으로 하는 신자유주의가 만들어진 이유로 볼 수 있다. 하지만 신자유주의는 자연보호주의를 무너뜨리는 역할을 한다는 점과 더불어 각 지역 간의 양극화뿐만 아니라 기술이나 자원이 없는 나라의 경우에는 고용감소와 더불어 정보통신기술의 발달로 가능해진 국제금융투기의 대상이 될 수 있다는 점에서 우려하고 있다.

특히 식민 지배를 받은 지역들이 대체로 자원부국이지만 산업화를 위해 선진국으로부터 차용한 부채가 많으며, 낮은 단계의 기술로 경쟁력이 없는 것 등에 대해서 피해의식이 많음에 따라 보호주의 경향이 있다. 또한 문화적 차이가 엄연히 실재하는 국제사회에서 오랫동안 식민 지배를 받은 나라의 경우 '호박에 줄긋는다고 수박이 되겠느냐'고 의심을 하고 있다. 즉, 후진국들은 선진국의 거대기업이 국가브랜드와 과학기술 등에 힘입어 국가 대신 역할을 하는 것으로 의심하고 있는 것이다. 다시 말해서 신자유주의에 대해서, 국민총화로 자유기업이 앞장서고 국가는 뒤에 있었던 식민시대를 상기함에 따라 신제국주의로 의심하고 있음을 말하는 것이다. 하여 상대의 불행으로 행운을 만들어 오늘날까지 이어졌다고 생각하는 후진국들은 선진국 중심의 신자유주의에 대해서 두 얼굴을 가진 사나이로 생각하고 있음을 알 수 있다.

또한 자본주의가 발달할수록 자원고갈의 심화로 인해 유발되는 현상을 세계분업화를 근간으로 하는 신자유주의로 해결할 수 없을 뿐만 아니라, 양극화를 가속화하여 머니게임을 유발함에 따라 실물경제를 위기에 빠트리고, 세계경제를 침체케 할 것을 우려하고 있다. 뿐만 아니라, 신자유주의적 세계에서 초국가적인 거대기업 간의 무한경쟁으로 인하여 국제사회가 적자생존(適者生存)의 험악한 이전투구(泥田鬪狗)장으로 변모하여 위험한 사회가 될지라도, 자유기업의 책임이 아닌 국민이 책임져야하는 점일 것이다. 하여 '소유의 삶'을 살게 하는 자본주의가 유한한 자원을 생각하지 않고, 과소비를 부추긴 결과로 지구적위기를 맞이함에 따라 지속가능한 삶을 위해 모민주의 분배양식으로 '존재의 삶'을 살 수 있는 적극적 복지사회를 구현해야 함을 알 수 있다.

물론 자본주의로는 인간의 궁극적 삶의 목적인 행복한 인생을 살 수 없음이 증명되었기 때문이다. 예를 들어 지구촌시대를 맞이한 인류는 평화와 지속가능한 삶을 전제로 한 여성이 주류를 이루는 정치문화가 형성되는 전단계인 생명운동으로 녹색환경운동이 등장한 사실에서 이해할 수 있다. 하여 행복한 인생을 위해 부계적 분배양식을 근간으로 하는 자본주의를 넘어 모계적 분배양식을 근간으로 하는 적극적 복지사회를 구현하기 위해 생태적으로 민주적이고, 복지적인 여성들이 권력의 반을 보장하는 모민주의가 적합함을 알 수 있다.

적극적 복지사회의 구현은 시대정신

문화적 존재로서 인간은 행복한 인생을 삶의 궁극적 목적으로 둠에 따라 누구나 인간 상호간에는 인간답게 살도록 사회협동을 할 때, 인간의 도리를 한다고 할 수 있다. 이는 인간이 풍부한 상상력으로 스스로 인생을 개척하는 창조적 존재로서 사회협동의 결과가 축적되어 현재를 살아가기 때문이다. 다시 말해서 이성적 존재로서, 꿈 많은 인간은 사회협동으로 살아가는 존재임을 말하는 것이다. 하지만 자본주의는 인간의 이기적인 면을 지나치게 부각함에 따라 인간의 선한심성을 배양하기 위한 사회협동의 결과물로 인문학은 의미를 잃어가고 있다. 즉, 자본주의가 인간의 선한 면에 의해 형성되는 유대관계를 파괴하여 고독한 삶을 살게 하며, 자신에게 관대하고 타인에게 인색한 삶을 살게 하는 것이다.

다시 말해서 자본주의가 만들어낸 배금주의가 보편화되어 인간 상호간에 돈에 의한 관계로 발전함에 따라 현실적으로 인간 동료로서 유대성이 없어지고 있는 것이다. 하여 인간의 유대감이 요구되는 지구촌시대를 살아야하는 인류는 모계적 분배양식을 세계화해야 함을 이해할 수 있다. 즉, 첨단시대를 살아가는 오늘날 신인류에게 적합한 분배양식은 '소유의 삶'을 강화하는 신자유주의가 아니라, 모계적 분배양식을 세계화하는 모민주의가 성립되어야 하는 것이다. 다시 말해서 아이가 성장하여 성인이 되었다면. 성인의 옷을 입어야 제격인 것처럼, 첨단시대를 살아가는 신인류는 자본주의를 수정하기보다, 경제민주화를 위한 새로운 체제로서 모민주의가 세계화되어야 함을 말하는 것이다. 물론 인간은 일상화된 습속과 요령을 터득하여 나름대로 안정을 취할 수 있기 때문에 변화를 두려워하는 경향으로 인하여 어려운 점이 있겠지만, 인간답게 살고자하는 인간의 집념이 문명시대를 열었음을 상기해볼 때 가능한 일들이다.

또한 비복지적인 초기 자본주의에서 수정한 소극적 복지국가로 진보하는 것처럼, 적극적 복지사회로 역사 발전하는 것이 순리임에 따라 마땅히 경제민주화를 위한 체제가 성립되어야 하는 것이다. 만약에 자본주의로 인하여 불행한 삶을 살았던 역사적 경험을 망각하고, 복지축소를 지향하는 신자유주의를 고집한다면, 이미 소극적 복지를 경험한 인류는 퇴보를 용납하지 않을 것이다. 이는 기업편향적이거나, 고용증대도 없는 기술집약적기업이나 고생산성의 자동화기업 등이 많아지고, 기업의 경쟁력을 강화를 위한 기업논리에 의해서 복지비용을 감축한다면, 당장은 효율성이 있을지 모르나, 전

세계는 고실업과 소득감소로 인한 실물경제의 위기로 이어지기 때문이다.

물론 마치 소뿔을 빼려다 소를 죽인다는 '교각살우(矯角殺牛)'처럼, 신흥공업국이나 중진국의 경우 빈곤층의 확대로 전체가 불행한 삶을 살게 될 것이다. 이는 자유기업이 최대이윤을 위한 과잉생산에 의한 가격하락이 이윤감소로 이어지면서, 수많은 기업의 퇴출로 인해 만들어진 고실업사회로 소비할 능력이 없어지거나, 미래의 삶을 위해 저축으로 가처분소득이 증대하거나, 불투명한 경기로 인하여 투자를 기피하는 등으로 통화의 순환속도가 급격히 위축될 때마다 유발되는 공황에서 경험하고 있다. 즉, 자본주의의 자본축적경쟁으로 형성되는 양극화의 결과, 절대다수가 빈곤층으로 전락하여 소득감소에 따른, 급격한 소비둔화로 시장기능이 마비가 될 때 사회적 약자가 삶을 포기했던 사실일 것이다.

예를 들어 자본주의가 공황을 유발할 뿐만 아니라, 경쟁의 결과로 발생되는 손실을 보전하기 위한 과정에서 사회적 약자인 여성이나 비정규직 근로자들이 감당하고 있다는 사실과 오늘날 과소비로 유발하는 환경오염으로 공기, 물, 생태계 등의 파괴로 대다수 빈곤층이 직간접적으로 피해를 입는 사실 등에서 이해할 수 있다. 그리고 무제한 소유를 정당화하는 자본주의가 수많은 기업을 퇴출케 하는 패권주의적 공룡기업을 만들면서 형성되는 양극화현상으로 복지수요가 폭발적으로 증가되게 하고 있다. 이로 인해 되면서 만들어진 빈곤층의 복지를 개인에게 책임을 전가한다는 점에서 비인간적임을 알 수 있다. 하여 지구촌시대는 인류의 이상으로서 적극적 복지사회를 구현하기 위해 모민주의의 '소유상하한제'가 보편화 되어야 함을 알 수 있다.

복지확대는 인간의 소명

초국가적인 거대기업들의 출현으로 만들어진 신자유주의가 양극화를 가속화하여 복지수요를 폭발적으로 증대케 함에도 불구하고, 복지축소를 지향함에 따라 복지가 빈약한 후진국이나, 복지국가를 지향했던 선진국이나 다 같이 혼란을 겪고 있다. 아울러 식민지를 경험한 후진국이 사회통합이 힘들고, 빈곤과 갈등을 겪음으로써 선진국에 대한 불신을 해소하기 위해 복지, 교육, 산업인프라의 구축과 공업화와 실업난 등을 해소하기 위한 방편으로 원자재가격을 높인 결과, 새로운 형태의 공황으로 빈곤층이 증대하고 있다는 사실에서 이해할 수 있다.

즉, 자원이 풍부한 후진국이 원자재 보호주의 정책을 고수하는 경향으로 인하여 국제 원자재 값의 상승에 따른 물가상승으로 소비부진에 의한 기업의 수익구조가 악화됨에 따라 자원빈국은 심각한 상황에 이르게 되었고, 자원부국에서는 원자재 가격하락을 감수해야 하는 악순환의 고리에 빠진 결과인 것이다. 다시 말해서 초국가적인 거대기업 간의 무한경쟁을 주문하는 신자유주의가, 마치 고래 싸움에 새우 등 터지는 것처럼, 중소기업을 몰락케 하여 고실업사회가 됨과 동시에 소비부진으로 절대적 양극화사회가 뚜렷하게 되었음을 말하는 것이다.

예를 들어 금융자산가나 대자본가의 경우 세계공황으로 오히려 국공채나 주식을 헐값에 사들였으며, 경쟁업체를 적대적 기업합병을 하여 자산이 기하급수적으로 증대하거나, 자사 주식을 매입하여 경영권을 강화하거나, 손쉽게 증여를 하는 등으로 인하여 오히려 세계적 기업으로 성장한 경우가 많다는 사실에서 이해할 수 있다. 하여 수정자본주의를 근간으로 하는 국가자본주의에서 일탈한 세계자본주의로 신자유주의는 관료제에 의한 개입주의를 원칙적으로 거부하며, 초국가적인 다국적 기업이 자유롭게 기업 활동(자유기업주의)을 하고자 하는 것은 얼핏 듣기에는 좋은 것 같지만, '경제적 동물'로 살아감으로써 형성되는 위험한 사회를 각오해야 할 것이다.

이는 탐욕을 동기유발로 한 자본주의 발전전략은 소규모 경제였던 초기 자본주의사회에서도 문제가 많았던 것보다, 거대소비사회가 된 오늘날 자원고갈, 환경문제 등을 유발하며 갈등을 폭증하는 위험한 사회가 되었기 때문이다. 즉, 우수한 과학기술과 거대자본을 축적한 다국적 기업이 초기 자본주의처럼 공급경제가 가능할 것으로 본 신자유주의는 새로운 위기를 만들고 있는 것이다. 예를 들어 자본주의 속성에 충실코자 하는 신자유주의가 보편화되면서 자포자기의 삶을 살아가는 사람들이 급증하고 있는 가운데, 제국주의로 제3세계가 혹독했던 역사적 경험을 잊지 않고 원한을 품고 있음을 냉전시대를 지난 후, 2001년 자본주의 퇴출을 상징하는 9·11 테러로 나타낸 사실에서 이해할 수 있다. 이는 소위 '문화적 충돌'의 대표적인 예로써, 기독교와 이슬람교는 동일한 절대유일신을 숭배하지만, 전혀 다르게 형성된 문화에 의해서 유발된 중세십자군전쟁을 통해 약탈에서 연유함을 알 수 있기 때문이다. 이는 아마도 중동에서 발현된 부계유일신종교로서 기독교와 회교는 사막유목민의 척박한 환경에서 형성된 배타적이고 공격적인 문화를 토대로 발현되었기 때문일 것이다.

예를 들어 자원부국인 중동의 이슬람권국가들은 연대하여 자원보호를 명분으로 시작한 70년대에 두 차례 걸친 오일쇼크에서 이해할 수 있다. 이러한 상황이 신자유주의가 생성하게 되는 배경이 되었다고 할 수 있다. 하지만 종교적 신념을 기초로 한 반자본주의적 테러를 두고, 마치 공공선을 이루기 위한 것처럼, 정당화하는 것은 지구촌시대정신과 맞지 않는 것이다. 하여 부계신본주의사회의 절대주의적인 분배양식에서 벗어난 조화로운 삶을 위한 모계적 분배양식을 근간으로 하는 새로운 체제가 성립되어야 함을 이해할 수 있다. 오늘날 인류는 문명화되었으며, 평균적으로 현명해진 만큼 '존재의 삶'이 가능해짐에 따라 모계적 분배양식으로 진보해야 함을 이해할 수 있다. 하여 인본주의를 근간으로 하는 동양을 통해 서구를 해석한다는 것은 의미가 있을 것이다.

남녀평등에 필수적인 복지확대

동서양이 분리되기 전 하나의 세계였던 모계신본주의사회에서는 질량이 있음으로 해서 시간과 공간의 제약을 받는 외면세계와 현실의 근원으로서 시공을 초월하는 내면세계를 합한 것을 현실세계로 이해를 했다. 즉, 영원히 불멸하는 '나'는 본래 있었던 실존하지만, 질량이 없는 무(無)의 세계로 되돌아가서, 어떠한 곳이든, 어떠한 종류든, 육화된 유(有)의 세계로 순환된다고 믿었던 것이다. 다시 말해서 실존하는 무는 인간에 의해서 설정된 본향으로 영혼의 세계를 말하는 것이다. 이는 아마도 수만 년 전의 모계사회에서도 UFO(미확인비행물체)도 출현했을 것이라고 가정해볼 때, 모계신본주의사회는 이러한 현상을 통해 인간의 본향으로 돌아간다는 '해혹복본'을 이해했을 것으로 추정할 수 있다. 물론 생태적으로 종교적 심성이 내재된 인간의 경우는 영감에 의해서 이해했을 것이다.

예를 들어 눈에 보이지 않는 수증기가 모여 구름이 되기도 하고, 비나 눈이 되기도 하며 흩어지면서 순환되는 자연현상과 흡사한, 고대동양의 분신술이 다른 차원에서 순간적으로 나타나는 소위 분해와 집합을 자유자재로 할 수 있을 것이라고 생각한 사실에서 이해할 수 있다. 물론 여성의 체형에서 이해할 수 있듯이, 모계신본주의사회는 내면탐구를 위한 기술로 좌선(坐禪)이 발달되어 있었다고 볼 때, 불가지의 세계인 '무의 실존'을 영감으로 알고 있었을 것이다. 물론 모계신본주의사회가 내면세계를 탐구하여 사물의 본질을 이해한 것을 이은 부계사회는 자연법칙을 수학으로 풀이가 가능했을 것이다. 이는 모계신본주의사회가 영육을 분리하지 않는 일원론적 사회로서, 직관이 발달한 사실에서 근거하고 있다. 이는 종교 편을 참고하기 바란다. 그리고 모계신본주의사회를 이은 동양의 부계사회는 음양론적인 인본주의사회로서 모계와 어느 정도 균형을 이루어 부계와 조화로운 관계였다. 즉, 동양이 인간의 이성의 한계를 인정하여 초과학적인 불가지의 세계를 이해할 수 없음을 여지로 남겨놓아 단정적인 것을 경계한 인본주의사회였음을 말하는 것이다.

예를 들어 민본주의 전제군주가 백성의 뜻을 하늘의 뜻으로 알고, 공평한 분배를 통해 인간으로서 상실감을 잃지 않게 하려는, 경세제민(經世濟民)을 구현하기 위해 존재였다거나, 입체적 사고를 한 한민족의 모든 건축물이 음양오행의 풍수지리에 의해 조성되어 비교적 자연과 조화로운 다소곳한 면이 특징이며, 전통 한국의 경우 축성기술이나 건축기술이 발달했음에도 불구하고, 하늘인 백성을 고달프게 하는 화려한 궁궐이나 석조대형 건축물이 적다는 사실에서 이해할 수 있다. 뿐만 아니라 국가존립의 정당성을 가화만사성(家和萬事成)에 둔 동양적 가족주의는 인본주의에 바탕하고 있는 사실에서 이해할 수 있다. 물론 불가지(不可知)에 대한 의문은 삶의 주체인 개인의 몫으로 생각하여 '존재의 삶'을 근간으로 하는 '수기치인'의 삶을 중시한 사실에서 이해할 수 있다. 이처럼 인간은 부계유일신에 의해 창조된 피조물로서 생각하여 국가존립의 정당성을 창조주의 뜻에 둔 것과, 백성이 있기에 제왕이 있다는 동양의 민본주의와 차이가 있는 것이다.

물론 동서양이 다같이 부계사회라는 측면에서 대동소이하지만, 서구는 부계유일신에 의한 피조물로서 인간을 생각함에 따라 인간을 재창조하는 모성을 씨받이 정도로 폄하하면서, 부계가 주체이고 여성은 객체로서 극단적으로 불평등한 10대 1의 사회였던 반면, 동양은 민본주의사회로서 평등지수가 6대 4 정도의 사회였다고 할 수 있다. 참고로 초기 자본주의와 동시대 전통 한국의 조선 중기에 이르러 유교적 가치인 남존여비(男尊女卑)사상에 의해 여성들의 지위가 급전직하하여 사회참여의 기회가 원천적으로 봉쇄되었던 것과 대비가 되고 있다.

즉, 고대 한국의 음양사상에서 역할분담을 통해 남녀조화를 중시했던 것과 달리 조선중기부터 종속적인 지위로 전락했음을 말하는 것이다. 그리고 산업화로 여성이 사회진출을 했던 서구와 달리 농업을 근간으로 하는 소규모경제였기 때문에 주로 농사와 바느질 등 가사노동으로 고된 생활을 하는 가운데, 서구적 여권운동은 상상도 할 수 없는 환경이었다고 할 수 있다. 물론 한민족의 모권유습이 정서적으로 이어진 전통 한국의 대가족제도에서 부성과 다른 역할을 하는 모성의 지위는 존중되었다. 하지만 실제 여성의 지위가 땅에 떨어진 것은 일제강점기부터라고 할 수 있다.(한민족의 여성의 지위는 종교 편에서 참고하기 바란다)

아무튼 인간의 뿌리인 내면을 탐구하여 외면을 지향하는 동양의 입체적사고와 외면을 통해서 내면을 이해하고자 하는 서구의 분석적사고가 상호 보완해야 함을 이해할 수 있다. 왜냐하면 초기 자본주의에서 중산층이 다수인 다이아몬드형 사회가 될 것을 예측하였지만, 오늘날 대량소비로 만들어진 세계적 양극화로 위험한 사회가 되었기 때문이다. 물론 무한한 자원이 있다면, 자본주의적인 인간형이 양산되는 것은 상관이 없을 것이다. 특히 소비촉진을 위한 과도한 경쟁으로 인하여 인간의 선한 본질에서 비롯되는 공공선과 공익을 지키려는 인간특유의 정의감까지 훼손케 하고 있는 것은 심각한 문제라 할 수 있다. 이는 자본주의가 인간을 상품화하여 소외되게끔 함에 따라 인간성 황폐화를 유발하고 있기 때문이다. 다시 말해서 태생적으로 문화적 존재인 인간은 풍부한 상상력으로 예술창작과 더불어 인문학적인 성찰이나 순수과학의 탐구나 스포츠 등을 통해 삶을 재창조하면서 대우주를 개척하는 주체임을 자본주의가 간과하고 있음을 말하는 것이다.

물론 자본주의의 부정적인 면을 보완하기 위해서 흥행과 거리가 먼 클래식한 음악이나 수익과 관계없는 예체능이나 순수학문, 기초과학, 문학 등에 대해서 적게나마 정부가 투자를 하여 삶의 질을 향상코자 하고 있다. 이는 태고로부터 있어온 인간의 종교적 심성에서 발현된 예체능은 정서안정과 더불어 궁극적 삶의 의미를 부여하고 있기 때문이다. 예를 들어 어휘수가 적었던 모계사회가 연극이나 춤, 미술 등 예술을 통해 신과 인간이 교감을 하거나, 대우주와 연동되어 있는 소우주인간의 순환진보의 과정을 알려주거나, 인간 상호간의 연대감을 형성하는 등으로 평화를 유지하였던 사실에서 이해할 수 있다.

하여 인간은 행복한 인생을 위해 스스로 삶을 재창조하며 살아가는 문화적 존재로서, 스스로 영적 존재임을 알게 하는 수준 높은 예술은 한층 더 발전해야 함을 이해할 수 있다. 따라서 자본주의가 탐욕을 배양한 결과 대다수를 절망감에 빠지게 하거나, 자본주의 심성이 공고화되는 만큼, 증오심과 인간성 황폐화, 자원고갈이나, 환경오염 등으로 나타나고 있음에 따라 포스트자본주의로서 모민주의 정치경제제도가 세계화되어야 함을 알 수 있다.

4. 지구촌시대를 위한 자연법사상의 확장

자본주의가 서구사회에서 영원히 존립할 것으로 생각했던 절대봉건왕조를 무너뜨리고, 근대사회를 성립케 하였으며, 과학기술의 발달을 견인차 했다는 측면에서 긍정적이라 할 수 있다. 하지만 자본주의는 제국주의를 만들어 인류에게 고통을 주었을 뿐만 아니라, 오늘날에 이르러 초기 자본주의 당시와 비교할 수 없을 만큼, 천문학적인 경제규모로 인한 자원고갈과 환경문제, 거대자본의 축적으로 인한 양극화 등으로 인생에 대한 회의와 인간성 황폐화로 위험한 사회가 됨에 따라 자본주의는 역할을 다했다고 할 수 있다.

이는 오늘날 각 분야가 전문화되면서부터 소통이 원활하지 못하며, 무한경쟁으로 가속화되는 양극화로 갈등이 폭발하는 위험한 사회가 되었다는 사실에서도 이해할 수 있다. 즉, 인류가 역사상 단기간에 이룩한 거대한 경제규모에 의해 형성된 1대 99라는 절대적 양극화의 결과인 것이다. 다시 말해서 자본주의가 심화될수록 자본주의적 인간형이 배양되고 주류를 이루게 됨에 따라 책임지지 않는 금력의 위력은 절대화되었음을 말하는 것이다. 그리고 마치 책임지지 않으며 군림만 하였던 제왕처럼, 무한한 자본축적으로 인한 부정적인 결과에 대해서 무책임한 가운데, 최대이윤을 위해 세계 어느 곳이던 수단과 방법을 가리지 않는 무연고의 무책임한 속성이 오늘날 만연하고 있다.

즉, 본질적으로 자본의 이식이나 자산 가치유지를 하고자 하며, 안전한 곳으로 이동하는 무연고적인 특성으로 인한 것이다. 물론 자본주의의 메카라고 할 수 있는 미국이 세상의 부를 보호하는 세계은행과 같은 역할과 더불어 거대자본은 강대국의 정치적인 힘을 배경으로 하고 있기 때문에 세계자본주의가 가능한 것이다. 또한 대자본을 축적한 선진국은 금융자산을 활용하는 기술이 발달하여 해외투자로서 M&A를 하거나, 국제금융투기를 하거나, 상당한 시간과 대규모 투자가 있어야 가능한 첨단과학기술 등을 독점함으로써, 신자유주의가 필요하게 되었음을 알 수 있다.

하지만 오늘날 초국가적인 공룡기업의 출현은 국가자본주의시대를 넘어 무한 경쟁을 근간으로 하는 세계자본주의시대로 변화케 함에 따라 내국의 시장기능이 마비되거나, 국가부도 등으로 인하여 유발되는 피해는 국민에게 전가되고 있다. 물론 세계자본주의는 국내정치를 무력하게 만들고 있음에 따라 기업의 사회적 책임과 부의 사회 환원이라는 논리로 사회통합을 이루려고 하지만, 자본주의의 원칙과는 별개인 문제로 오히려 사회통합이 어려워지고 있다. 이는 자본주의에서 대자본가라 하더라도 원칙적으로 공동체에 대해서 책임이 없기 때문이다. 따라서 인류는 절대봉건제의 권력양극화를 거부한 결과 근대사회를 열었던 것처럼, 오늘날 절대적 양극화를 만든 자본주의를 벗어나 한 단계 더 도약하는 새로운 모계적 분배양식의 시대를 열어야 함을 알 수 있다.

시장자동조율을 위한 '소유상하한제'

아담스미스의 자본주의는 인간은 이성적인 존재임에 따라 욕심과 양심이 조화를 이루며 시장이 자동조율이 될 것으로 생각하였다. 즉, 자유방임주의에서 이기심을 동기유발로 한 자유경쟁이 궁극적으로 공동선에 기여할 것이라고, 생각했던 것이다. 물론 당시 동일문화권의 소규모 경제에서 자유경쟁이 시장원리에 의해서 조율이 될 수 있지만, 범위가 넓어지고 규모가 커지게 될수록 인간의 탐욕은 배가됨에 따라 자동조율이 불가능함을 예측할 수 없었을 것이다. 즉, 뉴턴과 같은 훌륭한 과학자나 로크와 같은 비범한 철학자와 스티븐스와 같은 탁월한 발명가나 자본주의 경제학의 창시자인 아담스미스 등의 의도와 달리, 해외시장의 확대로 대자본을 축적하기 위한 충돌이 제국주의를 만들고, 착취의 정당성을 위한 진화론적 적자생존을 근간으로 인종차별을 정당화하여 약소국을 수탈한 역사적 사실에서 무제한 소유를 정당화하는 것이 얼마나 위험한가를 알 수 없었던 것이다.

다시 말해서 물질풍요를 이루어 인간을 해방코자 하는 자유주의가 오히려 위험한 사회를 만들었음을 말하는 것이다. 물론 자본주의에 대한 긍정적인 측면으로 자동차나, 비행기 등의 이동수단의 발달과 컴퓨터와 정보통신의 발달로 이루어진 지구촌시대를 만들었을 뿐만 아니라, 이웃처럼 가까워졌을 뿐만 아니라, 모든 면에서 획기적인 발전을 한 것이나, 노동력의 절감과 생산성 향상을 위한 자동기계의 발달로 인류를 풍요롭게 한 것 등은 상업적이든, 배금주의든 어떤 이유에서든 인간을 위한 것임을 부인할 수 없다. 하지만 인구의 도시집중이나 산업화로 인한 환경문제, 과소비로 인한 자원고갈과 고급화와 과잉경쟁으로 인한 물가폭등, 이해관계로 인한 폭발적 갈등과 양극화로 인한 어두운 미래로 삶의 의욕상실, 인간성 황폐화 등으로 다수의 사람들이 불행해지고 있을 뿐만 아니라, 복지수요의 폭발적인 증가나, 충돌로 인한 사회적 비용부담의 한계 등을 회피하기 위한 체제로서 신자유주의를 만든 점에서 인간에게 자본주의는 해로운 것임을 알 수 있다.

또한 자유기업은 분업화와 규모화, 근로자의 조기교체, 경쟁촉진 체제, 근로자의 비정규직화로 고용에 대한 사회적 규제를 피하면서 이윤을 극대화하고, 축적한 자본으로 공장자동화설비의 확대나 고학력이 요구되는 첨단과학기술산업으로 투자한 결과, 고용이 없는 성장을 하면서 고실업사회로 공고화되고 있다. 뿐만 아니라 오늘날 신자유주의 세상에서 승자독식의 무한경쟁으로 빠른 속도로 실패자가 증가하는 가운데, 세계최강의 패권적 강자들 간의 경쟁은 국내시장까지 심대한 영향을 끼침에 따라 시장기능이 마비되는 경우가 점증하고 있다. 아울러 사회적 약자의 양산과 더불어 소외계층이 만연하게 되었으며, 계층 간의 폭발적인 갈등으로 불안정한 사회가 형성되었다. 그리고 인간 상호간에 불신은 전문직 여성의 경우 결혼을 기피하거나, 청년실업 등으로 인해 결혼 적령기를 놓치고 있음에 따라 출산율저하라는 새로운 문제를 낳고 있다.

이러한 현상은 아담스미스에 의해 창안된 자본주의가 무한히 확대할 수 있는 법인을 경계하여 개인의 규모로 제한을 하였지만, 자본가들이 거부하면서 자본가에 의한 자본주의로 발전한 결과로 볼 수 있다. 이는 상대주의(민주주의)적인 영국인의 기질을 토대로 만들어진 자본주의는 본질적으로 인간의 도덕적 책임을 전제한 소유제한을 내재하고 있지만, 오랫동안 의식을 지배했던 절대주의 풍토에서 벗어날 수 없었기 때문이다. 하여 오늘날 세계자본주의로 다국적 법인으로 경쟁을 한다는 것은, 소 법인이나, 개인의 소규모거래로 제한되어야 함을 역설한 아담스미스의 뜻과도 배치됨을 알 수 있다. 따라서 아담스미스의 자본주의는 적당한 규모의 거래로 다양한 문화적, 인종적 특징 등으로 인하여 충돌을 완화할 수 있지만, 대규모경제를 위해 만들어진 신자유주의는 '경제적 동물'로 살게 함에 따라 문화적 충돌은 피할 수 없음을 이해할 수 있다.

예를 들어 지난날 법인기업의 과도한 발전의 결과 제국주의를 형성하여 인종차별이나, 문화적 충돌이 폭발적으로 증가했던 역사적 사실에서 이해할 수 있다. 또한 개인을 근간으로 한 소규모의 아담스미스의 자유방임주의는 자연스럽게 소유한계가 있음에 따라 가족복지를 스스로 책임질 수 있지만, 자유기업집단 간의 무한경쟁을 해야 하는 신자유주의에서 가족복지를 가족 스스로 책임지기 어려움에도 불구하고, 복지책임을 전가하고 있는 것이 문제이다. 하여 문화적 존재로서 인간은 기아와 질병으로부터 해방코자 하는 동기나, 인간 동료에 대한 연민의 결과가 위대한 문명을 이룩한 사실을 상기해볼 때, 1대 99라는 절대적 양극화로 절대빈곤층을 양산하는 신자유주의를 고집한다는 것은 역사 발전과 배치됨을 이해할 수 있다. 따라서 이익집단으로서 기업법인이 보편화되고, 다자주의로 발전된 현대자본주의사회에서 자유기업주의와 함께 '소유상하한제'를 정착 병행해야 인류의 삶은 지속가능함을 이해할 수 있다.

즉, 사회적 환경, 사고방식, 경험의 내용, 취향과 노력, 궁극적 삶의 목적, 개체성 등 여러 가지가 복합적으로 작용한 결과로, 능력의 차이가 있음을 인정하는 가운데, 당면한 자원고갈, 환경오염, 양극화 등의 문제를 극복해야 하는 것이다. 물론 인류가 스스로 인간 존엄을 천명하였고, 비범한 사람(신인)들에 의해서 인간이 소우주임을 각인케 하였고, 과학기술을 발달케 하여 편리한 생활을 하거나 의문을 풀고자 하거나 행복하고 즐거운 인생을 살기 위해 자본주의를 만들었다 할지라도 오늘날 나쁜 결과로 나타났다면, 퇴출의 용기가 있어야 한다. 인간이 결코 장사 속으로만 살 수 없을 만큼 훌륭한 마음이나 양심을 갖고 있는 대다수 사람을 비정하게 변모케 하는 제도를 고집한다는 것은 지혜롭지 못한 것이다. 하여 모민주의의 '소유상하한제'가 성립되어 시장의 자동조절기능이 조화롭게 작동하는 사회로 발전되어야 함을 알 수 있다. 즉, 지구촌사회는 하나의 세계가 될 경우 모계의 공유제처럼 소유의 한계를 설정해야 시장이 자동조율이 될 수 있음을 말하는 것이다. 물론 양심과 도덕이 살아나는 모계적 분배양식을 보편화해야 기하학적 평등을 구현할 수 있을 것이다.

실질적 남녀평등의 구현

자연법사상을 근간으로 하는 근대사회에서 인간을 재창조하는 모성의 사회적 지위가 부성의 수준에 있어야 함에도 불구하고, 오늘날까지 남녀 차별은 여전하며, 대다수 여성이 양극화로 인한 직접적인 피해를 입고 있다. 즉, 인간이라면 남녀노소 누구나 평등하다는 것을 헌법이 보장하고 있음에도 불구하고, 실질적으로 불평등한 것이다. 이는 복지적인 여성이 부계적 가치를 근간으로 하는 자본주의에서 불리하다는 점에서 이해할 수 있다.

이는 부계주의의 속성인 일회적인 삶, 독점적, 수직적, 집권적, 배타적인 경향, 성장성, 원심력, 절대주의 등을 이은 자본주의가 주류를 이루고 있음에 따라 모계주의의 속성인 영혼불멸, 순환진보(윤회), 분권적, 수평적, 적극적 복지, 구심력, 상대주의, 만물의 주체, 신의 후손, 환경 친화적, 나눔의 실천, 평화, 여성성, 존재의 삶 등은 비주류가 되고 있다는 점에서 이해할 수 있다. 이처럼 근대사회에서 질적으로 다름을 인정하지 않는 형식적 평등을 전제로 한 자유경쟁은 결과적 불평등을 전제로 하고 있음에 따라 비주류인 여성들은 불리하게 됨을 이해할 수 있다.

물론 부계적인 자유주의와 모계적인 민주주의와 결합된 자본주의는 형식적 민주주의이기 때문이다. 다시 말해서 민주주의가 인류의 이상임에도 불구하고, 자유주의를 위한 절차적 정의로, 경제민주화를 이루지 못하는 반쪽민주주의임에 따라 유발되는 위기는 여성에게 불리함을 말하는 것이다. 하여 지구촌시대가 요구하는 민주주의의 공고화는 모계적 가치를 근간으로 하는 분배양식을 구현하는 것부터 시작됨을 알 수 있다. 다시 말해서 모계적 분배양식의 구현을 위해 모계민주주의가 성립되어야 함을 말하는 것이다.

이는 오랫동안 서구사회에서 여성은 소외되었고, 이어서 자본주의의 이기심 배양으로 인하여 복지적인 여성이 불리하게 된다는 사실 자체가 지구촌시대와 불합치하며, 더구나 자본주의는 민주주의 본질인 분권적 성질과 배치되기 때문이다. 물론 기독교의 원죄설로 인하여 여성은 극단적 남녀 차별을 받았지만, 근대사회의 성립으로 형식적이나마, 남녀평등으로 자유로운 경쟁을 할 수 있게 되었다. 뿐만 아니라 각각 다른 성질을 갖고 있는 남녀가 조화를 이루면서 균형 발전되기 위해 부계와 모계가 각각의 축을 형성한 새로운 정치체계가 성립될 수 있는 초석이 마련된 사실이다. 다시 말해서 서로 다른 성질을 돕는 상보적 관계가 유지되어 조화로운 삶을 가능케 했던 모계신본주의 사회처럼, 삶의 궁극적 목표나 취미, 능력 등에 의한 다양성을 보장하는 질적인 평등을 구현하기 위해 물질적 기초가 보장되는 적극적 복지사회가 성립될 수 있음을 말하는 것이다.

참고로 동양의 음양철학을 근간으로 하는 동양적 가족주의에서 부부가 종속적인 관계가 아니라 '부부일심동체(夫婦一心同體)'라 하여 각각의 남녀 개인이 아닌 하나의 틀 속에 두개의 다른 성질을 정(情)이라는 본성에 의해 균형을 이루고 있다고 생각하면서, 부성의 원심력과 모성의 구심력이 균형을 이루어 상보(相補)관계로 이해하였다. 그리고 동양의 음양론적인 가족주의는 가족을 각각 다른 성질의 음양의 균형과 조화를 이루기 위한 제3의 기운(사랑)을 만들어내는 하나의 독립체로서, 사회의 기초조직으로서, 복된 사회를 만들어내는 원천(발전소)처럼 생각하였다. 즉, 국가존립의 정당성을 소위 '가화만사성'에 두었던 것이다. 예를 들어 모성을 가정의 태양, 안주인으로, 부성을 바깥주인으로 표현한 사실에서 이해할 수 있다. 하여 오늘날 첨단과학기술로 인간을 더 많이 이해하게 됨에 따라 동양적 가족주의를 참고한다면, 인류의 이상인 적극적 복지사회의 구현이 세계화될 것이다.

온전한 민주주의에 필수인 경제민주화

자유방임주의 당시에 자유기업이 시장기능을 무시하면서까지 독점하려는 속성으로 인하여 잦은 공황이 유발됨에 따라 성립된 수정자본주의에서는 독점금지법 등으로 시장기능의 유지를 위해 간섭을 하고 있지만, 반면에 자유기업은 살아남기 위해 편법이나 법개정 등을 위해 금력을 사용하여 유리한 입장이 되도록 하는 경우도 많은 것은 사실이다. 아울러 자유기업주의는 최대이윤을 목적으로 함에 따라 자신에게 유리한 사회적 환경을 조성하거나, 환경오염이나, 인간성 황폐화 등으로 인한 사회적비용의 폭발적인 증가로 조세부담이 현저히 중대되고 있다. 그리고 자본주의에 충실한 대기업이 파산의 지경에 이를 때 국민경제를 빌미로 정부의 개입을 요청할 때도 많다는 사실 자체가 앞뒤가 맞지 않으며, 도덕적 비난을 받을 만한 끝없는 자기변명과 합리화하는 경우도 많아 문제가 되고 있다.

하여 개인의 능력과 취향에 따라 소유의 차이가 나는 것은 당연하겠지만, 오늘날 대규모 경제로 인하여 공해, 자원고갈, 양극화 등으로 인해 생존권 차원의 위기를 맞고 있음에 따라 소유제한을 해야 하는 시대가 되었음을 알 수 있다. 즉, 소규모 경제에서 적합했던 무한소유를 정당화하는 자유주의 분배양식은 대규모 경제로 살아가는 지구촌시대에서는 불합치하기 때문이다. 예를 들어 아이가 성장하여 성인이 되었을 때 성인의 옷을 입어야 함에도 불구하고, 준비하지 못한 것과 같은 것이다. 즉, 문명화된 신인류는 절대적 양극화로 인간을 억압하는 자본주의를 불신하며, 두려워하고 있는 것이다. 물론 자본주의의 위험성을 경고한 사회민주주의가 자유민주주의를 형식적 민주주의라고 하며 경제적 평등을 실질적으로 보장하는 자신들이 진짜 민주주의라고 하면서 등장하였지만, 인간의 사회성에 편중한 사회주의는 소우주인간의 개체성을 간과함에 따라 사회주의와 민주주의 결합은 본질적으로 부적합하다고 할 수 있다.

즉, 근대민주주의가 국민에 의한 정치를 근간으로 함에 따라 결과적 평등만 생각하는 사회주의는 민주주의와 불합치한 것이다. 예를 들어 국민에 의한 정치라는 민주주의 원칙에서 벗어난 2차적 의미로 국민을 위한다는 계획적 획일주의와 구시대의 전체주의와 흡사한 사실에서 이해할 수 있다. 물론 부계적 가치에서 파생된 사회주의나, 자유주의가 모계적 가치에서 연유한 민주주의와 결합되는 것은 다 같이 부적합한 것이다. 따라서 주권재민이라는 민주주의 제1의 원칙에 의해 새로운 모계적 분배양식을 성립하여 민주주의를 공고히 할 수 있는 모민주의가 세계화되는 것이 바람직함을 알 수 있다.

이는 20세기 초부터 체제수렴을 한 수정자본주의나 오늘날 좀 더 진보적인 중도주의가 대안으로 등장하여 국민의 선택 폭이 넓어졌지만 신자유주의의 등장으로 민주주의의 가치인 복지와 분권, 양극화억제, 균형발전이라는 민주주의의 정치적 의무를 다할 수 없음에 따라 민주주의 정치에 대한 회의를 갖게 되었기 때문이다. 즉, 지구촌시대는 사회주의나 자본주의를 넘어 민주주의의 본질에 부합되는 모계적 가치에 충실한 새로운 모계적 분배양식을 근간으로 하는 체제를 성립하여 모계가 의사결정과 권력의 반을 독자적으로 갖고 복지의 주체가 되는 체제를 말하는 것이다. 다시 말해서 지구촌시대는 인류의 이상인 적극적 복지사회로 진보하기 위해 부계주의와 더불어 엄연히 태고부터 실존하는 모계주의가 균형을 이루는 온전한 민주주의로서 모계민주주의가 정치적 의무를 다해야 함을 말하는 것이다.

하여 동양의 민본주의, 서구의 자유주의, 근대민주주의, 사회주의 등을 이어 20세기 초부터 수정자본주의로서 소극적 복지사회인 행정국가로 역사 발전한 사실을 미루어 볼 때, 생태적으로 민주적이고, 복지적인 여성이 생활정치의 중심에서 적극적 복지사회를 이끌어가게 됨을 예상할 수 있다. 물론 원심력적인 부계의 효율성과 구심력적인 모계의 안정성이라는 두 요소가 견제와 균형을 이루면서 역사 발전을 하고 있었으며, 여성의 출산과 복지본능은 태고로부터 변함없이 이어져오고 있는 사실에 근거하고 있다. 뿐만 아니라 자본주의가 만드는 위험한 사회를 더 이상 방치할 수 없음에 따라 경제민주화를 구현할 수 있는 체제가 성립되어 민주주의를 공고화할 때, 지속가능한 사회가 되기 때문이다. 즉, 역사발전과 민주주의본질에 부합되는 모계주의 분배양식으로, '소유상하한제'를 세계화할 수 있는 모계민주주의의 정치경제제도가 적합할 것이다.

천부인권을 확장한 '천부소유권' 보장

오늘날 자본주의에 대해서 회의적인 이유는 현실적으로 '천부인권'의 의미를 퇴색케 하는 절대적 양극화를 유발했기 때문이다. 즉, '천부인권'은 인간답게 살 수 있는 최소한의 물질적 기초인 '천부소유권'이 내재되어 있음을 간과한 것이다. 다시 말해서 자유경쟁을 위한 자연법사상임을 말하는 것이다. 물론 근대사회의 성립으로 산업화와 더불어 정경분리를 원칙으로 하는 자본주의가 성립된 후, 소규모경제였던 당시의 사회에서는 자유경쟁으로 '천부인권'의 내용인 물적 기초를 이룰 것으로 생각했을 것이다. 즉, 당시 초기 자본주의가 오늘날처럼 천문학적 경제규모가 될 줄 몰랐던 것이다. 하여 대규모경제가 가능한 화폐경제의 발달과 화폐의 신용창조 기능의 획기적인 발전을 하면서 절대적 양극화를 유발하는 자본주의체제는 자연법사상과 배치되고 있음을 이해할 수 있다.

이는 자연법사상을 근간으로 한 시민혁명이 성공하여 근대사회가 성립되었다면, 마땅히 '천부인권'의 내용으로 '천부소유권'을 보장해야 함에도 불구하고, 자본주의는 자유경쟁을 위한 '천부인권'일 뿐, 내용으로 '천부소유권'을 간과하고 있기 때문이다. 즉, 초기 자본주의에서 '천부인권'을 보장하기 위한 '천부소유권'은 바늘과 실처럼, 별개이면서도 별개가 아닌 사실을 간과한 것이다. 다시 말해서 몸과 마음은 별개가 아닌 하나인 것처럼, '천부인권'의 내용인 '천부소유권'은 별개가 아닌 것을 말하는 것이다.

물론 자본주의가 자연법사상을 근간으로 성립되었음에도 불구하고, 인명경시와 도를 넘은 착취의 결과, 사회주의가 등장하면서 20세기 초 자본주의를 수정하여 소극적 복지국가(행정국가)가 성립된 사실로부터 '천부소유권'을 이해했다고 볼 수 있다. 따라서 만사가 언행일치가 되어야 실효성이 있는 것처럼, 앞으로 사회는 구조적으로 겉과 속이 일치하는 '천부인권'을 보증할 수 있는 '천부소유권'이

보장되는 적극적 복지사회로 역사 발전되어야 함을 알 수 있다.(경제 편 참고)

즉, 지구촌시대를 살아야 하는 신인류는 모계민주주의의 분배양식인 '천부소유권'에 근거한 '소유상하한제'로 적극적 복지사회를 세계화해야 하는 것이다. 이는 인류가 진보할수록 탈 양극화 사회로 변모해야 하기 때문이다. 물론 모계신본주의사회에서 나눔을 인간의 도리라고 믿었던 사실이나, 인간 존엄을 구현하고자 하는 근대사회가 분권에 있다는 점과 일관성이 있음을 생각해 볼 때, 탈 양극화사회로 역사발전 하는 것이 순리임을 알 수 있다. 뿐만 아니라 오늘날 첨단과학기술시대를 살아가는 신인류는 새로운 모계적 분배양식을 보편적 가치로 세계화할 수 있는 능력이 축적되었다. 따라서 '소유의 삶'을 중시한 근대사회를 넘어 삶의 질을 중시하는 지구촌시대는 생태적으로 민주적이며, 복지적인 여성이 분배의 중심에서 역할을 해야 함을 알 수 있다.

이는 과학적 사고방식을 근간으로 하는 근대민주주의사회가 성립된 후, 실증주의에 의해 학문과 과학기술이 획기적으로 발달하게 됨에 따라 이러한 결과물을 교육과 여러 경로나 매체 등을 통한 지식의 보급으로 대다수 사람들은 무지에서 벗어날 수 있게 된 결과, 여성에 대한 편견이 해소되었기 때문이다. 그리고 첨단과학기술의 도움으로, 태고로부터 수만 년에 걸쳐 주류를 이룬 수천 년 전의 모계신본주의사회가 직관이 발달한 행복지수가 높은 풍요한 사회였다는 사실은 참고가 될 것이다. 이는 중기모계사회가 인간을 대모신의 후손이라고 믿었던 인간이나 무한한 상상력과 재창조능력으로 첨단과학기술시대를 이룩한 오늘날 인간과 동일함에 따라 통찰력으로 이해할 수 있다. 물론 모계신본주의 사회에서 인간을 모신의 후손이라고 믿고, '해혹복본'의 신념을 실천한 것도 기록으로 이해할 수 있다.

하여 모계신본주의사회가 행복한 인생을 위해 순환 진보하며 진리를 탐구하고 축적하여 '해혹복본'의 진리를 수중하라는 유시와 오늘날 인간이 이룩한 첨단과학문명과 맥을 같이 하고 있음을 알 수 있다. 특히 오늘날 첨단과학기술에 의해 나눔을 진리로 확신하여 실천하였던 모계사회처럼, 적극적 복지사회가 가능케 된 사실을 생각해볼 때, 인간을 대모신의 후손으로 믿었던 모계사회의 인간관은 설득력이 있다고 할 수 있다. 하여 인류는 모계유일신의 유시인 '해혹복본'을 수중하거나, 인간의 궁극적 삶의 목적을 이해하기 위해 내면세계를 탐구하거나, 실존하는 무의 세계를 알고자 하거나, 우주천문의 탐구나 개척을 하는 것 등 인류의 위대한 과업을 원만히 수행할 수 있도록 위해, 전 인류가 한뜻으로 힘을 모아 첨단과학기술을 더욱 발전케 하는 모계민주주로 역사 발전해야 함을 알 수 있다.

또한 신자유주의의 무한경쟁으로 만들어진 수요부진과 세계분업화, 원자재 고갈 등으로 인하여, 자유무역에 의해 유발되는 조그마한 충격에도 상당한 파장을 유발하고 있음을 볼 때, 자본주의 분배양식을 계속 고집한다면, 우려한 일들이 갑자기 나타날 수도 있다. 이는 마치 공룡이 마구잡이로 탐식하며 생존을 하였지만 외부충격으로 인한 환경변화에 의해서 먹이사슬이 붕괴되면서 적응을 할 수 없게 되어 굶어 죽었던 것처럼, 지구촌시대에 다수의 공룡기업이 세계시장을 종횡무진하면서 만든 결과를 통해서 예측 가능한 것이다. 예를 들어 다수의 대기업의 무한경쟁으로 시장기능이 마비되거나, 이해관계를 둘러싼 수많은 문제로 유발되는 충돌이나, 환경오염으로 인한 천재지변이나, 소수는 엄청난 부를 축적하지만 절대다수의 사람들은 빈곤하게 되는 절대적 양극화 등을 해결할 수 있는 주체가 약화되면서 아무도 해결할 수 없는 사회가 된 사실에서 이해할 수 있다.

하여 공존을 전제로 한 모민주의 분배양식인 '소유상하한제'로 시장기능이 자동조절이 되고, 활성화되어야 하는 시대로 역사 발전해야 함을 알 수 있다. 즉, 자유경쟁과 더불어 '소유상하한제'에 의해 잉여가치를 인류의 이상인 적극적 복지사회구현을 위한 물질적 기초나, 고도과학문명의 발전을 위해 사용이 가능하도록 지역위원회에서 분배를 결정하는 모민주의사회의 성립을 말하는 것이다. 물론 인류는 제3차 산업혁명으로 컴퓨터와 정보통신 등의 발달로 하드웨어적인 기반을 갖추게 되면서, 후기 혁명인 지식정보산업의 발달로 네트워크적인 인간관계나 소유상하한제, 적극적 복지사회의 구현 등을 위한 인류의 사회협동이 가능하게 되었다.

아무튼 자본주의는 인류의 장구한 역사에 비해 극히 짧은 기간 동안 수많은 나쁜 경험을 갖게 하였을 뿐만 아니라, 과소비나 양극화 등으로 불안정한 사회를 경험하고 있음에도 불구하고, 퇴출을 할 수 없는 것은 실존적인 개인을 강조하며, 이기심을 편향적으로 배양하기 때문이다. 이러한 자본주의의 속성을 하일브루너 교수는 다음과 같이 쓰고 있다. “일반적으로 케인즈나 슘페터에게서 소유제도의 도덕적 문제는 회피하고 있는 셈이다. 여기서 한번 이단적인 문제를 제기해보자. 자본주의의 장기적 전망에 관한 비관적 합의는 자기들이 살고 있는 사회질서를 직업적으로 정당화하고자 하는 사람들이 볼 때 도덕적으로 우려되는 사실이 아닐 수 없다. 그들이 자본주의를 전망하는 것과 같은, 그 문제가 많은 관점은 어떤 혹심에서만 나오는 것이 아니라 그 혹심이 그것을 강력하게 강화시키고 있는 것이 아닌가 의심스럽다.”(115) (하일 브루너, p.132)

이는 자본주의가 인간의 본질을 구성하는 사회보다 실존하는 개인을 우선하고 있기 때문이다. 또한 근대국가의 존립의 정당성을 자신의 운명을 스스로 결정하고, 결과에 대해서 책임진다는 것을 전제로 한, 개인주의(자유주의)에 둔 사실에서 이해할 수 있다. 즉, 기능국가를 말하는 것이다. 하여 주체로서 인간은 실존과 본질을 분리할 수 없는 존재임에도 불구하고, 구시대의 가혹한 억압의 결과로 인간의 사회성과 개인성이 분리가 되는 것처럼, 생각하며 만들어진 체제가 자본주의임을 알 수 있다. 이는 서구의 절대주의 풍토가 잔존하는 가운데, 인간의 개인성을 강조하며 성립한 자본주의가 구시대의 권력 양극화처럼 경제적 양극화를 추구하는 경향이 있다는 사실에서 이해할 수 있다.

5. 모계적 분배양식의 세계화

초기 자본주의에서 여성은 혹독한 시련을 겪으면서 한계상황에 있을 때, 등장한 사회주의는 수정자본주의로서 바이마르 헌법을 만들게 하였으며, 이어서 차별금지법과 더불어 노동법에 '동일노동의 동일임금'이 명문화되었음에도 불구하고, 대다수 여성은 오늘날까지 저임금에서 벗어나지 못하고 있는 상황에 있다. 물론 오늘날 소비의 주체가 된 여성들의 힘은 정보화시대를 맞아 예전과 달라짐에 따라 이를 마케팅에 이용하기 위한 기업의 여성 임원이 증가한 것은 사실이지만, 이것은 극소수에 불과하여 상징적 의미일 뿐, 여전히 대다수의 여성은 저임금에서 머무르고 있다는 점에서 별로 나아진 것이 없음을 알 수 있다. 문제는 자본주의가 발달할수록 절대적 양극화를 유발함에 따라 만들어지는 절대빈곤층의 여성이 성적 존재로 변모하면서, 인류의 구심력인 모성애가 훼손되고 있다는 점이다. 하여 세상을 끌어가는 원동력으로서 실존적인 모계의 구심력과 가상적(관념적)인 부계의 원심력의 부조화를 형성하는 부계편도의 사회는 막을 내려야 함을 알 수 있다.

이는 남녀평등을 목표로 스스로 여성해방을 위하여 목숨 걸고 시민혁명에 동참하였음에도 불구하고, 여성은 여전히 차별을 받고 있기 때문이다. 예를 들어 오늘날 생태적으로 복지적인 여성에게 불리하게 작용하는 비복지적인 신자유주의에서 이해할 수 있다. 그리고 신자유주의가 세계분업화를 추구함에 따라 지역별로 이질적인 문화로 인한 갈등과 충돌로 불안정한 사회가 형성된다면, 충돌이 잦은 시기에 여성의 지위가 낮아졌던 역사적 경험을 상기할 필요가 있다. 이는 배금주의를 공고화하는 신자유주의가 세계분업으로 형성되는 상호의존성을 증대케 하여 위험한 사회가 되고 있기 때문이다. 즉, 의존성의 증대는 보호주의를 점증하게 됨에 따라 유발되는 갈등을 해결하기 위해 전면전보다 훨씬 강력한 '경제전쟁'을 가속화하고 있는 것이다.

하여 신자유주의에서 살아남기 위해 무한경쟁을 해야 하는 자유기업은 초국가적인 다국적 거대기업으로 변모하거나, 경쟁력을 위해 유리한 곳으로 이동하는 등으로 형성되는 양극화로 갈등이 증폭될지라도 자본주의로는 문제를 해결할 수 없는 상태가 되었음을 알 수 있다. 물론 무정부적인 자본주의가 고도로 발달한 상태인 신자유주의 세상에서 현실적으로 정치무용론까지 등장할 정도로 정치의 사회통합기능과 민주적 통제가 무력하게 되었다. 그리고 자본주의사회는 절박한 이해관계로 예방적 조치가 어려움에 따라 공황이 발생한 후, 사후약방문(死後藥方文)과 같은 정부의 신용창조로 인한 인플레가 유발됨에 따라 경쟁을 심화케 하고 있다.

뿐만 아니라 과거와 달리 천문학적인 경제규모로 발전한 오늘날 치안이나 복지를 위한 사회적 비용이 증가와, 동시에 국가의 세수 부족으로 인하여 급격히 통화량을 늘린다 할지라도, 경기침체가 장기간에 걸쳐 이어짐에 따라 인간의 상품화가 가속화되는 가운데, 복지축소로 인하여 빈곤층이 거리로 내몰리고 있다. 예를 들어 로마가 멸망한 원인이 전쟁경비의 조달을 위한 통화의 남발로 인한 극심한 인플레로 불안정한 사회가 됨에 따라 성적 노예로 전락한 여성이 폭증했다는 사실에서 이해할 수 있다. 따라서 빈익빈 부익부를 유발하는 자본주의 분배양식으로 인하여 파생되는 경제문제를 정치가 해결하고자 노력하고 있지만, 양극화현상으로 인해서 시간이 갈수록 중산층이 줄어들고 절대다수가 빈곤층으로 전락하여, 인간성 황폐화를 유발하고 있음을 상기해 볼 때, 여성 NGO의 활동으로 모계적 분배양식을 세계화해야 함을 알 수 있다.

부계적 분배양식의 종말

주기적인 공황을 유발하는 자본주의의 문제를 해결하기 위해 정부의 복지지출에 의한 유효수요를 통해 시장기능을 정상화할 것을 주장한 케인즈(Keynes, 1883~1946)에 의해 복지국가가 구체화되면서 공황의 연착륙과 여권신장에 상당한 기여를 할 수 있었다. 하지만 계획주의를 근간으로 하는 행정국가를 관료의 비대화와 비시장적인 정부부문의 비대화로 대기업이 만들어진 결과, 보호주의 장벽을 해체코자 하는 복지축소와 양극화를 정당화한 선진국 중심의 신자유주의가 세계화하고 있다. 물론 비복지적인 신자유주의와 생태적으로 복지적인 여성과 불합치하다는 점에서 역사퇴보라고 할 수 있다. 즉, 구시대의 권력양극화에서 여성이 소외되었으며, 근대자본주의에서 여성이 불행한 것을 이어 오늘날 신인류가 되었음에도 불구하고, 절대적 양극화로 여성을 불행하게 한다는 자체가 잘못된 것이다.

또한 세계분업을 지향하는 신자유주의는 상호의존성을 증대케 함에 따라 석유와 같은 중요원자재가 품귀현상으로 가격이 급등하거나, 어느 한곳의 선진국의 금융위기나 세계화로 인한 수많은 변

수 등에 의한 공황이 유발될 경우, 개별국가가 극복하기 어렵다는 것이 문제가 되고 있다. 이는 선진국 중심의 신자유주의가 복지국가를 위한 계획주의를 원칙적으로 거부함에 따라 공룡기업들 간의 생존을 위한 경쟁을 한 결과로 형성된 세계적 양극화로 빈곤층이 양산되고, 과소비로 인한 환경오염, 자원고갈 등으로 인한 위험한 사회가 세계화되었기 때문이다. 즉, 세상은 거대자본의 각축장으로 변모함에 따라 불안정한 사회가 만성화된 것이다.

예를 들어 과잉경쟁으로 이해 유발된 생태환경의 큰 변화로 먹이사슬의 붕괴, 기상이변에 의한 식량부족, 환경오염에 의한 질병유발, 지구 온난화의 심각성, 여타의 불길한 징조 등과 함께 인간의 상품화가 가속화되어 인간성 황폐화가 만연해지는 사실에서 이해할 수 있다. 하여 자본주의 생산양식으로 유발된 환경파괴라는 부정적인 결과를 볼 때, 자유주의 분배양식은 더 이상 인류에게 행복한 인생을 보장할 수 없음을 알 수 있다. 따라서 자본주의가 역설했던 다이아몬드형의 사회구조를 스스로 만들 수 없다는 사실이 입증됨에 따라 다이아몬드형 사회구조를 구현하기 위해 새로운 분배양식을 세계화하는 모민주의 체제가 성립되어야 함을 이해할 수 있다.

물론 여성이 주류를 이루는 범세계 녹색생명운동과 같은 다양한 비정부국제기구(NGO)가 다국적 거대자본과 투쟁한다는 사실 자체가 포스트자본주의를 준비하고 있다고 볼 수 있다. 이는 자본주의에 무력한 민주정치를 더 이상 믿지 않으며, 스스로 자구책을 위한 방편으로 비정부기구를 만든 자체가 새로운 체제의 성립을 위한 전 단계로 볼 수 있다. 이는 의로운 사람들이 중심이 되어 지역문제를 넘어선 생태계의 보호, 환경오염방지, 자원남용의 방지, 양극화극복, 빈곤퇴치운동 등을 위한 국제적 NGO의 결사는 초국가적인 공룡기업과 대립하기 때문이다. 뿐만 아니라 대량생산과 소비를 하며 살아가는 글로벌시대에 초국가적인 다국적 기업은 자금력과 더불어 협력적 중소기업군을 포함한 방대한 조직은, 마치 교황청처럼 영토 없는 왕국이나 다름이 없음에 따라 국제적 규모의 비정부기구가 필요하기 때문이다.

즉, 부계주의 종말을 위한 새로운 분배양식을 세계화하는 것과 같은 것이다. 물론 오늘날 거대한 다국적기업 간의 경쟁은 마치 총성 없는 경제전쟁처럼 과격하며, 더불어 전대미문의 천문학적 과소비로 자원고갈과 환경오염으로 인한 생태계파괴, 산성비와 병충해로 인한 농축산물의 감소, 질병증가뿐만 아니라, 온난화로 빙하가 녹으면서 지구의 지도가 바뀌는 등의 현실을 볼 때, 인류가 감당하기 어려운 최악의 상황에 직면하고 있기 때문이다. 그리고 자본주의는 원칙적으로 무한축적을 지향함에 따라 형성된 1대 99라는 절대적 양극화를 해결할 수도 없고, 아울러 원칙적으로 사회적 책임도 없다. 하여 양극화를 유발하는 자본주의는 자연법사상과 배치되기도 할 뿐만 아니라, 절대다수가 불행하게 된다는 점에서 인간의 궁극적 삶의 목적인 행복한 인생과 배치됨을 알 수 있다. 따라서 지구촌시대와 불합치하는 '1인 다주식주의'라는 배금주의에서 벗어나기 위해 인격을 근간으로 하는 '1인 1표주의'인 민주적 생활양식을 공고화하는 모민주의 분배양식이 세계화되어야 함을 알 수 있다.

또한 자본주의가 발전할수록 다수의 공룡기업의 치열한 경쟁으로 다수의 중견기업군은 공룡기업의 하청기업으로 종속되거나 퇴출되고 있다. 즉, 개발도상국의 중소기업군은 마치 '고래 싸움에 새우 등 터진다'고 하는 것처럼, 중소기업은 샌드위치의 입장에 있는 것이다. 다시 말해서 대기업과 연대한 중소기업군으로 이루어진 거대기업 간의 경쟁으로 무소속의 중소기업이 무너지고 있음을 말하는 것이다. 이는 수많은 기업이 퇴출되는 가운데, 살아남은 대기업은 상당한 경영능력과 기술우위, 비시장적 국가수요참여, 대자본 등으로 이루어진 초국가적 거대기업 간의 경쟁과정에서 허약해진 결과, 더 많은 기업을 먹이로 하기 때문이다. 예를 들어 미국의 경우 100년 이상 존속하는 기업이 최근까지 한둘 정도라는 사실에서 이해할 수 있다.

하여 자본주의를 부정하는 냉소적인 태도로 법외노조처럼, 실력집단을 만들어 집단행동을 하거나, 반사회적인 범죄 등이 증가하는 원인이 자본주의의 속성에 있음을 알 수 있다. 따라서 인간을 '경제적 동물'로 만들어가는 자본주의사회에서 각종 테러가 유발되는 것은 당연한 것임을 알 수 있다. 참고로 현생인류가 나타나기 오래전 지구에서 소멸된 공룡의 경우, 과학적 가설로 혜성의 충돌로 지구의 환경을 변화시킴으로 해서 굶어죽거나 병에 걸려 전멸하였던 원인은 아마도 공룡들의 횡포는 위협적이었으며, 먹이사슬의 불균형을 이룸에 따라 멸망한 사실은 지구환경의 적은 변화에 의해서도 거대한 공룡이 퇴출될 수 있는 것처럼, 거대기업군에 의해 양극화를 공고화할 경우 조그마한 충격으로도 공룡기업이 무너지면서 유발되는 파장은 엄청남에 따라 위기를 극복하기 힘들 것이다.

예를 들어 오늘날 전 세계의 공룡기업들이 금융위기를 겪으며 혼란에 빠진 최근의 사실에서도 이해할 수 있다. 따라서 안정된 사회를 유지하기 위한 새로운 모계적 분배양식의 세계화를 위한 새로운 정치경제제도를 성립해야 함을 알 수 있다. 하여 부계사회에서 무의식중에 무능하고 약한 것이라 경시하였던 모계적 가치인 복지, 존재의 삶, 배려, 부드러움, 내면세계의 탐구, 비가시적인 다른 차원과의 교류, 분권적, 탈 양극화, 양보, 섬세함, 네트워크적인 인간관계, 봉사 등을 근간으로 하는 사회로 역사발전 되어야 함을 알 수 있다. 즉, 공공선을 이루기 위해 수많은 사람들의 사회협동의 결과 오늘날 지구촌시대가 만들어졌음을 상기해 볼 때, 인류가 지속적으로 발전하기 위해서는 인간의 선하고 부드러운 본질을 배양하고 성숙케 하는 제도가 구현되어야 함을 말하는 것이다. 왜냐하면 오늘날 인간존엄과 복지, 분권을 본질로 하는 민주주의 이상과 배치되는 부의 양극화가 공고화된다면, 구시대의 권력양극화보다 위험한 사회가 되기 때문이다.

물론 모계신본주의사회에서 대모신을 창세유일신으로 믿으면서 인간을 모신의 후손으로 선한심성을 배양하며 나눔을 실천한 사실은 참고가 될 것이다. 이는 지구에서 실제 살아남는 것은 부드럽고 방어적인 개체가 많기 때문이다. 예를 들어 절대봉건제가 퇴출되고 배려와 부드러운 모계적 가치를 근간으로 하는 민주주의가 성립된 사실에서도 이해할 수 있다. 물론 부계신본주의를 근간으로 하는 구시대 토양에서 만들어진 자본주의가 만든 오늘날 절대적 양극화로 발전한 것은 절대주의의 다른 모습으로 볼 수 있다. 이는 서구의 경우 근대 민주주의사회가 성립하였음에도 불구하고, 오랫동안 지배한 절대주의가 잔재하여 다양한 형태의 전체주의가 만들어졌다는 사실에서 이해할 수 있다.

신인류에게 적합한 분배양식

육간의 조화로 이루어진 인간은 문화(가치), 개인과 사회, 영혼, 정신, 육체 등으로 복합적으로 이루어져 어느 하나에 치우칠 수 없는 것처럼, 경제와 비경제적인 것의 조화를 이루는 제도가 있어야 하는 존재임을 알 수 있다. 즉, 인간은 아무리 많은 재화를 소유하더라도 만족할 수 없는 존재임에 따라 비경제적인 정치종교와 형이하학적인 경제와 균형을 이루는 제도가 필요한 것이다. 다시 말해서 자본주의가 삶의 궁극적인 목적이 마치 소유에 있는 것처럼, 경제에 지나치게 편향적인 것을 계속 유지 발전한다면, 인간성 황폐화로 인간의 궁극적 삶의 목적인 행복한 이생을 살 수 없음을 말하는 것이다. 따라서 인류의 이상인 민주주의정치가 경제적 자유주의를 위한 절차적 정의에만 머물러 있는 반쪽 민주주의가 아니라, '천부소유권'을 보장하는 온전한 민주주의로 모민주의의 세계화로 진보해야 함을 알 수 있다.

그리고 모성의 재창조, 보살핌, 양육 등의 가사노동이 비록 임금노동은 아니지만, 인류의 구심력으로서 경제의 근간을 이루고 있음에 따라 모계적 분배양식으로 보상이 되어야 함을 알 수 있다. 이는 선택할 수 있는 임금노동과 달리 선택할 수는 없는 가사노동을 담당하는 여성의 경우 임금노동까지 한다면, 자유경쟁에서 남성보다 불리하기 때문이다. 하여 생태구조로 가족복지를 담당해야 하는 대다수 모성들은 가족복지, 출산양육, 노약자복지 등을 위한 가사노동에 대한 보상의 일부를 정부가 분담하는 적극적 복지사회가 세계화되어야 함을 알 수 있다. 이는 사회의 기초조직으로서 가족의 안정을 위한 가족복지는 사회 안정을 위해 중요하기 때문이다.

예를 들어 가족복지와 사회복지는 동일한 것으로 간주하여 만든, 프랑스의 '가족수당제'가 될 것이다. 즉, 출산양육 기간은 바람직한 인간성을 이루는 기본프로그램이 형성되는 중요한 시기로서 조화롭고 안정된 사회를 위해 장기적 안목에서 복지가 필요한 저소득층의 모성에게 정부가 가족수당(사회적 비용)을 지불하는 것이다. 하여 서구적 가치인 자유주의가 모계적 가치인 민주주의와 결합한 자본주의를 넘어 모계적 분배양식의 세계화를 위한 한 단계 더 진보한 경제적 민주주의를 근간으로 하는 적극적 복지사회로 진보하고 있음을 알 수 있다. 물론 제3의 산업혁명인 정보통신의 발달과 함께 프랑스가 가족수당제도가 실시되고 있다는 점이나, 스웨덴의 지방자치를 근간으로 하는 복지공동체로 사회적 기업에 의해 현물지급을 하는 등으로 발전되고 있음을 볼 때, 적극적 복지사회의 세계화가 실현가능할 것이다. 즉, 태고부터 인류의 이상으로 이루어지길 염원했던 적극적 복지사회는 지구촌시대에 이르러 가능하게 된 것이다. 다시 말해서 모계적 분배양식을 근간으로 하는 적극적 복지사회의 세계화는 인간의 사명임을 말하는 것이다.

하지만 세계 제2차 대전 후 구체화된 소극적 복지국가(행정국가)에서 적극적 복지사회의 세계화를 구현하지 못하고, 오히려 비복지적인 신자유주의사회로 역주행하고 있다. 즉, 인류의 이상인 적극적 복지사회로 역사 발전하기 위해 민주적 분배양식이 세계화되어야 함에도 불구하고, 자유주의 분배양식이 공고화되는 자체가 역사 발전과 배치되는 것이다. 물론 이러한 역주행은 다수의 불행한 삶을 전제로 형성된 절대적 양극화나, 더불어 환경오염, 폭발적 갈등, 증오심 등으로 이루어진 위험한 사회로 나타났다. 이는 자연현상인 풍랑을 이겨내는 튼튼하고 큰 배를 건조하여 다 같이 살 수 있게 하는 것처럼, 민주주의본질과 부합되는 새로운 모계적 분배양식으로 민주주의를 공고화하는 체제가 필요한 시점이 되었음을 알 수 있다.

즉, 이미 수많은 고통을 경험했으며, 앞으로도 계속하여 불행을 만들 수 있는 틀을 고집하기보다, 신속한 퇴출을 준비하는 것이 바람직한 것이다. 다시 말해서 인간 상호간은 상극의 삶을 살기보다. 상생의 삶을 위한 근본적인 제도혁파를 해야 함을 말하는 것이다. 이는 '풍요속의 빈곤'을 형성하는 자본주의사회에서 마치 유혹에 못이겨 스스로 타들어가는 불나비처럼 무지로 인한 감언이설에 속아 만들어진 빈곤이나, 인간성 황폐화나, 겁 없는 객기, 반사회적 성향 등을 인과응보의 결과로 나무라기보다 각자의 양보로 이룬 사회적 합의에 의한 '소유상하한제'의 세계화가 바람직할 것이다. 즉, 인간 스스로 상품화하는 자본주의에서 벗어날 때, 인간의 궁극적 삶의 목적인 행복한 삶을 살 수 있는 것이다. 하여 지속가능한 삶을 위해 민주적 분배양식을 근간으로 하는 온전한 민주주의로서 모계민주주의가 세계화되어야 알 수 있다.

II

신인류에 적합한 모민주의

오늘날 민주주의는 보편적 가치가 되었고, 무한소유를 허용하는 자유주의 분배양식이 주류를 이루고 있다. 다시 말해서 부계신본주의사회였던 서구가 불확실성의 시대를 겪으면서 절대주의가 퇴조하고, 상대주의가 주류를 이루면서 과학기술의 발달과 산업혁명으로 자본주의가 성립된 것을 말하는 것이다. 하지만 인간은 영육의 균형을 이루어야 하는 문화적 존재임을 간과한 자본주의는 지구촌시대가 되면서부터 한계를 드러내고 있다. 물론 '소유의 삶'에 편향적인 자본주의를 넘어 '존재의 삶'과 균형을 이루는 새로운 분배양식의 세계화를 위해 결사가 확대되고 있다. 즉, 인간의 상품화로 인하여 이해관계가 첨예화됨으로써 법령의 폭발적 증가와 더불어 최대이윤을 위한 상술의 발달이나, 이전투구(泥田鬪狗)의 상업적 마인드의 확산이나, 절대적 양극화 등으로 인생에 대한 회의가 일어나고 있는 것이다.

또한 자본주의가 '풍요속의 빈곤'을 체감케 하거나, 양극화 등으로 인하여 대다수 사람들은 불행한 삶을 산다고 생각하고 있다. 실제는 여러 종류의 자본주의 증후군과 함께 지구자원의 고갈, 환경파괴, 어두운 미래에 대한 중압감 등으로 인류가 감당하기 힘들 만큼 위험한 사회가 되었다. 이는 원초적 본능을 자극하고, 배양하는 자본주의가 주체인 사람을 객체로 만들었기 때문이다. 하여 인간이 주체로서 행복한 삶을 살기 위해 새로운 모계적 분배양식의 세계화를 위한 정치문화가 형성되어야 함을 알 수 있다.

1. 존재의 삶을 지향

아담스미스의 경제학이 다른 학문에 비해 가장 늦게 만들어진 이유는 구시대의 경제는 종교나 정치의 일부분으로 소규모였기 때문일 것이다. 하지만 산업혁명 이후 경제규모가 커짐과 동시에, 시민혁명으로 근대시민사회가 성립된 후, 경제적 자유주의를 근간으로 하는 자본주의사회가 성립되면서 경제우선의 사회가 되었다고 할 수 있다. 즉, 부계신본주의사회였던 서구가 '불확실성의 시대'를 겪음으로써 인본주의를 새롭게 인식하였고, 경험주의가 발전하게 되면서 민주주의와 과학기술의 발달로 인하여 경제가 정치로부터 독립할 수 있었던 것이다.

다시 말해서 국가의 간섭을 배재한 자유경쟁을 통해 빈곤과 기아의 공포에서 벗어날 수 있다는 확신을 갖게 된 경제적 자유주의와 상업주의와 함께 구체화된 자본주의 체제를 말하는 것이다. 즉, 분권을 근간으로 하는 근대 민주주의의 성립으로 종교와 정치, 경제가 분리되면서 사적영역으로서, 경제가 중심이 되는 사회로 진보한 것이다. 하여 태고는 종교를 위한 정치, 고대사회는 정치를 위한 정치, 그리고 근대사회부터 국민에 의한 정치로, 경제를 위한 정치로 변모하였음을 이해할 수 있다.

예를 들어 구시대의 경우 권력과 소유가 비례함에 따라 경제학의 필요성을 느끼지 못했지만, 근대사회가 성립된 후 자유경쟁으로 풍요한 물질을 창출코자 함에 따라 경제학이 성립된 사실에서 이해할 수 있다. 즉, 근대 시민사회가 성립하고부터 형이하학의 경제가 독립적이며 실질적인 힘으로서, 형식을 변화케 할 능력을 갖추게 되었음을 말하는 것이다. 이는 근대사회의 특징이 경제가 중심이 되었음을 마르크스의 유물론적 변증법에서 경제에 의해 비경제적인 정치나 종교가 변모한다고 주장하였던 사실에서 이해할 수 있다. 물론 근대국가가 자본주의의 속성에 충실코자 하는 기능국가라는 점에서도 경제우선 사회임을 이해할 수 있다. 즉, 절대봉건제가 비경제적이고 관념적인 정치와 종교에 의해서 형이하학적인 경제가 통제되었던 것과 달리, 근대사회가 성립된 후 형이하학적인 경제가 목적이 되면서 형이상학의 정치, 종교가 수단이 되는 가치전도 현상인 소위 배금주의가 시대정신이 된 것이다.

즉, 태고는 '종교적 동물', 고대는 '정치적 동물', 근대는 정치와 경제가 분리되었으며, 오늘날에는 '경제적 동물'로 살아가고 있는 것이다. 다시 말해서 문화적 존재로서 인간은 스스로 환경에 맞게 삶을 재창조하고 있음을 말하는 것이다. 예를 들어 중기 모계사회였던 모계신본주의시대는 인간을 모계유일신의 후손으로서 재창조능력이 있는 무궁한 잠재력이 있는 존재라고 믿었던 사실에서 이해할 수 있다. 참고로 태고로부터 오늘날까지 종교, 정치, 경제 등이 복합적으로 작용하며 발전하고 있으며, 필요에 따라 우선하는 것으로 두부 자르듯이 뚜렷하게 구분되는 것은 아니다.

하지만 중기 모계신본주의사회에서는 행복한 인생을 살기 위해 '존재의 삶'에 무게를 두었던 반면, 부계사회가 등장하고부터 오늘날까지 '소유의 삶'에서 답을 찾고 있다는 점이나, 영혼불멸과 다생을 믿어 공유제를 한 모계신본주의사회가 평화적이었던 반면, 1회적 삶으로 사유제를 근간으로 하는 부계사회가 불안정하다는 점에서 뚜렷한 차이가 있음을 알 수 있다. 즉, 모계신본주의사회는 인간을 대모신의 후손으로 수많은 별(행성) 중의 하나인 지구에 사람으로 태어난 것을 대모신의 후손으로 익혀야 할 수련과정으로 믿음에 따라 신앙공동체처럼 '존재의 삶'을 살았던 것이다. 이는 모계신본주의사회가 대모신의 유시(권고)로서 인간스스로 돕는 여러 형태의 나눔(사랑)을 실천하여 자신의 본향으로 되돌아오라는 '해혹복본'을 수증(修證)하여 굳게 믿었기 때문이다.

즉, 모계신본주의사회는 지구에서 생명의 윤회를 넘어 인간의 본향으로 돌아가기 위한 삶을 살았던 것이다. 다시 말해서 마치 자동차는 폐차되지만, 운전자는 새로운 자동차를 선택하여 달려가는 것처럼, 순환·진보하여 어떠한 경지에 이르면 영혼의 고향에 도달할 것을 믿었던 것이다. 이는 지구는 잠깐 머물다가 다시 오는 곳으로 생각하면서 동물을 살육할 경우, 동물영혼을 위로하거나, 간단한 희생제를 한 전통 한국의 '곰 신앙'(고마움, 감사)에서 이해할 수 있다. 이외에도 고대 한국의 설화에서 다양한 순환내용을 전하고 있다. 그리고 모계신본주의사회로부터 전통 한국에 이어 최근까지 유습으로 이어져온 예로써, 집 마당에 뜨거운 물을 식혀서 버려 미생물이나 지렁이 같은 생명체를 죽지 않게 한 것이나, 일명 까치밥이라 하여 나무의 열매를 남겨둠으로써 동물과 공존을 바란 생활습속 등을 통해서 모계신본주의사회를 이해할 수 있다.

뿐만 아니라 동양의 음양오행철학에 근거한 풍수지리학은 택지와 건축 등과 아울러 묘지로서 '음택(陰宅)'을 중시한 장묘문화에서 순환의 중심에 모성이 있다고 생각한 사실로부터 이해할 수 있다. 이처럼 궁극적으로 자신의 삶보다 후손이 더 행복한 삶을 살기를 염원했던 모계씨족사회의 유습은 면면히 이어지고 있음을 알 수 있다. 단지 부계사회가 오랫동안 의식을 지배하고 공고화한 결과, 모계적 가치가 부계에 흡수되거나 변용되어 있음에 따라 모계신본주의사회의 유습이 이어져오고 있음을 잘 모르고 있을 뿐이다. 하여 오랫동안 부계적 분배양식으로 인한 위험한 사회를 극복하기 위해 모계의 구심력과 부계의 원심력이 균형을 이루어 조화로운 삶을 살게 하는 민주적(모계적) 분배양식을 세계화하여 사람이 '존재의 삶'을 살게끔 할 수 있는 제도적 장치가 필요함을 알 수 있다.

불행했던 '소유의 삶'

물욕을 배양하는 자본주의가 물질은 주체가 되고 인간을 소외케 함에 따라 위험한 사회를 만들었다. 즉, 자본주의가 '풍요속의 빈곤'이라는 모순과 환경오염, 절대적 양극화 등으로 인하여 인간을 주체가 아닌 '경제적 동물'로 살아가게 하고 있는 것이다. 이러한 자본주의 위험성을 하일브로너 교수는 다음과 같이 말하고 있다. "21세기 자본주의를 이야기할 때 주목해야 할 것을 이런 문제들이다. 즉, 전쟁의 문제는 말할 것도 없고 대중적 히스테리, 생명을 위협하는 기술적 진보, 저개발세계의 인구팽창, 기타 말세적인 가능성들이다." (116) (하일브로너, p.133) 이는 자본주의가 발달할수록 위험한 사회가 될 것을 우려하는 경제학자의 지적이 오늘날 신자유주의에서 실제로 나타나고 있음을 상기해 본다면 이해할 수 있다.

즉, 이미 경제는 물질의 영역을 넘어 관념적인 것과 복합적으로 작용함에 따라 경제를 형이하학적으로만 볼 수 없을 만큼, 비대해져 인간의 의식을 지배하고 있는 것이다. 다시 말해서 배금주의라는 형이상학적 관념을 만들어 정치나 종교 등의 비경제적인 부문까지도 경제의 영역으로 포괄되어졌음을 말하는 것이다. 하여 자본주의는 모든 것이 상품화됨에 따라 공기, 물, 생태계, 인명 등 돈으로 환산할 수 없는 것조차 싸구려로 만들어 가고 있음을 알 수 있다.

예를 들어 모든 것을 걸어야만 하는 극단적 경쟁으로, 마치 탄광 채굴이 줄어들어 점점 깊이 들어가 채산성이 악화되는 것처럼, 기업의 이윤이 감소하게 되면서, 수많은 기업이 퇴출되고 있다는 사실에서 이해할 수 있다. 즉, 다수의 중견기업의 몰락과 함께 고용감축으로 고실업사회가 되면서, 유효수요가 감소함에 따라 소상공인이 퇴출되면서 유발된 폭발적인 복지수요와 동시에 국민의 담세력(擔稅力) 한계로 인한 만성적인 재정적자로 허덕이고 있는 것이다. 물론 자본주의정부는 이러한 복합적인 상황을 극복하기 위해 통화확대라는 고육지책의 정책을 쓰고 있지만, 이로 인해 유발되는 인플레로 양극화를 가속화하는 악순환에서 벗어나지 못하고 있다.

예를 들어 현대국가들이 경제를 안정화시키기 위해서 어느 정도 통화를 팽창하게 하여 경기를 조절하고 있으며, 프리드만 교수는 약 4% 정도가 적정하다고 하고 있지만, 문제는 경기부양을 위한 정부의 투자증대로 화폐발행이 실물가치에 선행하여 과대하게 된다면, 일정한 기간이 경과한 후 유발되는 인플레로 소비가 위축되면서, 경기침체로 인한 소위 '고비용 저효율'의 스태그플레이션을 유발하게 된다는 사실에서 이해할 수 있다. 이러한 현상은 부유층의 경우, 자산의 가치를 유지하기 위한 투자가 배가되는 반면, 물가상승으로 인한 사회적 약자와 빈곤층의 부담이 가중되면서 절대다수가 빈곤층으로 전락함에 따라 전 인류를 불행하게 됨을 예상할 수 있다. 예를 들어 국채나, 금을 갖고 있는 부유층은 상당한 이식과 더불어 사회가 발달할수록 부를 축적하지만, 빈곤층의 경우 궁핍하여 환금함에 따라 대를 이어 빈곤하게 된다는 사실에서 이해할 수 있다.

하여 자본주의가 '소유의 삶'을 통해 행복한 인생을 만들어 줄 것이라고 역설한 것은 초기 자본주의시대는 어느 정도 적합했지만, 지구촌시대에 이르러 부적합함을 알 수 있다. 예를 들어 정부투자나 복지를 확대하여 유효수요를 늘렸던 수정자본주의로서 국가자본주의와 달리, 선진국 중심의 신자유주의가 복지축소와 세계분업화, 자유무역강화, 국제금융활성화 등으로 유효수요를 늘려서 선진국의 고질병인 스태그플레이션을 극복하려 하지만, 오히려 절대적 양극화가 형성되고 있다는 사실에서 이해할 수 있다.

물론 공황의 발생을 완화하거나 피하기 위하여 경우에 따라서는

'문화적 충돌'이라는 명분으로 자국 산업과 경제적 실리를 위해서, 마치 종교전쟁이나 이념분쟁처럼 꾸며서 자국의 경제문제를 해결한 경우도 있었다. 하지만 냉전체제가 무너진 후, 초국가적인 다국적 기업이 최대이윤을 획득하기 위해 무한경쟁을 함에 따라 경기조절 자체를 불가능케 하고 있다. 더구나 자본주의가 '양보는 손해'라는 유아적인 태도로 이전투구에 집착하도록 함에 따라 불행한 인생을 만들고 있는 것이 문제이다. 하여 오늘날 세계자본주의에서 무한경쟁을 하는 자유기업은 이전투구 속성에 충실코자 공격적 태도로 변모함과 동시에 전 세계가 동시에 실물경제가 침체되고 있음에 따라 모계적 분배양식을 근간으로 하는 새로운 체제인 모민주의의 '소유상하한제'가 세계화되어야 함을 알 수 있다.

2. 탈 부계주의

대부분의 거대기업은 국가계획과 연동되어 있는 비시장적인 불요불급한 방위산업이나, 토목건설 등 국책사업을 수행하기 위한 산업체 등을 갖고 있을 뿐만 아니라, 정부가 보유한 과학기술이나 정책자금을 지원받아 전쟁이나 테러에 필요한 군수품을 개발하여 납품하고 있다. 그리고 정부수요를 위해 관료 출신을 채용함과 동시에 막대한 자본축적과 자유기업주의의 강화를 위한 정치자금도 공급하면서, 경기부양을 위한 정부투자에 가장 먼저 참여하고 있다. 이는 국가와 밀접한 관련성이 있는 대기업의 경우 상당한 기간과 대자본이 필요한 첨단과학기술을 정부가 투자함으로써 형성된 자본축적으로 식품이나 생필품, 용역 등 시장적인 부문을 문어발식으로 사업 확장을 할 수 있게 되었다. 즉, 대기업이 세계시장으로 확대되는 계기가 되었으며, 이후 냉전체제의 붕괴로 제3세계가 자본주의에 편입되면서 확대된 세계시장에서 무한축적을 위해 신자유주의가 등장하게 된 원인이었던 것이다.

이처럼 자본주의가 시간이 경과할수록 공룡기업을 만들어 가면 퇴출되는 무수한 기업으로 인하여 고실업사회가 되었음을 알 수 있다. 물론 신자유주의는 초기 자본주의에서 부국강병을 이루고자 하는 정부가 대외적으로 도덕적인 이유로 개입하기 곤란한 일을 자유기업이 대리하면서 제국주의가 형성되었던 것과 다른 상황이다. 하지만 오늘날 스스로 존립할 수 있는 초국가적 다국적기업의 무한축적경쟁으로 인해 양극화가 세계화됨에 따라 자본주의 후진국들은 신제국주의나 패권주의라고 경계하고 있다.

즉, 후진국은 선진국이 첨단과학기술로 고품질의 상품을 자동생산설비의 증대로 고실업사회가 됨에 따라 소비둔화로 인한 공황을 극복하기 위해 시장의 확대가 필요해서 신자유주의가 만들어졌다고 의심을 하고 있는 것이다. 이는 시장적인 품목을 생산하는 기업은 우수한 기술과 경영경험을 갖고 있는 다국적 거대기업의 적대적 기업합병이나, 투기성 자금에 의한 중소기업의 몰락, 지분투자로 경영간섭을 하는 등으로 중진국이나 후진국의 기업들이 몰락하고 있기 때문이다. 하여 냉전체제에서 선진국의 양보로 이루어진 후진국에 대한 보호주의가 탈냉전 후, 경제적 자유주의에 충실하고자 만들어진 신자유주의를 후진국들이 거부하는 정당한 이유를 알 수 있다.

또한 과거 유럽의 국가들은 식민지를 채무국으로 전락케 하여 각종 이권이나, 자원을 합법적으로 수탈하여 항구적 빈곤국가로 전락케 한 사실이나, 개인의 경우 채무변재를 위한 채권확보의 방편으로 연대보증제도에 의해서 식민지 민중을 노예화하였다. 이는 전통적 가치로 이루어진 정체성을 부정하면서 유발된 갈등과 불신으로 연대성이 붕괴되어 수탈과 착취를 당했던 혹독한 체험은 오늘날까지 후유증으로 남아, 사회통합을 방해하는 원인으로 작용되고 있다. 물론 제국주의시대는 국가채무로 인해 돈으로 환산할 수 없는 유구한 역사를 갖고 있는 국가조차 식민지로 전락되어 혹독한 체험을 하였다. 즉, 자본은 인간을 상품화하고 노예화할 수 있는 강력한 도구임을 알았던 것이다. 더불어 개인주의를 근간으로 하는 자본주의가 개인의 책임을 전제로 함에도 불구하고, 인간의 연대성을 강조한 연좌제로 식민통치를 공고화함에 따라 자본주의의 속성을 이해했다. 즉, 마치 귀에 걸면 귀걸이 코에 걸면 코걸이라는 것처럼 이익을 위한 것이라면 무엇이든지 할 수 있다는 자본주의가 일관성이 없음을 뼈저리게 각인하였던 것이다.

더구나 오늘날 다민족으로 구성된 다국적 거대기업은 마치 배금주의라는 정체성을 갖고 있는 자유주의왕국처럼, 지구촌에서 종횡무진 하는 실력체로서 존립하게 되었다. 물론 오늘날 다자주의가 형성된 원인으로 볼 수 있다. 즉, 첨단과학으로 이루어진 정보통신으로 동시적인 세상이 됨에 따라 거대기업은 물 만난 고기처럼 세계시장을 압도할 뿐만 아니라, 국제정치에서도 상당한 역할을 하고 있는 것이다. 뿐만 아니라 선진국 중심의 투기성 자금의 운용이나, 적대적 합병으로 기업을 지배하거나, 주식이나 채권으로 이식하는 등으로 세계적 양극화가 가속화함에 따라 개업의 양극화와 더불어 국가별 양극화를 형성하는 원인을 제공하고 있다. 따라서 자본주의는 과잉경쟁으로 만들어지는 과소비, 자원고갈, 환경오염, 절대적 양극화, 인간성 황폐화 등의 총체적 결과인 위험한 사회를 만드는 체제임을 알 수 있다. 예를 들어 오늘날 미국 월가에서 1% 도둑과 99% 위기라는 슬로건으로 현실을 비판하고 있다는 사실에서 이해할 수 있다. 이는 하일브로너 교수의 다음 글에서 이해할 수 있다.

"자본주의에서만 문제가 발생된 것이 아니라 사회주의체제에서도 전쟁, 히스테리, 말세기적 증세들이 있다는데 인류가 직면한 문제가 있다는 것이다.… 그것들은 소비에트형 사회주의가 지배적인 세계질서인 곳에서도 일어났던 것으로 미루어보아 '자본주의' 문제만은 아니다."라고 했다.(117) (하일브로너, p.133)

아울러 그는 말세기적 현상에 대한 대책으로 "사회통합의 원리는 참여이다. 즉, 모든 시민이 토론과 투표를 통해 경제생활의 모든 국면을 상호 결정한다는 약속에 입각한 사회이다."라고 했다.(118) (하일브로너, p.141) 즉, 인류가 행복한 인생을 위해 포스트자본주의로서 새로운 분배제도로 살아가야 함을 암시하고 있는 것이다. 물론 시민 스스로 새로운 분배양식의 세계화를 위한 정치경제제도를 성립하기 위해 적극적으로 참여해야 할 것이다. 이는 자유민주주의 헌법이 집회결사의 자유를 보장하고 있음에 따라 모계적 분배양식의 세계화를 위한 체제의 성립을 위해 조직적인 힘이 있어야 하기 때문이다. 물론 구시대부터 있어온 남녀 차별은 오늘날까지도 정서적으로 남아 있음에 따라 여성 정치지도자도 육성되고, 여성이 정치참여를 적극적으로 해야 할 것이다.

이는 오늘날 훌륭한 여성 정치지도자가 있지만, 평균적으로 볼 때 남성에 비해 10대 1 정도로 소수이기 때문이다. 하여 여성들이 주체가 되어 자신들의 논리를 조직 원리로 하여 5대 5가 되도록 해야 함을 알 수 있다. 물론 오늘날 여성들이 탈자본주의적인 녹색생명운동을 위한 국제 NGO로 활약을 하고 있다. 또한 70년대 미국 여성들이 부계주의의 종말과 같은 의미가 있는 '남적론'으로 투쟁을 하였다. 물론 사회체제를 근본적으로 바꿀 만한 이데올로기가 없는 가운데, 철학의 빈곤으로 자신들의 목소리를 낼 만한 입장이 되지 못함에 따라 남성들이 만든 체제의 주변인이 되어 지엽적인 불만을 표출하는 정도에 머물렀다고 할 수 있다. 이는 남성과 달리 여성이 한 단계 변모하는 모성이 되었을 경우, 출산양육부담으로 실력배양을 이루는 황금기를 놓칠 뿐만 아니라, 이로 인한 사회참여와 조직생활이 남성들보다 늦게 참여하기 때문이다. 또한 여성의 지위가 가부장의 지위와 연동됨으로써, 여성 상호간의 격차로 인해 조직화가 어려운 문제도 있다. 이는 경쟁력에 의해 차별되는 남성과 달리, 여성의 경우 능력의 유무와 관계없이 가부장의 능력에 의해 여성 상호간에 차이가 실재하기 때문이다. 하여 여성이 주체로서 사회를 이끌어가려면 생태적으로 복지적, 민주적인 여성에게 적합한 체제가 성립되어야 조직의 활성화가 가능하게 되면서, 5대 5로 균형을 이루게 됨을 알 수 있다.

이는 자연법상을 근간으로 하는 자유주의사상이 구체화되었던 중세 유럽에서 17~18세기에도 '초야권'이 있었을 만큼 여성은 소외되어 있었으며, 시민혁명을 통해 근대민주주의가 성립된 후에도 열등한 존재로 푸대접을 받다가 여성들의 투쟁으로 19C 말에 개선되기 시작했고, 이후 20세기 초에 투표권을 쟁취하여 피선거권과 선거권을 획득하였으며, 최근에 페미니즘(여성사회주의)이 활동함에도 불구하고, 남녀 차별이 여전하기 때문이다. 다시 말해서 오늘날 소극적 복지사회에서 모계적 분배양식을 근간으로 하는 적극적 복지사회로 역사 발전되어야 남녀평등이 이루어짐을 말하는 것이다. 하여 복지적인 여성에게 불리한 신자유주의를 넘어 인류의 이상인 민주주의를 공고화하는 모민주의가 세계화되어야 함을 알 수 있다.

왜냐하면 지구촌시대는 인류의 이상인 민주주의를 공고화해야 함에 따라 민주주의가 자유주의를 위한 절차적 정의로만 머무를 수 없으며, 민주주의의 본질인 경제적 민주주의로서 경제민주화를 세계화하여 적극적 복지사회를 구현해야 하기 때문이다. 물론 적극적 복지사회를 구현해야 하는 지구촌시대는 여성이 생태적으로 복지적, 민주적임에 따라 생활정치의 주역이 되어야 할 것이다. 즉, 신인류에게 민주주의본질에 부합되는 모계적 분배양식을 구현하기 위해 모계가 적합함을 말하는 것이다. 다시 말해서 근대사회에서도 성차별이 있었지만, 소극적 복지국가(수정자본주의)부터 여권신장이 가속화된 것처럼, 여성에게 적합한 적극적 복지사회를 만들고, 이끌어가면서 남녀평등을 이루어야 함을 말하는 것이다.

물론 생태적으로 복지적인 여성이 복지사회의 구현을 위해 결사함으로써, 소극적 복지국가가 성립되었다고 볼 수 있음에 따라 이미 여성은 모계적 분배양식을 근간으로 하는 적극적 복지사회를 세계화할 능력이 갖추어져 있다고 할 수 있다. 이는 착취를 정당화한 초기 자본주의에서 노예보다 저임금의 여성과 청소년 인력이 경제적이었던 까닭에 노예제가 퇴출될 만큼, 혹독한 삶을 살면서 지혜를 갖추었기 때문이다. 예를 들어 초기 자본주의가 경공업 중심의 산업구조임에 따라 여성들은 주로 기술자를 보조하거나 허드렛일을 하는 임금노동자로 있었으며, 자본축적을 한 자본가들이 최대이윤을 위해 낮은 단계의 노동집약적인 공장을 식민지로 이동하였을 경우, 여성들은 허드렛일조차 감소하여 매춘까지도 했던 사실에서 이해할 수 있다.

즉, 근대사회가 자유경쟁을 위한 형식적 남녀평등일 뿐, 실제로는 산업화의 필요에 의해 남성의 하부구조로서 참여하였던 것이다. 이처럼 오랫동안 10대 1의 극단적 차별을 받은 여성들은 세상을 이끌어 갈 수 있을 만큼 저력(내공)이 형성될 수 있었던 것이다. 이는 여성의 저임금은 사회참여가 가능하게 되었으며, 산업화는 인구의 도시집중과 핵가족화에 따라 자신의 힘을 배양하면서 강인하게 되었으며, 비범한 여성들이 많이 배출되어 후일 서구 여성들이 세계 여성운동을 주도하게 된 사실에서 이해할 수 있다.

남녀평등지수 5대 5의 사회구현

오늘날 인류의 보편적 생활양식으로 된 자본주의가 싫다면, 로빈슨 크루소처럼 무인도에서 살거나, 탈자본주의 세상을 구현하기 위한 정치결사체에 참여해야 하는 부담을 각오해야 할 것이다. 예를 들어 부계적 분배양식을 근간으로 하는 자본주의가 여성에게 불리함에 따라 부계편향의 사회에서 여성들이 복지국가의 정당성을 관철하기 위한 결사의 결과, 자본주의가 수정되었다는 사실에서 이해할 수 있다. 물론 근대사회가 성립된 후 남성들의 인권은 획기적으로 신장되었던 반면, 여권신장이 어느 정도 개선되었을 뿐, 남녀 차별이 여전하다. 하여 근대사회가 성립된 후 지구촌시대가 되었음에도 불구하고, 형식과 내용이 일치하지 않은 상태로 불평등이 계속된다는 것은 앞으로도 변화가 없다고 볼 수 있음에 따라 남녀평등이 5대 5가 되도록 공개토론과 결사가 있어야 함을 알 수 있다.

이는 세상의 한 축으로서 여성은 근대사회가 성립된 후 남성과 대등한 인간임을 선언하였지만, 10대 1 수준의 의사결정체 기준임에 따라 소외 수준을 벗어났을 정도로 볼 수 있기 때문이다. 문제는 자본주의가 발달할수록, 인간을 재창조하는 여성의 상품화로 인류의 구심력이 약화되었다는 점이다. 다시 말해서 자본주의는 주체인 인간을 상품화함에 따라 인간 존엄을 근간으로 하여 성립한 근대사회와 배치되는 체제일 뿐만 아니라, 여성이 성적 존재로 전락한 위험한 사회가 되었음을 말하는 것이다. 또한 자본주의사회는 사회적 책임이 내재된 구시대 귀족의 부와 달리, 사회적 책임도 없는 부임에 따라 축적경쟁이 과열되어 절대적 양극화로 사회적 약자가 절대다수가 되었다.

하여 자본주의사회가 대량소비를 부추긴 결과, 환경오염과 지구온난화로 대가를 치르고 있으며, 인간이 상품화되어 몸과 마음이 병들어가고 있음을 알 수 있다. 즉, 초기 자본주의에서 이기적 삶이 공공선의 결과로 나타난다고 역설하였지만, 이기심을 동기유발로 하는 자본주의는 결과적으로 공공선과 역행하고 있는 것이다. 다시 말해서 사회적 책임이 없는 이기적 심성을 배양하는 자본주의가 공공선을 구현할 수 없음을 말하는 것이다. 뿐만 아니라 배금주의를 근간으로 하는 세계화를 추진한 결과, 양극화나 적대감으로 인한 복잡성의 증대나, 갈등의 폭발과 더불어 인류가 감당하기 힘든 재앙의 징조가 나타나고 있다. 즉, 동양적 관점에서 볼 때, 대우주와 연동되어 있는 소우주 인간이 지구의 최고관리자로서, 공존을 위한 책무가 있음에도 불구하고, 탐욕에 의해 책무를 망각한 결과로 인하여 유발되는 현상인 것이다.

하여 전체로서 공공선과 부분으로서 이기적인 삶과 조화를 이루기 위해, 모민주의 분배양식인 '소유상하한제'가 세계화되어야 재앙이 사라지고, 지속가능한 사회가 될 것을 예상할 수 있다. 따라서 인류는 지구촌시대를 맞아 성선설을 근간으로 하여 적극적 복지사회를 구현했던 모계신본주의사회처럼, 민주주의를 공고화할 수 있는 '모민주의'(모계민주주의)가 세계화되어야 함을 알 수 있다. 다시 말해서 지구촌시대는 모계적 가치로서 상생의 삶, 복지적 성향, 생명존중, 환경우선, 평화주의, 분권적, 탈 양극화, 생활정치, 생활의 질 향상, 존재의 삶 등을 구현할 수 있는 모민주의 시대임을 말하는 것이다.

물론 여성들이 국제 NGO로서 연대하여 녹색생명운동을 전개하고 있음을 상기해볼 때, 모민주의 체제가 세계화될 것을 예상할 수 있다. 왜냐하면 태고로부터 변함없이 생명을 재창조하는 여성들이 생명을 위협하는 체제를 본능적으로 거부하기 때문이다. 예를 들어 자본주의사회에서 여성의 생명녹색운동은 위험과 손해를 감수해야 하는 고역임에도 불구하고, 여성이 중심이 되어 자본주의의 위험성을 경고하고, 환경운동을 실천하고 있다는 사실에서 이해할 수 있다. 하여 지속가능한 사회를 위해 모계적 분배양식이 보편적 가치가 되도록 여성들이 스스로 만든 정당에 적극적으로 참여하여 정부지원을 독려해야 함을 이해할 수 있다. 이는 여성을 억압하고 학대한 역사적 사실에 대한 보상과 같기 때문이다.

가사노동의 사회적 보상

자본주의가 남성은 돈 버는 기계로, 여성을 기계부품처럼 전락케 함에 따라 고전적 가부장제와 달리 오늘날 가부장제는 권리보다 부양의무만 있는 빛 좋은 개살구 같은 가부장으로 전락되었다고 할 수 있다. 즉, 과거 가부장은 가정교육이나 소득확보, 대외관계, 부양책임 등 많은 부분을 부담하면서 권위가 있었지만, 오늘날 가부장은 생활수준의 향상, 과소비, 양극화, '풍요속의 빈곤' 등으로 인한 가족의 불만을 감당할 수 없는 입장이 됨에 따라 권위도 없고 의무만 있는 속 빈 강정이 된 것이다. 예를 들어 오늘날 전통적인 부권을 스스로 포기해야 할 입장에 있음에도 불구하고, 마치 구시대의 완장처럼 책임지지 않는 권리를 남용하는 경우나, 욕구불만이 있는 가족이 가부장을 돈 버는 기계처럼 생각하거나, 잘못된 부분만 부각한다던지 가족의 의미를 자의적으로 해석하여 왜곡하는 경우 등을 대처할 수 없는 가부장이 증가됨에 따라 가족해체가 폭발적으로 증가하고 있다는 사실에서 이해할 수 있다.

하여 사회가 발달할수록 가부장은 가정과 사회에서 샌드위치가 되어가는 현실을 생각해볼 때, 부계혈통주의를 근간으로 하는 가부장제는 더 이상 의미가 없다고 볼 수 있다. 따라서 영적 존재임을 자각하는 신인류에게는 '비 혈통주의'로서 가모장제를 혼용하는 새로운 가족제도가 필요함을 이해할 수 있다. 이는 신자유주의가 원자적 개인화와 절대적 양극화를 형성하면서 수많은 가족해체로 인한 모자가정이 폭발적으로 증가하고 있기 때문이다. 예를 들어 오늘날 현대 한국에서 전통적인 가족법을 개정하여 양성평등의 원칙에 의해서 성씨를 부계든 모계든 선택할 수 있고, 병용한 것은 하나의 예가 될 것이다. 즉, 인간의 구심력인 모성에게 필요한 만큼, 수당을 지급하는 새로운 분배양식을 세계화할 수 있는 체제가 필요하게 된 것이다.

다시 말해서 지구촌시대를 연 것으로 사명을 다한 자본주의를 넘어 모계적 가치를 근간으로 하는 민주주의가 형식과 내용이 일치하는 완전한 민주주의로서, 모민주의 체제가 세계화되어야 함을 말하는 것이다. 이는 자본주의가 신자유주의로 심화되면서 민주주의를 위기에 몰아넣음에 따라 인류는 환경파괴에 의한 재앙보다도 더 위력적인 인간성 황폐화에 의해 스스로 함몰될 수가 있는 상태에 있기 때문이다. 더불어 인간이기를 포기하도록 극한 상황으로 몰거나, 잔혹하게 다루고 시험을 하였던 독선적, 폭력적이었던 부계신본주의를 근간으로 하는 절대봉건제를 혁파한 인류가 민주주의를 이상으로 설정한 사실을 상기한다면, 민주주의를 위기에 몰아넣는 배금주의를 공고화하는 자본주의 분배양식은 퇴출되어야 하기 때문이다. 그리고 자본주의가 발달하면서 국가기구의 확대나, 치안, 복지, 행정비용 등 사회적비용이 폭발적으로 증대하고 있으며, 과소비로 인한 자원고갈이나, 환경오염으로 유발되는 식량감소, 온난화로 인한 천재지변 등으로 유발되는 천문학적 비용 등과 같은 심각한 현상을 더 이상 방치할 수 없기 때문이다. 따라서 지구촌시대는 '존재의 삶을 근간으로 하는 '모민주의 소유상하한제'가 보편적 가치로 세계화해야 함을 알 수 있다.

아무튼 현대사회의 복잡성으로 인하여 사람들은 과거와 달리 습득해야 할 것이 많아졌으며, 가정교육, 학교교육, 사회교육, 직업훈련 등이 전문화되어 서로 연동되기 힘든 구조이며, 전인격적인 것과 배치됨에 따라 대다수 사람들은 힘겨운 과정을 겪고 있는 가운데, 인생의 궁극적 의미를 사색할 여유도 없는 삶을 살다가 생을 마감하는 경우가 많아지고 있다. 이는 모성에 의해 양육되다가 학교교육에서부터 우열의 경쟁을 시작으로 전문화 과정을 거치면서, 자본주의적 인간성이 배양됨에 따라 유발되는 과잉경쟁의 결과이다. 특히 자본주의적인 인간성이 가족 간에도 형성되어 가족해체가 많아지고 있으며, 결손가족이나 가족이기주의적인 경향이 심화되거나, 싱글 등을 증가되게 함에 따라 새로운 체제가 필요하게 되었다.

하여 경쟁을 완화하는 모계적 분배양식을 근간으로 하는 체제가 성립되어야 함을 알 수 있다. 즉, 가족복지를 통해서 안정된 사회를 구현하고자 하는 적극적 복지사회를 구현할 수 있는 모계민주주의가 세계화되어야 하는 것이다. 물론 가사노동은 출산, 양육, 보살핌 등 가족의 생로병사와 관련된 일임에 따라 사회의 근간을 이루는 기초노동으로 인정하는 모계적 가치가 보편화되어야 할 것이다.

3. 상생의 삶을 위한 체제

소극적 복지에서 적극적 복지사회로 진보

인간은 자신에 대한 의문을 풀기 위한 진리를 탐구한 결과로서, 과학기술문명을 이룩하였고, 인본주의로서 철학적 상대주의에 의해 민주주의를 만들어 스스로 역사 발전의 주체가 되었으며, 지식과 교양을 쌓으면서 획기적인 발전을 하였다. 이는 궁극적으로 풍부한 정신문명을 구현할 수 있는 체제로 역사 발전하고 있음을 알 수 있다. 물론 자본주의가 인간의 물욕을 동기유발로 하여 이룩한 물질문명도 정신문명을 위한 과정으로 볼 수 있다. 하여 '소유의 삶'에서 지구촌시대가 요구하는 '존재의 삶'으로 진보해야 함을 알 수 있다.

다시 말해서 새로운 모계적 분배양식이 보편화되어야 행복한 인생을 살 수 있게 됨을 말하는 것이다. 예를 들어 자본주의는 명분을 중시하는 정치조차 실리를 추구하는 상업주의와 결탁한 정상배(政商輩)정치를 양성함에 따라 대다수 사람이 불행하게 된다는 사실에서 이해할 수 있다. 이는 자본주의사회에서 자본가가 정치적 책임을 부담하지 않고, 오로지 정치인은 역사적 책임을 져야함에 따라 무리하게 개혁을 하기보다 자본주의 속성에 충실한 상인처럼 실리를 추구하며 사회통합에 소극적일 수밖에 없기 때문이다. 물론 자본주의사회는 누구나 소득이 있어야 책임지는 것이 원칙이기 때문이다. 즉, 자본주의사회는 어느 누구나 잇속(실속)을 위해 살아가는 것을 정당화한 체제인 것이다. 하여 자본주의는 불신과 불안정으로 인해 유발되는 사회적 비용의 폭발적 증대와 인간성 상실이라는 악순환에서 벗어나기 힘든 체제임을 이해할 수 있다.

예를 들어 초국가적인 거대기업이 하나의 세계에서 무한경쟁을 자유롭게 하고자 하는 신자유주의사상은 세계적 양극화와 더불어 최근에 잦은 국제금융위기로 세계경제가 침체국면이 깊고 넓게 된 사실에서 알 수 있다. 문제는 세계자본주의로 인한 위기는 국가자본주의보다 심각하며 예측불허의 위기상황을 장기에 걸쳐 형성된다는 점인 것이다. 이는 자본주의로 형성된 제국주의가 두 차례의 세계대전을 유발한 것처럼, 신자유주의는 인간의 끝없는 소유욕을 자극하고, 이기심을 배양한 결과, 위험한 사회가 된 사실에서 알 수 있다. 이는 자본주의가 얼마나 강력한 가를 공산당이 퇴출된 사실에서 이해할 수 있다.

물론 이기심을 배양하여 만든 욕망의 틀인 자본주의가 공산당을 퇴출함에 따라 자본주의의 우수성을 홍보하며 자본주의의 심화를 정당화하고 있다. 하지만 자연법사상을 근간으로 하는 근대정신과 배치됨에 따라 문명을 가장한 야만으로 생각하는 사람들이 많아지고 있다. 이는 오늘날 세상은 초기 자본주의와 달리 첨단과학기술과 더불어 천문학적인 경제규모에 의해서 만들어진 신자유주의가 절대적 양극화를 가속화하면서 위험한 사회가 됨에 따라 테러가 일상화되고 있는 사실에서 이해할 수 있다. 예를 들어 탈자본주의적인 녹색생명운동을 실천하고 있으며, 세계 여러 곳에 '존재의 삶'을 위한 각종 새로운 복지공동체가 만들어지고 있다는 사실에서 이해할 수 있다. 물론 지구촌시대는 소극적 복지사회를 구현하는 국가자본주의를 넘어 적극적 복지사회로 역사 발전하기 위한 체제가 성립될 것이다.

즉, 지구촌시대는 민주주의의 형식과 내용이 일치하는 온전한 민주주의로서 모계민주주의가 세상의 보편적 가치가 되는 사회를 말하는 것이다. 물론 인간은 현실의 어려움을 극복하기 위해 합리적인 제도를 창안해내어, 스스로 창안한 가치질서에 복종하고 지키며 살아가는 문화적 존재임에 따라 모민주의를 선택할 것이다. 이는 이미 부계와 모계가 균형을 이루었던 인류최초의 모계대제국(신앙공동체)이 수천 년간 공유제로 상생의 삶을 살았기 때문이다. 즉, 인간은 끝없는 재창조를 하면서 스스로 궁극적 삶의 의미를 부여할 수 있는 창조적 존재임에 따라 적극적 복지사회로 진보할 수 있는 것이다. 다시 말해서 지구촌시대를 살아가는 모계적 분배양식으로 '상생의 삶'을 살아야 함을 말하는 것이다. 물론 인간의 구심력으로서 모성애를 근간으로 한 중기 모계사회의 원형종교가 오늘날까지 종교의 뿌리가 되고 있다는 사실이나, 나눔의 수단으로서 공유제를 한 것 등은 참고가 될 것이다.

이는 태고로부터 인류가 사회협동으로 이룩한 생활양식이나, 물적, 정신적 자산 등 축적된 사회적 자산을 토대로 살고 있기 때문이다. 하여 개인주의는 마치 하늘에서 뚝 떨어진 사람처럼 살게 함에 따라 인간의 연속성(역사성)을 통해 형성되는 유대감을 훼손케 하고 있음을 알 수 있다. 따라서 위험한 사회가 만들어진 것은 개인주의가 사회협동으로 이룬 사회적 자산을 사유화함으로써 유대감을 상실케 하는 것이 원인임을 알 수 있다. 예를 들어 인간의 사회성이 사회적 자산인 교육에 의해서 배양되고 있다는 사실을 1920년 인도 미드나포르의 늑대 굴에서 2살과 8살의 소녀가 발견되어 소위 늑대소녀(Feral Child)로서 카말라와 아말라의 경우, 두 소녀가 구출된 후 1명은 1년 만에 죽고 2살의 카말라는 6년간의 교육을 통해 사람의 말과 행동을 익혔지만, 10살이 되지 않아 죽었다는 사실에서 이해할 수 있다. 즉, 사회적 자산은 인간을 인간답게 만들고 있는 것이다. 하여 낮은 단계의 인간관에 의해 형성된 배금주의가 사회협동의 결과물인 사회적 자산을 사유화하여 위험한 사회를 만들고 있음을 알 수 있다.

아무튼 서구의 상업주의를 체계화한 자본주의는 '소유의 삶'을 중시함에 따라 정치의 사회통합기능을 무력하게 만들고 있다. 예를 들어 오늘날 초국가적인 거대기업은 법과 제도를 자신에게 유리하게 하려는 경향으로 인하여 법의 안정성을 해치는 경우가 많은 사실에서 이해할 수 있다. 이는 재화를 압축한 관념적인 돈은 혈액처럼 형이상학과 형이하학의 연결고리로서 중요한 역할을 하고 있기 때문이다. 이처럼 강력한 힘을 갖고 있는 돈을 소유한다는 것은 계급투쟁과 같이 심각한 것임을 알 수 있다.

물론 인간을 생존케 하는 공기와 물 등의 자연자원을 공유하고 있듯이, 돈을 인간이 만들었다 할지라도 인간의 공존을 위한 교환

수단으로서 행복한 인생을 위한 도구로 사회적 성격이 있음에 따라 가능한 적당히 나눠 갖게 하여 자신들의 궁극적인 삶의 목적을 위해 사용되도록 하는 것이 바람직할 것이다. 하여 근대시민사회를 성립케 한 시민혁명의 인권선언은 인류가 구현해야 할 이상임을 생각해본다면, 인간 존엄을 실질적으로 보장하는 새로운 모계적 분배양식을 근간으로 하는 모민주의의 '소유상하한제'가 적합함을 알 수 있다.

경제적 민주주의로 적극적 복지사회의 구현

자유, 평등, 박애를 선언하며 일어난 시민혁명에 의해 근대 시민사회가 성립된 것은 획기적인 진보로서 인류의 위대한 유산이 되었다. 하지만 자본주의로 인한 절대적 양극화가 형성됨에 따라 시민혁명의 인권선언의 의미는 퇴색되었다. 이는 물적 기초가 보장되지 않는 인권은 '앙꼬 없는 찐빵'처럼 알맹이 없는 정치적 수사에 지나지 않기 때문이다. 즉, 민주주의가 자유주의를 위한 절차적 정의로서 형식적 민주주의라는 점에서 반쪽 민주주의인 것이다. 하여 지구촌시대는 민주주의의 내용인 경제민주화에 의한 복지와 형식으로서 절차적 정의가 갖추어진 온전한 민주주의로서 세계화되어야 함을 알 수 있다. 왜냐하면 과학기술의 발달로 좁아진 지구촌시대는 오늘날까지 이어져온 각 지역의 전통은 삶의 궁극적 목적이면서, 사회통합을 이루게 하는 정체성임에 따라 유발되는 문화적 충돌을 온전한 민주주의로 완화해야 하기 때문이다.

즉, 각 지역의 나름대로 생활양식인 다양한 문화를 교류하면서 새로운 문화로 거듭나기 위해 민주주의가 공고화가 필수적인 것이다. 다시 말해서 신인류는 과거처럼 성급하고 배타적이며, 차별을 통해 이익을 얻으려는 사고방식이 위험한 사회를 만들게 되었음을 알게 됨에 따라 경제민주화로서 문화적 차이를 극복해야 함을 말하는 것이다. 물론 제3차 산업혁명으로서 후기 지식정보화시대를 살고 있는 신인류는 첨단과학기술의 눈부신 발달로 고성능컴퓨터와 정보통신, 이동수단, 자동화설비, 로봇, 생명과학, 나노기술, 우주개발등 무수한 결과물을 만들고 있으며, 아울러 소프트웨어로 인터넷이나 무궁한 응용기술에 의한 인프라와 더불어 인문사회과학, 경제학, 회계학 등의 발달로 모계적(민주적) 분배양식을 근간으로 하는 모민주의가 가능하게 되었다고 할 수 있다.

즉, 첨단과학기술과 정보통신의 획기적인 발달로 절대주의 철학자 플라톤이 평화로운 세상을 위해 소득상한선을 최저임금의 5배 이하로 해야 한다고 주장한 것을 실현가능하게 된 것이다. 다시 말해서 지구촌시대의 첨단과학기술이 '모민주의' 분배양식인 '소유상하한제'가 실현 가능케 되었음을 말하는 것이다. 예를 들어 '소유상하한제'는 욕구실현의 결과인 개인자산이 국가총자산을 총인구로 나누어 한 가족이 전체 평균의 5배를 넘지 않게 하며, 10년에 한번 정리하여 5배 이상의 차액은 관리위원회에 의해 가족복지를 위해 수입이 필요한 모성에게 지급되는 수당의 재원이 되며, 대자본과 많은 시간이 소요되는 인류의 당면과제나, 우주개발처럼 막대한 비용이 소요되는 사업에 연대하여 투자하는 제도인 것이다. 그리고 '소유상하한제'에 의해 발생되는 잉여가치가 적극적 복지사회를 구현하기 위한 사회봉사활동과 연계된 단체나 개인과 문화예술 활동 등은 위원회 결정에 따라 위기의 모성에게 가족복지수당이나 보조금으로 사용하게 된다.

이러한 분배양식이 세계화되어야 하는 이유 중의 하나는 일방주의적인 과격한 자유무역으로 인하여 지역의 독자적인 생존방식에 의한 자원의 자율규제가 의미를 잃게 되었기 때문이다. 뿐만 아니라 자원고갈이나 남획 등으로 환경오염으로 인한 생태계 파괴를 인간이 해결하기 어렵게 되었기 때문이다. 즉, 무한경쟁을 원칙으로 하는 신자유주의는 경쟁력이 있는 선진국은 유리한 반면, 무력한 후진국은 불리하게 됨에 따라 이를 극복하기 위한 무분별한 자원개발과 채취로 인한 환경오염으로 전 인류에게 피해를 주게 되는 것이다. 하여 사회협동으로 만들어진 잉여가치를 재분배하기 위해 세계 정부로서 동반성장이라는 역사발전의 소명이 있는 UN이 모계적 분배양식의 세계화에 앞장서야 함을 알 수 있다.

참고로 모계신본주의 사회가 마치 에너지 불변법칙처럼 영혼이 불멸하면서 생전의 행위결과에 따라 본향(북두칠성)으로 가거나, 환생하거나, 소수는 차원을 역행하여 동물이 된다거나, 심지어 다른 별로 간다고 믿었으며, 아울러 대다수 사람은 지구에 여러 번에 걸쳐 환생하여 수정하면서, 일정한 수준에 도달하면, 신인에 의해서 검정을 받고 '해혹복본' 하는 기준이 나눔(공헌. 사랑)이었다는 사실은 인류의 염원으로, 적극적 복지사회를 구현코자 하는 방향성은 변화가 없음을 이해할 수 있다. 하여 나눔(사랑)은 인간의 사명으로 의심하지 말고, 믿고 실천하라고 한 '해혹복본'의 유시는 오늘날 적극적 복지사회의 구현과 동일한 의미로 보아도 무방할 것이다. 따라서 인류가 '소유상하한제'로 만들어지는 잉여가치를 과학의 발전과 적극적 복지사회의 구현에 사용된다면, '존재의 삶'으로 역사 발전하게 됨을 예상할 수 있다. 덤으로 인류는 내면세계를 탐구하여 더 많은 사람이 자신이 누구인지 어디서 왔는지를 이해한 성현들처럼 또렷하게 알게 될 것이다.

즉, 인간의 무한한 상상력과 창조력으로 우주나 생명의 근원, 마음과 영혼 등에 대해서 오늘날 신인류가 탐구한다면 알 수 있은 문제일 것이다. 다시 말해서 대다수 사람이 생로병사의 과정을 통해 천지만물과 화합하는 방법을 익히며 내면탐구와 동시에 우주개척을 하는 과정에서 영원히 불멸하는 '나'를 발견하게 됨을 말하는 것이다. 물론 대우주와 연동되어 있는 소우주 인간의 출생 목적은 부족한 부분을 보완하여 완성도를 높이는 과정에 있음을 태고로부터 비범한 사람들에 의해 잘 알려져 있다. 하여 모계신본주의사회가 인간은 대모신의 후손으로서 순환·진보한다고 믿은 사실을 상기해 볼 때, '소유의 삶'을 위해 성급하게 속도를 내는 것 보다, 인간의 출생 목적인 각자 나름대로의 완성도를 높이기 위해 '존재의 삶'을 위해 완만한 성장을 하는 것이 행복한 인생이 됨을 이해할 수 있다. 따라서 비록 개인의 노력의 결과물이라 할지라도 태고로부터 순환 진보하며 이룩한 사회적 자산에 의한 결과물로 이해하여 한발씩 양보하자는, 인간의 '천부소유권'을 존중하여 물적인 기초를 보장하는 적극적 복지사회를 구현하기 위한 '소유상하한제'가 지구촌시대를 살아가는 신인류에게 걸맞은 분배양식임을 알 수 있다.

4. 천부소유권의 보장

자연법사상의 내용인 복지

이성적 존재로서 인간은 역사의식이 있으며 스스로 창조한 문화로 삶의 의미를 부여하고 있을 뿐만 아니라, 재화를 획득하기 위해 도구를 사용하며, 사물의 가치를 설정하는 주체로서 존엄한 존재라 할 수 있다. 이러한 까닭에 기원전 5세기경 그리스의 소피스트였던 프로타고라스는 '인간은 만물의 척도'라고 정의하였던 것이다. 또한 인간은 자연법사상을 근간으로 하는 근대사회를 성립한 후, '천부인권'의 내용이라 할 수 있는 '천부소유권'을 소극적으로 보장하는 행정국가까지 진보케 하였다. 하여 인간은 오직 자연의 지배를 받는 동물과는 전혀 다른, 스스로 창조한 문화에 의해 스스로 지배복종을 하며, 운명을 개척하는 문화적 존재로서 영적 존재임을 확신할 수 있다.

하지만 오늘날 신자유주의는 인권을 포기할 정도의 절대적 양극화를 유발하고 있으며, 아울러 실질적으로 인권의 근간을 이루는 물질적 기초가 보장되지 않음에 따라 '천부인권'은 자유경쟁을 위한 명분으로서 선언적 의미에 머무르고 있다. 따라서 인간의 기본권으로서 인권을 스스로 획득한 만큼, 스스로 인간 존엄을 지켜갈 수 있는 체제를 세계화하기 위해 정치에 적극적으로 참여해야 함을 알 수 있다. 물론 '천부인권'의 내용인 '천부소유권'을 인정하는 모계적 분배양식의 세계화를 위한 정치참여가 될 것이다. 이는 '천부인권'을 보장할 수 있는 수단으로서 자연법사상을 확장한 '천부소유권'

을 보장하는 제도적 뒷받침이 없다면, '천부인권'은 물 없는 오아시스와 마찬가지가 되기 때문이다. 예를 들어 자본주의 사회가 현실적으로 자유경쟁을 위한 '천부인권'일 뿐, 천부인권의 실질적 내용으로서 경제적 기초를 보장하는 '천부소유권'을 인정치 않고 있음에 따라 인류의 이상인 민주주의가 위기에 처하게 된 사실에서 이해할 수 있다. 참고로 모계신본주의사회에서 신의 후손으로 인간 존엄을 위한 물적 기초를 보장한 공유제나, '인간은 누구나 자신이 먹을 것을 갖고 태어난다'고 하는 전통 한국의 속담에서 '천부소유권'의 의미를 잘 이해할 수 있다.

즉, '천부소유권'은 오늘날 자유민주주의 헌법에 인간의 기본권인 생활권(생존권)과 동일한 의미이며, 인격과 별개인 물적 기초를 보장하는 기본권인 것이다. 하여 자연계가 먹이사슬로 이루어져 공존을 할 수 있듯이, 최선을 다하여 재화를 획득할지라도 타인이 절망에 빠질 만큼 절대빈곤을 만드는 체제는 지구촌시대의 개막과 함께 퇴출되어야 함을 알 수 있다. 물론 물적 기초를 보장한다는 것은 권리임에 따라 그에 상응하는 의무가 주어지며, 의무를 태만히 하는 자에게까지 무임승차를 가능케 할 수는 없을 것이다. 이러한 의미에서 의무가 없는 '천부인권'과는 다르다.

아무튼 자본주의가 인간의 탐욕을 제도적으로 배양함에 따라 형성된 부의 양극화는 구시대의 권력 양극화보다 더 많은 문제를 유발하고 있다. 즉, 부계사회가 양극화를 지향하는 절대주의사회로서 중앙집권제의 특성을 이은 자본주의가 무한소유를 정당화함에 따라 만들어진 1대 99라는 오늘날 절대적 양극화는 인간성파괴로 나타나고 있는 것이다. 이는 부계사회가 화폐경제로 무한소유가 가능하게 되면서 무한소유를 염원한 결과이다. 예를 들어 '소유의 삶'을 근간으로 하는 자본주의가 탐욕을 배양하면서 발달한 결과, 화폐가 금본위제 시대를 넘어 더 빠르고 더 많이 축적을 할 수 있는 정보본위제로 변모한 사실에서 이해할 수 있다.

이처럼 무한소유를 정당화하는 자본주의와 부계사회의 전체주의 유습은 동일함을 알 수 있다. 물론 분권을 근간으로 하는 근대민주주의 정신과 배치되는 것이다. 하여 주체인 인간이 자연계에 속해 있으면서 자연계의 제한된 약육강식에서 벗어난, 무제한적 약육강식을 정당화하는 것은 공존을 거부하는 삶으로 볼 수 있음에 따라 '상생의 삶'을 위한 민주적인 통제가 필요함을 이해할 수 있다. 즉, 자연계의 경우 서로 다른 생명체가 먹이사슬로 균형을 이루는 것처럼, 문화적 존재로서 인간은 '상생의 삶'을 살게끔 제도를 만들어 스스로 규제해야 함을 말하는 것이다. 예를 들어 사람들이 선호하는 수산물만을 남획하거나, 과잉사육으로 인한 농경지의 축소, 과소비로 인한 자원고갈, 환경오염으로 인한 생태계파괴로 먹이사슬이 붕괴 등을 방지하기 위한 '소유상하한제'로 규제해야 할 것이다.

왜냐하면 대자연은 모든 생명체가 공존할 수 있도록 햇빛, 공기, 물, 땅 등과 유기적인 먹이사슬에 의한 조화로운 구조로 이루어져 생명체를 유지할 수 있게 만들어져 있음에 따라 인간 상호간의 균형을 깨트리는 것은 자연계에도 영향을 주어 인간에게 위험하기 때문이다. 즉, 인간이 화폐를 발명하여 무한한 소유욕을 채울 수 있게 됨에 따라 무한 경쟁으로 제한적인 자연계의 약육강식의 균형을 파괴하면 아무도 복원할 수 없음을 말하는 것이다. 물론 대자연의 법칙은 선악시비 분별을 벗어나 개체와 전체가 상호간에 이롭게 되기 위해 제한적임을 상기해 볼 때, 제한적인 분배양식의 세계화가 당연한 것이다. 하여 지구촌시대는 '상극의 삶'을 넘어 '상생의 삶'을 살 수 있는 모계적 분배양식이 세계화되어야 함을 알 수 있다.

사회협동으로 이룬 사회적 자산의 상속

화폐는 재화를 압축할 수 있는 기능에 의해 독점적 태도를 현실화할 수 있는 도구로 발전하면서 의식을 지배하게 되었다고 할 수 있다. 즉, 탐욕을 현실화할 수 있는 화폐가 주체가 되고 인간이 객체로 전락하게 된 것이다. 그리고 화폐경제의 발달은 오늘날 소유를 위한 과잉경쟁으로 자원고갈과 더불어 생태계를 파괴하는 환경오염 등의 결과로 나타났다. 물론 신자유주의가 인간을 경제적 동물로 살게끔 하여 양극화를 방치한다면, 인간 상호간의 연대성의 결여로 지구에 닥쳐올 위기를 방치한다면 악순환에서 빠져 나올 수 없을 것이다.

예를 들어 첨단정보통신의 발달로 국제적 머니게임을 하는 가운데 형성되는 양극화와 인간성 황폐화, 과소비로 인한 환경재앙 등으로 유발되는 사회적비용은 천문학적으로 지출되고 있음에도 불구하고, 위험한 사회가 고착화되고 있으며, 환경오염, 자원고갈, 생태계파괴 등으로 대형 자연재해가 많아지고 있지만 방관하는 경우가 많다는 사실에서 이해할 수 있다. 뿐만 아니라 환경오염문제는 인류 전체가 비용을 부담하는 세계적 문제임에 따라 소득도 없이 피해자가 된 빈곤층과 소득을 얻고 가해자가 된 부유층 간의 비용부담에 대한 대립관계가 형성되었다. 즉, 인간 상호간의 피라미드구조와 달리 붕괴된 생태계의 피라미드 구조가 한번 파괴된다면 사실상 인간의 힘으로 복구가 불가능함에도 불구하고, 과잉경쟁으로 생존환경이 악화된 상태에서 경쟁에서 탈락한 빈곤층의 경우 살아남기 위해 남획이나 자연훼손을 한 결과를 두고 다투게 되는 것이다.

물론 생태계파괴와 환경오염 등은 배금주의로 인한 것이다. 다시 말해서 자본주의가 만든 배급주의는 인간을 소인배로 만들면서 '상극의 삶'을 살게 한 결과가 무수한 타인에게 피해를 주는 환경오염임을 말하는 것이다. 참고로 동양에서 소인배 기준은 가까이 하면 먹어버리고, 멀리 하면 원망한다 하여, 간교하고 절제가 없는 이기적이고 남의 약점을 이용하거나, 보복을 마음에 두고 상대를 무너지게 할 기술을 체득하여 탐욕을 감추는 자라고 하였다. 예를 들어 상생의 조화를 중시한 동양은 사회공헌도에 의해 이루어진 사농공상의 사회였던 사실에서 이해할 수 있다. 하여 주체인 인간을 '경제적 동물'로 살아가게 하는 자본주의는 위험한 사회를 만드는 체제임을 알 수 있다. 따라서 천지만물과 협력하여 조화를 이루는, 관계의 중심에 있는 인간은 스스로 '소유상하한제'를 세계화하여 '존재의 삶'을 살아야 할 시점이 되었음을 이해할 수 있다.

문화적 존재인 인간이 먹이사슬의 최고의 위치에 있으면서 스스로 인간 상호간에 무한경쟁으로 인해 생태계의 먹이사슬을 파괴한다면, 인간은 얼마가지 않아 공멸할 수 있음을 세계석학들이 경고하고 있다. 예를 들어 주체로서 인간과 자연계의 다른 생명체들이 비록 대상이라 할지라도 유기적임에 따라 만약에 과소비를 하여 더 이상 재생산될 수 없거나, 품귀현상을 유발한다면, 실물가치를 반영하는 화폐는 의미를 잃게 된다는 사실에서 이해할 수 있다. 또한 자본주의가 물질의 풍요를 통해 행복할 것이라는 믿음에 의해 생성했음에도 불구하고, 오히려 인간을 상품화하여 소모품처럼 만들어 감에 따라 위험한 사회가 고착화되고 있다.

물론 인간은 정신과 물질의 균형을 이루기 위해 태고부터 오늘날까지 진보하고 있음을 상기해 볼 때, 지혜로운 인간은 영육의 균형을 이루는 포스트자본주의를 이미 오래전부터 준비하고 있다. 이는 자본주의가 매우 짧은 기간 동안 빠르게 천문학적 경제규모로 발전한 순기능도 있지만, 역기능으로 양극화나 환경오염, 지구온난화 등으로 인류가 감당할 수 없을 만큼, 위험한 사회로 발전케 하였으며, 앞으로 더욱 위험한 사회로 퇴보할 것을 인식했기 때문이다. 혹자는 부계유일신의 수많은 창조물들 중에서 사람이 지구의 관리권을 위임받아 먹이사슬의 최고의 위치에서 생육하고 번성하라고 함에 따라 타 생명체나 유일신을 믿지 않는 사람에 대해서도 배타적인 관계를 설정한 서구사회에서 자본주의가 만들어졌기 때문이라고도 한다.

물론 부계유일신 중심의 부계신본주의를 근간으로 하는 절대봉건제사회로, 권력양극화가 뚜렷한 가운데 자본주의가 만들어졌기 때문으로 보는 측면도 있다. 참고로 부계유일신은 전지전능하고, 권위와 위용, 절대존재, 수직적, 창조주 등으로 표현된 반면, 모계유일신은 봉사, 헌신, 나눔, 자비, 수평적, 인간을 대모신의 후손으로 생각하고 있다는 점과 상반됨을 알 수 있다. 즉, 모계신본주의사회에서 인간은 모계유일신의 후손으로 중간 신(신선)과 함께 주체로서 나눔의 삶을 살았던 것과 정반대임을 말하는 것이다. 예를 들어 모계신본주의사회의 유습을 이은 원시음양론과 더불어 불교에서 사람은 태생적으로 부처임에 따라 누구나 계율을 지키면 부처가 될 수 있음을 역설하고 모범을 보인 사실에서 이해할 수 있다. 즉, 인간은 부계유일신의 피조물이 아니며 종도 아닌 삼라만상의 주체이면서 자율적인 존재로 생각하였기 때문에 솔선수범을 중시한 것이다. 따라서 동양은 민본주의를 근간으로 하는 덕치주의 사회로서, 스스로 사색과 자신을 성찰하기 위해 사농공상의 가치체계를 유지하였던 인본주의사회로서 서구와 근본적으로 다름을 알 수 있다.

서구는 인간을 부계유일신에 의해서 창조된 피조물로 믿음에 따라 조상신의 개념이 없었던 반면, 인본주의의 오랜 전통을 갖고 있는 동양은 조상에게 감사의 제의를 하고, 조상 중에서 수범이 되는 훌륭한 조상을 조상신으로 숭배한 점에서 근본적인 차이가 있다. 즉, 모계신본주의 유습을 이은 전통 한국은 사람이 순환·진보하는 존재임에 따라 행복한 인생을 '존재의 삶'에 비중을 두었던 반면, 부계유일신을 숭배한 서구는 피조물로서 사람은 1회적인 삶을 산다고 생각함에 따라 '소유의 삶'에 비중을 두고 있는 것이다.

예를 들어 동양은 하늘과 땅 그리고 인식하는 주체로서 인간을 생각하여 출산하는 여성을 존중하였던 것과 서양의 피조물 사상은 부계유일신이 주인이고, 여성은 마치 로봇을 생산하는 기계처럼 생각한 것과는 근본적으로 다른 사실에서 이해할 수 있다. 즉, 동양은 인간의 약점인 죽음과 기아의 공포를 이용한 착취나 탐욕을 정당화하고 배양하는 제도를 만드는 것 등을 금기로 하였으며, 인간은 마땅히 자신을 갈고 닦는 '수기치인'을 삶의 궁극적 목적으로 생각함에 따라 인간의 유대감을 해치는 상업의 발달을 억제케 하였음을 알 수 있다.

이러한 이유로 동양은 자본주의를 수용하기 어려워 산업화가 늦어졌을 뿐만 아니라, 상당히 혼란을 겪었다고 할 수 있다. 하지만 오늘날 자신들의 정체성을 유지할 수 있었던 국가자본주의와 달리, 신자유주의를 받아들여야 하는 동양은 어려움을 겪고 있다. 즉, 동양의 경우 소극적 복지국가로서 국가자본주의는 수용이 가능했으나, 선진국 중심의 비복지적인 신자유주의는 동양적 가치와 충돌하고 있는 것이다. 예를 들어 동양인은 자본주의적 심성과 소인배와 동격으로 생각하고 있었던 사실에서 이해할 수 있다. 하지만 인간의 의식은 최소한 수십 년 내지는 수백 년에 걸쳐서 서서히 변화하기 때문에 언젠가는 서구적 가치와 동양적 가치가 수렴되면서 지구촌사회에 적합한 제3의 가치가 정립될 것이다.

물론 전통문화를 갖고 있는 유럽의 선진국도 신자유주의로 인하여 사회통합의 어려움을 겪음에 따라 각국은 자신들의 정체성을 회복하면서 신자유주의와 균형을 이루고자 하고 있다. 이는 영국의 산업혁명으로 인해 만들어졌던 아담스미스의 자본주의는 시민혁명을 통해 유럽으로 확산되었지만, 오늘날에 이르러 천문학적 소비로 인한 자원고갈이나 환경오염, 양극화, 인간성 황폐화 등으로 위험한 사회를 형성하였음에도 불구하고, 신자유주의로 자본주의 속성을 심화함에 따라 사회통합을 구현할 수 없게 되었기 때문이다. 하여 배금주의에 의해 사적영역의 비대화로 전체가 위험해지는 무관심한 현상과 절대적 양극화 등을 해결할 수 없는 근대사회를 넘기 위해 '포스트모더니즘'이 등장하게 되었음을 알 수 있다. 물론 '포스트모더니즘'은 '포스트자본주의'와는 다르다. 즉, 인간의 이기심을 동기유발로 하는 자본주의는 소비가 삶의 수단이 아니라, 목적이 되게 함으로써 인간이 소외되게 함에 따라, 이를 극복하기 위한 새로운 모계적 분배양식을 근간으로 하는 체제의 세계화를 말하는 것이다. 다시 말해서 인간은 빵만으로 살 수 없는 존재임에 따라 새로운 분배양식으로 충족해야 함을 말하는 것이다.

III

신자유주의

1. 지구촌시대정신과 배치되는 신자유주의

제국주의를 만든 자본주의

돈으로 돈을 버는 것을 정당화한 자본주의사회에서 자본이 주체가 됨에 따라 안전하고 최대이윤이 가능한 곳으로 옮겨지는 현상에 대해서 하일브로너는 다음과 같이 쓰고 있다. "부가 저개발 주변부로부터 발전된 중심으로 빠져나가는 것이다. 이미 오래된 역사를 지닌 강자에 의한 약자의 제국주의적 착취가 자본주의적으로 변형된 것이라 할 수 있다. 점점 더 넓어지는 부국과 빈국간의 격차는 의심할 바 없이 자본주의 세계의 탁월한 성과를 입증하는 척도일 뿐만 아니라 자본주의적 착취의 힘을 보여주는 징표이다."(119) (하일브로너, p.54) 이는 자본주의를 근간으로 성립된 근대기능국가에서 국가이익과 부합하는 자유방임주의적인 자본축적경쟁이 제국주의를 등장케 하여 결국 공산주의가 등장하게 되었으며, 제1차 세계대전과 제2차 세계대전을 치른 사실에서 잘 이해할 수 있다.

이러한 충돌은 오히려 자본가에게는 비시장적인 군수산업의 확대와 국가재건의 확대로 이어지면서 정경유착에 의한 대자본을 축적할 수 있었으며, 오늘날 다국적 거대자본을 형성함에 따라 무한경쟁을 전제로 한 신자유주의가 등장하는 계기가 되었다고 할 수 있다. 물론 컴퓨터와 정보통신의 발달로 인하여 거대기업간의 경쟁은 초고속으로 자본이동이 가능하게 되면서 천문학적인 규모의 자본 축적이 가능하게 됨에 따라 신자유주의가 성립하게 된 것이다. 하여 거대한 국제투기성자금이 국가의 통제에서 벗어나게 됨에 따라 배금주의를 근간으로 하는 초국가적인 거대자본이 세상을 지배하는 사회가 되었음을 알 수 있다. 문제는 비복지적인 세계자본주의(신자유주의)로 금융에 의한 합법적 착취기술의 발달과 더불어 자본이 안전하고 이윤을 내는 곳에 머무르게 되고, 국경의 의미는 없어지게 됨에 따라 후진국의 경우 선택의 여지가 없다는 점일 것이다.

즉, 자본주의가 이윤추구라는 명분과 실리를 동시에 갖고 있음에 따라 합법을 가장한 야만적인 심성으로 자본을 축적할지라도 후진국이 방어하기 곤란한 세상이 된 것이다. 다시 말해서 착취기술이 발달할수록 경박한 인간관을 근간으로 탐욕을 배양하는 것을 당연히 여겼던 식민시대를 이어, 제국주의 시대에 착취기술의 눈부신 발달로 형성된 선진대자본은 눈 덩이처럼 기하급수적으로 거대하게 불어남에 따라 빈곤한 후진국은 신자유주의를 수용할 수밖에 없음을 말하는 것이다. 하여 후진국은 울며 겨자 먹기를 해야 하고, 반면에 선진국은 눈 가리고 아웅 하는 상반된 입장에 있음을 알 수 있다. 따라서 제3세계나, 일부 지역에서 자본주의에 의한 착취의 상처로 인하여 서구적 가치를 거부하는 현상을 두고 문화적 충돌로 이해코자하는 것은 문제가 있음을 알 수 있다.

즉, 오늘날 제3세계라 일컫는 국가들이 서구식민지로서, 가혹한 수탈과 착취를 당했기 때문에 반자본주의적이며 반기독교적인 회교(이슬람)가 성행하는 것이다. 또한 과거사문제로 인한 종족갈등으로 사회통합에 어려움을 겪고 있음에 따라 정치경제가 취약하고 사회가 불안정하기 때문에 서구적 가치를 거부하는 것이다. 이는 식민지교역의 확대로 일어난 산업혁명은 공급경제를 위한 공업화가 빠르게 진행되면서 막대한 자본이 필요하게 됨에 따라 토지 등의 자산을 자본으로 변화시킬 수 있는 자본주의 생산양식이 성립되면서 원자재확보와 소비시장으로서 식민지를 개척했기 때문이다.

물론 시민혁명 전 당시 사회는 중세의 봉건귀족이 국토의 대다수를 독점하고, 소수의 대상들은 정경유착으로 부를 축적하여 어느 정도 사회적 지위를 획득하고 있었던 반면, 일반 상인들은 국가통제를 받고 있었고 민중들은 대다수 빈곤층이었다. 그리고 초기 자본주의는 자유경쟁이라는 명분으로 착취를 합리화함에 따라 자연법사상에 반하는 노예제보다 더 많은 이익과 자유경쟁에 의한 거래의 활성화로 조세가 증가할 뿐만 아니라, 식민지교역으로 인한 관세증가나, 고용증대와 더불어 국가의 복지부담 감소, 중산층의 증대 등으로 국부(國富)를 창출할 수 있었던 것이다. 이처럼 자본주의가 절대봉건제의 부패에 반동하여 성립한 자본주의가 착취를 정당화한 모순으로 인하여 사회주의가 등장했음을 알 수 있다. 하여 점차 자본주의 생산양식에 부합되는 새로운 체제가 필요하게 되면서, 후일 시민혁명으로 근대민주주의사회가 성립하였음에도 불구하고, 식민지착취가 여전했다는 점에서 식민 상흔을 가진 지역들은 자본주의를 부정하게 되었음을 알 수 있다.

물론 아담스미스의 자본주의는 시장의 안정성을 위해서 대 법인을 만드는 것을 금기로 하였음에도 불구하고, 이를 무시한 자본가들에 의한 대법인의 등장은 대자본을 축적할 수 있게 되었으며, 이는 후일 제국주의까지 만들게 된 원인이 되었다. 즉, 탐욕을 배양하는 자본주의의 속성이 소 법인에 만족할 수 없다는 사실을 아담스미스는 이해하지 못했던 것이다. 또한 초기 자본주의사회는 노동경쟁으로 노예보다 더한 착취를 하여 대다수 민중은 빈곤에서 벗어나지 못했으며, 식민지에는 자국민보다 훨씬 가혹했다. 하여 국부론의 저자인 아담스미스가 '큰 부자는 큰 불평등을 낳고 풍요로운 부는 다수의 궁핍을 전제로 한다'고 한 사실에서 현행 자본주의가 아담스미스의 자본주의와 다르게 전개되었음을 알 수 있다. 따라서 자본주의가 무제한 소유를 정당화한 결과 형성된 배금주의에 의해 양극화가 이루어진다는 사실을 아담스미스가 예견하고 있었음을 알 수 있다.

신제국주의로 불신

물질풍요를 통해 인간의 문제를 해결코자 하는 자유주의사상은 자유경쟁을 국가가 방해하는 것을 원칙적으로 거부하고 있다는 점에서 무정부적인 경향이 있음을 알 수 있다. 이는 다민족으로 구성된 로마제국은 5세기경 멸망하고, 기독교제국이 성립된 후, 중세 암흑기(3세기~13세기)를 거친 서구는 13세기 칭기즈칸의 세계화에 의해 동서 간의 활발한 문화교류와 상거래의 발달 등이 복합적으로 작용한 결과, 자유주의사상이 싹트기 시작하여, 소위 불확실성의 시대를 겪으면서 태동한 르네상스시대(Reneissance, 14C~17C, 문예부흥기)를 맞아 절대봉건제의 부패를 혐오하여 형성되었기 때문이다.

즉, 부계유일신주의를 근간으로 하여 성립한 절대봉건제에 의한 착취와, 만연한 부패는 체제혐오로 이어지면서 오직 실존하는 개인을 중심으로 모든 것을 해석하며 스스로를 구원하는 사회로 진보하였던 것이다. 다시 말해서 아무것도 믿을 수 없는 혼돈의 상황에서 배금주의가 싹트게 되었음을 말하는 것이다. 참고로 민본주의에 근거하여 율곡 선생이 사기(史記)의 '민이식위천(民以食僞天)'이라는 고사성어보다 확장된 개념인 '군주는 백성을 하늘로 삼고 백성은 먹는 것을 하늘로 삼는다.'라고 한 민본주의와 자유주의(개인주의)와는 경제적 측면에서 유사함을 이해할 수 있다. 하지만 서구 자본주의는 '풍요 속의 빈곤'현상으로 증오를 낳고, 양극화와 환경오염, 자원고갈, 지구온난화 등을 유발함에 따라 자신을 갈고 닦는 '수기치인'을 중시하는 동양의 민본주의와는 근본적으로 다름을 알 수 있다.

이처럼 자본주의가 등장된 후, 제3자로서 인간의 갈등을 조정하고 군림했던 국가권력으로부터 해방된 금력이 제3의 위치에서 사람을 지배하게 되었다. 즉, 인간이 국가를 만들어 스스로 복종하고 안정을 얻었던 것처럼, 스스로 만든 돈에 의한 질서로서, 배금주의에 의해 스스로 복종하고 살아감을 말하는 것이다. 하여 자본주의국가의 존립의 정당성은 자유경쟁을 통해 획득한 개인의 사유재산을 지켜주기 위한 데 있음을 이해할 수 있다. 물론 이러한 상황은 단절

되지 않는 인류역사의 연속선상에서 복합적으로 작용되고 있음에 따라 딱 부러지게 말할 수 있는 성질은 아닐 것이다. 하지만 배금주의가 보편적 가치가 된 오늘날 세상은 돈에 의한 정치, 돈을 위한, 돈의 정치가 전개되고 있음은 부인할 수 없을 것이다.

즉, 자본주의 체제의 성립으로 권력에서 독립한 금력이 우선하는 사회로 변모한 것이다. 문제는 자본주의발 양극화로 대다수 사람들이 물질적 기초를 확보하지 못함에 따라 기본권으로서 행복권이 침해당하고 있다는 점이다. 또한 중산층은 엷어지면서 불안정한 사회가 되었으며, 실업의 만성화와 비정규직의 증가 등을 해결할 수 없는 민주정치에 대한 실망으로 민주적 권위조차 무시당하거나 정치무용론까지 난무하고 있다. 이는 자본주의가 무제한 소유를 허용함에 따라 오늘날 초국가적인 다국적기업이 만들어진 사실에서 원인을 찾을 수 있다. 예를 들어 거대자본은 최소비용으로 최대이윤을 획득하기 위해 공장자동화를 하거나, M&A 기업합병으로 수많은 기업을 퇴출케 하는 등으로 경쟁력의 원천이 된 사실에서 이해할 수 있다. 하여 신자유주의가 만들어내는 비정규직의 양산, 환경오염, 생태계파괴, 무분별한 자원개발과 과소비, 국제투기성자금의 난무, 절대적 양극화 등은 무한축적을 정당화한 자본주의 분배양식에 의한 것임을 알 수 있다.

즉, 자본주의사회에서 거대기업의 자본, 기술, 경영기법의 우위뿐만 아니라, 시장점유확대 기술인 적대적 기업합병(M&A)이나, 국제금융투기자본에 의한 절대적 양극화로 피해가 유발될지라도 도덕성을 따질 수 없는 것이다. 그리고 분권을 근간으로 하는 민주주의

사회에서 권력의 근간을 이루는 금력 또한 정치처럼 분권(분산)이 되어야 하지만 실제는 자본주의발 절대적 양극화라는 표리부동함을 체험함에 따라 소득에만 관심을 가질 뿐 정치에 대해서 무관심하게 되었다고 할 수 있다. 물론 오늘날 무수한 기업이 과거보다 훨씬 빠르게 대기업에 합병되거나, 시장에서 퇴출되면서 고실업사회가 되었기 때문이다.

다시 말해서 금력 앞에서 무력한 민주정치에 대해서 냉소적 태도를 갖게 되었음을 말하는 것이다. 물론 자본주의가 인간의 탐욕을 부추기고, 배양한 결과로 볼 수 있다. 즉, 행복한 인생을 자본주의가 억제하기 어려운 소유욕을 배가하는 '소유의 삶'에 둠에 따라 비경제적인 정치에 대해서 무관심하게 된 것이다. 이는 인류가 세계동포주의를 명분으로 한 알렉산더제국에 이어 고대 로마제국이나 몽골제국 등이 수많은 나라를 정복하여 주체할 수 없는 권력집중의 결과 도덕적 타락으로 인하여 붕괴된 것처럼, 신자유주의발 절대적 양극화를 세계화한다면 희망을 잃게 되는 절대다수의 사람들은 경제민주화를 위해 1%와 대립하기 때문이다.

물론 부계적 가치를 근간으로 하는 자본주의를 극복하기 위해, 모계주의를 근간으로 하는 '소유상하한제'로 인간의 개인성과 사회성이 균형을 이룰 수 있는 적극적 복지사회로 역사 발전한다면, 정치에 관심을 갖게 될 것이다. 즉, 3차원의 현실세계를 살아가고 있는 인간이 비록 몸은 동물처럼 신진대사를 하지만 인간의 특별한 두뇌는 영적감응장치가 있으며, 정신은 다차원을 이해하면서 마음은 소우주처럼 무한함에 따라 경제민주화로 지구촌시대를 살아야 하는 신인류에게 영육간의 균형을 이루어야 함을 말하는 것이다.

하여 지구촌시대는 중기 모계사회가 인간을 신의 후손으로 믿으면서 순환진보를 위해 '존재의 삶'을 추구했던 모계주의와 '소유의 삶'을 추구했던 부계주의와 균형을 이루는 적극적 복지사회의 구현을 위해 새로운 모민주의 체제가 성립되어야 함을 알 수 있다. 물론 인간이 문화로 삶을 재창조할 수 있는 특별한 두뇌로서 다른 생명체의 뇌가 생식기능을 위한 간뇌와 감정을 표현할 수 있는 후뇌로서 변연계가 있지만, 인간은 포유류의 뇌와 달리 이성과 도덕적 판단을 할 수 있는 전두엽으로 구성되어 3개의 뇌를 갖고 있는 완벽한 두뇌를 갖고 있음을 알았기 때문에, 적극적 복지사회로 진보해야 할 것이다.

즉, 모성에 의해 재창조되고 있는 인간이 죽음에 임박해서 생존한 사람에게 제행무상(諸行無常)의 교훈을 남겨주고, 영혼으로 미지의 세계로 떠날 때, 욕망의 덧없음을 알게 된 후회와 함께 보살펴준 따뜻한 햇살, 싱그러운 바람, 위대한 자연풍광과 사랑했던 사람들과의 행복했던 순간들을 회상하며, 만감이 교차하는 가운데, 미련이 남아 되돌아오기를 열망하는 세상이 되어야 하는 것이다. 물론 모성의 태에서 육화된 인간은 태어났을 때 빈손으로 왔다가 죽을 때, 빈손으로 원래 있던 곳으로 되돌아가지만 사랑만은 남는다고 한 사실을 상기해볼 때, 인간의 삶의 궁극적 목적이 지구를 행복한 인생을 누리는 곳으로 만들어가는 데 있음을 알 수 있다.

하여 운명론적이고 절대주의적인 사고를 하는 기독교문화에서 피조물인 인간이 낙원에서 퇴출된 것은 여성에 의한 원죄로 인한 결과라고 하며, 남녀 차별을 정당화한 토양(서구문화)에서 만들어진 자본주의가 위험한 사회를 형성한 것은 잘못된 것임을 알 수 있다. 이는 자본주의는 '소유의 삶'을 살 때, 행복할 것으로 예상했지만, '풍요 속의 빈곤'이라는 현실과 절대적 양극화로 대다수 사람들이 불행하다고 생각하고 있기 때문이다. 따라서 동양에서 인간이 주체적인 삶을 살 수 있는 고등한 존재로서 이해하여 부분을 따지기보다, 인간전체를 배려한 덕치주의와 인간 상호간에는 예로써 조화를 이루고자 한 중용의 삶이 새롭게 부각되는 이유를 알 수 있다.

2. 신인류와 불 합치하는 신자유주의

서구가 시민혁명을 통해 근대사회를 성립한 것은 인류의 자랑스러운 유산임에 틀림없다. 또한 서구가 실증주의적인 풍토를 조성하면서 과학기술과 학문이 발달하게 된 것도 훌륭한 유산이다. 이는 인간의 궁금증을 해소와 더불어 과학기술에 의한 물질풍요로 인간해방을 구현하고자 하는 인류애의 발현으로 볼 수 있다. 하지만 자본주의가 심화할수록 유발되는 이해관계의 충돌이 군수산업을 발달케 한 점은 부정적으로 볼 수 있다. 또한 산업혁명을 일으켜 자본주의가 만들어졌고, 이후 자본주의의 발달과 함께 과학기술 경쟁으로 이어지면서, 과학의 본질적 가치인 행복한 삶과 점점 거리가 멀어지고 있는 것은 문제이다.

이는 과학기술문명이 상업주의와 함께 발달하면서 형성된 물신주의로 사람이 소외되고 있는 가운데, 양극화로 인한 갈등과 과소비 등으로 이한 지구위기를 만들고 있기 때문이다. 물론중세 유럽이 J.K. 갈브레이스(John K. Galbraith, 1908~2006)가 정의한 '불확실성의 시대'를 거치면서, 과학의 발달과 소유개념의 발달로 상업주의에서 한 단계 발전한 자본주의가 성립하였기 때문일 것이다. 다시 말해서 자본주의가 물질과 정신의 균형이 필요함을 간과한 결과, 물신주의사회가 되었음을 말하는 것이다. 즉, 사람의 비교본능에 의한 허영심을 자극하여 유발되는 과소비로 인하여 자원고갈, 환경오염, 양극화, 개인화기의 발달로 테러가 증가하는 등으로 나타나고 있는 것이다.

뿐만 아니라 자본주의사회에서 살아가는 인간은 스스로 상품화가 되어 인명을 경시하는 경향이 있다는 점이 문제가 되고 있다. 하여 소비를 미덕으로 하는 자본주의는 자원고갈, 환경오염, 생태계파괴 등을 유발함에 따라 얻는 것보다 더 많은 것을 잃고 있으며, 미래의 전망을 어둡게 하고 있음을 알 수 있다. 이는 자본주의사회에서 자유기업이 최대이윤의 목적달성을 위해 경쟁하면서 만들어지는 나쁜 결과에 대해서 사회적 책임이 없기 때문이다.

예를 들어 경쟁으로 경기가 과열되거나 침체로 시장이 마비된 공황을 발생할 경우, 시장적인 중소기업은 한계기업으로 퇴출되지만, 대기업의 경우 공황극복을 위한 정부개입으로 오히려 부실한 시장적 기업을 헐값에 매입하거나, 적대적 기업합병 등 상대의 어려운 상황을 기회로 삼아 부를 축적하게 되었고, 정부의 경기부양책과 정부투자에 의한 시장경기가 활성화될 때 고수익을 만들어간 사실에서 이해할 수 있다. 이는 미국의 공황에서 참고할 수 있다. "1929년에 비교된 1932년의 미국 공업생산액은 47%, 민간 국내 총투자는 94%, 외국무역은 70% 감소하였다. 실업 또한 1,200만 명에 달하였으며 일반 물가의 하락은 약 30%이고 특히 농산물 가격은 60-70% 하락하였다. 이것은 부농과 대기업의 이익을 옹호하는 결과가 되었는바, 1935년 루즈벨트 대통령은 연두교서에서 불평등과 특권계급의 존재를 시인하고 정책전환을 표명하게 되었으며 임시전국경제조사위원회를 설치하여 반트러스트 활동을 강화하였다."(120)(강강화, p.98)

이처럼 초기 자본주의가 비복지적인 자유방임주의를 근간으로 할지라도 공황을 방치해 두기에는 너무 많은 희생이 발생됨에 따라 기능국가로서 경기회복을 위해 토목건설, 방위산업 등 정부수요에 대한 투자와 개입을 할 경우 비시장적인 대기업이 가장 큰 수익자가 되었음을 알 수 있다. 즉, 자본주의사회에서 자연재해나, 경기가 침체되었을 때, 대자본가들은 축적의 기회가 되었던 반면 빈곤층은 곤경에 처하게 되었던 것이다. 하여 수정자본주의에서 조세권을 갖고 있는 국가가 시장을 정상화하고자 개입할수록 양극화가 가속화됨을 알 수 있다. 따라서 자본주의가 다이아몬드형의 사회구조를 형성할 것으로 믿었지만, 공황이 발생할 때마다, 빈부격차를 심화시켰으며, 이를 극복하기 위해 개입주의로 경기 조절한 결과가 오늘날 1대 99라는 절대적 양극화가 되어 첨탑형사회가 되었음을 알 수 있다.

위험한 사회를 형성

오늘날 무제한 자본축적의 정당성을 역설하거나, 국제금융투기를 투자라고 하거나, 고리사채업자가 사회공헌을 운운하는 등 자신들의 부도덕함을 합리화하는 자체가 인간의 양심을 저버린 것으로 어느 누구에도 도움이 되지 않음을 상기해 볼 때, 새로운 모계적 분배양식을 근간으로 하는 체제가 세계화되어야 할 때가 되었음을 알 수 있다. 이는 자본주의가 심화될수록 천문학적 경제규모와 세계적 양극화, 복잡성 등으로 인하여 기계부속품처럼 소모적인 존재로 전락하고 있으며, 과잉경쟁의 결과가 상처로 남아 인간 상호간의 연대성 약화나 불신 등으로 인한 위험한 사회를 벗어나야 하기 때문이다.

하지만 자본주의는 인간의 가장 강력한 본능인 소유욕을 배양하기 때문에 퇴출이 힘든 것도 사실이다. 이는 위험한 사회를 만들어 간다는 사실을 알고 있음에도 불구하고, 신자유주의로 자본주의를 강화하고 있다는 사실에서 이해할 수 있다. 이는 자본주의가 인간의 이기심을 동기유발로 하여 만드는 물질풍요로 인간의 행복을 구현코자 하기 때문이다. 즉, 자본주의는 인간이 이타심과 이기심의 균형을 이루어야 하는 문화적 존재임을 간과하고 있는 것이다. 다시 말해서 인간의 창조력은 '상생의 삶'을 위한 능력임을 간과하여 '상극의 삶'을 살게 하는 자본주의는 인간미가 없는 체제임을 말하는 것이다. 예를 들어 구시대의 권력의 양극화보다 훨씬 강력한 배금주의에 의한 세계적 규모의 절대적 양극화로 인하여 테러가 일상화되는 사실에서 이해할 수 있다. 즉, 오늘날 초국가적 거대자본은 책임을 전제로 한 구시대의 절대 권력보다, 무책임한 실권으로 금력은 훨씬 더 위력적임에 따라 위험한 사회가 되었음을 말하는 것이다.

하여 구시대는 돈과 권력은 비례했지만, 근대사회가 성립되고부터 권력에서 독립한 금력은 자유경쟁을 통해 획득할 수 있음에 따라 자본축적경쟁은 권력투쟁보다 치열하게 됨을 이해할 수 있다. 뿐만 아니라 자본주의는 이기적 경쟁이 공공선을 이룬다고 역설했지만, 자본주의사회에서는 소비나 저축보다 이식을 위한 투자를 선호하는 경향으로 인하여, 경기과열과 동시에 소비감소로 인한 경기가 둔화되어 공황이 유발된 사실을 상기해 볼 때, 현실적으로 공공선을 이룰 수 없는 체제임을 이해할 수 있다. 다시 말해서 자본주의는 사회를 단지 사적이익을 위해 존재하는 것으로 생각하기 때문에 공공선을 이룰 수 없음을 말하는 것이다. 예를 들어 자본주의사회가 사익을 지나치게 강조함에 따라 사용자와 근로자, 자본가와 정부 간의 갈등이 많을 뿐만 아니라, 이해관계로 양보할 수 없는 절박한 상황에서 대립적 관계가 형성되고 있다는 점에서 이해할 수 있다.

물론 노동자들의 결사로 획득한 사회권을 인간의 기본권으로 헌법에 명문화하면서, 노사관계가 사회권을 보장받은 노동과 자본이 대립하는 정치적관계로 변모하면서 어느 정도 완화되었다고 할 수 있다. 즉, 인간의 개인성과 사회성이 균형을 이루어야 건강한 사회가 되는 것을 알았던 것이다. 하지만 완전고용을 전제로 하는 수정자본주의(국가자본주의)에서 양극화로 인한 복지부담은 한계에 이르게 되었으며, 신자유주의로 인하여 자유주의적 유연성이 강화된 자본은 노동보다 우월적 상황으로 전개되고 있다. 즉, 자본주의 속성에 부합되는 복지축소를 근간으로 하는 세계자본주의인 신자유주의가 인간의 기본권으로 생존권(사회권)의 의미를 약화시키고 있는 것이다.

하여 초국가적인 신자유주의가 사회권의 실효성을 무력화함에 따라 이를 극복하기 위해 다수의 사람들은 다양한 비정부기구(NGO)에서 활동하는 원인으로 볼 수 있다. 즉, 고실업문제나, 절대빈곤층의 양산 등으로 인한 사회적경비의 지출확대로 인한 경제문제를 해결하기 위해 정부는 초국가적인 다국적기업의 요구를 거절할 수 없게 됨에 따라 정부를 불신하면서 형성된 자본의 우월적 지위에 의해 지구를 병들게 하거나, 노동시장의 붕괴 등으로 인한 위기를 극복하기 위해 비정부기구가 거대기업과 투쟁하고 있는 것이다. 다시 말해서 신자유주의가 노동시장의 유연성을 요구하며 복지축소, 자본축적이 용이한 곳으로 이동, 세계분업화, 불간섭주의 등 자본주의 속성에 충실코자 함에 따라 위험한 사회가 되었음을 말하는 것이다.

예를 들어 초국가적인 거대기업의 영향으로 유발되는 심각한 경제문제로 인하여 정부는 환경오염이나 인권침해문제 등을 소홀히 다루게 됨에 따라 여성이 주류를 이루고, 조직한 녹색생명운동 NGO가 거대자본과 투쟁하고 있다는 사실에서 이해할 수 있다. 즉, 보호주의가 내포된 수정자본주의에서 자유주의에 충실코자 하는 신자유주의발 절대적 양극화로 고비용저효율의 심각한 경제문제와 더불어 각종 테러, 생태계파괴 등 총체적으로 위기를 극복하기 위한 저항인 것이다. 물론 지구촌사회를 살아야 하는 신인류는 부계주의의 종말을 고하고, 동시에 새로운 모계적 분배양식으로 '존재의 삶'을 살 수 있는 모민주의 체제에서 살아야 할 것이다. 즉, 부계사회의 등장으로부터 오늘날까지 무한 소유의 꿈을 키우고 발전한 부계주의의 결실인 자본주의는 역할이 종료된 것이다.

다시 말해서 수많은 사람들의 불행한 삶과 인간성 황폐화와 비례해서 자연재해가 증가하고 있음을 역설하는 비범한 사람들의 고언을 상기해 볼 때, 비록 성장이 늦더라도 다수가 행복한 삶을 살 수 있는 모계적 분배양식을 선택해야 함을 말하는 것이다. 예를 들어 수만 년에 이은 모계사회가 구체화된 모계신본주의사회가 대우주와 소우주 인간은 연동되어 있다고 생각한 사실에서 이해할 수 있다. 이는 자원이 부족한 지구에서 부족한 부분을 창조하고, 나눔으로 보충하여 원만한 순환·진보할 것을 모계유일신이 권고했던 사실에서도 이해할 수 있다. 다시 말해서 항구적으로 살아가는 영혼의 양식이 나눔이었음을 말하는 것이다. 하여 사람의 개성과 능력이 차이에 의해 소유 정도의 차이나 인격의 차이로 나타나지만, '소유상하한제'로 각자의 삶을 추구하는 방향으로 다양한 결과에 이르도록 하는 적극적 복지사회가 세계화되어야 함을 알 수 있다.

참고로 모성애를 근간으로 하였던 모계신본주의사회가 농업을 위한 천문학이나, 문자, 농기계 등을 발명했다고 전하고 있으며, 공유제로 적극적 복지사회를 구현하였다. 또한 모계신본주의사회는 현실세계(양)에서는 다른 성질로 상호보완하고 의지하며 균형을 이루는 가운데, 음은 사후세계(음)로 생각하며, 음양이 제3의 기운(충기, 사랑)에 의해서 연속교차하며, 순환 진보한다고 믿었으며, 모계유일신의 유시인 '해혹복본'을 수증(修證)하기 위한 삶을 궁극적인 목표로 하는 사회였다. 이는 낮과 밤의 운행질서나, 볼록함과 오목함의 형태나, 뿌리와 줄기의 다른 성질이나, 하늘과 땅, 남성과 여성 등을 통해 입체적으로 이해하여 중용의 조화로운 삶을 주문하고 있는 동양의 음양철학의 원형사회로 볼 수 있다. 물론 사물을 해석하는 출발점이 모성에 있다는 점은 차이가 있다.

그리고 15,000년 전 해빙기 이후 10,000년경부터 모계유일신의 유시를 실천하는 신앙공동체사회였던 모계신본주의사회는 원시적이나마 적극적 복지사회였다는 점이 인간의 역사 발전 방향이 '존재의 삶'에 있었음을 예상할 수 있다. 물론 우주를 탐사하는 과학문명 속에서도 아직도 미개한 삶을 하는 종족이 많음을 생각해 볼 때, 10,000년 전의 세계도 이와 흡사하다고 볼 수 있음에 따라 열등한 지역도 있었을 것이다. 이는 인류학자가 모계사회는 원시공산제사회로서, 풍요했음을 최근에 보고하고 있음을 참고해 볼 때, 우수한 모성이 중심이 된 적극적 복지사회가 구현되었음을 통찰력으로 알 수 있다. 즉, 모권사회에서 수만 년간 가정교육과 사회적응훈련, 채취, 수렵, 약초채취 등을 모아 모성이 분배하였으며, 모계신본주의사회가 인간을 대모신의 후손으로 생각하며, 자율성을 존중하여 어떠한 행위의 결과에 대해서 스스로가 상이나 벌을 받는다고 생각한 사회였던 것이다. 하여 세상에서 영원한 것은 없으며 항상 변하고 있음을 말하는, '달도 차면 기운다'는 격언처럼, 자유민주주의를 이어 민주적 분배양식을 근간으로 하는 모계민주주의로 역사 발전하는 것이 순리임을 이해할 수 있다. 이는 종교 편에서 다시 한 번 논변이 있을 것이다.

악순환에 빠진 인류

과학적 실증주의를 근간으로 하는 근대사회가 가시적 현실세계만을 확실한 것으로 생각하면서 형성된 사고방식으로 일회적 삶이 '소유의 삶'을 살게 하였던 것이다. 이는 '소유의 삶'은 탐욕을 배양함에 따라 두뇌의 영적감응장치가 퇴화되면서, 보이지 않는 세계를 이해할 역량이 훼손하게 되었고, 인간을 인간답게 육성해주는 사회에 대한 무관심한 현상이 형성되는 원인으로 볼 수 있다. 예를 들어 강력한 소유욕이 오로지 받고자만 하는 권리의식을 지나치게 발달케 함에 따라 인간의 사회협동으로 만들어진 인권을 고양해야 하는 사회적 의무를 간과하게 된 사실에서 이해할 수 있다.

즉, 자본주의는 이기심을 편향적으로 배양한 결과, 양극화로 인한 대다수 빈곤층은 절망감이 생활화되어 자포자기 상태로 인한 증오심으로 반사회적 인격이 형성되고 있는 것이다. 예를 들어 자본주의사회에서 대다수 사람은 자신의 이익에만 관심을 갖고 있을 뿐만 아니라, 집단이기주의 경향으로 민주정치의 민주적 권위조차 부정하고 있다는 사실에서 이해할 수 있다. 물론 자본주의가 무정부적 성향을 내재하고 있음에 따라 사회통합을 위한 권력 작용을 무력하게 만든 데도 원인이 있다. 이는 자원고갈이나 환경오염으로 인한 온난화와 산성비 등을 유발함에 따라 전체에게 피해를 주고 있음에도 불구하고, 자신에게 직접적인 피해가 없다면 상관없다는 무책임한 태도에서도 이해할 수 있다. 하여 자본주의는 인간의 이기심을 동기유발로 하는 체제임에 따라 신자유주의로 위험한 사회를 극복하고자 하는 것은 잘못된 것임을 알 수 있다.

다시 말해서 지구환경의 빠른 악화는 더 이상 방치할 수 없을 만큼 긴박한 상황에 이른 사실을 수많은 재앙과 더욱 분명해지는 징조를 통해서 알 수 있음에도 불구하고, 중도주의를 넘어 신자유주의적인 세계를 대안으로 생각하는 자체가 시대착오적임을 말하는 것이다. 사실상 자본주의가 인간의 본성에서 잠재하는 유혹, 탐욕, 증오를 응용할 수 있는 기술을 심화하고 있는 가운데, 과학기술, 경영기법, 이익창출기법, 금융투자기술 등의 발달로 양극화가 빠르게 1대 99라는 절대치에 이르게 된 것은 역사퇴보라 볼 수 있다. 즉, 자본주의사회가 자원의 고갈은 더 비싼 것으로 대체할 수 있다고 생각하거나, 공해를 유발하는 산업화는 공해방지를 위한 설비를 필요함에 따라 돈벌이가 된다거나 문제를 발생함으로써 만들어지는 고용증대를 통해 완전고용을 생각한다거나, 통합보다는 분열을 통해 자본축적이 용이하다고 생각하는 등은 구시대적인 것이다.

또한 1대 99라는 절대적 양극화로 희망을 잃은 절대다수 빈곤층은 과거와 달리 엄청난 반발로 다양한 테러에 동참하고 있음을 볼 때, 신자유주의는 현실적인 대안이 아님을 알 수 있다. 즉, 기독교문화에서 파생된 자본주의가 인간이 살고 있는 지구에서 생육과 번성하라는 부계절대존재의 명문처럼, 자연을 파괴하며 상극의 삶을 당연히 생각하는 것은 잘못된 것임을 지적하는 것이다. 다시 말해서 인간이 살고 있는 지구는 물질 이상의 가치가 있음에 따라 공존을 위해 가꾸어야 하는 곳으로 생각하는 '상생의 삶'을 살게 하는 체제가 성립되어야 함을 말하는 것이다. 물론 오늘날 인류는 획기적으로 변모한 신인류로서, 네트워크적인 새로운 체제인 모민주의를 세계화해서 인간적 유대를 강화할 수 있는 역량을 갖추었기 때문에 가능한 것이다.

뿐만 아니라 부계사회가 등장하고부터 계급투쟁을 위한 폭력을 정당화하거나, 수탈로 자체문제를 해결하거나, 종교적 명분으로 침공을 하였지만, 수탈을 위한 것임이 오늘날 문명사회에서 투명하게 밝혀졌기 때문이다. 아울러 전체주의사회였던 부계사회가 양극화를 추구하며, 민중을 억압하고 강제하여 소모적인 존재로 만들거나, 서구의 경우 인류의 원죄자로서 여성을 낙인찍어 노예화하거나, 가난을 개인의 게으름으로 탓하는 등의 유습을 이은 자본주의가 절대적 양극화를 형성하여 위험한 사회로 진입했기 때문이다. 하여 지구촌시대를 살아야 하는 신인류의 경우 영육의 균형을 이루기 위한 새로운 모계적 분배양식을 근간으로 하는 체제가 성립되어야 함을 알 수 있다. 따라서 구시대가 절대적 양극화를 지향한 결과 근대사회가 성립된 것처럼, 자본주의발 절대적 양극화가 합법적이라 할지라도 불합리함에 따라 상대주의적인 분배양식을 근간으로 하는 모민주의가 세계화되어야 함을 알 수 있다.

위기극복을 생각하며

모계신본주의 사회는 수억의 무수한 영혼 중에 수많은 순환진보과정과 부모를 선택해서 사람으로 육화되었다고 생각했으며, 자신을 수정하며 진보할 수 있는 기회로 출생한다고 믿었다. 그리고 인간의 궁극적 목적으로 행복한 인생은 '해혹복본'을 이루기 위해 나눔을 실천하는 것이라고 생각했다. 예를 들어 모계신본주의사회가 하늘의 시장인 '천시(天市)'와 땅의 시장인 '신시(神市)'가 연동되어 있다고 생각하면서 나누는 것을 수행으로 생각한 사실에서 이해할 수 있다. 즉, 사회적 자산을 만드는 것은 하늘에 자산을 만드는 것과 같다고 생각한 것이다. 다시 말해서 저승과 이승과는 별개가 아닌 하나의 틀에서 연속되어 있다고 생각했던 것이다.

그리고 모계신본주의사회는 신과 인간은 다른 차원에서 다른 형태로 같은 영역에 있지만, 사회적 자산인 문화로 상호 교류하고 있다고 생각하였다. 즉, 투명인간을 인간이 볼 수 없듯이 투명인간 또한 망막이 없기 때문에 서로가 볼 수 없는 것처럼, 신과 인간은 차원이 다름으로 서로가 볼 수가 없음에 따라 문화로 소통했던 것이다. 물론 모계신본주의사회는 사물을 있는 그대로 보고 느끼는 직감이 발달한 일원론적 사회였기 때문에 신과 인간은 상호보완적이며 사랑의 끈으로 연결되어 교감하는 가운데, 육화된 인간영혼의 진보를 돕고 있음을 입체적으로 생각했을 것이다. 이는 아마도 물속에서 물고기가 물을 느낄 뿐 보이지 않는 것과 흡사할 것이다.

아무튼 이러한 것은 고대 한국의 모계신본주의사회의 유습으로 볼 수 있는, 전통 한국의 토속신앙을 재구성한 종교로서 동학교의 인내천(人內天)사상이 사람은 신(하늘님)이라고 하여 인간 존엄과 남녀평등을 역설한 사실에서 이해할 수 있다. 물론 부계사회는 관념이 발달한 반면, 직관은 퇴보함에 따라 인내천사상을 이해할 수 없었을 것이다. 이는 인간의 종교적 심성에 충실했던 모계사회의 원본종교를 이은 부계사회가 부계우월종교로 각색했기 때문이다. 즉, 부계사회는 신과 인간이 별개이며, 신이 인간을 지배하고 인간은 복종하는 수직적인 관계로 생각했던 것이다. 물론 부계사회가 인간으로 육화되는 모성의 태에서 잉태·출산과 양육이라는 생태적 체험을 하지 못했기 때문이다. 이는 오늘날에도 대다수 여성이 종교적 인간형이 많은 사실에서 이해할 수 있다. 예를 들어 인간의 타고난 종교적 심성을 모성애로 점화함에 따라 수 만년을 모성을 존경하여 모계사회가 유지할 수 있었던 사실에서 이해할 수 있다. 물론 모성애를 근간으로 한 모계신본주의 사회가 종교사회로서 순환·진보를 하는 과정에서 실존하는 현재를 진보의 기회로 생각했기 때문에 가능했을 것이다.

즉, 모계신본주의사회에서 개인의 잘못은 타인이 벌을 주는 것이 아니라, 스스로 선택과 행동의 결과에 의해 스스로 과보를 받게 된다고 생각했던 것이다. 이는 최소한 타인에게 피해를 주어서는 안된다는 소극적 태도가 아니라, 정성을 다하여 도와주는 적극적 태도로 사는 것을 사람의 도리라고 생각했던 이유로 볼 수 있다. 하여 자본주의사회가 희생을 무능한자로 인식하거나, 대다수 사람들은 이기적 심성을 배양하는 것을 현명한 인생으로 생각하며, '소유의 삶'을 행복한 삶으로 생각한다는 점에서 인류의 어두운 미래를 예상할 수 있다.

따라서 동양적 가치로서 좋은 옛것을 돌이켜 새롭게 한다는 의미인 '온고지신(溫故知新)'을 생각한다면, 인간의 선한 심성을 배양하기 위한 태고의 모계적 분배양식이 세계화되어야 함을 알 수 있다. 물론 자본주의사회에서 인간을 상품화하여 만든 절대적 양극화로 인간성 황폐화가 가속화되고 있기 때문이다. 뿐만 아니라 오늘날 무한경쟁으로 인한 환경파괴는 재앙의 징조인 지구온난화로 나타나고 있을 뿐만 아니라, 대다수의 나라들이 경제문제로 어려움을 겪고 있으며, 1대 99라는 절대적 양극화로 인류의 대다수가 빈곤층으로 전락함에 따라 인간의 궁극적 삶의 목적인 행복한 인생과 배치되고 있기 때문이다. 물론 절대주의 철학자였던 플라톤이 개인소득은 최저소득자의 5배를 넘지 않도록 소유제한을 주장한 것도 오늘날 현실적 대안으로 유효할 것이다.

또한 자본주의가 물질적 풍요를 구현하여 이상적인 사회를 만들고자 하였지만, 생존경쟁을 넘어 과당경쟁으로 제국주의를 만들거나, 대다수의 사람이 빈곤층으로 전락하면서 상실감을 갖게 된 사실 등을 상기해 볼 때, 더 이상 나아질 것으로 기대할 수 없다. 하지만 부계사회가 일궈놓은 사상과 제도들은 이미 공고화되어 의식을 지배하고 있을 뿐만 아니라, 첨단과학기술로 인하여 부계적 가치에 대한 확신에 차있음에 따라 이미 위험한 사회로 되었음에도 불구하고 미래를 낙관하고 있는 것은 더욱 큰문제가 되고 있다.

이는 오늘날 민주적 생활양식이 보편화되어 있음에 따라 민주주의를 공고화하기 위한 경제민주화로 적극적 복지사회가 구현되어야 함에도 불구하고, 비복지적인 자유주의속성에 충실코자 하는 신자유주의가 등장한 사실에서 이해할 수 있다. 물론 민주주의의 위기를 만드는 비복지적인 분배양식을 퇴출되어야 할 것이다. 따라서 오늘날 우수한 학문과 첨단과학기술과 더불어 초고속 정보통신이나 우수한 컴퓨터 등에 의해 신자유주의를 가능케 한 것처럼, 인류가 모계적 분배양식을 근간으로 하는 모민주의 체제로 적극적 복지사회의 구현하겠다는 사회적 합의를 한다면 얼마든지 실현가능함을 알 수 있다.

제 6 부

모민주의 정치철학

Ⅰ. 序

Ⅱ. 자본주의를 넘어

Ⅲ. 신인류의 행복한 인생

Ⅳ. 結

I
序

부계사회가 등장한 후, 성적 노예로 전락한 여성이 근대사회의 자본주의 체제가 인간을 상품화하며 성적 타락이 만연함과 동시에 오늘날 첨단과학기술시대를 살고 있음에 따라 여성에게 새로운 위기가 닥쳐올 것을 우려하고 있다. 하여 혹자는 이러한 현상을 우려한 나머지 문명을 가장한 야만사회로까지 표현하고 있음을 생각해 볼 때, 왜 이러한 현상이 유발되는 지, 개선될 방법은 없는지 등을 위해 철학적 검토가 필요할 것이다. 우선 이름을 밝히기를 거부한 어느 가련한 30대 후반 매춘 여성의 비극적인 삶의 주인공 옥순(가명)의 삶에 대해서 지면 관계상 간단한 소개로 논변을 시작해보자. 논변을 시작해보자.

기구한 운명

옥순의 증조부는 구한말 지식층(선비)으로 일제에 맞서 독립운동을 하였던 분으로, 1920년경 일제와 전투 중 비명에 간 몇 사람 중의 한 사람이었다. 이 사건 후, 증조모와 가족들은 동네에서 살 수 없게 되어 떠돌이 신세로 살다가 1940년경 옥순의 조부는 징용을 가게 되었고, 옥순의 고모할머니는 정신대에 붙들려갔다고 한다. 이후 해방이 되어 옥순의 조부는 돌아올 수 있었던 반면, 옥순의 고모할머니는 20만 명 이상의 정신대(태평양전쟁 일제하 강제군위안부)가 거의 죽었듯이 옥순의 고모할머니와 다른 형제들의 생사는 알 길이 없었다. 이후 옥순의 조부는 징용 때 고된 노동과 원폭피해로 병으로 앓고 있는 가운데, 옥순의 조부는 혼인을 하여 두 딸을 낳아 살았지만 증조모와 조부는 1950년경 빈곤한 삶을 살다가 6·25동란으로 모두 돌아가셨다.

이후 고아원에서 성장한 맏딸인 옥순의 어머니는 1970년경 도금공장에서 일하던 청년과 혼인하여 딸(옥순)과 아들을 출산하고 양육하면서 가난을 벗어나고자 부업을 하였고, 옥순이의 아버지는 잔업까지 하였다. 하지만 옥순의 아버지는 열악한 환경의 도금공장에서 저임금을 보충하기 위한 잔업이 과로의 원인이 되었고, 직업병으로 퇴직하여 얼마 있다가 죽음을 맞이했다. 이는 당시 한국은 빈곤국으로 국민의료보험이 없었고 산재보험 등도 발달하지 않았기 때문일 것이다. 이후 그들은 절대 빈곤층으로 전락하게 되면서 남동생의 학업을 위해 옥순은 학업을 중단해야했다. 이러한 결정은 부계혈통주의에 의한 결과로 볼 수 있다.

아무튼 옥순은 여성으로서 불공평함을 느낄 수 없을 만큼 절박한 사정으로 공장에 취업하여 열심히 일하였음에도 불구하고 저임금인 까닭에 궁핍하였으며, 뭇 남성들의 치근거림과 때로는 성폭력을 당하기도 했다. 특히 직장상사가 우월적 지위로 옥순을 성희롱하거나 폭력 등은 견디기 힘들었다. 결국 옥순은 성적 거절과 동시에 직장에서 해고되었으며 이후 요식업소에서 일을 하게 되었다. 이후 현실의 어려움을 극복하기 위한 방편으로 과거 공장의 동료와 혼인하게 되었다.

하지만 행복한 순간은 잠깐일 뿐, 남편은 일했던 공장에서 있었던 타인에 의해 강제된 여성의 처지에서 벌어진 일임에도 불구하고 과거를 들먹이며 거의 매일 구타와 독설 등으로 괴롭혔다. 이러한 가운데 딸을 출산하였으며 정조의 의무를 지키지 못한 죄책감으로 심한 구타도 참고 견뎌나갔다. 이는 결혼 전과 후의 표리부동한 남편의 태도로 남성에 대한 증오가 구체화되기 시작하는 원인이 되었던 것이다. 하지만 남편은 외도를 시작했고 노골적으로 문란해짐에 따라 옥순은 노조 경험과 TV나 매체를 통해 여권신장의 당위성을 이해하게 됨과 동시에 남편과 싸우면서 가정불화로 이어져 이혼을 하였다.

즉, 부계주의가 주류를 이루는 사회에서 정서적으로 여성을 무시하는 경향과 더불어 여성운동에 참여한 적도 없는 옥순은 이혼을 당하게 되었던 것이다. 이는 아마도 전통적 가치와 서구의 개인주의 사고와 혼합되어 불평등에 대한 인식을 함에 따라 부부간에도 대립적인 관계를 형성되었기 때문일 것이다. 이후 옥순이가 빵을 위해 자유를 팔고 인간의 존엄성까지 상품화되는 과정을 겪게 되었다. 물론 옥순과 자신의 딸을 잘 키우기 위해 노력했지만, 세상은 여성운동가들의 말처럼 쉬운 것은 아님을 체험하였을 것이다.

더욱 불행한 것은 이혼 후, 그녀는 생계를 위해 유흥업소에서 접대부로 일하는 가운데 인신매매범의 마수에 걸려들었던 것이다. 즉, 돈이 필요한 입장에 있었던 옥순은 자신도 모르게 교묘한 방법에 의해 성적 노예로, 돈벌이의 수단으로 전락케 되었던 것이다. 이후 인신매매범의 가혹한 폭력과 매일 열 사람 이상의 남성에게 강간을 당한 결과 인간이기를 포기하게 되어 버렸으며, 이후 딸과 생이별을 하게 되었고 영육간의 회복불능 상태에 이르러 세상을 저주하며 매춘으로 살아가는 가련한 여성이 우리의 이웃으로 남아 있는 것이다. 이는 이미 8, 90년대 인신매매범이나 유사한 것이 의외로 많았으며, 오늘날에는 인터넷을 통해서도 매매춘이 일상화되다시피 하여 성문란은 도를 넘고 있다. 하여 옥순의 경우처럼 곤경에 처한 여성이 많아지고 있는 것은 비정상적인 사회임을 알 수 있다.

자본주의가 만든 인간의 상품화

이러한 사례들이 흔한 것은 아니지만, 경제성장과 더불어 성매매 수요가 증가하여 공급이 부족한 데서 오는 현상으로 사회에 만연되어 있음에도 불구하고 해결을 할 수 없다는 점이 문제이다. 예를 들어 여성의 전화 성폭력 자료 중 일부 내용을 간략히 보자면, "강제 납치되는 일명 탕치기 수법으로, 30~40대 아주머니가 중고생 정도의 소녀들에게 접근하여 서울역에 데려다주면 사례비를 준다고 속여서 유인하여 일명 기둥서방에게 팔아버리는 수법이다. 이후 기둥서방에게 강간당하고 하루 10~15명 정도가 드나들면서 강간을 20일 정도 당하고 난 다음 일부러 도망갈 기회를 주다가 또 다시 잡아옴에 따라 도저히 탈출할 수 없다는 생각을 갖게 하고 매춘을 시킨다는 것이다. 소위 이를 두고 영계백숙이라 하여 손님들의 성욕을 자극하고 있는 것이다. 그 다음 대마초나 히로뽕 등의 마약을 사용하여 발을 뺄 수 없게 만들고 있으며, 이런 조직들은 인신매매범과 기둥서방들은 경찰과 범인 검거에 정보원 역할을 하여 은밀히 공생하는 측면이 있다고 한다. 결국 화대로 받은 돈은 기둥서방에게 다 빼앗기고 빚은 눈덩이처럼 불어나서 매춘에서 벗어날 수 없다고 한다."(121) (서진영, 『여성은 왜』, p.274)

또 다른 예로써 여성의 허영심을 자극하여 어음이나 가계수표 등을 사용케 하여 부도나게 하거나, 악성사채로 채권관계를 형성하여 인신매매를 하고 있다. 즉, 자본주의의 맹점을 응용하기에 이르게 된 경우로 볼 수 있는 것이다. 특히 개인의 비참한 현실과 성적 수치심으로 깊은 상처로 남게 됨에 따라 경우에 따라서는 반사회적인 인격을 의미하는 사이코패스로 발전하며, 인간성 황폐화로 이어져 또 다른 사회문제를 야기하는 원인이 되고 있다. 이외에도 여성이 걸려들 함정과 수법은 부계사회의 등장과 함께 오랫동안 축적되어 있으며, 독자들도 보도를 통해서 이미 많이 알고 있기 때문에 생략한다.

이처럼 우리사회가 소수의 성공한 사람들은 전면에 부각되어 상품선전처럼 자주 등장하는 만큼, 대다수 실패한 사람들의 삶은 넓고 깊게 묻혀있음을 이해할 수 있다. 예를 들어 자본주의가 심화할수록 양극화로 인한 빈곤층의 증대로 인해 신자유주의가 만들어진 사실에서도 이해할 수 있다. 즉, 절대다수가 빈곤층으로 전락될 수 있는 위험한 사회가 된 것이다. 하여 문화적 존재인 인간의 적합한 정치경제제도가 성립되어야 함을 알 수 있다. 즉, 오늘날 지식정보의 폭발적 증가, 첨단과학기술, 천문학적 규모의 경제 등 고도물질문명과 비례하는 정신문명의 균형을 이루는 '존재의 삶'을 근간으로 하는 탈자본주의적인 새로운 모계적 분배양식으로 변모해야 하는 것이다.

다시 말해서 지구촌시대에 적합한 모계적 분배양식이 세계화되어야 함을 말하는 것이다. 이미 자본주의가 제국주의를 만든 역사적 경험으로 인하여 체제 수정을 했음에도 불구하고, 여전히 절대적 양극화로 위험한 사회를 만들었기 때문이다. 하지만 자본주의 생산양식은 과학기술을 발달케 한 원동력으로 작용한 것은 사실임에 따라 탈자본주의 분배양식으로 변모한다는 것은 쉽지 않을 것이다. 물론 인간다운 삶을 위한 과학기술의 발전과 진리탐구를 하는 지혜로운 인간은 지구촌시대가 요구하는 새로운 모계적 분배양식을 보편화하기 위한 정치경제제도를 만들 것이다.

모민주의 성립의 당위성

옥순의 경우처럼, 문명시대를 역행하는 가혹한 삶을 어떻게 하면 근절할 수 있는가? 신자유주의발 절대적 양극화로 직접적인 피해를 볼 수 있는 여성에 대한 대책이 있는가? 부계적 가치를 근간으로 하는 정책 결정이 어떠한 문제점을 낳는가? 그리고 새로운 체제를 어떻게 구현할 것인가? 등등의 문제를 정치철학적 개념분석을 통해 어떠한 제도적 장치를 마련하고, 더 나아가서 어떻게 작동해야 하는가의 기준을 마련한다는 것은 의미가 있을 것이다.

하여 자연법사상을 근간으로 성립한 근대 민주주의정치의 가치로서 자유, 평등, 박애, 정의, 자연권, 권력, 권리 등의 개념을 분석하고, 개혁을 위한 비평과 평가를 하고 문제점이나 한계, 제도의 불안정성 등을 모계적 시각에서 민주주의를 재해석한 모계민주주의가 인류의 적극적 복지사회를 구현하기 위해 적합하다는 사실을 논변할 것이다. 다시 말해서 모계적 가치를 근간으로 하는 민주주의는 모계와 부계가 정치적 균형을 이루는 '모민주의'(모계민주주의)로 발전되어야 함을 말하는 것이다. 왜냐하면 지구촌시대를 맞이한 인류에게 자본주의 세계화인 신자유주의에 의해 형성되는 위험한 사회에서 살기보다 포스트자본주의로서 모민주의 분배양식이 세계화되어야 옥순의 처지와 같은 불행한 여성의 양산을 억제할 수 있기 때문이다.

뿐만 아니라 지구촌시대를 맞이한 인류는 무한경쟁으로 훨씬 복잡하고, 갈등이 폭발적으로 증대하는 시대를 살게 됨에 따라 각 지역별로 사회통합을 위한 정체성을 강조하는 경향으로 인하여, 오히려 문화적 충돌로 불안정한 세계가 되고 있기 때문이다. 동시에 오늘날 사람들은 첨단과학기술을 통해 영적장치가 내재된 '영적 존재'임을 어렴풋이나마 알게 됨에 따라 '존재의 삶'에 대한 눈이 뜨고 있기 때문이다. 다시 말해서 스스로 삶을 개척하는 문화적 존재로서 '소유의 삶'을 살아갈 수도 있겠지만, 결코 '경제적 동물'로서 만족할 수 없는 영적 존재로서 '소유의 삶'을 살게 되었음을 말하는 의미이다. 물론 모계신본주의사회에서 인간은 '존재의 삶'을 살았던 적이 있다. 이는 수 만년 동안 평화를 유지한 모권사회를 이해할 수 있는 중기모계사회로서 모계신본주의사회가 나눔을 근간으로 하는 공유제를 하였던 사실에서 이해할 수 있다. 즉, 모성애를 근간으로 하는 모계신본주의사회는 인간을 대모신의 후손으로 믿었으며, 인간의 존엄성을 물질적 기초로 보장하는 원시공산사회로서 분권적이며 완만한 정태적인 종교사회였던 것이다.

아무튼 모계신본주의사회가 종교사회였음을 알 수 있는 것은 부계사회가 등장했음에도 불구하고, 대다수 성인(신인, 神人)들이 모계적 가치를 말하고 있다는 사실에서 이해할 수 있다. 예를 들어 단군(BC 2457)은 홍익인간을, 석가모니(BC 466~386)는 인간은 스스로 부처님임을 알아야 하고, 노자는 도와 덕을 이루기 위한 삶, 소크라테스는 너 자신을 알라, 공자(BC 552~479)는 자신이 원하지 않는 것을 남에게 행하지 말라고 하여 인권존중을 하였고, 맹자는 백성의 뜻이 하늘의 뜻임에 따라 황제는 백성을 위한 왕도정치를 해야 한다고 했으며, 예수는 이웃을 사랑하기를 네 몸같이 하라, 마호메트(BC 570~632)는 타인의 부정의를 다루면 너희도 부정으로 다루어진다고 한 사실로부터, 위대한 성인(신인, 神人)들은 모계적 가치를 말하고 있었다는 사실에서 이해할 수 있다.

하지만 모계신본주의사회이후 등장한 부계사회는 전체주의사회로서 중앙집권적이며 효율성을 중시한 동태적인 사회로서 사유제를 근간으로 하는 정치사회로 변모하였다. 예를 들어 시민혁명에 의해 구시대가 무너지고, 철학적 상대주의인 민주주의가 성립되었음에도 불구하고, 제국주의나 파시즘, 나치즘 등 사이비민주주의로 나타난 사실에서 부계주의를 이해할 수 있다. 즉, 근대민주주의사회가 성립하였음에도 불구하고, 제국주의로 인하여 세계 제1차, 제2차 대전이라는 혹독한 대가를 치르게 되었던 것이다. 이는 모계적 가치를 근간으로 하는 민주주의가 세상을 지배하는 부계적 가치로 인하여 온전하게 발전할 수 없었기 때문이다.

예를 들어 오늘날 헌법에서 차별금지를 명문화하여 어릴 때부터 남녀평등을 학교에서 배우고 있음에도 불구하고, 현실에서 남녀불평등은 여전한 사실에서 이해할 수 있다. 물론 20세기 초 여성들이 투표권을 획득한 사실에서 이해할 수 있다. 이는 민주주의가 모계주의를 근간으로 하고 있음에도 불구하고, 부계일변도의 부계민주주의임에 따라 생태적으로 민주적인 모계세력이 제대로 형성될 수 없기 때문이다. 하여 생태적으로 복지적이며 민주적인 여성이 권력의 반을 갖는 '모민주의' 정치가 성립되어야 민주주의가 공고화될 수 있음을 알 수 있다. 즉, 상대주의로서 민주주의와 부계적 가치와 불 합치함에 따라 균형을 이루는 탈 부계적인 분배양식이 보편화되어야 민주주의가 공고화되고, 사회가 극단적인 경향에서 벗어날 수 있음을 말하는 것이다. 하여 실질적 남녀평등을 구현할 수 있는 새로운 모계적 분배양식을 위한 체제가 성립되어야 민주주의가 공고화됨을 알 수 있다.

II

자본주의를 넘어

프랑스 인권선언에 "모든 주권의 원칙은 본질적으로 인민에게 있다."라고 주권재민을 말하고 있다. 하지만 오늘날 복잡성이 증대하고 전문화되는 만큼, 행정국가의 관료제는 비대해지고, 중앙집권이 강화되고 있는 가운데 주권재민의 의미가 현실적으로 약화되고 있다. 즉, 지구촌시대에 상호의존성의 증대와 전문적, 복잡성 등으로 인하여 국제정치의 역할이 증대하면서부터 주권재민의 의미가 약화되면서 국내정치가 표류하고 있다는 의미이다.

다시 말해서 무정부적 속성이 있는 자본주의가 업그레이드된 신자유주의는 세상 사람들을 세계 정부의 세계 시민처럼 만들어 가고 있는 상태를 말하는 것이다. 물론 장기적인 안목에서 하나의 세계정부가 성립되어 세계 시민으로 만들어가는 것은 당연하겠지만, 패권주의적 제국주의를 만든 자본주의로 세계 정부가 성립될 수는 없을 것이다. 이는 자본주의 완성편이라 할 수 있는 신자유주의가 만든 세계적 양극화로 인하여 대다수 국가는 유동성 위기와 더불어 스태그플레이션을 극복하기 위해, 환경오염을 묵인하거나, 과잉채취로 인한 자원고갈, 남획, 인간의 상품화로 인한 인간성 황폐화가 유발됨에 따라 퇴출을 준비하고 있기 때문이다.

물론 지구촌시대를 살아가는 인류에게 양극화, 환경오염, 성매매 등 부정적인 것들을 만들어내는 자본주의를 넘어 포스트자본주의로서 모민주의 정치경제제도가 세계화되어야 할 것이다. 즉, 지구촌시대를 사는 오늘날 생존을 위협할 만큼 극단적 양극화를 정당화하는 자유주의를 넘어 '상생의 삶'을 위한 새로운 모계적 분배양식이 인류의 보편적 가치가 되어야 하는 것이다. 이는 무한축적을 정당화하는 자본주의에서 살아남기 위해 무슨 짓이든 할 수 있는 위험한 사회가 되었기 때문이다. 예를 들어 양극화로 사회복지비나, 사회치안유지비 등이 폭발적으로 증가함에 따라 조세부담이 가중되는 반면, 부유층의 경우 더 많은 실익과 기회가 만들어짐에 따라 다양한 테러가 증대하고 있다는 사실에서 이해할 수 있다. 물론 제국주의로 인하여 유발된 엄청난 혼란과 살상을 상기한다면, 배금주의가 공고화될수록 위험한 사회가 됨을 알 수 있다.

하여 생존환경의 급속한 악화를 유발하는 자유기업을 비판하는 녹색생명운동이 활발히 전개되는 이유가 위험한 사회를 벗어나기 위한 것임을 알 수 있다. 물론 지구촌시대는 자본주의가 만들어가는 '상극의 삶'을 넘어 모민주의로 '상생의 삶'을 살아야 지속가능한 사회가 될 것이다. 다시 말해서 지구촌시대는 병 주고 약주는 자본주의를 넘어 모계적 분배양식을 근간으로 하는 적극적 복지사회의 구현을 위한 모계민주주의로 성립된 세계 정부를 여성이 이끌어가야 함을 말하는 것이다. 이는 생태적으로 복지적이고, 민주적인 여성은 모계적 가치를 내재하고 있는 민주주의에 적합하기 때문이다. 적극적 복지사회를 이끌어갈 주체가 되어야 할 것이다. 즉, 모계적 분배양식의 보편화로 남녀 차별이 없는 좋은 국가, 좋은 지구촌정부를 여성들이 만들어야 하는 것이다. 물론 부계주의가 세상의 순리로 오랫동안 인간의 의식을 지배하면서 형성된 남녀 차별이 5대5의 균형으로 조화를 이룰 것이다. 따라서 가부장제사회에서 차별에 대한 여성의 개인적인 불만은 역리가 됨에 따라 순리가 되기 위해 '여성에게 좋은 국가가 남성에게 좋다'는 전제로 마치 노동조합처럼, 여성의 조직화가 필요함을 알 수 있다.

이는 지구촌시대가 요구하는 '존재의 삶'을 위한 분배양식이 필요로 하다면, 일정한 세력을 갖추고 결사로 정당성을 확보해야 하기 때문이다. 즉, 세상의 필요에 의해 생명을 재창조하는 모계가 주체가 되어야 할 입장이 된 것이다. 물론 동양의 음양철학에서 음양의 성질은 다르지만 서열이 없다고 생각하여 모계도 상황에 따라 주체가 될 수 있다고 한 사실에서 이해할 수 있다. 하여 지구촌시대를 사는 신인류는 모계주의가 적합함을 말하는 것이다. 이즉, 자신의 삶을 재창조할 수 있는 문화적 존재로서 인간은 행복한 인생을 위해 모계적 분배양식으로 '존재의 삶'을 살아가는 것이 일반의사가 되어야 함을 알 수 있다.

1. 지구촌시대에 적합한 새로운 분배양식

모권사회의 분배양식

사전적 의미로 '국가는 일정한 경계선으로 구획되어진 자연사회에서 성립하는 정치조직'으로, 사회갈등을 조정하고 질서와 안정을 위한 정치기능을 수행하기 위한 사회조직으로서 권력이 부여되어 있다고 정의하고 있다. 즉, 국가는 가치추구나 질서유지를 위해 권력(강제력)이 행사되고, 태어나면서부터 국민이 되며 국가가 제정한 법은 모든 개인과 조직을 구속할 수 있는 것이다. 이처럼 막강한 국가권력은 사사로이 개인을 억압하기 위해 남용할 경우, 속수무책이었던 사실을 구시대를 통해 경험하였듯이, 언제나 어느 시대이든 남용의 가능성이 있는 것이다. 이는 구시대의 정치권력은 신분제를 유지하거나, 집단이기주의에 의해 권력유지, 계승, 발전을 저해하는 특정집단을 무력화한다든지, 착취하기 위한 수단으로, 수천 년간 질리도록 경험하였다. 하여 시민혁명 후 전체주의와 반대되는 자유주의(개인주의)를 근간으로 하는 근대사회가 국가를 기능국가로 변모케 하고, 권력분립을 국가존립의 원칙으로 한 것은 인류의 위대한 유산임을 알 수 있다.

따라서 구시대의 권력양극화로 인해 만들어진 부패나, 신분제로 가혹한 착취 등의 폐단으로 시민혁명이 닫힌사회였던 구시대를 퇴출하여 주권재민과 권력분립을 근간으로 하는 근대민주주의사회가 성립된 것은 인류의 염원의 결과로 우연히 만들어진 것이 아님을 알 수 있다. 하지만 자본주의의 속성에 의해 유발되는 이해관계의 충돌로 인하여 만들어진 행정국가의 관료제가 비대해짐에 따라 주권재민의 의미가 약화되고 있다. 즉, 계획주의(개입주의)를 허용하는 국가자본주의에서 부국강병과 복지사회를 구현하기 위한 기능이 전문화되고 비대해짐에 따라 관료제가 강화된 결과인 것이다.

하여 오늘날 지구촌시대가 되었음에도 불구하고, 민주주의가 위기를 맞게 된 것은 부계주의를 근간으로 하는 자본주의에 원인이 있음을 알 수 있다. 물론 모계주의 속성에서 발현된 민주주의의 위기를 극복하기 위해 '모민주의' 정치경제제도를 성립하여 경제민주화를 세계화한다면 민주주의가 공고화될 것이다.

그렇다면 왜 모계적 가치가 세계화에 적합한지 역사적 배경을 다시 한 번 살펴보는 것은 의미가 있을 것이다. 아마도 태고의 모계씨족사회는 여성성을 근간으로 하는 제정일치의 원시공산제 사회로 인간 동료로서 다른 씨족과 유대교류를 하며, 하나의 세계처럼 단순한 언어로 세계여행을 하고, 견문도 넓히는 소위 내공을 쌓는 생활을 했을 것이다. 즉, 이성적 존재로서 인간은 자신의 의문을 풀기 위해 유목민처럼 살면서 세계여행을 하며 교류하는 사회였을 것이다. 이처럼 평화롭고, 자유로운 삶을 수만 년간 지속하면서 완만한 진보를 하는 가운데, 소위 내공을 쌓은 인류는 2만 년을 전후해서 농경정착의 생활을 할 수 있었을 것이다. 이후 인구의 증가로 인한 환경의 변화로 인류 최초의 국가의 원형인 신앙공동체로서, 원시모권국가가 등장할 수 있었다고 볼 수 있다.

예를 들어 모계유일신을 숭배한 모계신본주의시대를 이은 고대 12한국이 될 것이다. 즉, 중기모계사회였던 모계신본주의사회는 인류문명의 기초를 일구어놓으며, 스스로 문화적 존재임을 자각하게 된 시대였던 것이다. 이는 당시의 모계사회가 여성들에 의해 농기구가 발명되고 농사기술이 발달되어 전 세계에 보급하였음을 앞에서 설명한 바 있다. 따라서 초기모계사회가 자연에 의존한 사회로서 생명의 순환을 자연의 순환과정과 동일하다고 생각하여 죽음과 삶이 연속되는 다생의 삶을 산다고 믿었던 것은 영감에 근거하고 있음을 알 수 있다. 이는 종교 편에서 구체적인 설명이 있을 것이다.

즉, 모계신본주의사회는 평화로운 가운데, 우수한 여성들의 기술과 지혜로 잉여생산물을 비축할 수 있게 됨에 따라 남녀 관리자가 등장하게 될 수 있었으며, 물물교환에서 화폐경제로 역사 발전할 수 있는 초석을 낳은 사회로 볼 수 있다. 또한 인구증가와 더불어 생산성증대는 남성 관리자가 담당하면서부터 부계사회가 태동할 수 있었을 것으로 추정하고 있다. 이후 거래증대로 교환기능과 자산가치의 이동이 용이한 귀금속과 같은 여러 종류의 화폐가 등장하게 되었고, 이는 사유제의 등장과 함께 노동을 통해서 소득을 얻기보다 빼앗거나, 속이는 것이 유리하게 됨에 따라 무질서한 야만사회가 되기 시작하면서부터, 전체주의를 근간으로 하는 부족연합국가가 성립된 원인으로 볼 수 있다.

즉, 화폐경제가 정착되면서 모계신본주의를 이은 태고의 고대 한국은 급속히 위축이 되었던 반면, 단힌사회로서 부계사회가 도약을 하면서 지역별로 탈모계적인 독자적인 문화를 형성하게 됨에 따라 부족 상호간 갈등과 분쟁은 빠른 속도로 확산되는 혼돈의 과정을 겪으면서, 전체주의(절대주의) 국가를 형성하게 되었던 것이다. 물론 홉스가 '만인에 대한 만인의 투쟁' 을 방지하기 위한 제3의 중재자로서 국가가 필요하다고 한 상태였을 것이다. 따라서 화폐경제는 부족상호간의 배타적인 관계가 형성됨에 따라 보호주의적인 경향으로 자유로운 여행이나 문물교류를 어렵게 하거나, 이해관계에 의한 잦은 충돌을 유발하는 원인이 되었음을 이해할 수 있다. 또한 '소유의 삶'을 가능케 한 화폐경제로 인하여, 승자의 경우 패자의 재화를 몰수하거나 약탈, 노예로 전락케 하는 등으로 모든 것을 갖는 승자독식문화가 형성된 원인으로 볼 수 있다.

예를 들어 승리의 정당성과 영속화를 위해 신의 도움에 의해 승리를 한 것처럼, 지배의 당위성을 위해 자신들의 신전을 세우고 착취를 위한 일환으로 수리시설, 농지관리, 도로망 등을 강제로 조성하였던 사실에서 이해할 수 있다. 하여 모계씨족사회가 종교적 신념을 위해 연합한 상고대의 고대 한국은 부계부족이 이합집산을 하면서 만든 중앙집권제로서 부계부족연합국가와는 근본적으로 다른 사회였음을 알 수 있다. 즉, 고대 한국은 분권화되어 열린사회였다면, 초기 부계국가는 본질적으로 집단이기주의와 사익을 위한 닫힌사회였던 것이다. 따라서 지구촌시대에 적합한 체제는 모계적 가치를 공고화하는 모민주의가 적합함을 알 수 있다.

부계적 분배양식

고대 부계사회는 적자생존논리에 의해 이합집산을 한 결과로, 고대 이집트나, 로마제국이나 고대 중국 등으로 중앙집권제의 거대한 국가를 만들었다. 특히 강력한 부계사회였던 로마제국의 흥망성쇠는 인류에게 상당한 영향을 끼쳤다고 할 수 있다. 이는 로마제국이 5세기경 멸망으로 기독교가 유럽을 지배한 중세 암흑시대(AD 3C~13C)는 13세기 몽골제국을 만든 칭기즈칸의 세계화로 막을 내리게 되었으며, 이후 동서양의 활발한 문물교류는 유럽을 인본주의

사회로 변모케 하였고, 이어서 자연법사상이 발현되면서 무정부적인 경향이 있는 자유주의가 구체화되었다. 즉, 국가가 있기에 개인이 있다는 전체주의와 상반된, 개인이 있기에 국가가 있다고 생각하는 자유주의(개인주의)가 등장한 것이다. 다시 말해서 인생의 주인공으로서 자신의 이기적 목적을 달성하기 위한 자유경쟁을 국가가 간섭할 수 없음을 정당화하기 시작했던 것이다.

하여 칭기즈칸의 세계화는 서구사회가 절대존재를 불확실한 존재로 인식하게 되었고, 이어서 태동되기 시작한 자유주의 사조는 산업혁명을 이어, 시민혁명을 일으킨 원인으로 볼 수 있다. 물론 인간을 소우주로서 주체적 존재라고 생각하는 동양의 음양철학에 영향을 받은 서구는 자신들의 학문적인 뿌리인 고대 그리스의 인본주의를 재음미한 결과로 볼 수 있다. 하여 동양의 민본주의와 서구의 신본주의가 상호교류를 함으로써, 만들어진 것이 자유주의로 볼 수 있다. 예를 들어 15세기 르네상스와 백과전서파의 볼테르가 공자를 무척 존경한 사실 등으로 볼 때, 이미 동서양은 상호간의 오랜 탐구가 있었던 사실에서 이해할 수 있다.

물론 기독교 토양에서 성장한 볼테르 자신도 도교를 이해하여 '자연으로 돌아가자'라고 했을지라도 도교가 여성성을 근간으로 하고 있다는 사실이나, 음양사상이 모계신본주의사회로부터 발현된 사실까지는 이해할 수 없었을 것이다. 즉, 부계신본주의를 근간으로 하는 서구 기독교문화에서 동양의 도교나 민본주의가 모계신본주의사회로부터 이어지고 있다는 사실을 상상도 할 수 없는 것이다. 다시 말해서 태고로부터 인간을 재창조하는 모성에 의해, 인간이 주체로서 스스로 삶을 개척한다는 인본주의가 형성되어 있었던 사실을 서구 문화에서는 이해할 수 없었음을 말하는 것이다.

아무튼 인간의 개인성을 근간으로 하는 자유방임주의가 혹독한 착취를 허용함에 따라 유발되는 인간적 갈등을 극복하기 위해 인간의 사회성을 중시하는 사회주의가 등장했으며, 이어서 급진적인 공산주의가 출현함에 따라 사회법(노동권)을 명문화한 바이마르 헌법이 만들어졌다. 이는 인간이 빵만으로 살 수 없는 존재임을 각인한 결과로 볼 수 있다. 즉, 소유의 삶을 지향하는 자본주의가 주기적인 공황이나, 이해관계로 인한 제국주의나, 세계 1차, 2차 대전과 수많은 분쟁 등 험악한 삶을 살게 한다는 사실을 체험하게 됨에 따라 근대기능국가가 자유와 평등의 균형을 이루기 위해 존립한다는 사실을 재인식했던 것이다. 다시 말해서 자유, 평등, 박애라는 시민혁명정신에 의해 성립한 근대사회는 인간의 개인성과 사회성의 조화를 이루는 복지국가의 구현에 있음을 재인식하게 되었다는 뜻이다.

물론 초기 자본주의사회에서 사용자와 근로자 간의 끝없는 대립은 산업평화를 이룰 수 없는 까닭에 아무도 실익이 없으며, 종국에는 사회가 붕괴될 수도 있음을 알게 되었기 때문이다. 다시 말해서 자유주의의 폐단을 극복하기 위한 사회적 합의로 제3자인 국가를 소극적 복지사회를 구현하기 위한 주체로 인정하기에 이르렀다는 의미이다. 이는 비복지적인 자유주의가 도를 넘은 착취로 인하여 시장기능의 위축을 극복하기 위한 방편으로 볼 수도 있다. 예를 들어 1929년 미국 발 세계공황을 극복하기 위해 미국은 노사 상호간의 대 타협을 유도한 정부주도의 복지정책이나, 정부투자정책에 의해 시장기능이 회복된 사실에서 이해할 수 있다.

즉, 자본주의가 국가의 구성원이 이기적 개인들로 구성되어 있다고 생각함에 따라 복지는 개인의 문제로 국가가 부담할 이유가 없다고 생각하였지만, 자본주의로 인해 형성된 양극화나 환경문제나, 인간성 황폐화 등으로 유발되는 사회문제를 개인에게만 책임을 전가할 수 없음을 알게 되었던 것이다. 따라서 기능국가로 개개인을 바람직한 인간성을 함양케 하기 위한 복지책무와, 더불어 인간답게 살 수 있는 환경을 조성해야할 뿐만 아니라, 사회적 약자를 보호하고 공동선을 구현하기 위해 소극적 복지국가가 성립되었음을 알 수 있다. 이는 자본주의와 공산주의 간에 복지국가를 목표로 체제 경쟁을 하면서 생활의 질을 중시하게 되었고, 태생적으로 복지적인 여성의 사회적 지위가 획기적으로 향상되는 계기가 되었다. 또한 인류가 소극적 복지국가를 경험한 인류가 적극적 복지국가를 꿈꾸는 계기가 되었다는 점에서 의의가 크다 할 것이다. 따라서 인류역사 발전 과정에서 볼 때, 오늘날 신자유주의는 인류의 적극적 복지사회를 구현하기 위한 전 단계로서 과도기적인 사상으로 볼 수 있다.

새로운 분배양식으로 역사발전

초기 자본주의가 인간의 이기심을 지나치게 강조하는 극단적인 경향으로 인한 결과로, 생성된 사회주의가 자유민주주의를 비민주적이라고 비판하였고, 이후 발전한 공산주의와 자본주의간에 자신들이 진짜 민주주의라고 주장하면서 대립하였다. 이후 서구의 강력한 부계토양에 의해 배양된 극단적인 두 이념은 제1차 세계대전을 거치면서, 과학기술로 이룬 가공할 무기체계와 더불어 전대미문의 군비확장과 무수한 전쟁의 원인이 되었으며, 이어서 제2차 세계대전 중 핵무기나 인명살상을 위한 개인화기가 발달하게 되었고, 이러한 과정에서 만들어진 세계 제2차 대전으로 유발된 천문학적 파괴로 인한 생지옥을 체험한 후, 복지국가가 구체적으로 실천되었다. 즉, 대립과 반목을 통해 양 체제 모두가 반쪽 민주주의임을 아는 계기가 되었던 것이다. 따라서 모계적 가치를 근간으로 하는 민주주의가 부계가 주류를 이루는 사회에서는 반쪽 민주주의로, 민주주의의 정치적 의무를 다할 수 없음을 역사적 경험을 통해 이해할 수 있다.

하지만 근대민주주의가 반쪽 민주주의라 할지라도 생태적으로 복지적인 모성과 부합되는 복지사회를 소극적이나마 구현할 수 있었다는 점에서 의미는 있다. 즉, 여성이 복지정책의 일선에서 참여하는 계기가 되었다는 점에서 의미가 큰 것이다. 또한 자본주의발 양극화로 인한 복지수요의 급증은 '존재의 삶'을 추구하는 방향으로 역사 발전되어야 함을 인식하게 되었던 점에서도 진일보했다고 할 수 있다. 즉, 인류는 이기심을 배양하는 자본주의가 공공선을 이루기 어렵다는 사실을 역사적 경험에서 알게 된 것이다. 뿐만 아니라, 오늘날 복지국가는 완전고용을 전제로 국가계획에 의해 실업, 빈부격차, 빈곤 등의 문제해결이 어렵고, 오히려 사태는 악화되어 가고 있다. 하여 수정자본주의를 넘어 '존재의 삶'을 전재로 한, 포스트자본주의로서 '모민주의'가 성립되어야 할 시점이 되었음을 알 수 있다.

또한 행복권, 생활권, 생존권 등을 위한 사회보장제도의 확대로,

중앙집권화, 행정부의 자유재량의 확대, 현대사회의 복잡성, 행정의 전문성, 비상시에는 위임입법을 할 정도로 실속 있는 권력 등이 관료제를 비대화하게 함에 따라 의회민주주의 정치가 위기를 맞고 있다. 즉, 구시대의 신분제를 시민혁명으로 타파하여, 자연법사상을 근간으로 하는 근대민주주의사회가 성립되었음에도 불구하고, 복지사회구현을 위한 행정국가의 관료제가 비대해졌거나, 중앙집권제의 심화, 절대적 양극화 등은 분권적인 민주주의 정신과 배치되고 있는 것이다. 다시 말해서 복지사회를 구현하기 위한 관료제는 권력의 확장본능에 의해서 위력을 갖게 되었으며, 절대적 양극화 등은 혁명정신과 배치되는 새로운 억압으로 생각하게 되었다는 의미이다. 하여 부계주의가 세상의 주류가 되는 한, 언제나 일어나는 현상임에 따라 여성이 권력의 반을 갖고, 적극적 복지사회의 구현을 위해 탈 부계적인 생활정치인 모민주의가 세계화되어야 함을 알 수 있다.

즉, 복지는 고육지책(苦肉之策)으로 2차적 가변적인 선택사항이 아닌 인류의 행복을 위한 1차적 불변적인 것으로 설정하는 체제가 성립되어야 하는 것이다. 다시 말해서 부계주의에서 형성된 관행이나, 정서가 여성의 복지본능을 방해함에 따라 생태적으로 민주적이고, 복지적인 여성이 복지정책의 주체가 되어 적극적 복지사회를 구현할 수 있는 모민주의의 세계화를 말하는 것이다. 물론 오랫동안 공고화된 부계엘리트주의(부계우월주의)에 의해 소외로 인한 상당한 피해를 입은 여성들에 대해서 시대를 초월한 집단보상의 의미도 포함되어 있다. 또한 남녀평등을 천명한 근대사회가 되었음에도 불구하고, 오늘날까지 부계편도의 정치로 여성은 여전히 비주류로 남아 있다는 사실 자체가 객관성이 결여된 사회병리현상임에 따라 마땅히 개선이 되어야 하기 때문이다. 예를 들어 근대사회가 만민평등이라는 인권선언을 했음에도 불구하고, 현실에서는 부계편도의 정치로 구시대처럼 여성이 비주류로 남아 있었다.

즉, 개인의 삶을 중시하는 자유주의에 의해 절대봉건제가 무너지고, 근대사회의 성립으로 기능국가를 만들었음에도 불구하고, 여성은 여전히 정치권력에서 소외되었으며, 사회적 지위는 매우 낮은 가운데, 가족해체나 매춘이 증가하는 등 여성의 삶이 고단함이 과거처럼 힘들었던 것이다. 다시 말해서 국가로부터 '안 받기'를 의미하는 비복지적인 자유주의를 근간으로 하는 자본주의는 태생적으로 복지적인 여성과 배치됨에 따라 국가로부터 보호를 받아야 할 입장임에도 불구하고, 형식적 평등으로 인해 오히려 자유경쟁에서 불리했던 것이다. 하여 생태적으로 복지적인 여성은 자본주의 심성과 배치됨에 따라 자유경쟁이 되도록 정부의 보호가 필요함을 알 수 있다. 예를 들어 자유경쟁이라는 미명하에 비정한 식민지배나 부를 이루기 위한 온갖 술수와 비겁함은 일상화되었으며, 수많은 사람이 인간성 황폐화를 겪거나, 굶어죽을 자유밖에 없었다는 사실에서 이해할 수 있다. 하여 여성 스스로 보호를 받기 위해 국가운영의 주체가 되어야 함을 이해할 수 있다. 따라서 인류의 이상인 적극적 복지사회로 진보하기를 바란다면, 실질적으로 남녀평등을 원한다면, 여성이 복지의 주체로 현실정치에 적극적으로 참여하여, 적극적 복지사회의 구현을 위한 지속적이고 조직적인 운동을 해야 함을 알 수 있다.

물론 지구촌시대로 진보한 문명인으로서, 인류가 오랫동안 꿈꾸어왔던 적극적 복지사회를 구현할 수 있는 조건이 성숙되었으며, 마땅히 행복하고 즐기운 인생을 위해 삶의 질을 중시하는 방향으로 역사 발전해야 하는 당위성이 있기 때문이다. 뿐만 아니라 헌법에도 차별금지법을 명문화한 오늘날 과거와 비교할 수 없을 만큼, 여권신장이 되었으며, 여성의 교양과 지적능력이 향상되었고, 남성보다 우월한 여성도 배출되거나, 새로운 제도의 보완이나 상당한 세력도 갖추게 되는 등으로 사회인식도 달라진 가운데 적극적 복지사회를 이룰 수 있는 기초가 확보되었기 때문이다.

또한 수천 년간을 열등한 존재로 전락한 여성들이 근대사회가 성립된 후 짧은 기간에 남성과 대등한 수준에 이를 만큼 구심력을 회복하고 있음을 볼 때, 정치적 자질이 풍부함이 입증되었다. 하지만 부계사회의 등장으로 전쟁과 폭력 등에 의한 부족국가 간의 합종연횡으로 이루어진 전체주의가 경제적 전체주의라 할 수 있는 자본주의로 이어져서, 유사폭력과 같은 양극화를 유발하는 위험한 사회가 된, 오늘날 여성은 폭행을 당하거나, 성범죄의 대상으로나, 살해를 당하는 자가 증대함에 따라 무력한 존재로 오해하고 있다. 이는 오랫동안 부계주의가 주류를 이룬 세상에서 만들어진 반인륜적인 폭력이나 양극화와 같은 유사폭력이 보편화된 사회에서는 시민혁명으로 근대사회가 성립되었다 할지라도 현실에서 여성의 능력을 발휘하기 힘들기 때문이다.

물론 가부장제 국가에서 부계가 질서유지와 불법행위나 범죄 등을 제압하기 위한 경찰, 군사력 등 물리적 강제력을 독점함에 따라 정서적으로 여성은 위축되어 있는 것이다. 또한 오늘날 민주주의 국가에서 선거를 통해서 다수당이 되었을 때만이 권력의 주체가 되어 국정을 수행할 수 있다는 점에서 구시대와 다르지만, 부계편도정치에서 여성은 여전히 비주류로 실력행사의 주체가 되지 못함에 따라 권력 작용의 주체가 되지 못하는 것이다. 하여 물리적 강제력은 권력자에게 복종함에 따라 공격을 방어할 권력이 없는 여성의 경우, 폭력의 위협에서 벗어날 수 없음을 이해할 수 있다. 이는 국제법에서 국가는 일정한 영토에 거주하는 국민을 지배할 수 있는 법적 주체로서 정부조직을 가진 상태라고 정의하는 바, 국가를 경영하는 주체는 부계혈통주의 민족국가만이 아니라, 비 혈통주의의 모계주의를 근간을 하든, 어떠한 정치체계를 갖든 승리자가 권력을 갖기 때문이다. 따라서 국민의 반인 여성이 정권을 획득하기 위해 '모민주의'의 정당성을 주장하여 다수당으로서 승리하여 실력행사를 할 수 있는 주체가 될 때, 남녀평등을 이루어 폭력을 억제할 수 있음을 알 수 있다.

물론 지구촌시대는 부계적 가치로 형성된 가부장제국가의 부국강병 논리보다 여성의 생태적인 특성에서 비롯되는 보살핌의 본능이나 내면적, 종교적, 비폭력적이고 평화적인 성향이 중시됨에 따라 모민주의가 세계화될 것이다. 이는 근대사회가 형식적 남녀평등을 이루었다면, 지구촌사회가 된 오늘날은 실질적인 남녀평등을 이루어야 지속가능한 사회가 되기 때문이다. 물론 태고로부터 남녀가 동반자로 협동한 결과로, 문명시대를 이룬 것을 상기한다면, 마땅히 실질적 평등을 구현할 수 있는 체제가 성립되어야 할 것이다. 다시 말해서 아직도 부계편도 정치로 인하여 남녀 차별이 실재함에 따라 여성들은 거부하여 탈 부계적인 세상인 적극적 복지사회를 세계화하어서 남녀평등을 구현해야 함을 말하는 것이다.

물론 여성 자신의 불리한 현실을 극복하기 위해 부계적 가치가 주류를 이루는 세상에서 여성이 남성을 답습하는 마치 여성이 남장을 하고 남성 흉내를 내는 것처럼 어설픈 것을 말하는 것이 아니라, 근본적인 변화로 부계주의의 종말을 말하는 것이다. 왜냐하면 부계주의가 주류를 이루는 세상에서 여성문제를 막연히 두고 보며 자동조절에 기대하는 것은 역사적 경험으로 볼 때 불가능하기 때문이다. 뿐만 아니라 부계주의가 공고화되고 발전한 결과로, 절대적 양극화로 여성은 새로운 위기를 맞고 있으며, 오늘날 부계적 세계화가 환경오염으로 인한 자연재해나, 여러 종류의 불길한 징조 등과, 더불어 부계주의는 퇴출해야할 만큼 위험한 사회가 되었기 때문이다.

이는 부계주의에 의해서 만들어진 식민정책은 산업혁명의 원동력이 되었으며, 이후 만들어진 자본주의는 제국주의를 만들어 군비경쟁과 과학기술에 의한 살상무기의 획기적인 발전으로 인류를 전쟁의 소용돌이에 몰아넣었음에도 불구하고, 오히려 부계주의가 강화되고 있기 때문이다. 즉, 부계주의가 강화되는 측면이 있는, 선진국 중심의 비복지적인 신자유주의로 세계화를 추구하는 것은 자유·평등·박애를 구현하기 위한 시민혁명에 의해서 성립한 근대사회와 배치될 뿐만 아니라, 인류의 이상으로 적극적 복지사회로 진보해야 하는 당위성과 배치되고 있는 것이다. 실제로 선진국이 중심이 된 신자유주의는 적자생존 논리로 무한경쟁을 시대정신으로 한 결과, 경쟁력이 없는 후진국은 곤경에 처하게 됨에 따라 시대를 이끌었던 선진국의 구심력은 상실된 상태에서 테러가 만연하는 위험한 사회로 가속화되고 있기 때문이다. 물론 이러한 현상을 극복하기 위해 다각도로 대안을 제시하고 있지만, 어디까지나 부계주의를 근간으로 함에 따라 임시 조치에 지나지 않고 있는 것이다.

예를 들어 오늘날 세계분업화를 촉진하고자 하는 신자유주의는 선진국과 주변국들로 상호의존성이 크게 증대함에 따라 어떠한 한 곳의 문제는 세계적으로 확산되어 잦은 공황을 유발될 위험이 증가하고 있으며, 세계적 양극화로 인한 각국의 경제전쟁으로 매우 불안정한 위험한 세상이 구조화되어, 마치 마른 장작에 불을 붙이는 것처럼, 언제 어느 때이든 일촉즉발의 위험 수위에 있다는 사실에서 이해할 수 있다. 물론 부계사회가 등장하면서 염원했던 무한소유를 과학기술로 가능케 함에 따라 만들어지는 절대적 양극화로 테러가 보편화되는 명분이 되고 있다. 따라서 불안정한 사회에서 여성이 힘들었던 역사적 경험을 상기해볼 때, 지혜로운 인간이라면 적극적 복지사회를 세계화하여 더 이상 여성에게 불행했던 과거를 반복하지 않도록 해야 함을 알 수 있다. 즉, 탈 부계적, 탈 자본주의적인 모계적 분배양식이 보편화되게 하는 정치문화를 형성할 수 있는 체제가 세계화되어야 할 것이다.

마지막으로 인간을 끝없이 재생산하는 모계의 구심력과 함께 삶을 재창조하는 부계의 원심력이 별개가 아닌 인간의 본질을 구성하고 있음에 따라 부계와 모계가 조화로운 사회로 진보해야 함을 알 수 있다. 즉, 인간이 진보하는 만큼 복지주의를 공고화하는 생활정치가 구현되어야 함을 말하는 것이다. 물론 모계가 인간을 재창조하여 실존케 했으며, 모성애로 양육되어 인간의 선한 본질을 구성하고 있다는 점에서, 남녀평등을 이루는 새로운 분배양식을 근간으로 하는 모민주의 체제가 적당할 것이다. 이는 적극적 복지사회를 구현하기 위한 생활정치의 주체로서 여성의 정치적 역량이 발휘될 수 있도록, 제도적 장치를 마련하여, 참여를 활성화하고, 질적, 양적으로 육성하는 모민주의 국가가 좋은 국가라고 생각하기 때문이다. 이는 정치 편에서 구체적 논변이 있을 것이다.

2. 탈 부계주의시대

서양이 법치주의가 발달되어 있었던 배경에는 오래전부터 피조물로서 인간은 절대존재의 뜻과 명령을 지켜야 하는 율법주의에서 비롯되었다고 할 수 있다. 또한 서구의 여러 민족국가가 로마제국에 의해 통합되면서 강력한 중앙집권체제를 유지하기 위한 수단으로 법치주의가 발달된 것으로 볼 수 있다. 물론 고대 중국처럼 여러 민족을 통합하여 중앙집권제를 하였지만, 덕치주의로 발달한 것을 본다면 문화적인 차이에 의한 결과로 볼 수 있다. 즉, 인본주의로 음양사상을 근간으로 한 동양사회의 경우, 인간 상호간에 조화로운 삶을 살고자 노력하는 것을 사람의 도리로 생각함에 따라 권리의식이 희박하며 결과보다 동기를 중시하는 경향이 있는 반면, 부계신본주의를 근간으로 하는 서구는 이분법적 사고를 하였던 점에서 차이가 있는 것이다. 이는 아마도 모계신본주의사회를 이은 동서양의 부계사회가 각 지역의 생존 환경에 맞추어 발전한 결과일 것이다.

이는 모계신본주의사회가 인간의 신체구조를 통해 숫자나 수리 등을 설정하여 만물을 측도하고, 사물의 성질을 이해한 것이나, 출산 과정을 통해서 원시음양론을 생각했다거나, 상상력의 크기가 우주의 크기와 같다고 생각하거나, 스스로 소우주로 이해한 것 등을 상기해 볼 때, 각 지역의 특성에 맞게 발전한 것임을 이해할 수 있다. 물론 자연친화적이며, 모계적 가치와 흡사한 도교를 통해 앞의 사실을 이해할 수 있다. 즉, 도교는 유교보다 훨씬 뿌리가 깊고, 인류종교의 원형임을 통찰력으로 이해할 수 있는 것이다. 다시 말해서 모계신본주의사회가 인간은 피조물이 아닌 자율적인 주체로서 자신을 수정하여 진보할 수 있는 유일한 현재를 중시하였으며, 천지만물과 조화를 중시한 모계원형종교와 흡사한 도교에서 부계사회가 등장하기 전 모계사회를 이해할 수 있는 것이다. 더불어 모계신본주의사회는 만물의 생성원리를 모성 자신을 통해서 자연현상을 비교 검토하고 경험된 사실을 토대로 사물을 직관적, 귀납적으로 이해한 인본주의 사회였던 것이다.

물론 모계신본주의사회의 신선사상을 이은 도교와 후일 만들어진 유교가 인본주의를 근간으로 한 사실로부터 모계신본주의사회가 인본주의사회였음을 알 수 있다. 또한 모계신본주의사회는 모계사회가 다생의 삶을 믿음에 따라 현재에 일어나는 인간관계를 전생관이라는 입체적 사고로 해석한 사회였다. 이것이 동양에서 주체로서 인간은 조화로운 삶을 위해 상대의 입장에서 생각하라는 역지사지(易地思之)의 관용적인 삶을 인간의 도리로 생각하며, 의무를 중시하여 권리의식이 미약했던 원인으로 볼 수 있다.

인간의 선함을 배양하는 체제

모계신본주의사회를 이은 동양은 사람을 삼라만상의 주체로 믿고, 군주가 하늘인 백성을 위하고, 백성은 군주를 위하는 쌍무적관계로 생각한 민본주의사회로서, 국가존립의 정당성을 사회의 기초조직인 가족복지와 안녕에 둔 것은 인본주의사회였음을 이해할 수 있다. 즉, 동양은 음양철학에 의해 남녀의 조화를 중시한 민본주의사회로서, 인간이 타율적인 법치주의에 구속되는 일이 없도록, 스스로 도덕적이고 자율적인 삶을 살게끔 국가가 선도하는 덕치주의사회였던 것이다. 다시 말해서 인간은 주체로서 본질적으로 선한 존재임에 따라 자율성을 존중한 사회였음을 말하는 것이다.

이는 인본주의를 근간으로 하는 덕치주의가 인간을 선한 존재로 전제하고 있음을 맹자의 성선설에서 이해할 수 있다. 즉, 인간은 본질적으로 선함에 따라 좋은 교육환경과 훌륭한 사람들의 가르침과 교분을 통해서 훌륭한 인격이 형성되고, 성인군자가 될 수 있음을 굳게 믿었던 것이다. 예를 들어 맹자의 모친이 어린 맹자를 바르게 키우기 위해 세 번씩이나 이사하여 체험한 '맹모삼천지교(孟母三遷之敎)'에서 이해할 수 있다. 하여 맹자가 자신의 어머니를 통해 인간의 선함을 이해했다고 볼 때, 덕치의 근간은 모성애에서 발현된 모계적 가치에서 비롯된 것임을 이해할 수 있다.

따라서 부계사회가 등장한 후, 오랫동안 대자연과 불 합치한 무제한의 약육강식의 삶을 살아가는 것을 두고, 인간을 성악설적인 존재로 말하지만, 태고부터 오늘날까지 변치 않는 인류의 구심력으로 모성애가 실재하고 있으며, 첨단과학기술을 비롯해, 오랫동안 권선징악으로 스스로를 규정하고 있다는 점이나, 인류가 문명화되어 '존재의 삶'을 지향하게 되었다는 점 등을 참고해 볼 때, 성선설은 확고하다고 할 수 있다. 즉, 미꾸라지 한 마리가 개울물을 흐린다는 격언에서 알 수 있듯이 소수를 제외한 전체로, 인간은 근본적으로 선한 존재라는 의미이다. 예를 들어 창조적인 존재로서 인간은 스스로 선택에 의해서 동물처럼 살 수 있지만, 동물은 사람처럼 될 수 없다는 사실에서 이해할 수 있다.

하여 모든 인간은 축생의 삶을 살기를 거부하고 인생을 살고자 한다면, 선함을 배양하는 모계적 분배양식을 근간으로 하는 체제가 세계화해야 함을 이해할 수 있다. 다시 말해서 인간자신이 사람답게 살고자 한다면, 타인을 사람답게 살도록 하는 체제의 성립부터 되어야 함을 말하는 것이다. 뿐만 아니라 수많은 사람들이 수행자의 삶처럼 살거나, 사회개혁을 위해 헌신하는 사람, 나눔으로써 행복감을 가지는 등 이러한 유형의 삶을 인생의 궁극적인 목표나 사명으로 생각하는 사람이 무수히 많다는 점에서 인간은 본질적으로 선량함이 증명되고 있음에 따라 배양하는 것이 인간의 도리이기 때문이다. 이처럼 지역의 환경에 적응하기 위해 스스로 가치를 설정하는 문화적 존재로서 인간은 사회적 환경이나, 어떠한 가치관을 설정하느냐에 따라 인격 형성에 지대한 영향이 있음을 알 수 있다.

한편 모계신본주의사회에서 일탈한 서구부계사회는 부계신본주의사회로 발전하면서 법치주의가 확립되었다. 즉, 서구는 기독교의 율법주의의 영향으로 법치주의가 발달되어 있었음에 따라 자연법사상을 근간으로 하는 근대 시민사회가 성립된 후, 법치주의가 비약적으로 발전하게 되었고, 오늘날 법치주의는 인류의 보편적 가치가 되었다. 그리고 서구의 법치주의는 사회계약론을 역설한 로크가 등장하기 전, 절대주의국가의 정당성을 역설했던 홉스적인 국가에서 잘 이해할 수 있다.

즉, 국가권력이 형성되는 이유를 원자적 개인으로부터 시작하여 전체를 이해하려는 연역적 방법을 통해 사회현상을 분해와 재구성이라는 방식으로 세분화하며, 분석하였던 홉스(T. Hobbes 1588~1679)는 이기적 개인이 권리를 보장받고자하거나, 개인이 권리를 확장하고자 함에 따라 유발되는 갈등을 해결하기 위해 국가권력이 필요하다고 했다. 즉, 인간사회를 '만인에 대한 만인의 투쟁 상태'로 규정하고, 국가가 없는 삶은 비참하고 야만적인 상태임에 따라 평화로운 사회를 위한 국가의 역할은 중요하다고 했던 것이다.

이는 아마도 홉스의 절대주의 국가관은 로마 멸망을 전후한 기독교 부계신본주의가 3C~13C까지 서구를 지배하였지만, 몽골제국이 13C~15C 말까지 중동 일부와 북동유럽을 지배함에 따라 유일신체제가 일대 혼란을 겪으면서 정치권력의 부활을 필요로 했기 때문일 것이다. 물론 부계신본주의사회로 강력한 부계사회였던 유럽과 인본주의사회로 동양은 상호간에 문화적 충돌을 겪는 가운데, 서구의 경우 절대존재에 대한 믿음이 전쟁패배로 무너지면서 불확실한 사회가 되었기 때문일 것이다. 즉, 로마제국이 멸망한 후, 절대유일신 체제의 종교제국으로 변모한 서구는 칭기즈칸의 세계화로 동양의 민본주의를 이해하게 되었고, 이는 후일종교권력의 근간이 되는 유일신을 의심하는 계기가 되면서부터 기독교 신자들의 헌금이 감소하게 됨에 따라 면죄부를 팔아야 하는 부패한 사회가 되었던 것이다.

이는 전통적 종교관인 절대존재에 대한 믿음이 붕괴되면서 혼돈으로 인한 불안정한 사회가 형성됨에 따라 이를 극복하기 위해 1517년 마르틴 루터가 종교개혁을 하기에 이르렀으며, 동시에 고대 희랍의 헬레니즘(인본주의)이 재조명받게 된 원인으로 볼 수 있다. 즉, 철학적 상대주의를 근간으로 하는 경험주의가 발달하게 되었고, 실증주의를 근간으로 하는 과학과 학문이 발달할 수 있었던 것이다. 물론 13세기 당시 세계 최강의 몽골제국에서 주도한 동서 문물교류의 획기적 확대는 상업주의가 발달하게 되었고, 동시에 자유주의(개인주의)가 발현될 수 있었으며, 경험주의 철학이 발달하는 계기가 되면서 민주주의와 과학이 발달하게 되었다.

하여 동서 문물교류로 형성된 절대존재에 대한 불확실성의 결과는 마치 믿는 도끼에 발등이 찍힌 것처럼, 누구도 믿을 수 없는 불신사회가 형성된 서구사회는 실존하는 확실한 자신을 믿는 개인주의가 태동하게 되었음을 알 수 있다. 즉, 배타적인 부계유일신 종교는 전체주의적인 사회통합을 이루고, 기독교문화에서 연유하는 서구의 절대봉건제를 성립할 수 있었지만, 절대존재를 의심하면서부터 자유주의가 발현된 것으로 볼 수 있다. 다시 말해서 서구는 기독교의 절대유일신을 불신하고, 편의성에 의해 만들어진 실용주의적 종교로 생각하면서부터 종교개혁이나, 자유주의 등이 대안으로 등장했던 것이다. 그리고 불확실함으로써 형성되는 궁극적 삶의 의미에 대한 상당한 혼란과 불신으로 인한 '만인에 대한 만인의 투쟁'의 상태를 극복하기 위해, 홉스는 공동선을 위해 제3자로서 국가의 간섭이 강화되어야 한다고 주장함에 따라 이에 반동하여 자유주의가 등장하게 된 측면도 있다.

물론 홉스가 그의 저서 『리바이어던』에서 이기적인 인간을 다스리기 위해 국가의 억압을 정당화한 절대군주제가 적합하다고 주장하였던 것은 교부철학을 벗어나 인본주의가 확립되는 혼란한 시기였기 때문에 절대봉건제를 정당화했을 것이다. 즉, 홉스의 원자적 개인 상호간에 이기심을 억제하기 위해 조정자로서 국가의 간섭이 필요하다고 하였던 것이다. 즉, 서구가 로마제국, 기독교문화 등에서 알 수 있듯이 일찍이 강력한 부계주의를 근간으로 하는 이분법적 사회로 전체주의에서 벗어나기 힘든 사회였던 것이다. 하여 홉스적인 절대주의 국가는 이기심을 억제하는 것인 반면, 로크적인 상대주의 국가는 이기심을 방해하지 않는 국가라는 점에서 상반됨을 이해할 수 있다.

아무튼 부계사회가 등장하면서부터 인간은 성악설적인 존재로 변모함에 따라 인간을 재창조하는 여성은 10대 1 수준의 차별을 받았다. 즉, 제정일치의 모권사회는 부계사회의 등장으로 퇴출되고, 정교분리가 되면서 부계가 정치, 모계가 종교를 전담하는 역할 분담을 하였지만, 부계사회가 공고화되고부터 관념적이고 복잡한 부계우월종교를 만들면서 차별을 받았던 것이다. 뿐만 아니라 부계우월종교의 성립으로 여성들은 제사장을 비롯한 제의에 필요한 각종 직업군에서 제외된 무소유, 무권리자로서 노예와 같았던 것이다. 예를 들어 서구의 경우 중동에서 발현된 부계유일신종교가 모계의 여신종교를 미신으로 폄하하였고, 우수한 인간의 출생을 위한 '성창제(聖娼制)'를 풍기문란하고 사악한 것으로 규정하여, 재산을 몰수함에 따라 모계종교는 소멸된 사실에서 이해할 수 있다. 이는 후일 동일한 절대유일신의 계시종교인 이슬람교를 성립하여 기독교와 맞서게 된 것은 아이러니한 것으로 볼 수 있다.

또한 모계신본주의사회에서 파생된 동서양의 부계사회는 서로 다르게 발전하면서, 후일 절대존재의 명령으로 이루어진 강력한 부계사회였던 서구가 인류의 반인 여성의 지위를 급락케 하였다. 이는 극단적 남녀 차별은 동양에도 영향을 주었기 때문이다. 즉, 서구 부권사회에서 권리(자격)가 없는 여성들은 부당함을 개선할 정치에 참여도 기회도 없음으로 처분만 기다려야 되는 피동적 입장임에 따라 자연물과 같은 객체로 전락케 하였던 것이다. 다시 말해서 정치적 명령을 할 수 있는 권리로, 정치권력이 없는 여성의 경우는 일방적으로 권력의 명령을 지켜야 하는 성적 노예로 전락되었던 사실을 말하는 것이다.

하여 권력과 권위가 상호보완적인 관계임을 생각해 볼 때, 부권사회에서 부계의 권위나 우월성을 과장하며 상대적으로 여성성을 약자의 변명 정도로 폄하하거나, 여성을 성적 존재로 생각하는 등으로 인하여 권위를 잃게 된 여성이 권력을 가질 자격이 없었음을 이해할 수 있다. 예를 들어 오늘날까지 전체주의 사회였던 부계사회가 여성을 노예처럼, 자율성을 소멸케 한 결과, 모계적 가치를 근간으로 하는 근대 민주주의사회가 성립했음에도 불구하고, 권력의 반을 여성 스스로 확보하지 못하고 있다는 점에서 이해할 수 있다. 따라서 민주주의국가에서 국가정책의 의사결정자로서 국민의 대표인 국회의원의 경우, 반 이상이 여성으로 구성이 되어야 함을 이해할 수 있다. 이는 정치 편에서 구체적 논변이 있을 것이다.

권력의 반을 여성에게

근대사회가 성립되기 전 대다수 여성들은 정치·사회적으로 소외되어 정치에 참여할 자격(권리)도 없었고 종교에만 참여할 수 있었다. 즉, 여성들에게는 소위 정치철학에서 말하는 자율성이란 개념도 없었고, 극단적으로 불평등한 가운데 의무만 있는 노예상태였음을 말하는 것이다. 하지만 시민혁명으로 근대 시민사회가 성립됨에 따라 어느 정도 개선이 되었으며, 20세기 초에 여성들의 결사로 투표권을 획득하고, 이어서 복지사회의 구현을 위해 투쟁한 결과, 수정자본주의를 성립케 하면서부터 구시대와 비교할 수 없을 만큼 획기적인 여권신장을 할 수 있었다. 그러나 오늘날까지 여성은 인류의 반임에도 불구하고, 의사를 결정하는 국회의원이나 정치지도자의 수가 10대 1의 수준으로 매우 적은 것은 유감이다.

물론 빠른 속도로 여성 정치인이 국회나 지방의회로 진입하고 있으며, 관료나 CEO가 증가함에 따라 개선이 될 것이다. 하지만 남성과 생태적으로 다르며 고유한 특성을 갖고 있는 여성들이 남성과 경쟁하기 위해 남성화된다면 더 많은 문제가 유발될 수 있다. 이는 신자유주의발 절대적 양극화로 불안정한 사회가 된다면, 경쟁심화로 인한 여성성의 붕괴나, 인간성 황폐화로 인류의 구심력인 '모성성'이 약화되면서 위험한 사회가 심화되기 때문이다.

하여 첨단과학기술시대로 지구촌시대를 살아야하는 신인류에게 적합한 체제를 세계화하기 위해 절대적 양극화를 유발하는 가부장제 국가에 대해서 의심을 하고 따져 봐야 할 것이다. 그렇다면, 문제해결을 위해 우선 현대철학자 울프(R. P. Wolff)의 주장을 압축한 N. 보위, R. 사이몬의 저서에서 자율성과 권력관계에 대한 다음 인용문을 보자면, "국가의 본질적인 특징은 권력, 통치할 권리이다. 인간의 일차적인 의무는 자율성, 통치 받는 데 대한 거부이다. 그렇다면 자율성과… 국가 권력 사이의 충돌을 해결해 줄 방법은 없는 것처럼 보인다.' 따라서 울프는 '자율성이라는 덕목과 모순이 되지 않는 유일한 정치 강령은 무정부주의라고 생각한다.'고 결론짓는다. 최소한 한 번만 잘 읽어보면 여기에서의 그의 주장은 다음과 같이 분해가 될 수 있다.

1. 만일 국가가 시민에 대해 권력을 가진다면 시민은 국가에게 명령할 권리를 가진다.
2. 만일 국가가 시민에게 명령할 권리를 가진다면 시민은 국가가 국가라는 이유 때문에 국가에 복종할 권리를 지닌다.
3. 그러나 만일 시민에게 자율적이어야 하는 의무가 있다면 자기 자신이 선이라고 생각하는 이유에 의해서만 행위를 해야 할 의무가 있다.

4. 만일 시민이 자기 자신이 선이라고 생각하는 이유에 의해서만 행위 해야 하는 의무가 있다면 그에게 국가라는 이유 때문에 국가에 복종해야 하는 의무는 없다.

5. 따라서 시민의 자율적이면서 동시에 국가의 권력 하에 놓일 수는 없다."

(122) (N.보위, R.사이몬 / 이인탁 역, 『사회정치철학』, 서광사, 1986, pp.32~33)

이처럼 홉스의 절대 권력과 울프식 무정부주의는 국가가 권리로 명령할 수 있는 권력과 개인의 권리인 내면적 자율성(양심)의 상충에 대한 갈등이 잘 표현되어 있다. 예를 들어 전쟁의 승리로 정치권력을 획득한 자의 권력욕은 절대적이며, 권력의 독점적인 경향은 신분제로 권력의 양극화를 공고히 함에 따라 대다수 사람들이 무권리 상태에서 의무밖에 없는 사실에서 이해할 수 있다. 즉, 부계사회의 절대주의적인 특성으로 인하여 만들어지는 독점화, 중앙집권화, 권력의 절대적 양극화 등으로 대다수 사람은 그야말로 '누구를 위해 종을 울리는가?'를 생각했을 것이다.

예를 들어 국가권력으로 어떤 개인을 전쟁터에 보내어 적군을 살육하라는 명령을 실현하기 위해 개인의 양심을 지킬 수 없다는 사실에서 이해할 수 있다. 즉, 개인의 자율성에 의한 살육이라고 볼 수 없을 것이다. 다시 말해서 부계적 가치를 근간으로 하는 사회에서 살아남기 위해 강요된 학습과 상징적으로 불이익을 암시함으로써, 권력에 복종해야 하는 것을 제도화하고 체화한 결과임을 말하는 것이다. 이는 여성의 경우, 부계사회의 권위와 권력에 의해 강제를 받아들여야 했고, 복종을 몸에 익혀야 연명할 수 있었던 사실에서 이해할 수 있다. 즉, 오랫동안 부계적 가치로 강제된 문화적 토대로 형성된 정서로 인하여, 오늘날 헌법에서 남녀평등을 위한 차별금지법이 명문화되어 있음에도 불구하고, 여전히 성차별이 있으며. 민주주의 국가에서 인구의 반인 여성들은 국민의 의무를 다하고 있음에도 불구하고, 국민의 대표로서 의사결정권을 갖는 국회의원이나 정치지도자가 10대 1의 수준이라는 사실로 나타나고 있는 것이다.

문제는 지구촌시대에 부합되는 새로운 모계적 분배양식을 세계화하기 위해서 요구되는 적극적 복지사회를 구현할 수 없다는 데 있다. 왜냐하면 생태적으로 복지적인 여성과 남성은 질적으로 다름에 따라 양적으로 5대 5라는 남녀평등지수에 맞는 정치지도자가 있어야 적극적 복지사회를 구현할 수 있기 때문이다. 참고로 인류가 4번째 간빙기였던 약 1만 년 전부터 따뜻하게 되었지만, 몇 번의 빙하기를 거치면서, 마치 지옥처럼 혹독한 체험을 한 결과 '존재의 삶'을 중시하게 되었고, 생존양식으로 나눔이 인간의 궁극적 삶의 목적임을 깨달은 중기모계사회가 공유제로 풍요하여 행복지수가 높았다. 즉, 원시공산제로 개인의 자율성을 중시하는 느슨한 네트워크조직으로 이루어진 모계씨족사회로서 모계신본주의 사회를 말하는 것이다.

물론 태고모계사회를 이해할 수 있는 선사시대의 고인돌이나 상징물이나, 무형문화가 일관성 있게 생명의 순환과 종교의식을 갖고 있었으며 모계사회가 습속이나 구전으로 혹은 벽화의 상징적 기록, 고인돌 문화 등에 의해 전해지고 있지만 유적, 유물들이 빈약함에 따라 인간의 생태적 특성이나, 무형의 유습(문화)을 통해 통찰력으로 이해해야 하는 어려움이 있다. 하여 객체인 지구환경의 물질적 변화추이와 달리 주체로서 인간의 역사의 경우 시간적으로 1만 년 이상의 오래전의 사실을 물질로 증명하기보다 인간의 문화적, 유전적 습속에 의한 통찰력으로 이해하는 것이 합리적일 것이다. 물론 국가단위로서 유일하게 전통 한국에서 모계사회의 유습이 가장 많이 남아있으며, 태고모계사회의 유습을 오늘날까지 이은 인류의 원형종교로서 모계우월종교인 전통 한국의 무교에서 이해할 수 있으며, 전 세계의 고립된 몇몇 부족들은 오늘날까지 모계유습을 이어가고 있기 때문에 추정이 가능한 것이다.

예를 들어 중기 모계사회로서 제정일치(祭政一致)의 모계신본주의를 근간으로 한 고대 한국의 환인천제(桓因天帝) 시대는 모계유일신을 믿은 사회였으며, 이어서 부계국가의 등장으로 위축된 가운데 종교국가로 고조선을 개국한 단군왕검이 홍익인간의 나눔의 덕을 실천한 사실로부터 모계유습을 알 수 있는 유일한 국가라는 사실은 참고가 될 것이다. 물론 당시의 사회가 이미 부계사회가 등장하여 무력을 기반으로 부족연합으로 부계국가를 건설하는 과정에 있었기 때문에 실존 인물로 확실성에 근거한 종교대국을 이루고 있었던 사실을 이해하기 곤란한 부분도 있다.

열린사회로 진보

부계사회의 등장으로 닫힌사회가 되면서 수많은 분쟁과 더불어 신분제를 공고화하기 위한 착취기술이 발달하게 되었다. 예를 들어 구한말 일제가 을사보호조약을 강제하여 보호라는 미명하에 고도의 착취 기술로 절대다수가 빈곤하였으며, 한민족 정체성의 뿌리인 모계신본주의의 유습인 토속신앙을 미신으로 몰아 퇴출하거나, 음양론에서 발전한 학문으로, 탈 신분제적인 상대주의적인 주역을 폄하하거나, 전통가치를 미개한 것으로 각인케 하여 구심력을 상실케 하는 등 사회분열을 획책했던 사실을 통해 부계주의의 속성을 이해할 수 있다. 즉, 전체주의 강권 통치는 타율적인 까닭에 겉과 속이 다른 믿을 수 없는 인간성으로 변모케 하는 것이다.

이는 아마도 부계주의가 주류를 이루는 사회에서는 타율적인 경향으로 인하여, 인간의 민주성(개체성)이 충족될 수 없기 때문일 것이다. 또한 부계주의의 각박함으로 인하여, 인간의 자율성, 양심, 내면세계 등은 인간의 본질을 이루며, 현재를 있게 한 것임에도 불구하고, 중요성을 인식할 수 없을 만큼, 여유가 없기 때문이기도 하다. 문제는 부계주의로 부국강병이라는 일종의 집단이기주의를 정당화하기 위해 지속적이고 반복적으로 의식화함에 따라 영적 존재로서 갖고 있는 양심이 무디게 된다는 것이다. 그리고 자본주의가 인간 상호간의 불신으로 머리 좋은 괴물로 발전케 함에 따라 주기적으로 공황과 같은 카오스적인 상태가 되거나, 인간성 황폐화나, 환경파괴(생태계파괴)로 인한 먹이사슬 붕괴, 천재지변 등으로 엄청난 대가를 치르기를 반복하고 있다. 이처럼 부계사회가 등장한 후, 역사는 폭력에 의해 지배되었고, 물리적인 힘은 진리로 실제적인 것임을 강조한 제국주의에서 부계주의의 속성을 뚜렷하게 이해할 수 있다.

하여 근대 기능국가가 성립되었다 할지라도, 오랫동안 가부장제 국가들이 수많은 전쟁과 살육이나 수탈, 폭력, 사기, 거짓 등 원한을 가질 만한 온갖 나쁜 경험을 축적하고 있음에 따라 일촉즉발(一觸卽發)의 긴장관계를 완화할 수 있는 모계적 분배양식을 근간으로 하는 모민주의 국가를 성립해야만 하는 것이다. 뿐만 아니라 유구한 역사를 이끌었던 비범한 인물들에 의해 선린우호관계를 유지했거나, 훌륭한 문화를 공유하거나, 문명의 교류를 통해 상호간에 발전을 했다는 등, 긍정적인 것이 더 많음에 불구하고 사람들은 현실적으로 상처를 더 많이 기억함에 따라 이를 침소봉대하거나, 역사적 사실을 자극하여 사회통합의 방편으로 원용하고 있기 때문이다. 다시 말해서 인간의 영성에서 발현되는 독특한 양심체계를 집단이기주의에 의해서 왜곡케 할 수 있음을 말하는 것이다.

하여 모계신본주의사회가 인간의 독립성의 근간이 되는 양심과 자율성을 배양하는 공유제를 한 사실과 절대봉건제가 무너지고 근대민주주의가 성립된 후, 민주적 생활양식이 보편화되어 역사 발전하고 있음을 볼 때, 인류의 이상인 민주주의를 공고화하기 위해 온전한 민주주의인 모계민주주의로 역사 발전이 될 것을 예측할 수 있다. 즉, 지구촌 시대를 맞이한 인류는 독점적 경향이 있는 부계주의 분배양식으로 인해 유발되는 극단적 충돌을 완화하기 위한 정치로, 모계적 분배양식을 근간으로 하는 적극적 복지사회의 구현을 위한 생활정치가 보편화되어야 하는 것이다. 다시 말해서 부계주의를 근간으로 하는 세상에서 모계주의가 주류로 부상한다는 것은 부계주의와 충돌이 불가피함에 따라 여성이 국가권력의 반 이상을 갖고, 여성의 자율성을 배양하면서 정치참여를 해야 함을 말하는 것이다.

물론 부계편도의 세상에서 믿을 수 없는 인간성을 배양하고 있음을 생각해 볼 때, 부계와 모계가 균형을 이루는 새로운 모계적 분배양식이 보편화되어야 할 것이다. 따라서 지구촌시대를 맞이한 신인류는 부계주의로 인해서 유발된 불쾌한 역사적 경험을 극복하기 위해 민주주의를 공고화할 수 있는 적극적 복지를 구현할 수 있는 새로운 체계로 세계화되어야 바람직함을 이해할 수 있다.

3. 신인류에 적합한 모민주의

온고지신(溫故知新)

모계신본주의의 세계화에 중심적 역할을 했던 상고대한국의 동이족이 중심이 되어 아홉 민족이 통합한 새로운 민족으로 한민족은 고조선(삼조선, 기원전 2333년~기원전 108년)을 세워 2,000년 정도 지속하다가 멸망한 후, 이를 이은 삼한에서 전통 한국으로 이어져오고 있기 때문에, 여성에게 좋은 국가가 어떤 요건을 갖추어야 하는가에 대해서 한민족의 역사가 참고 될 것이다. 이는 전통 한국에서 유교가 통치이념으로 확고해졌던 조선 중기 이전에는 여성이 선조를 제사하거나, 조상의 유산을 공평하게 분배한 사실이 최근에 보고됨에 따라 여성의 지위와 권위는 남성과 어느 정도 균형을 이루었다는 사실을 알 수 있기 때문이다.

또한 삼한을 통일했던 통일신라에서는 동양 최초의 여왕으로서 선덕여왕(제27대, 제위 632~647)과 진덕여왕(제28대, 제위

647~654) 그리고 진성여왕(제51대, 제위 887~897) 등 세 명의 여왕이나, 사위가 왕이 되어 통치를 한 사실 등은 국가 단위로 모계유습을 이어온 유일한 국가라는 점과 수만 년 전의 모권사회의 유습을 이은 무교의 모계제사장이 종교지도자로 오늘날까지 이어오고 있다는 사실에서 한민족의 정체성은 모계적 가치와 관련성이 많음을 알 수 있다. 즉, 세상은 부계사회가 공고화되어 모계신본주의사회가 오래전 퇴출되었음에도 불구하고, 모계신본주의 유습을 이어온 유일한 국가였던 것이다.

예를 들어 고대 중국의 당나라 제3대 고종의 황후였던 측천무후(測天武后 624~705. 제위기간 690~705)가 고대 중국의 유일한 여황제로 690년에 스스로 등극하여 강권통치를 하였지만, 신라는 측천무후보다 무려 60년 전에 여왕이 추대되었다는 사실과 후덕한 정치로 주변국에게 영향을 끼쳤던 까닭에 일본에서도 여왕을 추대하는 계기가 된 사실에서 모계신본주의사회의 정통성을 이은 나라였음을 이해할 수 있다. 즉, 초기 신라가 성립할 당시 이미 세계는 로마제국이나, 고대 중국 등 부계가 주류를 이루어 세계 재편이 이루어지고 있었음에도 불구하고, 모계신본주의 유습을 이은 고조선의 정통성을 이은 핵심적인 제사장의 나라였던 것이다. 이는 신정일치의 모계신본주의시대의 생활양식과 흡사했던 점을 초기신라에서 여성이 국가권력의 중심을 이루고 있었던 사실에서도 이해할 수 있다.

이러한 유습을 이해할 수 있는 예로써, 고대 한국에서 비교적 남녀가 평등했다는 사실과, 혼인의 경우에서도 통상적으로 여성의 나이가 상위로, 남편을 바람직한 방향으로 이끌어 갔던 점이나, 무교의 여제사장 등에서부터 이해할 수 있다. 또한 고대 중국의 정치윤리학으로, 자신을 닦아 백성을 다스린다는 의미인 '수기치인'의 학문으로서, 유교가 공자(BC 552~BC 479년)에 의해 약 2,500년 전에 만들어졌고, 동시대에 석가모니에 의해 불교가 창시되었음에도 불구하고, 삼한시대에 삼신신앙을 근간으로 한 토착신앙과 외래종교와 문화적 충돌로 인하여 비교적 늦게 도입된 사실과, 고구려가 17대 소수림왕(재위 371~384), 신라는 법흥왕 14년(527년)에 이차돈이 순교한 후, 토착신앙(선교, 신교)과 습합한 불교가 뿌리를 내리기 시작하였으며, 유교가 조선시대에 이르러 전성기를 이룬 사실로부터, 기층민의 저변에 모계신본주의 유습을 근간으로 하는 소위 도학으로 신선사상이 민중의 의식을 지배하고 있었음을 이해할 수 있다.

이는 조선이 한민족의 선비문화(유교의 선비와 다른 모계신본주의 사회의 비범한 여제사장을 일컬었음)와 신선사상 등 도학을 토대로 성리학을 수용했음을 자신의 수양을 통해 타에 모범이 된다고 하는 '수기치인'(修己治人)을 중시한 사실에서 이해할 수 있다. 특히 율곡 선생은 『성학집요』에서 '임금은 백성을 하늘로 삼고 백성은 먹는 것으로 하늘을 삼는다.'라고 하며 실천적인 치인(治人)을 중시한 사실로부터, 전통 한국이 모계신본주의 유습을 이어가고 있음을 이해할 수 있다. 즉, 나눔을 진리로 알고, 실천하였던 한민족의 유습을 말하는 것이다. 이는 고조선의 국시인 널리 사람을 이롭게 상생의 삶을 구현하겠다는 '홍익인간 제세이화'를 토대로 한 전통 한국의 덕치주의 정치문화에서 이해할 수 있다.

뿐만 아니라 나눔을 실천하는 것을 행복한 삶의 요체로 생각했으며, 온정주의적 태도로 삶을 사는 것을 인간의 도리라고 생각하거나, 실제로 한민족은 정이 많은 다정한 사실 등에서도 앞의 내용을 이해할 수 있다. 이는 고구려, 백제, 신라의 삼한에서 신라가 군사적인 면에서 약했다고 평가하지만, 신라가 한민족의 모계신본주의사회의 유습을 이은 까닭에 삼한통일을 이룬 사실에서 이해할 수 있다. 즉, 모계신본주의의 유습을 이은 고조선(삼조선)에서 축소된 삼한은 신선사상(신라선교, 도교)을 근간으로 한 자율성을 중시한 느슨한 상호보완적인 국가인 가운데, 당시의 국제정세의 필요에 의해 고조선의 정통성을 이은 신라가 삼국을 통합해야 할 입장이었으며, 문화민족으로 한민족이었기 때문에 가능했음을 말하는 것이다. 따라서 당시의 세상은 부계주의의 공고화로 강대해진 고대 중국에 대한 견제를 위해 한민족이 통합해야 생존할 수 있었기 때문에 통합을 하였음을 알 수 있다. 이는 한민족이 존속하기 위한 방편이었던 1민족 3국가 체제의 포트폴리오 전략에서 이해할 수 있다. 이는 종교 편에서 구체적인 논변이 있을 것이다.

지구촌시대에 필요한 '안의 문화'

모권사회의 유습으로 모성을 가족의 중심으로 생각한 '안(安)의 문화'를 갖고 있는 한민족은 부계와 모계를 역할이 다른 각각의 한 축으로 인정한 문화민족임을 이해할 수 있다. 이는 오늘날까지 가족의 원심력으로 가장을 소위 '바깥주인'이라 하고, 가족의 구심력으로 모성을 '안주인'이라고 칭한 사실에 근거하고 있다. 또한 부부관계를 '부부일심동체'라 하여 하나의 단위로 정리한 것은 서로 다름을 인정하는 조화로운 관계였음을 가정이 평안하면 세상의 모든 일이 원만하고, 국가존립의 정당성은 가정의 평안을 위해 있다는 '가화만사성(家和萬事成)'에서 알 수 있다. 예를 들어 '안의 문화'가 뚜렷했음을, 조선을 창업하고 이끌었던 사대부집안에서 부부가 서로 경어를 사용한 사실에서 이해할 수 있다.

또한 조선도 가부장제로 부계가 우월한 가운데 국사를 주도한 것은 사실이지만, 전통 한국은 대가족제도를 근간으로 함에 따라 여성에 대한 폭력은 거의 없었으며, 노모가 집안을 이끌어가고, 중심적인 역할을 한 사실에서 남녀가 5대 5나, 6대 4 정도로 어느 정도 균형을 이루었다고 할 수 있다. 즉, 한민족의 가족관은 가족을 하나의 독립된 단위로, 국가조직의 최소 단위로, 생로병사의 시작과 끝을 이루는 곳으로, 바람직한 인간을 육성하는 절대적 공간으로, 성소(聖所)처럼 중시했던 것이다. 하지만 전통 한국은 일제에 의한 헌병통치를 겪으면서 여성의 지위는 급전직하했으며, 폭력행사를 하는 등으로 '안의 문화'가 소멸되어 갔다고 할 수 있다. 즉, 정치가 없는 행정편의적인 식민관료만 있는 타율적인 사회로 변모한 가운데, 모계신본주의로 문명의 시원을 이룬 고대 한국의 위업이나, 유구한 한민족의 역사나, 홍익인간이라는 위대한 정체성을 부정케 하거나, 미개한 것으로 의식화하는 등으로 스스로 비하케 하고, 패배의식을 갖게 하거나, 여성에 대한 극심한 차별과 폭력이 일상화하면서 한민족의 독특한 '안의 문화'가 퇴출되었던 것이다.

다시 말해서 인류 4대문명 이전의 인류문명의 시원으로서, 모계신본주의를 보급했던 온화한 민족이라는 의미를 지닌 동이족의 '안의 문화'가 막을 내렸다는 의미이다. 물론 고대 한국의 동이족 여성들이 주축이 되어 세계화했던 '안의 문화'가 인류가 있는 한 잠재되어 있을 뿐, 소멸될 수 있는 성질이 아님에 따라 환경의 변화로 필요할 경우 재정립이 될 것이다. 왜냐하면 현생인류가 불현듯 나타난 후부터, 수만 년에 걸쳐 주류를 이루었던 모계사회를 체계화했던 중기 모권사회로서, 모계신본주의를 근간으로 하여 성립한 인류 최초의 국가원형인, 고대 12한국이 여성에게 좋은 국가로 남성에게 좋은 국가였기 때문이다. 참고로 인류 최초의 국가로, 국가의 원형이라 할 수 있는 모계국가를 부계사회에서 성립한 국가와는 어떠한 면에서 근본적으로 다름에 따라 난해한 면이 있지만 여기서는 편의상 종교제국으로 명명함을 밝혀둔다.

그리고 태고모계사회의 낙원을 인류가 항상 그리워하면서 역사 발전을 한다는 사실을 생각해볼 때, 여성에게 좋은 세상이 낙원임을 알 수 있다. 물론 부계유일신종교인 기독교를 근간으로 하는 서구적 가치가 오늘날 인류의 생활양식으로 주류를 이루고 있음에 따라 수천 년을 앞선 원형종교로 모계유일신신앙을 근간으로 하는 동이족의 모계신본주의사회가 낙원임을 인정할 수 없을 것이다. 왜냐하면 전체주의사회였던 부계혈통주의사회는 부계의 권력독점과 신분제를 공고화하였으며, 후일 근대사회가 성립되었음에도 불구하고, 인종차별을 통해 사회통합을 이루고자 하는 등 닫힌사회로 살았기 때문이다. 물론 모계적 분배양식을 근간으로 하는 적극적 복지사회와 같은 열린사회로 역사 발전한다면, 모계신본주의사회가 낙원이었음을 알 수 있을 것이다.

하지만 부계혈통주의가 만든 신분제사회가 사익이나, 집단이기주의로 등으로 인한 극심한 부패로 인하여 일어난 시민혁명이 200년이 지났음에도 불구하고, 절대적 양극화에 의해 책임이 없는 새로운 신분제가 형성된 것이나, 부계편도의 정치 등이 여전함에 따라 닫힌사회로 볼 수 있다. 즉, 시민혁명에 의해서 만들어진 절반의 열린사회는 온전한 열린사회로 갈 수 있는 초석이 된 것은 사실이지만, 시민혁명은 미완성으로 남아 있는 것이다. 또한 오늘날 경제적으로 무제한의 자본축적경쟁을 정당화하는 개방적인 신자유주의사회를 두고 열린사회라고 말할 수는 없을 것이다.

왜냐하면 열린사회는 무제한 소유를 위한 상극의 삶이 아닌 '존재의 삶'을 위한 '상생의 삶'을 전제로 하기 때문이다. 하여 지구촌시대와 역행하는 위험한 사회를 극복하기 위해 수 만년에 걸친 인류문명의 초석이 여성들에 의해 만들어졌다는 사실이나, 모계적 가치를 근간으로 하는 민주주의에서 살고 있다는 점 등을 재음미해야 할 것이다. 이는 신화적인 측면이 있는 모계유일신 마고를 숭배한 마고시대를 이은 고대 한국을 이어 말기 모계사회라 할 수 있는 고조선의 태동과 부계사회가 공고화된 결과로서 고조선이 멸망했던 혼란한 시기였던 2,500년 전 인류의 위대한 스승인 석가, 공자, 노자, 소크라테스 등 위대한 성인이 탄생하였으며, 그들의 가르침이 모계적 가치를 근간으로 하고 있기 때문이다. 따라서 태고(초기)와 중기 그리고 역사시대를 연 말기 모계사회를 이해할 수 있는 위대한 여성들의 역사를 통찰력으로 이해하여 현재의 문제를 풀어나가는 것이 바람직함을 알 수 있다.

여성에게 좋은 국가로 진보

'여성에게 좋은 국가라야 남성에게 좋다'라고 하는 것은 분명하다. 이는 부계편도로 발전한 결과로서 사회시스템은 남성에게 유리한 구조로 발전하였음에도 불구하고, 첨단과학기술시대인 오늘날 오히려 남성들의 치열한 경쟁으로 소수만 성공할 뿐, 대다수 남성들은 실패하고 있기 때문이다. 물론 대다수 가부장 권한의 근거가 되는 가족부양의 책임을 다할 수 없는 사회가 됨에 따라 현실적으로 대표성을 잃어가고 있다. 예를 들어 오늘날 세계분업화를 추구하는 신자유주의는 고학력이 요구되는 첨단과학기술에 의해 유발되는 고실업으로 불안정한 사회를 형성하고 있으며, 전문화를 위한 교육비나 가족부양비용이 증대하는 현상을 가부장이 감당하기 힘들게 되었을 뿐만 아니라, 고도산업사회에서 무한 경쟁으로 탈락한 대다수 가부장들의 입지가 약화된 사실에서 이해할 수 있다.

즉, 서구의 경우 부계유일신의 명령에 의해서 오랫동안 가부장의 고유한 권리로 공고화되어 있음에 따라 마치 자신은 지키지도 않는 법을 제정하는 구시대의 왕처럼, 전통적 가치에 의해서 가부장으로 군림할 수 없게 된 것이다. 다시 말해서 오늘날 자본주의가 고도로 발전한 상황에 이르러, 구시대의 잠재된 유습으로써 가부장의 부양 책임은 무거워지는 반면, 민주적 생활양식의 보편화로 가부장의 고유권한은 유명무실하게 변모함에 따라 '속 빈 강정'으로 찬밥신세가 되었다는 뜻이다.

하여 첨단과학기술을 근간으로 고도산업사회가 인류의 눈높이를 높이게 한 결과, 대다수 사람들은 평균에도 이르지 못하는 상황에 있음에도 불구하고, 혼인과 동시에 가족부양의 책임과 대표성을 인정한 가부장제에 의해 사회적 책임도 부담하는 샌드위치와 같은 입장으로 곤경에 처하게 되었음을 이해할 수 있다. 즉, 보통 사람들이 감당하기 힘든 정도의 상당한 수준으로 발전한 사회에서 살아남기 위한 치열한 생존경쟁을 해야 함에 따라 오히려 자승자박(自繩自縛)의 상태가 된 것이다. 이는 오랫동안 부계의 정치독점으로 인한 폐해에 반동하여 성립한 자본주의발 절대적 양극화로 위험한 사회가 된 사실에서 이해할 수 있다. 물론 사회시스템을 남성들이 독차지한 결과일 것이다.

또한 첨단과학기술을 근간으로, 초국가적인 자유기업주의의 무한축적 경쟁을 용이하게 하기 위해 만들어진 신자유주의는 고도산업화로 인해 고실업사회가 되었으며, 절대적 양극화로 인한 빈곤한 가부장의 경우 부양 책임을 다할 수 없음에도 불구하고, 자본주의 특징으로 일컫는 '풍요 속의 빈곤'으로 인한 가족의 불만과 갈등은 여성학대나 가족해체로 이어지는 직접적인 원인이 되고 있다. 하여 인류가 첨단과학기술에 의한 지구촌시대로 진입했다면, 생활의 질 향상이나, 존재의 삶, 상대주의적인 분배양식, 경제민주화, 적극적 복지사회 등을 구현코자 한다면, 새로운 모계적 분배양식으로 전환해야 함을 알 수 있다. 즉, 인류가 산업혁명을 시작으로 산업화시대를 넘어 지식정보를 근간으로 하는 정보화시대라는 대변화를 맞아 국제금융시장의 천문학적 거래와 더불어 초국가적인 자유기업의 자본축적 경쟁으로 절대적 양극화 사회가 형성되어 위험한 사회가 구조화됨에 따라 이를 극복하기 위해 모민주의 '소유상하한제'가 세계화되어야 함을 말하는 것이다.

또한 자본주의적 세계화로 인한 무한경쟁시대를 맞이한 가부장은 상당한 노력을 하고 있음에도 불구하고, 대다수 가장은 경쟁에서 탈락하고 있으며, 저소득 가부장의 경우, 가부장의 권위도 없으면서 부양 책임만 부담하는 빛 좋은 개살구로 전락함에 따라 탈가부장제로 남성에게 부과되는 무거운 짐을 내려주어야 할 것이다. 물론 태고로부터 인간을 재창조하며 생로병사의 중심에 있는 모성의 역할은 아무런 변화가 없는 반면, 부성의 경우 자본주의와 더불어 첨단과학기술 문명에 의해 오히려 상당한 변화를 겪고 있음에 따라 부계주의의 종말을 고하고, 적극적 복지사회의 구현을 위한 새로운 체제가 성립되어야 할 것이다. 다시 말해서 지구촌 시대를 살아야 하는 인류는 적극적 복지사회에서 살아야 함에 따라 생태적으로 민주적이고, 복지적인 여성이 주류를 이루는 모민주의 체제가 세계화되어야 함을 말하는 것이다.

즉, 부계적 분배양식인 자본주의가 양극화로 극단적 사회를 형성함에 따라 앞에서 등장했던 옥순의 비참한 삶은 누구에게나 닥쳐올 수 있으며, 부자든, 가난한 사람이든, 모든 사람들이 자신만이 가장 고생을 많이 한, 불행한 사람으로 생각하고 있다는 점을 상기해 볼 때, 모계적 분배양식을 근간으로 하는 모민주의 체제로 근본적인 변화를 해야 하는 것이다. 이는 자본주의의 속성에 의해서 형성된 수많은 함정은 언제 어느 때이든 어떠한 사람이든 옥순이의 경우처럼, 나락으로 떨어질 수 있음에 따라 유발되는 공포가 과잉경쟁을 유발하고, 결국 절대적 양극화로 인하여 인색한 삶을 하게

끔 하기 때문이다. 결과적으로, 자본주의는 인간의 삶의 목적인 행복하고, 즐거운 인생을 만들어 내지 못한다고 볼 수 있음에 따라 포스트자본주의로서 모민주의 정치경제제도를 준비해야 함을 알 수 있다. 물론 지혜로운 인간은 태고로부터 인류의 소망과 역행하는, 도를 넘는 위험한 사회를 마냥 놔두지 않을 것이다.

모계적 가치와 배치되는 신자유주의

신자유주의는 복지축소정책으로 인한 행정적인 부문이 축소될 뿐만 아니라, 일정한 부문을 민간 중심의 서비스로 대체코자 함에 따라 유발되는 불안정한 상태는 여성에게 닥쳐올 시련을 예상할 수 있다. 즉, 무한경쟁과 무한축적을 정당화한 자본주의가 세계화함에 따라 만들어진 절대적 양극화로 위험한 사회가 되면서 여성이 성적 존재로 전락하고 있는 것이다. 다시 말해서 국가 개입을 원칙적으로 거부하는 비복지적인 신자유주의에서 초국가적인 거대기업의 자본축적운동으로 인해 유발되는 개별국가의 민주적 통제와 조정력이 무기력하게 됨에 따라 정치무용론까지 거론되는 위험한 사회에서 여성은 이중고를 당하게 됨을 말하는 것이다. 이는 자본주의 사회는 '최소비용으로 최대이윤'을 추구하는 경제원칙을 근간으로 하는 까닭에, 소득이 없는 일에 대해서 무관심하며, 정치무관심을 만들어가는 속성이 있기 때문이다.

다시 말해서 자본주의사회에서 정치권력은, 마치 '빛 좋은 개살구' 처럼 책임을 지는 것에 비해 실익이 없음을 말하는 것이다. 하여 자본주의 체제에서는 적극적 복지사회의 구현을 하기 어렵다는 사실을 알 수 있다. 왜냐하면 적극적 복지사회를 구현하기 위해 정치는 적극적 봉사로서 의미를 두는 생활정치로 변모해야 하기 때문이다. 하여 지구촌시대를 사는 신인류에게 적합한 적극적 복지사회의 구현을 위해 모민주의가 세계화되어야 함을 알 수 있다. 물론 지구촌시대를 살아가는 신인류는 오랫동안 부계주의를 토대로 발전한 정치문화로 인하여, 적극적 복지사회를 세계화하기 어려운 측면도 있다. 따라서 지속가능한 사회를 위해 여성이 주류를 이루고 있는 녹색생명운동 세계 NGO는 모계민주주의의 전 단계로 볼 수 있음에 따라 이를 관철하기 위해 UN이 독려하는 것이 바람직함을 이해할 수 있다.

마지막으로 여성에게 좋은 국가는 모성의 재창조 능력과 생태적 복지본능을 발휘할 수 있는 권력구조나 탈 양극화, 가족수당제, 민주주의의 공고화, 문화적 풍토의 조성 등의 결과가 오늘날 어려움을 겪고 있는 남성에게도 좋아야 하는 것이다. 이는 여성에게 좋은 국가가 될 때, 남성에게도 좋은 국가가 되기 때문이다. 물론 국제사회는 지구촌시대가 요구하는 적극적 복지사회의 구현을 세계화하기 위해 강력한 의지로 공조해야 할 것이다. 따라서 지구촌시대를 살게 된 신인류의 이상으로서, 적극적 복지사회의 구현을 위해 인재의 육성과 생활정치시대를 이끌어갈 여성 정치지도자의 육성이 시급함을 알 수 있다.

III

신인류의 행복한 인생

1. 인간 존엄의 역사

모권사회의 인간 존엄

수만 년에 걸친 원시 모계사회는 태고와 현재가 공존하는 시간개념이 뚜렷하지 않는 정체된 사회였기 때문에, 모성의 출산을 영혼의 육화로 생각했으며, 태고로부터 오늘날까지 이어지는 태몽을 통해서 인식하고 있는 마고삼신(대모신)의 후손으로 인간을 생각함에 따라 인간 존엄은 태고부터였음을 알 수 있다. 즉, 태몽을 꾸고 있다는 것은 사실이며 태몽이 과장되지 않고 소박하여 관념적이지 않음에 따라 인간이 대모신의 후손이라는 점을 긍정할 수 있는 것이다. 다시 말해서 모권사회에서 모성의 지위가 신성했던 것만큼, 출산되는 인간은 신의 후손으로서 믿었던 인간중심의 사고를 한 인본주의 사회였음을 말하는 것이다.

물론 여성이 태고로부터 신앙의 중심에서 역할을 했으며, 오늘날까지 변함없이 종교적 인간형이 많다는 사실과 더불어 모성 특유의 직관은 일반적으로 남성보다 발달된 것으로 인정하고 있음을 볼 때 앞의 사실을 긍정할 수 있다. 또한 모계신본주의사회가 인간은 신의 후손으로 순환 진보하며, 현생에서 수련과정을 통해서 신선이 될 수 있다고 믿었다. 즉, 중기 모계사회였던 모계신본주의사회에서 인간은 '해혹복본'의 신념을 구현하는 영적 존재였던 것이다. 하여 인간 존엄은 태고로부터 이어지고 있는 인간의 감성(영감)에서 발현된 모계신본주의사회로부터 연유하고 있음을 알 수 있다.

즉, 모계신본주의사회에서 인간을 신의 후손이라고 믿어 남성을 소외하지도 않았으며, 인간다운 삶을 위해 물질적 기초를 공유제로 보장하였다. 이는 모계신본주의사회가 인간이 순환 진보하면서 사회협동으로 이룩한 결과물에 대한 기본재화를 보장하기 위해 공유제를 하였을 것으로 추정하고 있다. 다시 말해서 공유제는 모계사회가 영혼의 진보를 위해 영원히 순환하는 인간은 태어나기 전부터, 스스로 쌓은 고유한 능력과 기본적인 '천부소유권'을 내재하고 있다고 생각하여 만들었음을 말하는 것이다. 하여 자연권을 이해하기 위해 인간을 신의 후손으로 믿었던 모계신본주의사회를 알아보는 것도 의미가 있을 것이다. 즉, 모계신본주의사회는 모든 생명체는 서로 돕고 먹이가 되면서 순환 진보를 한다고 믿은 종교사회였다.

또한 여제사장이 씨족사회를 이끌어간 제정일치(정교일치)사회로, 비 혈통적인 사회로 영혼을 육화할 수 있는 모성을 존경하여 모계조상신을 제사하며, 살육된 동물에 대해 진보할 것을 축원하는 간단한 주문을 하거나 정해진 시기에 희생제를 치르는 사회였다. 그리고 인간 상호간에 동료로 생각함에 따라 인종차별의 개념이 없었으며, 자유로운 여행으로 서로의 문물을 교환하고, 호의적이고 다양성을 중시하였고 서로 도왔던 열린사회였던 것이다. 이는 현생인류 역사의 대부분을 차지하는 초기 모권사회에서는 채취나 수렵 등에 의존하는 유목민의 생활처럼, 자연동굴이나 이동이 쉬운 움막 등으로 생활하면서 비교적 풍요로운 행복지수가 높은 사회였다고 하는 최근 인류학자의 보고에서도 이해할 수 있다.

또한 인간의 경우 출산 중 사망하는 경우가 많았고, 양육기간이 장기적임에 따라 모권사회에서는 여아 출생은 씨족의 경사였으며, 지역에서 채취나 수렵 등 식량사정에 맞추어 여제사장에 의해 수태조절을 하여 인구수가 적었다. 뿐만 아니라 직관이 발달한 모계사회는 실제로 몸과 마음으로 재창조(잉태, 출산, 양육)를 경험함에 따라 영혼불멸에 대해서 확신을 가졌다고 볼 수 있다. 그리고 모성애를 근간으로 하는 모계사회가 남녀의 다른 특성이 있는 양성을 출산하는 모성의 생태적 경험과 사색을 통해 인본주의로서 음양론적인 세계관이 형성되었을 것이다. 아울러 불멸하는 영혼이 음양의 조화에 의해서 끝없는 순환과 진보를 위해 재창조된다고 믿었던 사회로 볼 수 있다. 예를 들어 오늘날에도 어린 나이에 천부적인 소질을 타고나서 세계적인 피아니스트나, 바이올린니스트 등 음악가나 천재적인 사람들을 볼 때, 마치 생존 당시 노력의 결과가 인간으로 되돌아와서 계속 발전하는 것처럼, 수많은 순환과 축적을 통해야만 이루어진다는 사실에서 이해할 수 있다.

하여 모계사회가 공유제를 한 것은 영혼이 육화되어 삶의 과정에서 진보하기 위해 순환한다고 생각하여 생존당시 자신의 고유한 일이나 공존을 위한 사회협동의 결과의 축적을 소위 '천부소유권'으로 간주했음을 알 수 있다. 다시 말해서 마치 언제나 잠을 자고 깨어나는 것처럼, '나'라는 불멸의 존재는 생사를 반복하며 연속된 삶을 살고 있음에 따라 사회협동의 결과물로, '천부소유권'을 보장했던 것이다. 물론 전통 한국에서 '사람은 태어날 때부터 자신의 먹을 것은 갖고 태어난다,'는 속담에서 이해할 수 있다. 이는 부계사회가 등장한 후, 동양의 경우는 천, 지, 인 3요소에서 인간이 주체로 이해했고, 석가는 '천상천하유아독존'(天上天下唯我獨尊)이라 하여 인간은 본래 영적 존재임에 따라 깨닫는 즉시 부처가 된다고 하였으며, 소크라테스는 '너 자신을 알라'고 하여 스스로 영적 존재임을 자각하라고 한 사실 등 인본주의적인 일관성이 있음을 알 수 있다. 물론 중동의 경우, 모계유일신을 숭배하며 모계신본주의를 세계화했던, 동이족에서 파생된 서이족의 후손인 유대인은 모계유일신으로 원용한 부계유일신으로 부계신본주의사회를 세계화한 것과는 다르다.

좀 더 구체적으로 말하면, 동양에서는 모계신본주의사회의 유습인 음양오행사상이나 불교의 윤회사상, 유교의 조상숭배. 도교의 불로불사의 신선사상 등으로 변모하였다고 할 수 있다. 하여 동양은 음양철학이나, 종교 교리가 사람의 선택과 노력에 의해 신성한 존재로 변모할 수 있다고 한 사실은 인본주의사회였음을 알 수 있다. 예를 들어 모계유습을 이은 종교의 원형으로 전통 한국의 토속신앙이나, 신앙체계 등을 근간으로 만들어진 동학은 하느님이 사람과 함께 한다는, 즉, 인간이 하나님(신)이라는 인내천(人內天) 사상을 근간으로 하는 만민평등을 교리로 한 사실에서 이해할 수 있다. 하여 동양의 하늘(天) 사상은 소우주인간과 대우주와 연동되어 있다고 생각한 모계신본주의사회를 이은 사상임을 알 수 있다.

이는 태고 한국에서 오늘날까지 이어지는 태몽에서 항상 현몽하는 생명신이며 인격신으로 친근한 '마고삼신할매'(대모신)로부터 이해할 수 있다. 즉, 인간의 선조로서 인간과 함께하며 절대존재이지만, 동네 할머니 같은 친근한 대모신인 것이다. 물론 모계신본주의 사회의 궁극적 삶의 목적이었던 '해혹복본'의 신념에서 대모신의 성격을 이해할 수 있다. 즉, 현실세계를 불멸하는 '나'의 진보와 수정이 가능한 특별한 기회로 생각하였으며, 나눔을 통해 인간의 본향으로 되돌아오기를 권고하였던 것이다.

다시 말해서 인간이 볼 수 있는 양의 세계와 보이지 않는 음의 세계, 그리고 알 수 없는 불가지의 세계 등과 균형을 이루며 생명이 순환된다고 믿었기 때문에, 현실세계에 있는 영원한 '나'는 영원한 '너'와 부족한 부분을 나누고, 의지하여 살아갈 것을 당부하였던 것이다. 뿐만 아니라 소우주인간이 주체로서 수많은 순환 진보를 하면서 자연법칙의 탐구와 대우주를 개척하면서, 자신이 누구인지를 스스로 알고자 노력하며, '해혹복본'을 굳게 믿기 위해 '수증'(증명)할 것을 명령하였던 것이다. 이러한 의식은 태고 한국의 모계유습을 이은, 고조선의 국시였던 홍익인간사상으로 나타났다. 물론 모계신본주의의 모계제사장들의 유습을 이은 전통 한국의 토속신앙인 무교(무속)에서도 이해할 수 있다. 하여 동학의 '인내천' 사상의 인간 존엄은 서구의 '자연법' 사상보다 본질적임을 알 수 있다.

인권을 구체화한 서구사상

중세 유럽은 기독교문화를 근간으로 하는 전통적인 가치가 불확실해짐에 따라 부계신본주의가 쇠퇴하는 가운데 14세기 르네상스 시대를 맞이하면서 자유주의사상이 발현되기 시작했다. 이후 앞에서 설명한 홉스적인 전체주의국가에서 탈피하고자 하는 로크나 루소와 같은 사회계약론자의 국가이론이 실제 계약을 막연히 가정하고 있음에 따라 논란의 여지가 있지만, 나름대로 자유주의가 구체화되기 시작했다. 예를 들어 로크는 '무언의 동의'라 하여 국가권력에 동의하였다고 함으로써 국가권력을 정당화하였지만, 만약에 전쟁에서 패한 국가의 국민에게도 '무언의 동의'를 하였는가라고 반문해 본다면, 동의한 일이 없다고 한다는 점과, 아울러 특히 여성들의 경우 '무언의 동의'가 없었던 사실에서 이해할 수 있다. 이러한 난점이 있는 자유주의(개인주의)에 관해서 철학자들의 논쟁은 격렬하였고, 아울러 기독교 문화를 근간으로 하는 기존의 관습에 의해 자유주의가 19C초까지 이론에 머물렀던 이유로 볼 수 있다.

이러한 유럽의 혼란을 극복하기 위해 벤담(J. Bentham, 1748~1832)은 개인주의적 공리주의이론으로 사회개혁을 역설했다. 즉, 개인의 선을 행복이라고 하였고, 국가는 공공선을 위한 '최대다수의 최대행복'을 위해 권력을 가진다고 주장했다. 그리고 개인의 행복이 인간의 내면보다 외면적 쾌락의 양에 있다 하여 쾌락계산법을 만들어낸 사실과 더불어 국가가 공공선을 위해 개인의 권리를 희생시킬 수 있음을 주장한 사실을 두고, '돼지의 철학'으로 폄하되기도 했다. 이는 아마도 귀족집안에서 성장한 벤담이 공공의 행복을 위해 전체주의적 사고를 정당화했기 때문일 것이다. 따라서 남성의 쾌락추구는 부계가 주류를 이룬 사회에서 오히려 여성에게는 고통이 배가될 수 있다는 점을 간과했다고 볼 수 있다.

이어서 권력자와 중소자본가의 갈등, 부패한 귀족과 시민의 분노 등이 만연한 가운데, 산업혁명과 더불어 태동한 자본주의가 근대사회의 성립으로 공고화됨에 따라 공리주의도 새롭게 변모하였다. 즉, 밀(J. S Mill, 1806~1879)은 벤담의 양적공리주의를 버리고, 인간 존엄을 근간으로 한, 쾌락의 질적 차이를 인정한 질적 공리주의를 주장하였다. 하지만 그의 부인 해리엇 테일러와 함께 저술한 자유론(On Liberty 1859)에서 교육받지 못한 자들이 형성하는 여론의 횡포에 대해 우려하면서 불균등투표를 주장하였으며, 이로 이루어진 권력의 정당성을 역설하는 사실 등을 볼 때 엘리트주의자로 볼 수 있다. 이는 근대 시민사회의 특징인 국가와 민중 간의 가교 역할을 한 자본가과 자유주의 지식층으로 이루어진 시민단체(정당)가 만들어진 사실에서도 이해할 수 있다. 물론 동양의 유가, 도가, 불가처럼 뜻을 같이 하는 종교집단으로서 국가의 근간을 이루는 것과는 다르며, 전통 한국의 사색당파와도 다르다.

이어서 현대공리주의자인 브란트(R. B. Brandt)와 브레이부룩(D. Braybrooke)는 다음과 같이 주장한다. 즉, 브란트는 기존도덕률이 복지와 모순이 될 때, 기존도덕률을 어겨서라도 최대공리를 생성할 수 있다면, 기존도덕률을 무시해도 된다고 하였으며, 공공선의 목적을 달성하기 위해서는 도덕성의 존중과 일련의 규칙이 반드시 공표되어야 한다고 주장했다. 하여 공공선이 강자의 우월적인 지위에 의해 무시된 경우가 많았던 역사적 경험에서 볼 때, 공공선을 위해 모계주의가 주류가 될 수 있음을 이해할 수 있다. 그리고 브레이부

룩는 믿을 수 없는 인간성과 더불어 불완전한 법규에 의해서 집행자들의 권한은 사익을 위해 사용한 경우가 많음에 따라 '천부인권'과 같은 개인의 '불가양도성의 권리'를 강화해야 한다고 했다. 즉, 현대공리주의는 자연법사상의 '천부인권'을 강화해야 함을 주장하고 있는 것이다. 다시 말해서 '천부인권'의 내용으로서 인간 존엄을 위한 물적 기초인 '천부소유권'을 보장하는 체제를 성립하여 '천부인권'의 실효성을 갖추어야 함을 말하는 것이다.

자연법사상과 공리주의

벤담의 양적공리주의는 양적인 삶을 중시하여 효율성만 강조하는 경향으로 인하여, 사회는 이전투구의 장으로 발전될 수 있다. 예를 들어 만약에 어떠한 가족이 각자의 행복을 위한다는 명분으로, 마치 공장에서 일을 하는 것처럼 가족 각자의 권리를 제한하면서 가족착취를 하거나, 가족이기주의로 부정적인 세계관을 갖는다면, 사회 기초조직으로서 가족의 본질적 기능인 사회적응훈련과 교양을 쌓기 위한 가정교육은 의미를 잃게 되고, 가정의 사회정화기능이 훼손되면서 사회가 냉혹하게 될 수 있다는 사실에서 이해할 수 있다. 이러한 점을 벤담이 빠트리고 있다는 것은 부계적 가치가 공고화된 시대적 상황에서 비롯되었다고 볼 수 있다. 이는 아마도 벤담이 자연법사상이나 사회계약을 미신정도로 폄하한 사실에 근거해 볼 때, 인간의 존엄의 근간이 되는 내면세계(감성)를 이해하지 못한 결과로 볼 수 있다.

이와 달리 질적 공리주의자인 밀은 인간의 존엄을 역설하면서도 앞에서 설명된 것처럼 엘리트주의적 경향이 있었다. 물론 19세기 초에 근대 민주주의사회가 성립했음에도 불구하고, 여성과 민중들은 무지하였기 때문일 것이다. 즉, 구시대에서부터 소외되고 무력화된 사회적 약자를 근대사회가 되었음에도 불구하고, 소외와 학대를 통해서 마치 '남의 불행이 자신의 행복'처럼 느꼈던 습속이 있었던 구시대를 벗어나는 과도기였기 때문일 것이다. 물론 밀은 여성에게 호의적이었다.

아무튼 브란트의 공리주의는 개방적임에 따라 진일보하였음을 이해할 수 있다. 여성의 경우, 만약에 기존의 도덕률이 여성들에게 부적합하여 여성 자신들의 복지와 공공선을 구현하는 데 장애가 된다면, 사회적 책임을 질 이유도 없을 뿐만 아니라, 만약 남성우월주의를 근간으로 정서와 법의 보수성으로 인한 여성이 묵시적으로 무시당한다면, 여성 자신들의 도덕률을 창출하여 자신들의 권위를 높여갈 수 있기 때문이다. 즉, 브란트의 공리주의에 의하면, 여성 자신들의 권리를 보장받기 위해 여성 지도자를 통해 규칙의 제정에 참여할 수 있는 권력구조를 만드는 것부터 시작되어야 하는 것이다. 권리는 자신의 위치를 법적, 제도적, 도덕적으로 정당화시키는 힘(자격)임에 따라 여성들이 실질적 남녀평등을 구현할 수 있는 '모민주의'를 정당화하기 위해 양심에 따른 권리주장을 결사로 관철할 수 있다면, 사회에서도 실질적으로 남녀가 평등하게 되고, 가정에서도 행복을 보장받을 수 있기 때문이다.

하여 여성의 권리문제에 대해서 제도상의 문제나 방해를 받는 등의 여타의 이유로 해서 여성자신들이 규칙의 제정에 참여하지 않았다면, 여성들은 규칙이 공표되어도 조직적으로 거부할 수 있음을 알 수 있다. 물론 오늘날 여성들이 권리에 대해서 민감해야 하는 이유는 부계주의가 공고화될수록 복지 축소와 더불어 위험한 사회로 고착화될 경우, 생태적으로 복지적인 모성에게 과중한 부담이 되기 때문이다. 하여 여성이 권력의 반을 획득하여 부계주의와 균형을 이루기 위한 능동적인 태도가 필요하게 되었음을 알 수 있다.

다시 말해서 근대 민주주의사회가 성립되었음에도 불구하고, 브레이부룩이 지적한 인간양심의 오류에 의해서, 가족이라는 부분이 국가라는 전체의 힘인 권력에 의해 압도를 당하거나, 부당한 권력 작용 등 우월적 지위를 남용할 수 있음에 따라 가족복지의 중심에 있는 모성은 가족의 안정을 위해 브레이부룩의 불가양도성의 권리와 동일한 의미로, '천부소유권'을 보장받는 모민주의 체제의 세계화를 주도해야함을 말하는 것이다. 왜냐하면 부계주의가 주류를 이루는 사회에서 유발된 인간양심의 오류로 인해 부정적인 것들을 양산함에 따라 가족해체가 급증하고 있기 때문이다. 물론 부계주의가 주류를 이루는 세상에서 남성 역시 고단한 삶을 살고 있다.

예를 들어 우리말에 '열 손가락 물어서 안 아픈 손가락 없다' 하여 남녀평등의 자녀관을 갖고 있지만, 그것은 어디까지나 가족만의 생각일 뿐 가정을 벗어나서 사회생활을 할 때, 남녀가 불평등한 현실을 정서적으로 느낌에 따라 가정과 사회가 불일치하는 모순으로 인하여 가부장이 샌드위치가 되었다. 즉, 가족 내부에서도 다름을 존중하기보다 불평등한 현실에 부합되는 남녀불평등을 훈육해야 하는 고충이 있는 것이다. 하여 남녀평등을 헌법에서 보장하고 있지만, 어디까지나 형식적일 뿐 실제로는 불평등하고, 형식과 내용이 불합치한 모순으로 인식하면서, 삶을 회의적으로 변모함에 따라 가족 내부의 갈등의 폭증은 가족해체의 원인임을 알 수 있다. 따라서 부계사회의 등장으로 모계적 가치가 비주류가 전락됨으로써 결과적으로 남성도 피해자가 되고 있음을 알 수 있다. 즉, 부계주의적인 공리주의가 공공선이라는 미명하에 다수를 위해 소수인 개인의 권리를 무시하거나 희생을 정당화한 결과, 대다수의 남성들이 피해자가 되었던 것이다. 따라서 공리주의는 모계주의적인 자연권(천부인권)과 다른 점이 많음을 이해할 수 있다.

서구 기독교문화와 자연법사상

서구 여성이 르네상스시대에서도 10대 1 정도의 차별을 받았던 사실을 기록한 다음 인용문을 참고한다면, 자연법사상이 모계적 가치에서 발현된 것임을 알 수 있다. 즉, "여자는 죄악의 원천, 악마의 무기, 낙원추방의 원인이요, 옛 율법의 파괴자이기 때문에 여자와 교제를 주의 깊게 피해야만 하며 그러므로 우리들은 어떤 여자라도, 설령 그 명예가 지극히 높은 여성이라 하더라도 본교의 입학을 거부한다는 것을 명확하게 밝히는 바이다. 이 규정을 어기는 자는 누구를 막론하고 학장의 엄중한 처벌을 받게 될 것이다."라고 1377년 볼로냐 대학 교수단은 선언하였다."(123) (베벨, p.284)

이는 중세 서구 여성의 사회적 지위를 이해할 수 있는 사례의 일부로, 부계 절대존재의 명령에 의해 세상의 모든 여성은 참으로 가혹한 형벌을 받아야 할 입장에 있었음을 알 수 있다. 즉, 유일신의 명령으로 인간이 따질 수 없기 때문에, 모든 여성은 소외되어 마치 창살 없는 감옥에서 살아가는 것과 같은 상태였던 것이다. 이는 중세 유럽이 기독교적 가치에 의한 암흑시대가 13세기 칭기즈칸의 세계화로 막을 내렸음에도 불구하고, 앞의 인용문 당시 서구 지식인이나 학자들조차 여성을 남성의 갈비뼈 하나 정도로 믿었고 경멸했음을 알 수 있다. 따라서 어떤 기독교학자는 자연법사상이 기독교사상을 근간으로 한다고 주장하지만, 절대존재에 의해 여성이 소외되었음을 상기해 볼 때, 잘못된 주장임을 알 수 있다.

물론 어떠한 측면에서 기독교사상에서 파생된 부분도 있지만, 모계신본주의의 유습이 발현된 것으로 볼 수 있다. 왜냐하면 모권사회가 인간을 신의 후손으로 믿어, 공유제로 물적 기초를 보장했기 때문이다. 즉, 대모신의 후손으로 '천부소유권'을 보장하는 분배양식인 공유제를 통해 인간 존엄을 구현했음을 말하는 것이다. 따라서 부계유일신 종교가 창립된 후, 중동지역의 여신종교를 미개하고, 사악한 종교로 적대시하고, 폭력으로 재산을 강탈하고, 괴멸케 하였을 뿐만 아니라, 철저히 부계신본주의 사회를 공고화하여 여성을 폄하하고, 무시한 풍토가 근대까지 이어졌다는 사실에 근거하여 볼 때, 부계유일신종교가 자연권의 근원으로 주장하는 것은 무리가 있음을 알 수 있다. 이는 종교 편을 참고 바란다.

아무튼 앞의 인용문에서 알 수 있듯이 서구 사회가 암흑시대를 벗어났음에도 불구하고 여성들은 볼로냐 대학의 입학 자격이 없었다. 이는 여성의 경우 지위고하를 막론하고, 단지 여성이라는 이유로 사회적, 법적으로 자격이 없는 소외된 사람으로 오직 가사노동에 대한 의무만 있었던 것이다. 하여 입학할 수 있는 권리가 없었음을 말하는 것이다. 하여 권력의 바탕이 되는 권리는 사회적 합의나 특수한 관계에 의한 것을 의미함에 따라 국가권력에 의해 보장되면 법률상의 권리가 되고, 사회적으로 권리가 인정되면 도덕적 권리로 권위가 된다는 사실을 볼 때, 여성은 소외되어 권리(자격)가 없는 사실상 힘없는 노예나 다름없었음을 알 수 있다. 즉, 권력이란 각사회의 세력 간 오랜 투쟁의 결과로 성장한 가운데 사회적 승인을 받아낸 것으로서, 자신의 이익이나 의지를 관철시킬 수 있는 힘을 의미함에 따라 권력을 형성할 수 없는 여성의 입장은 마치 전쟁포로와 같은 대우를 받았던 것이다.

이러한 과정을 겪었던 여성은 자연법사상을 근간으로 한 근대사회가 성립되고부터 자연권(자연법, 천부인권)에 의한 인권을 갖게 되었다. 즉, 인간이라면 어느 누구나 천부인권을 갖고 있다고 전제한 기본권으로서 인권은 일반적이고, 도덕적 권리를 보장받는 것을 말하는 것이다. 다시 말해서 천부인권을 갖고 있는 개인들의 계약자유를 선행하는 법률제정에 자유롭게 참여할 수 있게 되었다는 의미이다. 하여 자연법사상은 자유경쟁에 의한 사회적 합의와 정치제도를 만들어가는 원칙이며, 법제정이나 법해석의 기준이 되고 있다. 하지만 근대민주주의사회가 성립된 지, 약 200년이 지났음에도 불구하고, 아직도 현실적으로 부계적 가치가 주류를 이루고 있는 가운데 남존여비의 정서가 잔존하고 있다. 하여 인간 존엄을 구현하기 위해 권력구조에 있어서도 남녀의 다른 특성을 존중하는 새로운 체제가 성립되어야 함을 알 수 있다. 즉, 모계주의적인 민주주의 본질에 부합되는 적극적 복지사회를 구현하는 모민주의를 말하는 것이다.

아무튼 오랫동안 부계적 가치를 토대로 하여 만들어진 문화나 제도로 인하여, 오늘날에 이르러서도 남녀의 임금차별, 성차별, 인종차별 등 차별적 정서를 개선하는 데 어려움이 있는 것은 사실이다. 또한 오늘날 신자유주의가 인간의 상품화로 인한 모성의 구심력 상실, 무한경쟁으로 무분별한 개발, 환경오염, 위험한 방향으로 발전하는 첨단과학기술 등으로 생태계 파괴에 의한 지속불능의 상황으로 빠르게 진행되고 있는 것이 문제가 되고 있다. 특히 오늘날 생명과학이 체세포로 인간복제 능력을 가질 수 있는 시대가 됨에 따라 이를 빌미로 모성의 출산과 양육을 저평가한다면, 사회가 발전할수록 인간의 구심력을 이루는 모성애가 강화되어야 함에도 불구하고, 모성애가 쇠락하여 제행무상이라는 회의의식을 갖게 될 때, 인간으로서 감당하기 힘든 새로운 위기를 맞을 수도 있는 것이다.

이는 이미 여러 매체의 보도를 통해서 비정상적인 모성이 증가되고 있다는 사실과 아울러 가족 내의 갈등과 대립 등 말기적 현상이 보편화되고 있다는 사실에서 볼 때, 기우가 아님을 알 수 있다. 하여 자연권은 형식과 내용이 일관성을 갖추어야 함을 알 수 있다. 따라서 인간의 여성성을 근간으로 했던 모계신본주의사회가 '천부인권'의 내용인, '천부소유권'을 보장하여 인간 존엄을 구현했던 것처럼, 경제민주화를 내용으로 하는 모민주의 체제가 세계화되는 것이 바람직함을 알 수 있다.

2. 자연법사상

모계적 가치에서 발현된 자연법

동양은 음양론적인 조화를 중시하여 민본주의를 근간으로 하였던 반면, 서구는 부계신본주의를 근간으로 한 절대봉건제로 발전하였다. 즉, 동양의 민본주의 국가는 도덕국가를 목표로 덕치주의를 하였던 반면, 서구는 기독교 절대존재에 의해 성립된 절대봉건제였다는 점에서 근본적으로 다른 것이다. 다시 말해서 동양은 인간이 피조물이 아닌 주체로서 자율성을 믿는 가운데, 도덕적 완성을 지향하는 교화적인 국가였다는 점과 서구는 창조주가 주체이고, 인간은 피조물로서 절대존재의 영광을 위하거나, 명령에 복종한 기독교 율법주의국가였다는 점에서 다름을 말하는 것이다. 하여 동양의 민본주의에서 하늘의 뜻이 백성의 뜻이라 하였던 것과, 서구의 경우 인간은 피조물로서 절대존재 아래 평등하다는 기독교를 원용한, 법아래 인간이 평등하다고 하는 것과 근본적으로 다름을 이해할 수 있다.

즉, 모계신본주의사회가 퇴장한 후, 동양의 경우 인간을 독립적 주체로 생각한 인본주의로 인문학이 발달한 반면, 중동에서는 부계신본주의(헤브라이즘)로 변모한 결과인 것이다. 후일 헤브라이즘이 서구문화의 근간을 이루면서 고대그리스의 인본주의(헬레니즘)는 쇠락하게 되고, 절대존재가 지배하는 중세 암흑시대(3세기~13세기)가 퇴출되면서 인본주의로서 고대그리스 철학이 부상하고, 교부철학과 함께 복합적으로 발전한 결과, 자연법사상이 발현되었다고 할 수 있다. 이처럼 오늘날 인류의 보편적 가치가된 서구의 자연권(법) 사상은 태고로부터 오랜 과정을 거쳐 고대 그리스에서 태동하였음을 알 수 있다. 즉, 피라미드 입구에 새겨진 것으로 '너 자신을 알라'고(너 자신이 불멸의 영적 존재임 깨달아야 한다는 의미) 외쳤던 소크라테스의 생각은 제자 절대주의 철학자 플라톤에게 영향을 주어 이데아를 존재의 본질로 보게 되었던 것이다. 이는 후일 유대교에서 파생된 기독교의 사상적 체계에 많은 영향을 끼쳤다.

반면 플라톤의 제자이면서도 상대주의철학자인 아리스토텔레스는 영혼, 정치, 자연과학 등과 같이 인식의 문제를 다루었다. 즉, 세상은 신의 의지가 아닌 인간이 주체로서 스스로 삶을 꾸려가는 존재라고 생각하는 인본주의 철학자였던 것이다. 예를 들어 인본주의 철학자였던 아리스토텔레스가 인간은 처해진 상황에 따라 여성이 정치권력의 중심에서 세상을 주도할 수 있다고 주장한 사실에서 이해할 수 있다. 즉, 여성성을 근간으로 하는 정치를 여성이 스스로 만들어 주류를 이룬다 할지라도, 전혀 이상한 것이 아니라는 것이다. 물론 아리스토텔레스는 기독교제국이 성립되기 전에 있었던 상대주의 철학자임에 따라 모계주의가 세상을 이끌어갈 수 있음을 주장할 수 있었을 것이다.

아울러 아리스토텔레스의 상대주의 철학을 이은 서구의 경험주의 철학은 모계적 가치를 근간으로 하는 민주주의를 가능케 하였을 뿐만 아니라, 과학을 발전케 한 원동력이 된 사실에 근거하여 볼 때 앞의 내용이 합리적임을 이해할 수 있다. 이어서 아리스토텔레스 사후, 개인의 입신양명을 추구한 제논은 스토아학파(금욕주의)

가 법을 선행하는 자연법을 역설하였다. 이러한 가운데 인본주의인 헬레니즘과 부계신본주의인 헤브라이즘이 혼재하면서 발전되어갔다. 이후 헤브라이즘의 기독교는 로마제국으로부터 가혹한 박해를 받은 후, 392년 국교로 성립됨에 따라 기독교를 위한 교부철학이 아우구스티누스를 중심으로 하여 발전하였다. 즉, 기독교신학은 세상살이의 고통의 원인을 여성에 의해서 만들어진 원죄로 인하여 유발되었다고 하는 원죄설을 중시하여, 남녀불평등의 정당성을 공고히 하였을 뿐만 아니라, 배타적인 부계유일신 종교인 기독교외의 종교는 이단으로 확고히 하였던 것이다.

또한 교회부속학교 교사들에 의해 철학으로 발전한 스콜라철학이 9세기~15세기 초까지 이어졌다. 즉, 스콜라철학은 자연법사상을 절대존재의 의지의 발현으로 발전시켰으며, 13세기 스콜라철학의 대표적 철학자인 토마스 아퀴나스는 인간이 만든 국가의 법 위에 상위법인 신(절대존재)의 법에 의해 통제된다고 한 '천부인권'을 주장하였다. 이를 두고 자연법이라 하였으며, 신 아래 인간은 평등하다고 하였다. 하지만 왕권신수설처럼, 신에 의해서 권리가 주어진다는 의미로서 피조물로서 종속적인 의미가 있는 반면, 주체로서 인간 존엄을 위한 자연법과 다르다는 사실에서 근본적인 차이가 있음을 이해할 수 있다.

동서 문물교류

13세기 칭기즈칸의 세계화로서 동양의 인본주의를 근간으로 하는 민본주의사상과 인문학적 결과물과 서구문물이 교류함에 따라 인류는 비약적인 발전을 하게 되었고, 자유주의가 태동하게 되는 계기가 되었다고 할 수 있다. 즉, 몽골제국은 중동의 이슬람문화나, 유럽의 기독교문화 등과 동양의 음양사상, 논어, 사서삼경 등의 인문학과 화약기술, 축조, 항해술에 필요한 나침반 등의 과학기술을 전파하는 등 동서 문물교류를 활성화함으로써 상업주의를 태동케 하였던 것이다. 다시 말해서 동서교류는 서구가 부계신본주의를 근간으로 하는 중세 유럽이 3세기~13세기에 이르는 정체된 암흑기를 벗어나, 경험주의를 근간으로 하는 실증주의가 주류를 이루게 되어 기독교의 신뢰는 땅에 떨어져서 불확실해 지면서 상업주의가 활성화되었음을 말하는 것이다. 이는 후일 새로운 가치체계를 정립하기 위해 고대희랍의 철학을 재조명한 결과 자유주의가 태동케 되는 계기가 되었다고 볼 수 있다.

하여 동양의 민본주의가 서구 중세의 신본주의적인 자연법에서 후일 인본주의적 자연법사상의 발현에 영향을 끼쳤음을 이해할 수 있다. 즉, 동양의 민본주의 영향으로 유럽은 인본주의를 근간으로 하는 고대 희랍의 상대주의철학을 재조명하게 되었으며, 이어서 경험주의 철학으로 발전하는 가운데, 휴머니즘(인본주의)을 근간으로 하는 르네상스시대를 맞게 되어 인본주의적인 자연법(권)사상이 구체화될 수 있었던 것이다. 하여 동서양의 문물교류가 로마의 멸망으로 형성되었던 자유주의 사조가 자연법사상에 의해서 자유주의로 구체화될 수 있었음을 알 수 있다. 이러한 자유주의 사조는 후일 구체제 퇴출을 시민혁명의 성공으로 근대사회를 성립케 한 원인이었다고 할 수 있다.

아울러 미국의 독립선언서에서 자유, 평등, 생존, 행복추구를 위한 천부적 권리를 보장하기 위해 국가가 창설되었다고 했으며, 프랑스 인권선언에서 정치결사의 목적은 개인의 권리를 억압하면 저항할 수 있는 권리로서 '천부인권'을 선언할 수 있었던 것이다. 하지만 시민혁명 후 불안정한 사회라는 과도기적 현상을 해결하기 위한 벤담의 양적공리주의는 '최대다수의 최대행복'을 위한 정책의 결과를 우선하게 됨에 따라 자연권을 퇴색케 하였다. 뿐만 아니라 밀의 질적 공리주의는 인간 존엄을 근간으로 하였지만, 물적 기초가 보장되지 않는 인간 존엄이라는 측면에서 문제가 있었다. 하여 공리주의가 주류를 이루는 시대에 전체주의적 파시즘이나 나치즘에 의한 전대미문의 대 학살과 두 차례에 걸친 세계대전, 제국주의, 패권주의, 인종차별, 성차별 등에 의해 비극적이고 참혹한 삶을 경험함에 따라 인류는 자연권(법)을 중요성을 다시 한 번 깨닫게 되었고, 인간의 기본권을 보장하기 위한 탈자유주의적인 복지사회 구현을 국가목표로 설정하게 되었음을 이해할 수 있다.

즉, 오늘날 공법(헌법, 행정법 등)에 의한 국가적 공권으로서 명령권, 강제권 등과 개인적 공권은 국가에 대한 권리를 참정권, 자유권, 인간다운 삶을 할 권리(생존권, 생활권), 노동3권, 환경권 등이 있으며, 사법(민법, 민사소송법 등)상에서의 권리는 인격권이나 소유권 등으로 나누어져 있고, 종류와 주제, 내용 등에 의해서도 수많은 법이 있을 뿐만 아니라, 사회발전과 함께 법령 홍수를 이루고 있지만, 자연법사상을 근간으로 해석하고 발전되고 있는 것이다. 다시 말해서 인간의 기본권으로서 인권은 모든 것을 선행한다고 전제함에 따라 국가존립의 정당성인 법과 사회제도를 자연법사상과 부합되게 만들어야 함을 말하는 것이다. 하여 자본주의가 절대적 양극화를 만들어 절대다수가 빈곤층으로 전락하여 스스로 존엄을 포기해야 할 상황에 이르게 한다면, 자본주의국가의 존립의 정당성이 없다고 할 수 있다. 따라서 '천부인권'이 확장된 '천부소유권'을 보장하는 모계적 분배양식을 근간으로 하는 새로운 체제가 성립해야 함을 알 수 있다.

현대 철학자 N. 보위, R. 사이몬은 자연권에 대해서 다음과 같이 쓰고 있다. 즉, "누가 어떤 대상에 대해 자연권을 갖는 경우는 ⓐ그가 그것을 가질 자격이 있고, ⓑ그 자격이 도덕적으로 근본적인 것이고, ⓒ그 자격이 그의 사회적 지위, 법체계의 명령 혹은 다른 제도적 규칙이나 관행에서 나온 것이 아니고, ⓓ그것이 위에서 논한 의미에서 일반적인 것일 때뿐이다. 그리고 자연권은 위에 언급한 몇 가지 그럴듯한 의미에서 불가양도이다. 조건 ⓐ는 자연권을 권리라는 넓은 범주 속에서 포함시키지만, 다른 조건들은 자연권을 고유하고 근본적인 종류의 도덕적 권리로 특징짓는다."(124) (사이몬, p.78)

이처럼 자연권이라는 것은 인간이 만든 제도에서 파생되는 사회적으로나 관습적인 것과는 반대의 권리로서, 부부사이든 어린아이든 지위고하를 막론하고, 자연법을 이해하든 못하든 인종이 어떻든 간에 인간의 존엄함을 위해 인간 상호간에 사회협동을 해야 할 의무가 있음을 이해할 수 있다. 이는 마치 모계신본주의 사회가 대모신의 후손으로 믿어 나눔을 위한 사회협동을 하였던 것처럼, 인류는 인간답게 살 수 있는 토양을 스스로 마련해야 함을 이해할 수 있다. 하여 인간은 개인성과 사회성의 균형을 이루기 위한 '천부인권'의 내용인 '천부소유권'을 보장하는 모계적 분배양식을 세계화하기 위한 모민주의가 성립되어야 함을 알 수 있다.

절대존재에 의해서 소외된 여성

앞에서 인용한 볼로냐 대학에서 여성을 마치 불구대천(不俱戴天)의 죄인처럼 폄하한 것은 여러 사례 중의 하나일 뿐이다. 또한 서구 기독교와 동일한 부계유일신을 숭배하는 회교국가에서 여성을 차별하고 있는 것처럼, 세상의 거의 모든 종교에서도 부계우월주의가 일반적이다. 특히 절대존재로서 부계유일신을 숭배하는 기독교는 피조물 남성의 갈비뼈 한 조각에서 만든 인류최초의 여성인 하와가 절대존재의 명을 어기고 신성을 범하여 낙원에서 퇴출되었고, 이후 하와의 원죄로 인간은 영생불능, 기아의 공포, 약육강식의 고통, 절망적 상태 등 고통의 삶을 된 사실에 근거하여, 남녀불평등을 정당화한 대표적인 부계우월종교이다. 물론 대다수 부계우월주의종교는 여성이 남성에게 종속되는 것을 정당화하는 여러 가지 원인을 교리로 설정되어 있다는 점이 대동소이하다.

하지만 기독교의 부계우월종교의 경우처럼, 하와가 창조주인 하나님을 배신한 결과 인류는 가혹한 삶과 현세의 전쟁, 폭력, 죽음 등에서 벗어날 수 없다고 하였던 것만큼, 극단적이지는 않다. 즉, 기독교는 여성의 원죄로 말미암아 인간은 1회적 삶을 살게 되었고, 불행하게 되었으며, 악이 생성되었다고 생각함에 따라 여성에 의해 성악설적인 세상이 되었음을 분명히 하고 있는 것이다. 물론 오늘날 인류는 이를 믿는 사람은 거의 없기 때문에 상징적이라고 하고 있다. 하지만 문제는 인류가 이로 인한 나쁜 결과로서, 어떠한 이유든 오랫동안 여성을 열등한 내지는 사악한 존재로서 괴롭힘을 당하고 오늘날까지 정서적으로 불평등한 원인이 되는 등 피해를 입고 있다. 즉, 여성이 창살 없는 감옥에서 산 것처럼 소외되어 수많은 기회를 잃었고 오늘날까지 불리한 삶을 살고 있음을 말하는 것이다.

더구나 부계유일신이 존재하는 한 여성은 인류에게 고통을 준 중죄인으로 족쇄가 채워져 있음에 따라 시효가 없는 가혹한 처벌을 받아야 하는 운명으로 설정되어 있다. 즉, 여성으로 태어나는 자체가 자신의 의지와 관계없이 무한책임과 대가를 치러야 하는 모순을 신의 명령으로 정당화한 것이 순리가 된 것이다. 다시 말해서 여성에 대한 부계유일신의 노여움은 남성에게 종속되어야 했고, 자신의 몸을 자기 마음대로 할 수 없는, 남성을 위한 정절을 지키는 이유가 되었을 뿐만 아니라, 비록 가족을 구성하였지만 남성이 여성을 죄인처럼 학대하거나 가족착취를 정당화했음을 말하는 것이다. 따라서 절대존재에 의해 확고하게 설정된 부계우월주의와 더불어 생육과 번성이라는 유일신의 권고로 인하여, 남성들의 성욕을 주체할 수 없이 방만한 상태가 된 가운데 무권리의 수동적인 상태에서 대상이 된 여성들은 정절을 지킬 수 없음에도 불구하고 지켜야 하는 모순 속에서 험난한 인생을 살았던 성적 노예였음을 이해할 수 있다. 예를 들어 우리가 알고 있는 영화 〈주홍 글씨〉에서도 중세 유럽에서 여성의 삶이 얼마나 가혹했는지 이해할 수 있다.

즉, 절대존재로부터 남성우월주의를 보증을 받게 됨에 따라 교육훈련, 정치권력, 재산상속 등 모든 것을 독점하게 되었고, 여성은 성적 존재로 전락한 오만방자한 사회였음을 말하는 것이다. 이러한 강력한 메시지가 세계화함에 따라 동양의 음양철학에서 근거하는 '안의 문화'에도 영향을 주어 동양 여성의 사회적 지위가 하락되었다고 볼 수 있다. 하여 인류는 부계사회가 등장한 후 어느 정도 남녀 차별이 있었던 것은 사실이지만, 부계유일신 종교가 성립되고부터 남녀 차별이 극단화되었음을 추정할 수 있다. 이는 생태적으로 복지적이며 직관이 발달한 여성은 태고로부터 종교적 인간형으로 오늘날까지도 이어지고 있음에도 불구하고, 여성이 주체가 될 수 없음을 설정한 교리에 근거하여 제사장(종교지도자)과 같은 역할을 할 수 있는 데서 여성의 지위를 알 수 있다.

다시 말해서 신앙의 본질인 현재구원을 위해 나눔에 충실했던 모계신본주의사회에서 남녀평등을 이루었지만, 부계사회의 등장으로 종교에서 분리된 정치를 남성이 독점하면서 불평등하게 되었음을 말하는 것이다. 이는 남녀 차별이 없는 모계신본주의사회에서 모계유일신을 중심으로 하여, 다수의 중간 신들과 아울러 부계와 모계의 조상신들과 함께하는 인간을 신의 후손으로 생각하여 조상신의 개념이 뚜렷한 반면, 남녀 차별이 뚜렷한 부계유일신종교에서는 인간을 부계유일신에 의해 창조된 피조물로 설정함에 따라 오직 유일신과 인간으로만 생각하여 조상신의 개념이 없다는 사실에서 이해할 수 있다.

또한 다생을 산다고 생각한 모계신본주의사회에서는 신의 후손으로 인간을 출산하는 모성이 종교의 주체가 되었던 반면, 부계유일신종교에서는 주인은 창조주이며 1회적 삶을 사는 피조물 인간을 출산하는 모성을 마치 로봇을 생산하는 기계처럼 수단으로 경시한 데서 이해할 수 있다. 물론 성경의 창세기에서 낙원에서 영생할 수 있게 창조된 인간이 여성 하와의 원죄로 말미암아 낙원에서 추방되어 영생할 수 없게 되었기 때문으로 명문화함에 따라 여성은 소외되었던 것이다. 즉, 창조주인 부계유일신의 명령으로 여성이 소외되었음을 말하는 것이다.

이와 달리, 음양론적인 '우주창생관'을 갖고 있는 동양은 인간이 혼, 령, 육화 등으로 변모하며 순환 진보하는 주체로 생각함에 따라 '나'를 있게 한 모성을 존경하였다. 다시 말해서 동양은 음양철학을 근간으로 하는 민본주의사회로서, 사람을 재창조하는 여성을 존중했음을 말하는 것이다. 또한 인간의 종교적 심성과 부합되는 고대 한국의 원형종교를 이은 전통 한국의 무교에서 현재 실존하는 사람을 잡신보다 우월적인 존재로 인식하거나, 모계 제사장의 전통을 이어가고 있는 사실에서 이해할 수 있다.

반면에 창조론을 근간으로 하는 부계신본주의사회였던 서구는 절대존재의 피조물인 인간을 출산하는 여성을 1차 피조물에 종속되는 2차 피조물로서 믿음에 따라 사람대우를 하지 않았다. 하여 조상신을 숭배하는 동양은 인간을 재창조하는 여성을 중시한 반면, 서구는 부계유일신의 피조물인 인간을 출산하는 여성을 경시한 점에서 상반됨을 알 수 있다. 물론 동양사회에서 '나'는 불멸의 '나'로서 다생을 산다고 생각하는 반면, 서구의 '나'는 창조물로서 일회적인 삶을 산다는 생각을 함에 따라 여성이 경시되었다고 볼 수 있다.

인간이 주체임을 깨닫다

부계사회의 등장으로 종교에서 분리된 정치가 철학적 인간형을 배양하고, 부계우월종교를 만들어 의식을 지배함에 따라 생태적으로 종교적 인간형인 여성은 종교적으로도 부계에 종속되었다고 할 수 있다. 즉, 자신들의 태만과 성욕이나 탐욕 등을 위해, 동반자인 여성을 부계우월종교에 의해 노예화할 수 있었음을 말하는 것이다. 이처럼 부계우월종교에 의한 여성을 폄하하고 종속을 정당화한 결과, 남성들이 착취할 수 있게 되면서 급속도로 자기발전을 할 수 있었음을 알 수 있다.

또한 유럽이 3세기경부터, 부계유일신이 지배하는 종교제국으로 변모하게 됨에 따라 여성은 절대주의적 불변의 법칙에 의해 소외되었으며, 이러한 영향은 모든 것은 변한다는 인본주의를 근간으로 하는 동양에도 파급되어, 동양 여성이 과거보다 곤경에 처하게 된 원인으로 볼 수 있다. 이후 중세에 이르러 동서 문물교류로 1517년 마르틴 루터의 종교개혁과 함께 기독교의 교부철학을 벗어난 인본주의가 발달하면서, 지식층과 서구 여성들이 절대주의적 기독교 문화의 확실성을 의심하였고, 절대존재에 대한 의심을 갖고 탐구와 분석을 하기 시작하고 있으며, 동시에 중세(14세기~17세기) 마녀사냥도 시작되었다. 이는 17~18세기에도 여성은 여전히 사람대우를 받지 못했지만 족쇄에서 풀려나올 수 있는 계기가 되었다고 할 수 있다. 하여 이러한 일련의 과정을 통해 사회적 관습이나 합의와는 반대되는 도덕적이고 근본적인 불가양도의 자연권을 17세기 서양철학에서 구체화할 수 있었음을 알 수 있다.

즉, 중세 유럽이 불확실성의 시대를 겪으면서 인간 문제에 대한 해결책을 종교보다 철학에서 구하려는 했던 결과인 것이다. 물론 유럽이 교황 체제로 인하여 오랫동안 정치권력은 약화됨에 따라 상업의 발달로 형성된 대상(大商)들의 세계 여러 지역과 활발한 교역을 통한 문물교류의 영향으로 자유주의가 태동되었다고 할 수 있다. 이는 후일 자유주의를 구체화한 존 로크(J. Locke, 1633~1704)는 유물론적이며 감각적인 인식론과 역사철학적 논리는 계몽주의에 영향을 주었고, 로크의 '시민정부이론'에 영향을 받아 미국헌법을 기초한 토마스 제퍼슨(Thomas Jefferson, 1743~1826)으로 이어졌다고 할 수 있다.

물론 전통적으로 영국은 인본주의적 경향과 민주적 토양이 잘 조성되어 있음에 따라 철학적 상대주의를 근간으로 한 경험주의가 발달할 수 있었을 것이다. 이는 영국이 과학발전과 산업혁명을 일으킬 수 있었던 사실에서 이해할 수 있다. 하여 영국인의 독특한 역사적 배경에서 형성된 민주적 기질과 풍토에서 성장한 로크는 기독교적 천부인권이 아닌, 국가에 의해 보장되는 자연권(법)을 주장한 것은 영국의 독특한 문화에서 비롯된 것임을 이해할 수 있다. 따라서 로크의 자유주의(개인주의) 사상이 근대사회를 열게 되는 초석을 제공하여 당시의 유럽사회에 신선한 충격을 주었고, 인권에 대한 자연법적인 확고한 뿌리를 내리는 계기가 되었으며, 후일 시민혁명을 통해 성립된 프랑스 민법전까지 영향을 주었던 점에서 획기적인 사상이었음을 알 수 있다.

하지만 당시의 유럽에서는 여전히 여성에 대한 경멸의식은 잔재하고 있었으며, 여성은 자신의 이익을 위한 사회참여도 할 수 없었기 때문에, 임금이 없는 가사노동은 노동으로 인정하지 않은 것은 당연했을지 모르지만, 부계편향적인 사상이라는 점에서 문제는 있다. 즉, "세계는 인간의 이익을 위해 창조된 창고라는 것이 여기서의 로크의 주장이다. 결국 사람들은 자기들이 사용하기 위해서 창고 속의 재화를 소유할 수 있다. 이 소유의 수단은 노동이다. 노동은 노동자의 의심할 여지가 없는 재산이기 때문에 최소한 타인을 위해 충분하고 똑같이 좋은 것들이 남아있다면, 노동을 가한 사람만이 노동이 결합되어 만들어진 산물에 대한 가치를 가진다."고 했음에도 불구하고 가사노동은 임금을 받지 않는다는 이유로 노동이 아니라는 것은 모순이기 때문이다.…

"… 교환의 대가를 금과 은을 받음으로써 자기가 사용할 수 있는 양 이상으로 자연의 산물을 공정하게 소유하는 길을 암묵적이고도 자발적인 합의를 통해 발견했기 때문에, 사람들이 불균등하고 불평등한 소유에 동의했다는 사실이 명백하다.…"(125) (같은 책 pp.81~82)

이처럼 로크적인 국가는 자연권을 소극적으로 보장하고 있음을 이해할 수 있다. 이는 비복지적인 자유주의(개인주의) 원칙에 의해, 무제한 자본축적경쟁으로 유발되는 양극화로 불안정한 사회가 된다 할지라도, 국가가 개입할 수 없는 이유가 되고 있다. 하여 복지주의가 내재되어 있는 자연법사상을 구현하기 위해 국가가 자연권을 보장해야 하는 입장과 원칙적으로 국가 개입을 거부하는 자유주의와 상반됨을 이해할 수 있다. 예를 들어 당시 무 권리자(무자격자)로서 여성들의 경우에 기독교문화에 의한 소외와 경제에 의한 인권침해로 인하여, 이중 고통을 받는 사회적 약자임에 따라 마땅히 자연법의 보장을 받기 위해 국가의 보호가 필요함에도 불구하고, 국가개입을 거부하는 자유주의로 착취를 당하였던 사실에서 이해할 수 있다. 즉, 초기 자본주의와 흡사한 로크적 국가에서 임금을 받지 않는 가사노동을 노동으로 인정하지 않았다는 점은 자유주의(개인주의)와 자연법이 배치되는 모순으로 볼 수 있는 것이다.

이러한 현상은 17~18C 로크 당시 서 구여성은 여전히 부계에 종속적인 상태로 소외되어 사회적 지위가 '무'였기 때문으로 볼 수 있다. 다시 말해서 마치 가정에서는 노예처럼, 사회에서는 창살 없는 사회적 감옥에서 사는 것과 같은 상태였음을 말하는 것이다. 하여 자연법이 복지사회의 근간이 되는 '천부소유권'을 보장하지 않음을 볼 때, 생태적으로 복지적인 여성과는 별개로 볼 수 있음에 따라 부계주의를 근간으로 하는 남자들만의 자연법으로 볼 수 있다. 예를 들어 자연법을 근간으로 하는 근대사회가 성립된 후에도 여성이 투표권을 쟁취한 것은 20세기 초였다는 사실에서 이해할 수 있다. 사실 어떠한 의미에서 여성의 지위가 변화를 하게 된 것은 여성의 생태적 본능과 부합되는 소극적 복지국가가 성립된 후부터 라고 볼 수 있으며, 근본적인 변화를 한 것은 미국여성에 의해 주도된 1960년대 말부터 남성을 적으로 간주한다는 의미인 '남적론'(男敵論)을 필두로 획기적으로 변모하였다고 할 수 있다.

또한 모계신본주의사회에서는 여성우월주의가 없었던 반면, 부계사회는 남성우월주의가 극단화하면서 상대적으로 만들어진 여성우월주의로서 페미니즘(여성사회주의)의 결사로 여권이 신장되고 있다. 즉, 과거의 잘못으로 인한 피해 후유증이 오늘날까지 이어지고 있는 것이다. 하여 보상적 정의로서 양생할 수 있는 새로운 모계적 분배양식의 구현을 위한 정치경제제도가 필요함을 이해할 수 있다. 왜냐하면 부계적 가치를 근간으로 하는 세계화를 함에 따라 반동하여 만들어진 '남적론'처럼, 대립적 정서의 심화가 위험한 사회를 만드는 원인으로 작용한다고 볼 수 있기 때문이다. 즉, 오늘날 가족해체가 폭발적으로 증가하고 있는 가운데, 만연하는 우울증과 테러, 흉악범증가, 폭발적인 범죄발생 등으로 인한 사회적비용의 증대로 나타나고 있는 것이다.

참고로 모계신본주의 사회가 씨족사회였기 때문에 남녀평등이 가능했을 것으로 볼 수도 있지만, 인간은 소우주이며 대우주와 연동되어 있다는 독특한 인간관을 갖고서, 스스로 행위의 결과에 의해 길흉화복을 스스로 받는다고 생각함에 따라 우월주의 자체가 형성될 수 없었다. 따라서 지구촌시대는 인간의 적극적 권리로서 자연권을 보장하기 위해 모계적 분배양식을 근간으로 하는 적극적 복지사회를 구현하기 위한 모민주의의 세계화로 역사 발전하는 것이 바람직함을 알 수 있다.

자연법사상의 확장

자연권은 인권선언 전문, 제22조, 제25조, 제26조 등에서 인간의 존엄을 위한 경제적, 사회적, 문화적 향유를 위한 권리를 실현시킬 자격을 규정하고 있으며, 이를 위해 국가는 경제적으로 개인과 가족복지를 위한 충분한 생활수준을 보장함과 아울러 의무교육을 확대해야 한다고 했다. 아울러 국가가 이러한 인간의 기본권을 구현하지 못할 때는 국민은 저항권을 행사할 수 있다고 명문화하여 인류의 나아갈 방향과 목표를 뚜렷하게 제시하고 있다. 이는 태고로부터 오늘날까지 인류의 이상으로서 적극적 복지사회의 구현을 잊지 않고, 사회협동으로 진보한 결과이다.

아무튼 천부인권을 근간으로 하는 로크의 개인의 소극적 권리(자유주의)를 시작으로 인류는 자연법 시대를 맞이하게 되었다. 이후 루소는 자연법을 인간의 적극적 권리로서 중요한 의미를 두었다. 즉, 근대 민주주의사회를 성립케 하는 원인이 되었고, 이어서 사회주의, 공산주의, 바이마르헌법으로 이어져서 전 세계가 국민국가로 발전하는 초석이 되었으며, 이후 복지를 국가존립의 정당성으로 설정한, 이른바 복지국가(수정자본주의)로 발전하게 된 원동력이 되었던 것이다. 하지만 오늘날 자유주의를 근간으로 하는 세계화로서 신자유주의가 무한경쟁과 복지축소 등으로 자연법의 의미를 퇴색케 하고 있다. 물론 오늘날 초기 근대사회에 비해서 민간부분이 획기적으로 확대됨에 따라 서비스적인 관료제를 정착하기 위해 신자유주의가 긍정적인 면이 있는 것은 사실이지만. 절대적 양극화로 인해 형성되는 빈곤층의 확대로 위험한 사회를 공고화하는 것이 문제이다.

또한 신자유주의는 경제 최고주의 세상으로 발전케 함에 따라 인간을 경제적 동물로 살게끔 한다는 점과 아울러 근대정신인 자연법과 배치된 제국주의에 의해 인류가 혹독한 시련을 겪었던 것을 상기하게끔 하고 있다. 왜냐하면 지구촌시대가 되었음에도 불구하고, 오히려 인종차별, 남·북 문제, 제국주의가 만든 피해국들의 문제나, 자본시장의 세계화로 인한 고도집중과 기술독점 등과, 아울러 과당경쟁으로 인한 환경오염, 양극화로 인한 이분법적 대립현상이 심화되는 등으로 위험한 사회가 뚜렷하게 형성되었기 때문이다.

예를 들어 인간을 '경제적 동물'로서 살게 함에 따라 형성되는 이해관계의 충돌로 유발되는 사회적 경비의 과다지출이나, 과소비에 의한 환경오염 방지를 위한 환경복구 비용의 발생 등이 천문학적으로 증대하고 있는 사실에서 이해할 수 있다. 이처럼 앞으로 인류가 감당하기 어려운 과제가 폭증하고 있음에도 불구하고, 어른이 없는 자본주의 속성에 의해서 민주정치는 무력해지고 있는 가운데 초국가적인 다국적기업에 의해서 각종 문제를 해결하기 위해 사회통합을 이루지 못하고, 시기를 놓치고 있음에 따라 신자유주의를 부정적으로 인식하게 되었다.

예를 들어 지역사회처럼 협소해진 오늘날 특정지역의 문제가 세계 문제로 확산되거나, 문제해결에 있어서도 각국의 이해관계로 인하여 즉각적으로 되지 않는 경우가 많아지고 있다는 사실에서 이해할 수 있다. 뿐만 아니라 세계분업화를 추구하는 신자유주의는 서로가 의존적일 수밖에 없는 상황이 되면서 어떠한 지역의 문제는 전체의 문제로 이어져 불안정한 세계를 만들어가고 있다. 이는 좁아진 세상에서 경쟁력 있는 초국가적 거대기업은 자본축적이나 세계시장 점유가 용이하여 절대적 양극화가 가속화되며, 무한경쟁으로 인한 과잉경쟁이 과소비를 유발하여 자원고갈이나, 환경문제 등을 제어할 수 없기 때문이다. 즉, 신자유주의 국가는 국가 개입의 최소화를 요구하는 신자유주의 원칙에 충실해야 함에 따라 축소되는 국리민복으로 사회통합이 어렵게 된 결과인 것이다.

하여 상호의존성이 증대되는 오늘날 인류가 지속적인 성장이 가능하기를 바란다면, 부계적 가치를 근간으로 하는 이분법적인 상극의 관계가 아니라, 삼분법적(입체적) 사고로 조화로운 삶을 중시했던 모계신본주의사회처럼, 상생을 위한 의회민주주의를 공고화하는 '모민주의'로 세계화가 이루어져야 함을 알 수 있다. 물론 오늘날 인류는 지구촌시대에 걸맞은 UN이라는 국제기구를 갖게 되었고, 느슨한 세계정부의 역할을 함에 따라 신인류로서 개인은 세계평화를 위한 권리와 의무관계가 형성되고 있으며, 네티즌으로서나 NGO의 활동을 통해 세계 시민의 덕목을 갖추면서 세상의 안정과 발전을 위한 노력을 하고 있다.

이는 오늘날 세계가 첨단과학기술로 시간적, 공간적으로 협소해졌을 뿐 각 지역의 유구한 역사, 전통적 가치로서 정체성, 전통문화, 습속, 관행 등은 여전함에 따라 문화적 충돌로 인한 적대감이나, 테러 등과 생태계파괴, 인간성 황폐화 등 말세기적 위험한 사회가 되었기 때문이다. 물론 오늘날 인류가 당면하고 있는 수많은 문제의 근원은 부계편도로 발전한 결과로 볼 수 있다. 이는 여성들이 주도하는 비정부기구로서, 녹색생명운동 국제NGO는 탈자본주의를 위한 국제적이며, 네트워크적인 결사체를 통해서 마치 '부계주의의 종말'과 같은 새로운 세상을 위한 초석을 다지고 있다는 사실에서 인식할 수 있다. 하여 지구촌시대를 맞이한 신인류는 여성의 적극적 권리를 보장하여 부계와 균형을 이루는 세상에서 살아야 지속가능한 삶을 살 수 있음을 알 수 있다. 이는 모계신본주의사회에서 안정된 삶을 위해 권리일부를 양보하여 공유제를 한 것처럼, 여성에게 권력의 반을 보장하는 체제를 말한다.

이는 문명화된 오늘날 인간 동료에게 적자생존논리를 적용하여 무제한의 약육강식을 정당화한다면 인간스스로 공멸할 수 있기 때문이다. 이는 인간의 개인성에 편중한 자유방임주의처럼, 자본주의 속성에 충실코자 하는 신자유주의가 극단적 양극화를 형성하여, 대다수 사람들이 갈수록 늪에 빠진 자포자기의 상황에 이르게 된 경우, 천재지변 등에 의한 생존환경의 변화로 위기를 맞게 되었던 역사적 경험에서 알 수 있다. 하여 자연법을 확장한 적극적 권리이며, '천부인권'의 내용으로서, 지혜로운 인간은 '천부소유권'을 보장하는 모계적 분배양식을 위해 새로운 체제가 성립되어야 할 때가 되었음을 알 수 있다. 문제는 오늘날 인류가 문명화되었음에도 불구하고, 태만하여 새로운 세계를 만들지 못하고, 과거에 안주하여 공멸의 위험을 방치하고 있을만한 시간이 없다는 데 있다. 하여 신인류는 국가자본주의시대와 달리 진일보한 지구촌시대에 걸맞은 자연권을 확대한 적극적 권리를 보장하는 적극적 복지사회를 구현할 수 있는 모민주의로 위기를 극복해야 함을 알 수 있다. 따라서 적극적 복지세상을 구현하기 위해 적극적 권리로서 자연권을 확장한 '천부소유권'을 정당화하기 위해 결사해야 함을 알 수 있다. 이는 경제 편을 참고 바란다.

3. 신인류에게 적합한 모계적 가치

모성애를 근간으로 하는 모계주의

동서양을 막론하고 수만 년에 걸친 선사시대의 대부분이 모권사회였다는 사실을 인정하고 있으며, 칼 마르크스(Karl Marx: 1818~1883)는 모계사회를 원시 공산사회였다고 주장하고 있다. 즉, 비 혈통주의사회로서 모권시대는 성교권이 여성에게 있음에 따라 인구수가 적었고, 비교적 풍부한 자연환경으로 풍요한 사회였기 때문일 것이다. 물론 자연친화적 평화로운 하나의 세계로서 자유로운 여행을 한 사실이나, 모성이 연대하여 문물교류와 위험부담을 나누었으며, 모계가 오랫동안 분배의 중심에서 역할을 하였던 사실 등을 고려해 볼 때 이해할 수 있다. 이는 태고사회에서 여성이 사람을 재창조할 수 있었다는 사실과 생태적으로 복지적인 모계의 능력이 부계보다 모든 면에서 우월하였음을 알 수 있다. 이것이 모계사회가 태고로부터 수만 년간 장구한 기간 동안 주류를 이룰 수 있었던 이유로 볼 수 있다. 하여 인간은 태생적으로 종교적이며, 문화적 존재인 까닭에 모권사회가 적합한 것을 알 수 있다. 이는 이미 지구에 있었던 동물과 달리, 수백만 년 전 불현듯 지구에 나타난 인간은 창조적 존재로서 영적 감응장치와 이성을 갖고 있는 문화적인 존재이기 때문이다.

예를 들어 동양의 경우에 일반적으로 모계사회에 대해 자주 인용되는, BC 3세기경 전진(前秦)시대에 여불위(呂不韋)가 3,000명 정도의 다양한 식자층을 구성하여 편찬한 백과사전인 '여씨춘추(呂氏春

秋)'에서 '태고의 백성은 어미는 알아도 아비는 모른다.'고 한 사실에서 이해할 수 있다. 이는 모성에 의해서 인간이 재창조하는 명백한 사실을 두고서, 모성을 생명 순환의 중심으로 우월적인 존재로 인식했음을 알 수 있는 내용이다. 덧붙여 고고학자들의 보고에 의하면, 수많은 신석기시대 유적발굴로 증명이 되는 가운데, 양사오 문화 유적에서 합장묘는 모성 중심으로 되어 있었고, 남성의 묘보다 부장품이 더 많았으며, 부부합장묘는 없었다고 한다. 이것은 부계사회의 등장이전 정교일체였던 모권사회에서 모계제사장은 신성적인 존재로서 천명(하늘의 뜻, 민중의 뜻)을 받아서 인간에게 봉사하는 상당한 지위를 가졌다는 것을 의미함에 따라 일반적으로 모성의 지위가 남성보다 약간 높았음을 이해할 수 있는 예가 될 것이다.

아울러 앞에서 설명한 바 있는 중국의 소수민족 가운데, 모계사회가 존재하고 있으며, 오늘날 미국의 경우 아메리카 인디언의 나바호족(Navaho)은 15만 명 정도의 인디언 부족으로 애리조나, 뉴멕시코, 유타 주에 걸쳐 있으며, 핵가족의 모계사회로서 처가를 거주지로 하여 약 60개의 모계집단이 있다고 백과사전은 전하고 있다. 하여 태고의 모계사회가 오늘날까지 이어지고 있다는 사실은 부계우월종교와 다른 종교적 체험이나, 모계유습에 대한 확신과 더불어 인간의 민주성에 부합되고, 평화적이었음을 알 수 있다. 이는 오늘날 제3차 산업혁명인 지식정보산업을 근간으로 한 첨단과학기술시대로 대변화를 했음에도 불구하고, 모계정신문화가 시대를 초월해서 아직도 전통으로 이어지고 있다는 사실 자체가 모계사회를 통찰력으로 이해할 수 있는 근거가 되고 있다.

이러한 사실로 볼 때, 태고로부터 중기 모계사회에 이르기까지 동서양은 공통적으로 모권사회가 주류를 이루었으며, 직관이 발달한 사회로서 내면의 세계를 이해한 정신문화가 있었음을 알 수 있을 뿐만 아니라, 부계사회가 공고화되기 시작한 말기 모계사회에 이르러 동서양의 부계사회가 다르게 발전했음을 추정할 수 있다. 물론 모계적 유습이 지정학적으로나 종교적 이유 등으로 동양에 많이 잔재하고 있다. 예를 들어 동양의 인본주의가 생명의 순환은 영혼이 진보하기 위한 것으로 생각한 모계신본주의사회의 영혼불멸사상에서 파생된 원시음양사상이 약 7,000년 전 한민족의 원류인 동이족의 복희씨에 의해 발현된 사실에서 이해할 수 있다.

즉, 모계신본주의사회가 자연의 순환과정을 통해 영혼불멸을 이해하고, 믿었으며, 우주창생의 원리를 모성의 재창조 과정에서 유추하고 확장한 것이 음양사상의 원형임을 말하는 것이다. 다시 말해서 인본주의로서 음양론은 모계적 가치에서 발현되었음을 말하는 것이다. 하지만 부계사회가 공고화되면서 모계주의적인 음양론이 고대 중국에 의해 부계주의적인 음양론으로 발전하게 되었으며, 모계신본주의 사회의 원시음양론을 이은 고조선의 멸망으로 모계주의가 막을 내리고, 비주류로 잠재하게 되었다고 할 수 있다. 이는 이미 앞에서 논변을 하였지만 더 자세한 내용은 종교 편을 참고하기 바란다. 물론 세상이 부계적 가치가 주류로 공고화되었다 할지라도 모성애를 근간으로 하는 모계주의는 소멸될 수 있는 성질은 아니다. 왜냐하면 태고로부터 오늘날까지 모성은 모계적 가치의 근원인 여성과 부계적 가치의 근원인 남성을 재창조하고 있기 때문이다.

비 혈통주의였던 모계사회

모계신본주의사회가 인간은 신의 후손으로서 조상신을 숭배하고, 조상의 분신인 '나'는 조상의 현신으로 삼라만상의 주체로서 스스로 만든 세상에서 살아간다고 생각한 점에서 인본주의사회라고 할 수 있다. 이는 고대 중국에서 노자, 공자, 맹자 등이 인본주의를 근간으로 하고 있다는 점에서 모계유습을 이었을 것으로 추정할 수 있다. 물론 성인들의 인문학적 성과가 흩어져 있던 고대 중국을 통합하여 중앙집권적 국가로 성립케 했다는 점에서 부계적으로 변모했다고 할 수 있다. 하지만 고대 중국은 형식은 로마제국처럼, 중앙집권적 국가지만, 내용면에서는 분권적이며 가능한 지방의 전통문화를 존중하는 중용의 덕으로 하나의 통일국가를 이룩하였다는 점에서 모계적 가치가 내재되어 있음을 알 수 있다.

즉, 인본주의사회로서 천지신명(天地神明)을 의미하는 하늘을 공경하고, 사람을 사랑해야 한다는 '경천애인'(敬天愛人)을 근간으로 하는 사회였기 때문에 제국이 아닌 하나의 나라로 통합이 가능했던 것이다. 다시 말해서 천지신명의 목적과 조화에 의해 만들어진 삼라만상의 주인공으로서, 인간의 양심에 의해서 만들어진 도덕적 가치는 하늘의 뜻과 동일한 것임에 따라 애써 지키는 것이 사람의 도리라는 동일한 생각을 가진 사회였기 때문에 하나의 국가를 통일할 수 있었던 것이다. 물론 동양은 사람을 피조물이 아닌 순환 진보의 연속된 결과로 본 인본주의(상대주의)사회였다는 점과, 결과보다 원인과 과정을 중시하는 경향이 있는 덕치주의 사회였기 때문에 고대 중국이 대국을 이룰 수 있었을 것이다. 이러한 삶의 태도는 이른바 대모신이 인간 후손에게 권고했던 '해혹복본'의 유시를 구현한 모계신본주의사회의 유습이 잔재했음을 이해할 수 있는 근거가 되고 있다.

물론 인간 자신이 조상의 분신이면서 산조상이라 생각하여 과거의 수정 보완과 미래를 결정하는 현재를 매우 중시하여 적은 것으로도 나누고 만족할 줄 아는 '안분지족'(安分知足)의 삶을 살거나, '수기치인'의 삶을 산 것도 모계신본주의사회의 유습으로 볼 수 있다. 또한 모계신본주의사회가 신의 후손으로 불멸하는 '나'는 스스로 끝없는 순환과 진보를 하며 재창조를 한다는 영혼불멸사상을 믿었으며, 신선의 가르침을 익히고, 실천하는 수행을 통해서 신선이 될 수 있다고 믿은 것은 후일 도교의 신선사상으로 발전했다고 볼 수 있다. 즉, 모성을 통해 생명이 순환 진보한다고 믿은 비 혈통적인 모계신본주의 유습에서 파생된 것으로 볼 수 있다. 물론 동양은 출생 양육에 대한 감사하다는 의미로서 효를 두고 만행의 근본으로 생각하였고, 인간답게 만들어 가는 사회에 대한 감사의 표현을 충으로 생각함에 따라 자식은 부모를 섬기고 부모는 조상에 대해 제사하는 것을 중시한 사회였다. 예를 들어 모계사회의 비 혈통주의는 동양에서 스승과 부모가 동격이라는 사부일체(師父一體)사상에 의해 스승을 섬기고, 죽은 후 제의를 하며 맥을 이어간 사실이나, 유가(儒家), 불가(佛家) 등의 경우에서 이해할 수 있다.

펄벅 여사가 본 동양 여성

앞의 내용을 이해하기 위해 '인류의 반인 여성이 괴롭다면 인류는 괴로운 것이다.'라고 한 『대지』의 저자 펄벅 여사(Pearl Buck: 1892~1973)가 쓴 근세의 중국 여성에 대한 글을 보자면, "그 무렵의 중국 여성은 생활은 구원할 길 없는 하나의 틀에 갇혀져 있었다. 여자의 장소는 가정이었다. 이 말은 세계의 어느 곳에서나 통용되는 것이지만, 그것을 감수하는 중국의 여성은 다른 나라에서는 결코 찾아 볼 수 없는 무엇을 가정 속에 이룩해 놓았다. 중국에서는 가정이라는 것이 미국처럼 남자의 생활과는 유리되어 남자가 먹고 자기 위해서만 돌아오는 것과는 달랐다. 중국의 진정한 생활은 가정 속에서 영위되고 있었다. 남성조차도 중국여성이 지배하는 가정의 불가결한 한 요소가 되어 있었다.

왜냐하면 사회 전체의 구성을 하나로 이어진 지붕 밑에서 3대나 4대에 걸쳐 함께 살고 있는 대가족의 복잡하고 긴장된 생활 속에서 이루어지고 있었기 때문이다. 중국의 여성은 노인이나 젊은이까지도 포함한 커다란 가족 조직을 감독하기 위하여 관리자로 행동하고 있었으므로, 흔히 말해지는 것처럼 가정 밖의 일에 야심을 품을 필요는 없었다. 제사, 성묘, 출산이나 결혼 또는 사망 때에 거행하는 종교의식, 그리고 범죄자도 일족의 재판을 받았으므로 민법을 집행하는 지배권, 자녀의 교육, 사내아이에게는 전문기술이나 장사하는 방법을, 여자아이에게는 신부가 될 예의범절을 가르치고, 노인을 위로하고 병간호도 하며, 가난한 친척을 돌보기도 하는 등 이 모든 일들은 가정 속에 있는 여자의 임무였다.… 중국 여성이 자신의 가치를 알고 차분히 가슴속에 간직하고 있는 자신(自信)이었다. 세계 어디서나 중국의 여성을 보면 당신은 알아챌 테지만, 그녀는 개성을 가진 인간이며, 침착성이 있고, 자기의 존재나 행위에 아무런 열등감도 느끼지 않으며, 조용히 빛나는 눈동자는 동요하지 않는 온화한 영혼을 비치고 있다. 여성으로서의 움직일 수 없는 가치를 알고 있다. 남성과 비교하여 여자인 자신이라는 것을 심려하지 않는다. 여자로서 차이를 인정한 다음에, 남자와 동등함을 알고 있다."(126) (펄벅, 김진욱 역, 『젊은 여성을 위한 인생론』, 범우사, 1987, pp.20~22)그리고 중국의 현자 임어당(林語堂: 1895~1976)의 『내나라 내 민족』(1935)이라는 저서에서 '여자의 예지의 본질은 그대로 중국 정신의 본질이다'고 했다. 즉, 모계적 가치가 생활 속에 문화로서 자리하고 있다는 뜻이다. 다시 말해서 상대주의적인 음양철학을 근간으로 하는 동양은 조화를 중요시하는 사회임에 따라 서구 여성처럼, 유일신에 의해 열등한 존재로 설정된 바도 없고, 비록 형식에 있어서는 가부장제 국가이지만, 내용적 측면에서 가족의 구심력으로 모성을 존중하여 균형을 이루는 합리적인 사회임을 말하는 것이다. 이는 동양의 음양철학에서 음과 양이 각각의 다른 성질로 인하여 대립으로 인한 충돌을 완화하고, 조화롭게 변화케 하는 모성애와 같은 제3의 기운으로서 충기(沖氣)를 중시한 사실로부터 이해할 수 있다. 즉, 충기는 음양의 각각의 부족한 부분으로 인하여 대립되는 것을 상호 보완하여, 상생케 하는 기운(사랑)으로 부분이면서 전체를 의미하는 성질인 것이다.

이는 각각의 주체로 남녀가 다름을 존중하고, 부족한 부분을 상호 보완하여 조화를 이루도록 나눔을 생활화한 모계신본주의사회에서 이해할 수 있다. 하여 인간 상호간에 보편적인 절충점을 찾아 양보와 타협을 하는 중용을 제일의 덕목으로 생각한 동양적 가치는 인간적임을 알 수 있다. 이는 동양 여성이 중세 서구 여성과는 달리 어느 정도 남녀가 균형을 이루었던 이유로 볼 수 있다. 물론 서구적 가치가 동양적 가치와 혼재를 이루면서부터 여성들은 차별을 받았다. 이는 아마도 제3의 충기가 없는 서구의 이분법적사고로 인하여 남녀를 대립적인 관계로 보아 소외를 했던 것이 동양에 전해졌기 때문일 것이다.

다시 말해서 서구 기독교문화는 남성의 갈비뼈 하나로 만든 여성은 태생적으로 보잘 것 없는 존재로 폄하를 한 것이 세계화되었음을 말하는 것이다. 예를 들어 동양의 설화에 나온 나무꾼과 선녀의 이야기에서, 사냥꾼에 쫓긴 사슴을 구해준 나무꾼에게 보은으로 선녀들이 목욕하는 곳을 가르쳐주며, 한 선녀의 옷을 훔쳐서 아이를 셋을 낳을 때까지 감추어 두면 백년해로를 한다고 가르쳐주었지만, 아이를 둘 낳아 믿고 옷을 돌려주니 하늘로 두 아이를 안고 갔다는 설화를 서구의 기독교 문화로는 해석을 할 수 없을 것이다. 이는 아마도 신선을 의미하는 선녀(仙女)설화를 유포했다면 중세 유럽에서 마녀로서나 신성모독으로 화형에 처해졌을 것이다. 물론 전통한국의 경우 서구 문명의 영향을 받은 조선 중기부터 처녀귀신을 두려워하였던 사실을 미루어 볼 때, 여성의 삶은 가부장제라는 현실 속에서 불리하고 고단했던 사실을 이해할 수 있다.

소멸되지 않는 모계적 가치

모계사회가 이룩한 문명을 토대로 발전한 인류는 부계사회를 등장케 할 수 있었고, 이후 부계사회는 동양의 부계사회와 서구의 부계사회로 나뉘었지만, 서구가 부계의 절대존재에 의한 강력한 부계사회로 발전하면서 여성은 소외되어 고통스런 삶을 살았다. 왜 그런지 알아보는 것은 의미가 있을 것이다. 즉, 태고의 모계사회를 이은 중기 모계사회로 모계신본주의사회는 동서양을 아우르는 넓은 범위에 걸쳐 세상의 주류를 이루어 하나의 세계처럼 되어 있었다고 전해지고 있다. 하지만 이미 앞에서 논변한 바와 같이, 모계유일신을 숭배한 동이족으로 서쪽(중동)에 정착한 서이족의 지류인 유대민족이 절대주의적이고 배타적인 부계유일신종교를 만들면서 중동지역의 모계종교는 급속하게 퇴출되었고, 이어서 부계유일신종교는 중동과 주변부로 확산되면서 서양은 부계신본주의로 동양은 민본주의로 양대 산맥을 이루면서 발전을 하게 되었다고 할 수 있다.

구체적으로 말하자면, 중기 모계사회가 농사를 짓기 시작하면서부터 정착한 인류는 새로운 전기를 맞게 되었고, 이어서 모계와 부계가 공존하는 말기 모계시대에 이르러 농업기술의 발달로, 인류의 4대 문명발상지인 이집트, 메소포타미아, 인도의 갠지스, 중국의 황화문명 등이 만들어져 인구증가와 함께 잉여생산물을 비축할 수 있게 됨에 따라 부계사회가 등장하게 되었다고 할 수 있다. 참고로 연합뉴스 2010년 8월 30일자에서 요하문명연구가인 우실하 교수는 '요하문명(중국명칭 랴호허, 중국동북지방, 고조선 태동지)은 황하문명보다 2,500년 앞선 기원전 7,000년에 이미 신석기문화(요하문명의 일부인 홍산(紅山)문화가 1980년 라오닝성 요하지역에서 존재했음이 밝혀짐)가 유물들에 의해 발견되고 있고, 기원전 3,500년

~3,000년(홍산문화 후기)에는 이미 초기 국가형태가 갖추어졌음이 규명되었다고' 한 사실에서 모계신본주의사회를 이해할 수 있다.

이후 메소포타미아지역의 변방이라 할 수 있는 중동의 사막지역에서 유목문화에 바탕을 둔 창조주 부계유일신을 숭배한 부계신본주의가 유대민족에 의해서 성립되었다. 이후 절대존재로서 부계유일신인 여호와의 명령으로 중동에 산재해 있었던 모계종교(여신종교)를 악마(사탄)로 간주하여 살육하거나 노예로 만들고 막대한 재산의 수탈을 정당화하면서 종교적 기반이 확충될 수 있었기 때문에 빠른 속도로 번창했다고 기록하고 있다. 즉, 인간은 창조주인 부계유일신이 만든 피조물중의 피조물인 인류 최초의 여성인 하와가 절대유일신을 의심하여 최초로 신성불가침의 죄를 지은 원죄자로 명문화하고 있음에 따라 후손인 여성이 만든 모계우월종교나, 조상신을 믿거나, 어떠한 종교든 간에 사탄(악마)으로 간주하면서, 부계유일신을 믿도록 강제하고 개종하는 것을 삶의 궁극적인 목표로 한 종교였던 것이다.

하여 절대존재의 계시로 만들어진 교리를 수행하는 것을 자신들의 사명으로 생각한 결과, 모계신본주의사회의 전통적 가치와 유습은 생육과 번성이라는 약육강식의 논리에 의해 여성은 노예화되었으며, 평화로운 여신종교가 손쉽게 멸절케 될 수 있었음을 알 수 있다. 즉, 생명을 재창조하는 경이로운 체험을 하는 여성은 생태적으로 복지적임에 따라 모계사회에서는 존경받고 능력을 발휘할 수 있지만, 야만적이거나 생명경시풍조사회나 전체주의적이며 조직적인 폭력 앞에서 무력하였던 것이다. 예를 들어 서구가 중세 암흑시대(3

세기~13세기)가 막을 내리면서 이은 마녀사냥시대(14세기~17세기)는 직관과 영감이 발달한 비범한 여성들은 마녀로서 화형이나 여타의 잔인한 고문과 함께 수십만 명이 처형되었음에도 불구하고, 조직화할 수 없었으며 근대사회가 성립된 후에도 100년이라는 세월이 지난 후 선거권을 획득한 사실에서 이해할 수 있다. 하여 모계공유제 사회에서는 평화로운 가운데 남녀가 평등하였지만, 전체주의사회로 부계사유제 사회에서는 불평등함을 알 수 있다.

예를 들어 부계사회에서 등장한 기독교는 창조주의 피조물인 남성의 갈비뼈 한 조각으로 재창조된 여성 하와의 상징을 포괄 상속한 여성들에게 마치 죄를 지어 노예가 된 것처럼, 부계에 종속됨을 정당화한 사실에서 이해할 수 있다. 즉, 피조물로서 인간은 창조주 부계유일신의 영광과 뜻을 구현해야 하는 의무를 지켜야 함을 최고의 덕목으로 둠에 따라 절대존재를 기망한 여성을 혐오했던 것이다. 물론 법을 제정하는 단계에서부터 여성은 소외되었고, 부계만의 일방적 결정으로 만들어진 사상이나, 제도로 인하여 여성을 마녀로 몰아 죽인다 하더라도 항변할 곳도 없는 가련한 처지로 전락하여 성장을 멈추게 되었다.

하여 절대존재의 피조물인 인간을 출산하는 여성이 가장 먼저 피해자가 되었음을 알 수 있다. 하지만 동양의 경우, 사람을 삼라만상의 주체로, 백성을 하늘로 생각함에 따라 아래로부터 존중되는 민본주의에서 모성의 구심력을 존중했다. 즉, 사람은 천지만물의 조화로 이루어진 주인공으로서 자율적인 삶을 살아가는 만큼 무거운 책임이 따르는 사회였던 것이다. 다시 말해서 신의 명령이 아닌 인격이 지배하는 인본주의사회임에 따라 행복한 인생을 위해 각자의 처지와 근기에 맞는 '수기치인'의 삶을 권장했던 사회였던 것이다. 하여 동양은 과장되지 않고, 인간 이성의 한계를 인정하는 진지한 사회로서, 사회협동의 결과에 의해서 현재의 자신이 있다고 하는 겸손한 삶을 살았음을 이해할 수 있다.

서구 영향을 받은 동양 여성

서구기독교가 추구한 절대존재의 뜻을 세계화하고자 하는 강력한 의지는 인류에게 엄청난 영향을 주었고, 후일 동양에도 상당한 영향을 끼쳤다고 할 수 있다. 즉, 음양철학을 근간으로 하는 동양은 남녀가 비교적 균형을 이루고 있었지만, 강력한 배타적 부계유일신종교에 대한 경계로 생태적으로 부계주의가 강화됨에 따라 형성된 긴장감은 수많은 전쟁으로 이어졌고, 불안정한 사회가 되면서 동양 여성의 지위가 하락케 하는 원인으로 작용되었던 것이다. 예를 들어 서구기독교제국은 모계를 존중하였던 몽골사회에서 출현한 13세기 초 칭기즈칸의 세계화로 암흑시대는 막을 내리면서 동양의 민본주의를 알게 되었고, 동양은 서구문물을 받아들이면서부터 여성의 지위가 위축되기 시작한 사실에서 이해할 수 있다. 또한 칭기즈칸의 세계화는 종교의 자유를 허용하고, 타종교를 존중한 가운데, 동서양의 문물교류는 상호간에 새로운 생각을 하게 되는 계기가 되었으며, 서양은 철학적 상대주의를 근간으로 하는 경험주의가 발달하는 계기가 되어 학문과 과학기술이 발달하게 되었다.

이후 상업주의를 발달케 한 결과 만들어진 영국의 산업혁명으로 인하여 새로운 생활양식이 필요하게 되면서 유발된 시민혁명으로 인류의 위대한 유산인 근대사회를 성립케 하는 계기가 되었다고 볼 수 있다. 물론 이러한 결과물은 영국적 특성에 의한 것으로 근대 민주주의를 가장 먼저 생성했던 영국이었기에 가능했다고 할 수가 있다. 이는 상대주의 철학자로서 로크를 비롯해 경험주의 철학자가 주류를 이루고 있었다는 사실과, 아울러 1215년 근대헌법의 효시로 볼 수 있는 마그나카르타(Magna Carta, 대헌장)를 제정할 만큼, 민주주의를 구현하기 위한 오랜 투쟁의 역사에서 이해할 수 있다. 즉, 영국인의 민주적 기질에서 민주주의가 발전될 수 있었던 것이다. 물론 철학적 절대주의가 지배했던 서구대륙과 다른 상대주의로서 과학적이고 실증주의적인 태도는 동양의 민본주의와 매우 흡사함을 알 수 있다. 예를 들어 종교에 있어서도 자신들의 풍토에 맞게 독창적인 요소가 많아서 교황과 갈등도 많았던 역사적 사실에서 이해할 수 있다. 이러한 이유는 종교 편에서 다시 한 번 논변이 있을 것이다.

아무튼 산업혁명에 의한 생산양식의 변화는 여성의 사회참여가 가능하게 되었으며, 이어서 시민혁명으로 근대사회가 성립되면서 자본주의 경제제도가 정착되었지만, 남녀가 형식적으로는 대등한 관계로서 질적인 측면인 여성성을 고려하지 않는 자유경쟁을 전제함에 따라 여성은 여전히 불리했다고 할 수 있다. 이는 기독교적 가치를 근간으로 했던 서구사회가 여성을 오랫동안 극단적으로 무시하여 형성된 정서의 결과로 볼 수 있다. 하지만 마르크스가 '종교는 아편이다'라고 하여 부계우월종교의 이율배반적 모순을 비판하면서

부터 여성의 지위가 향상되었다. 하여 서구 여성이 오랫동안 소외된 원인이 부계유일신종교에 있었음을 알 수 있다.

따라서 모계적 가치에서 발현된 동양의 민본주의를 세계화하고자 했던 칭기즈칸의 지배를 받은 대부분의 나라들이 사회주의내지는 공산주의 국가가 되어 여권이 신장되었다는 점을 생각해 볼 때, 남녀 차별 문제는 문화적인 데서 연유하고 있음을 이해할 수 있다. 특히 모계신본주의사회가 공유제로 물질적 기초를 보장된 사회에서 평등했음을 상기해볼 때, 분배양식에서 기인하고 있음을 알 수 있다.

모계적 가치를 근간으로 하는 민주주의

마지막으로 서구문화의 근간이 되는 기독교의 절대존재가 불확실하게 됨에 따라 인본주의를 근간으로 하는 과학적 확실성이 요구되었으며, 실존하는 개인의 확실성을 근간으로 한 근대 민주주의사회가 성립하게 되었음에도 불구하고, 기존하는 절대주의 풍토에서 유발된 이해관계의 첨예한 갈등이 제국주의로 이어졌음을 이해할 수 있다. 즉, 근대 민주주의사회로 변모했음에도 불구하고, 현실적으로 오랫동안 부계신본주의에 의한 절대봉건제 사회였기 때문에, 유발된 가치충돌로 인하여 형성된 아노미현상(가치부재현상)으로 볼 수 있을 것이다.

아울러 서구는 강력한 부계사회로서 생태적으로 복지적인 여성을 소외하고, 착취를 정당화한 사실에서 알 수 있듯이, 극단적인 사회였기 때문에 제국주의가 만들어졌던 것이다. 예를 들어 인간을 절대존재의 피조물로 믿는 서구는 조상신의 개념이 없으며, 출산을 원죄로 인한 형벌로 인식할 뿐만 아니라, 극단적인 것을 기피하는 여성의 중도적인 상생의 성향을 무시하거나, 생태적으로 복지적인 여성을 소외라는 극단적인 차별이 당연했던 사실에서 이해할 수 있다.

또한 부계유일신의 배타성은 권력양극화를 만들었으며, 이로 인해 부패한 구시대는 퇴출되었지만, 자본주의가 무한소유를 정당화하여 부의 양극화를 유발하고 있음을 볼 때, 상극의 토양에서 벗어나기 어려움을 이해할 수 있다. 즉, 서구적 가치에서 발현된 자본주의가 무제한 소유를 정당화함에 따라 인간의 이기심을 극단적으로 배양하며 상극현상을 유발하는 것이다. 하여 상생을 중시하는 동양은 인간 상호간과 아울러 대자연과 조화, 정신과 물질의 조화나, 남녀 간의 조화, 영육간의 조화, 인간과 자연의 조화 등 상생을 중시함에 따라 자본주의와 배치됨을 알 수 있다. 따라서 조화를 중시한 동양의 중용사상이 극단적이지 않고, 비대립적임에 따라 흐릿할지는 모르지만, 불완전한 인간의 삶을 스스로 인정하는 겸손과 양보로 보완하는 상생의 삶을 위한 사상임을 상기해 볼 때, '존재의 삶'을 중시하는 모민주의로 역사 발전해야 함을 알 수 있다.

아무튼 인류는 고도물질문명을 이루었음에도 불구하고, 오히려 대다수 남성의 삶은 과잉경쟁으로 고단하며, 여성의 삶도 마찬가지이며, 아울러 양성 모두가 상품화됨에 따라 인간으로서 갖추어야 할 덕으로써 사람의 도리를 다하기 힘든 시대로 변모하였다. 뿐만 아니라 현대인이 문명의 이기로 순간적이나마 행복함을 느낄지 모르지만, 대다수 시간을 힘들게 살고 있다. 즉, 남의 떡이 크게 보인다는 속담처럼, 매체를 통해 동경하고 부러워할 만한 장면을 볼 때, 모든 사람이 자신만이 세상에서 가장 많이 고생하는 사람으로 생각하게끔 하는 사회가 된 것이다. 특히 오늘날 신자유주의로 인하여 유발된 절대적 양극화로 물질적 기초가 취약한 사회적 약자나 대다수 여성의 자연권은 그림의 떡이 되고 있음을 상기해 볼 때, 인류의 이상인 민주주의가 위기를 맞게 된지 오래되었음을 알 수 있다.

하여 오늘날 천문학적인 경제규모에 부합되는 새로운 모계적 분배양식을 근간으로 하는 적극적 복지사회의 구현을 위한 온전한 민주주의로서, 모민주의 체제가 성립되어야 함을 알 수 있다. 즉, 오늘날 사회주의와 자본주의가 혼재된 중도실용주의를 넘어, 민주주의 본질에 부합되는 모계민주주의(모민주의)가 성립되어 부계와 모계가 각각의 한 축으로 균형을 이루는 가운데, 모계가 생활정치의 주체가 되는 사회를 말하는 것이다. 따라서 지구촌시대의 여성운동이 서구의 이분법적인 사고방식과 부계주의 등을 답습하기보다, 지속가능한 삶을 위해 녹색생명운동과 더불어 복지공동체의 활성화를 위해 주도적인 역할을 해야 함을 알 수 있다.

4. 부계우월주의의 퇴출

일반적으로 전쟁을 치를 때 적에 대해 자유, 평등, 박애(관용)의 개념이 없다. 아울러 승자의 경우 우월적 지위로 도마 위에 있는 고기를 요리하듯 마음먹은 대로 전쟁배상금이나, 기타의 명분 등으로 수탈이나 착취를 합리화시킬 수 있다. 물론 전쟁포로에 대한 처우나, 부상병치료 등을 규정하는 국제법도 있으며, 인간적 연민에 의한 시혜적인 것도 있겠지만, 어디까지나 통치의 목적에 부합되는 원칙에서 벗어난 일이 결코 없었다는 것은 역사적 사실이다. 또한 승자는 패자를 항구적으로 종속된 상태를 유지하기 위한 무능화 과정을 거치는 가운데, 역사는 승자의 편의에 의해 기술되고 해석된다. 즉, 승자는 영구지배를 위해 공고화하는 과정으로 신분제를 만들며 전쟁이 없는 평화의 시대에도 패자는 패자로 존속되어 전쟁에 동원되거나, 착취를 위한 생산수단으로 강제하였던 것이다. 이는 가난의 대물림에 의해 죽지 못해 사는 상태가 오랫동안 지속되면서, 현실 적응을 하기 위한 영성이 열리는 경우가 있거나, 대다수 패자들은 공포로 인한 우울증이나, 반사회적인 성향으로 발전에 범죄자가 되는 원인이 되기도 하였다.

뿐만 아니라, 반사회적인 인격으로 발전한 경우 미꾸라지 한 마리가 우물을 흐린다는 격언처럼 피해의 범위가 넓음에 따라 대다수 사람이 선량함에도 불구하고, 인간 상호간에 불신이 만연하게 된 원인이 되었다. 문제는 반사회적인 사람이 가족이나 사회에 대한 무책임과 증오심으로 인한 범죄나 충돌의 결과는 인간에 대한 회의와 더불어 사회적 비용의 폭발적증대로 인하여 사회통합을 이루기 위한 복지비용이 감축된다는 점일 것이다. 예를 들어 치안을 담당하는 사람을 증원하거나 관료나 전문직 종사자를 지속적으로 고용해야 함에 따라 조세부담의 가중으로 이어짐에도 불구하고, 빈곤층의 복지나 재기를 위한 정부투자의 감소로 인하여 소비위축으로 이어지면서 전체를 곤경에 빠트리게 되는 원인으로 작용하고 있다는 사실에서 이해할 수 있다. 하여 승자 스스로 어떠한 형태이든 간에 양극화를 합리화하고, 정당화하는 승자독식문화가 배타적 인간관계를 형성하면서 결과적으로 불안정한 사회를 만들어가는 원인임을 알 수 있다.

또한 남성성을 근간으로 하는 부계사회에서 유래하고 있는 승리를 영구히 절대화하려는 승자독식문화가 오늘날까지 부계편향의 정치나, 민주주의의 다수결원칙에서 나타나고 있다. 반면에 모권사회가 인구가 적고 여성성을 근간으로 한 사회로, 천재지변이나 맹수의 위협 등을 벗어나야 하기 위한 씨족 상호간에 협력해야 할 입장에 있기 때문에 승자독식문화가 형성될 수 없었다. 하여 부계사회의 등장과 함께 형성된 승자독식문화에 의해 배타적인 인간관계가 전쟁 등을 유발함에 따라 인간불신과 비하의 원인이 되었으며, 이후 인간을 출산하는 여성이 성적 존재로 전락케 한 원인임을 이해할 수 있다.

절대적 양극화를 유발하는 부계적 가치

인간이 위대하다는 것은 고릴라의 힘이나 맹수의 날카로움에 있는 것이 아니라, 도구를 만들어 사용할 수 있으며, 스스로 창조한 유무형의 문화로 통제하고 발전하는 문화적 존재로서 행복한 인생을 만들어가는 능력이 내재되어 있기 때문이다. 예를 들어 인간은 모계유일신(대모신 마고)을 믿은 모계신본주의 사회가 인간은 신의 후손으로서, 스스로 세상을 만들어 갈 수 있는 창조력을 갖고 있다고 생각한 사실에서 이해할 수 있다. 즉, 모성애를 근간으로 성립한 모계신본주의사회에서 신의 후손으로 인간은 스스로 선한 세계를 창조하고, 구현하기 위해 우수한 두뇌와 이성을 갖추고 있다고 생각했던 것이다.

하지만 부계사회의 특징인 승자독식문화가 공고화 과정을 거치면서, 대다수 사람들은 폭력과 기아의 공포를 겪게 됨에 따라 불멸하는 신의 후손이 아닌 단지 머리 좋은 동물로 생각하게끔 되었다. 하여 승자독식문화가 승리를 위한 수단과 방법을 가리지 않는 온갖 비인간적인 비열한 술수를 발달케 하였으며, 이를 합리화하며 정당화함에 따라 성악설을 긍정하게 되었음을 알 수 있다.

따라서 인간을 신의 후손임을 긍정하는 성선설을 근간을 하는 모계사회에서는 여성의 지위가 높았던 반면, 성악설이 주류를 이룬 부계사회가 등장하고부터 인간을 출산하는 여성의 지위가 추락했음을 이해할 수 있다. 즉, 태고로부터 있어온 원형사회로서 모계사회는 남녀가 비교적 균형을 잘 이루고 있었지만, 부계사회가 되면서 남성이 주체가 되고 여성이 객체가 되었던 것이다. 이는 부족이 연합하는 과정에서 유발된 충돌로 인하여 성악설적인 사회가 되면서 복지를 위해 형성되어 있었던 여성의 네트워크 조직은 무너지면서 약화되었기 때문이다. 하여 지구환경의 변화나, 인구증가와 잉여생산물 등으로 인하여 부계사회가 등장하면서 유발된 잦은 충돌과 분쟁으로 모계적 가치가 비주류로 전락하게 되었음을 알 수 있다.

이후 부계사회가 공고화되면서 여성에 대해서 열등, 교활, 이중인격, 소인배 등 온갖 성악설적인 인간관으로 일방적인 매도를 하면서, 차별을 합리화하였다. 이처럼 부계사회가 공고화하고부터, 승자로서 부계 자신의 정의로 여성을 폄하하고, 권리를 박탈하여 마치 전쟁포로처럼 변명의 기회도 주지 않으면서 매도했음을 알 수 있다. 이는 모성애의 지고함을 체험하여 신을 알게 되었으며, 품 안에서 양육되어 사람을 살 수 있는 기본적인 틀과 창조할 수 있는 능력을 열어주었음에도 불구하고, 모성애를 약점으로 생각한 이율배반적인 야만의 사회였다고 할 수 있다.

즉, 여성으로 태어나는 것을 형벌로 알고 숙명으로 받아들이게 강제했던 것이다. 하여 부계적 환경에서 비롯되는 사회적 압력에서 살아남기 위해 숨죽이고 살아간 여성을 두고, 소인배와 같은 부류로 매도를 하였던 것은 잘못된 것임을 알 수 있다. 이는 대다수 여성은 인간의 원형인 종교적 인간형임을 부계우월종교에서 신자의 대부분을 여성이 채우고 있다는 사실에서 알 수 있다. 다시 말해서 여성이 인간의 종교적 심성이 풍부하다는 점에서 남성보다 인간적임을 간과하고 있는 것이다.

예를 들어 태고부터 종교를 주도한 여제사장제가 부계사회가 공고화된 후, 비록 남제사장제로 변모하여 여성을 폄하하여 열등한 존재로 만들었음에도 불구하고, 신자의 대부분을 차지한다는 사실에서 이해할 수 있다. 즉, 영혼불멸로 다생의 삶을 산다고 믿은 모계원형종교에서 파생된 부계우월종교가 1회적인 삶을 살아가기 위한 정치적 수단으로 변모했음에도 불구하고, 여성의 종교지향성은 태고로부터 오늘날까지 진리처럼 변치 않는 것이다. 다시 말해서 태생적으로 내재된 인간의 종교적 심성과 부합되는 모계원형종교에서 2차적으로 변모한 부계우월종교는 부계사회가 공고화되면서 성립하여 여성을 폄하하거나 소외하였음에도 불구하고, 신자로 만족하고 있음을 말하는 것이다. 따라서 부계시대는 여성의 생태적 특성인 종교적, 복지적, 평화적, 분권적, 배려, 감수성 등의 성향은 인간의 여성성으로 인간의 우수함을 규정하는 최고의 덕목임을 알고 있음에도 불구하고, 패배에 이르게 할 수 있다는 우려 때문에 여성을 무능한자로 정치참여를 제한했을 것으로 추정할 수 있다.

이처럼 부계사회는 모성애가 인류의 구심력임을 알고 있었음에도 불구하고, 여성을 정치에서 소외한 것을 생각해 볼 때, 부계사회를 살았던 사람들이 매우 힘든 삶을 살았음을 이해할 수 있다. 이는 직관이 발달한 모권사회는 단순한 생활과 더불어 다양성을 존중한 개방적인 사회인 까닭에 남녀가 평등했으며, 차별을 위한 가치설정이나 명분을 축적한 일이 없음에 따라 평화롭고 풍요한 생활을 하였던 것과, 부계사회가 공고화되고부터 닫힌사회가 됨에 따라 계급투쟁으로 인한 빈곤한 삶을 살게 된 사실과 비교함으로써 이해할 수 있다. 예를 들어 부계유일신종교에서는 마치 여성을 인류의 원수처럼 설정하여 모든 것을 앗아갔으며, 동양에서는 음을 근간으로 시작한 모계의 원시음양론은 성질이 다른 음양은 대등하여 수평적인 것임을 왜곡하여 음양은 양으로 시작하고, 양의 가치를 우월한 것처럼 해석하여 가부장제를 정당화한 사실에서 이해할 수 있다.

이는 아마도 인간의 구심력으로 모성애를 무시함으로써 얻을 수 있는 이익이 많다고 생각했기 때문일 것이다. 하지만 오늘날 신인류는 첨단시대를 맞이해서 직관이 발달한 모계사회가 행복지수가 높은 문명을 이룩했음을 어렴풋이나마 알게 되면서 문명의 시원을 이룩한 여성에 대해서 새로운 시각을 갖게 되었다. 아울러 무한공급을 하는 대자연이 정교하며, 이를 이해하는 인간 또한 걸작이라는 사실을 최근에 알게 됨에 따라 인간을 신의 후손으로 생각한 모계신본주의사회의 믿음을 긍정적으로 받아드들일 수 있게 되었다. 하여 모계신본주의사회의 '해혹복본'의 신념을 상기해 볼 때, 오늘날 인류는 우주의 창생과 지구의 생성과 생명체의 출현은 우연한 것이 아니라 특별한 목적이 있음을 이해할 수 있다. 따라서 실로 거대하면서 정교한 우주를 본격적으로 이해하게 된 오늘날 외면적으로 대우주를 탐구하여 우주개발을 해야 하는 과제와, 더불어 소우주 인간의 내면을 탐구하여 순환·진보의 의문을 풀어가기 적합한 '존재의 삶'을 지향하는 새로운 모계적 분배양식이 세계화되어야 함을 이해할 수 있다.

즉, 과거의 부계사회처럼 여성을 먹이사슬의 하위체로 인식하여 분절되기보다, 남성의 동반자로서 여성이 인간의 연대성을 이어주는 복지를 전담하는 생활정치가 보편화되어야 하는 것이다. 다시 말해서 지구촌시대를 맞이한 인류가 수만 년에 걸쳐 수많은 사연으로 이룩한 문명의 결과물을 나누며, 과학기술의 발달이나, 우주개척 등 공동으로 협동해야 할 과제가 많음에 따라 사회협동을 강화해야 하는 시대가 되었음을 말하는 것이다. 뿐만 아니라, 제3차 산업혁명인 정보화시대를 맞이한 신인류는 무한축적을 정당화한 세계자본주의로 거대자본의 축적이 용이해짐에 따라 형성되는 99 대 1이라는 절대적 양극화사회를 신인류는 살아 갈 수 없기 때문이다.

즉, 부계주의적인 기존의 분배양식은 1대 99라는 절대적 양극화로 위험성이 증명되었음에 따라 종말을 고하고, 탈 양극화를 위한 모민주의 체제가 세계화되어야 하는 것이다. 다시 말해서 구시대가 모든 것을 독점한 결과 유발된 폐해를 극복하기 위해 시민혁명으로 근대사회를 성립케 한 것처럼, 무제한 소유를 허용하는 부계적 분배양식에서 '존재의 삶'을 위한 새로운 모계적 분배양식으로 역사 발전해야 함을 말하는 것이다. 물론 '존재의 삶'을 살았던 과거 훌륭한 사람들처럼, 인류가 문명화되고, 진보할수록 '삶의 질 향상'에 비중을 두는 경향이 확산되고, 평균화되고자하는 거대한 흐름의 시대적 요청을 거역할 수 없을 것이다.

모계적 분배양식의 보편화

절대존재로서 부계유일신이 지배하는 서구절대봉건제사회는 최초 여성인 하와의 원죄로 인하여 풍요와 영원한 삶을 살 수 있는 낙원에서 추방되어 고통스런 삶을 살게 되었음이 성경에 명문화되어 있음에 따라 여성의 소외는 정당화되었다. 이는 기독교문화의 토양에서 형성된 남녀불평등이 공고화되어 있음에 따라 인본주의를 근간으로 하는 자연법사상이 발현되었음에도 불구하고, 17~18세기까지도 여성의 초야권이 귀족에게 있었던 사실에서 이해할 수 있다. 또한 시민혁명 당시 여성해방을 위한 여권선언은 근대사회가 성립된 후에도 유명무실했으며, 그 후 100년이 지난 20세기 초 여성들의 결사로 선거권을 쟁취한 사실이나, 제2차 세계대전 후 여성성과 부합되는 소극적 복지국가가 만들어졌다는 사실에서 여성의 지위가 어느 정도인지를 이해할 수 있다.

물론 오늘날 비복지적인 신자유주의가 형성한 위험한 사회는 여권신장의 걸림돌이 되고 있다. 즉, 오늘날 신자유주의가 세계적 절대적 양극화로 인한 폭발하는 갈등을 유발하여 위험한 사회가 형성되고 있음에 따라 여성에게 위기가 시작된 것이다. 다시 말해서 서구는 근대사회가 성립된 후에도 제국주의가 등장하여 인간 존엄을 무색케 했으며, 오늘날 복지축소를 근간으로 하는 신자유주의 원칙을 세계화하는 자체가 복지적인 여성에게 치명적임을 말하는 것이다. 이는 자본주의가 발달할수록 양극화현상으로 인한 복지수요가 증가함에 따라 여성은 2중고를 당하게 되기 때문이다. 하여 복지를 지향하지 않는 체제는 여성을 무시하고 있음을 알 수 있다.

따라서 부계적 가치를 근간으로 하는 자본주의체제가 환경적 측면에서나, 양극화문제 등을 유발하여 위험한 사회로 퇴보하고 있음에 따라 모계적 가치를 근간으로 하는 적극적 복지사회로 진보해야 함을 알 수 있다. 즉, 소극적 복지국가를 넘어 인류의 이상인 적극적 복지국가로 역사 발전되어야 하는 당위성이 있음에 따라 지구촌시대를 사는 신인류의 행복한 인생을 위해 생태적으로 민주적·복지적인 여성이 주도적 역할을 할 때가 되었던 것이다. 다시 말해서 지구촌시대는 갈등의 폭증으로 인한 충돌을 원천적으로 감소케 하는 새로운 모계적 분배양식으로 살아야 함을 말하는 것이다. 물론 신자유주의로 인하여 유발되는 위험성을 극복하기 위해 '신보수주의'라 하여 과거여성처럼, 전통적인 가정을 권장하고 있지만, 비현실적인 것으로 볼 수 있다. 왜냐하면 우주시대의 전단계인 지구촌시대는 부계편도의 종말로 부계와 모계의 다른 성질을 각각의 한축으로 존중하며, 견제와 균형을 이루는 새로운 분배양식을 설정할 정치경제제도가 세계화되어야 하기 때문이다.

아울러 오늘날 인류가 물질을 이루는 원소가 107개임을 발견하였으며, 이를 인위적으로 조합하고 활용할 수 있는 재창조능력으로 만든 수많은 결과물들을 만든 인간의 능력을 볼 때, 인간의 무한한 상상력만큼 발전할 수 있다는 확신을 갖게 되었기 때문이다. 이처럼 인간의 사회협동으로 이룩한 위대한 결과물을 두고 볼 때, 인간의 내면으로부터 무궁한 요소가 있음을 알 수 있음에 따라 인간에 대한 생각이 근본적으로 달라져야 함을 알 수 있다. 다시 말해서 첨단과학기술은 인간의 내면에서 발현된 측면에서 볼 때, 모계사회가 믿었던 불멸하는 신의 후손으로 인간임을 긍정할 수 있기 때문에, 신인류로 '존재의 삶'을 위한 모계적 분배양식을 구현할 수 있는 체제가 세계화되어야 함을 말하는 것이다.

물론 모계신본주의사회가 인간의 무궁한 가능성의 근간이 되는 내면탐구를 하며 '해혹복본'을 이루기 위해 절제와 나눔을 생활화했던 것은 참고가 될 것이다. 왜냐하면 모계신본주의사회가 스스로 삶을 재창조하는 주체로 믿은 것이나, 오늘날 인간 스스로 첨단과학시대를 열은 것과 일맥상통하기 때문이다. 즉, 직관이 발달한 모계사회가 인간은 본래 선한 존재인 까닭에 인간으로 출생되어 적선(積善)과 진보하기 위해 순환한다고 믿은 사실이나, 오늘날 인류의 첨단과학문명은 주체로서 인간을 위한 선한 의도로 발전코자 하는 것이나 모두 인본주의를 근간으로 하고 있다는 점에서 같은 것이다.

참고로 모계신본주의 사회가 인간의 몸을 영혼의 그릇이라 생각하였으며, 인간의 영혼이 스스로 몸을 만들었다는 의미인 육화되어 지구에 태어난 것으로 믿었다. 즉, 지구에서 살기 적합한 몸을 갖고 생활하며 여러 사정에 의해 영혼이 몸을 떠나야 할 경우, 인생에서 형성된 결과에 의해서 지구나 지구가 아닌 다른 별에서 새로운 몸에 접속되는 것으로 생각던 것이다. 이는 모계신본주의사회가 신의 후손으로서 '나'라는 존재의 근원인 영혼은 불멸하며 시공이 없는 까닭에 영혼이 지구에 국한한 것이 아니며, 어떠한 별에 머무르든 어떠한 생명체에 결합하든 어떠한 차원이든 항상 존재한다고 생각하였음을 본향으로 되돌아오기를 권고한 절대존재의 '해혹복본'유시에서 이해할 수 있다. 하여 모계신본주의사회가 모계유일신을 조상신으로 숭배하면서, 육화된 현재인간을 가장 우선한, 마치 수행공동체처럼 '해혹복본'을 위한 나눔을 생활화한 사실을 상기해본다면 오늘날 위기를 극복하는 데 참고가 될 것이다.

이는 오늘날 부계주의의 심화로 위험한 사회가 되었기 때문이다. 즉, 짧은 인생을 살아가는 인간에게 필요 이상의 과잉경쟁과 과중한 부담을 주고 있는 자본주의 분배양식은 신인류에게 적합지 않는 것이다. 다시 말해서 모계적 가치를 근간으로 하는 민주주의가 인류의 이상임에 따라 모계적 분배양식으로 역사 발전해야 함을 말하는 것이다. 하여 지구촌시대는 질적인 인생을 위해 완만한 성장을 할 수 있는 능력을 갖춘 시대임에 따라 양극화를 정당화하고, 복지축소를 근간으로 하는 신자유주의로 세계화한다는 것은 시대착오적임을 이해할 수 있다. 따라서 지구촌시대는 부계적 분배양식을 근간으로 하는 자본주의가 부적합함을 알 수 있다.

위험한 사회를 만든 부계적 가치

부계유일신종교인 기독교 구약성경의 율법은 전형적인 부계주의로서 정치적, 지역적인 성격이 있는 반면, 신약은 모계적 가치인 사랑과 나눔의 실천을 진리로 믿은 모계원형종교와 매우 흡사함에도 불구하고, 오히려 부계주의의 공고화로 여성은 소외되고 혹독한 대우를 받았으며, 실천이 매우 어려웠던 사실에서 표리부동함을 이해할 수 있다. 이는 모계신본주의사회는 종교사회로서 삶의 궁극적 목적을 수행으로 생각하여 교리가 단순했지만, 종교가 부계사회에서는 정치를 위한 수단으로서 전락하면서 복잡해졌기 때문이다.

예를 들어 신분제를 근간으로 한 부계사회가 차별로 착취를 정당화하기 위한 수단으로서 종교가 전쟁의 원인이 되었던 사실에서 이해할 수 있다. 즉, 신의 의지로 포장하여 차별의 논리를 만들고, 개종하지 않으면 미신을 믿는 미개인이라 하거나, 여성의 경우 무능력하니 지배를 당하여야 한다느니, 온갖 구실을 만들어 차별과 착취를 정당화하였던 것이다. 다시 말해서 태고로부터 인간의 양심과 배치되는 비인간적인 행위를 하거나 종용하는 것을 악으로 생각하여, 선한 삶을 살기로 권고하는 '권선징악'(勸善懲惡)과 배치됨을 말하는 것이다.

이는 부계사회는 삶을 1회적으로 생각함에 따라 부계혈통에 집착하는 경향이 있기 때문이다. 이는 만약에 투쟁에서 승리하게 되면, 이를 유지하기 위해 어떤 명분으로든 합리화하고, 정당화하여 기득권을 유지코자하는 경향에서 비롯된 것임을 알 수 있다. 예를 들어 일반적으로 대다수 사람의 경우 낮은 지위에 있을 때는 인간 동료로서 연민에 의한 진보를 공감하지만, 높은 지위나 부를 이루게 되면 보수적으로 변모하여 합리화하는 경우가 많은 사실에서 이해할 수 있다. 물론 우리들이 익히 알고 있는 사냥이 끝나면 사냥개는 필요가 없게 되어 잡아먹는다고 하는 '토사구팽'이나, 절대왕조에서 자신이 만든 법이라 할지라도 자신은 적용하지 않는 등의 역사적 경험에서도 이해할 수 있다. 즉, 부계주의를 근간으로 하는 사회는 표리부동하며 언행일치가 되지 않았던 까닭에 인간 상호간에 불신이 형성되거나, 내심으로 서로 경시한 사회였던 것이다.

예를 들어 여성들은 불란서 대혁명의 인권선언을 믿고 여성해방을 조건으로 참여하여 희생을 한 공로자임에도 불구하고, 혁명의 성공 후 권력의 배분에서 제외되었을 뿐만 아니라, 보상은커녕 수많은 여성 정치지도자들이 단두대의 이슬로 사라지거나 파멸을 당하는 등 토사구팽을 당한 사실에서 이해할 수 있다. 대표적인 예가 될 것이다. 물론 부계우월주의 사회가 달면 삼키고 쓰면 버리는 식의 불공평함을 정당화하는 비열한 방법이 난무하였기 때문이다. 실제로 일본제국주의에 의해 식민지 고통을 경험한 우리는 부계우월주의에 대해서 가장 잘 이해할 수 있을 것이다. 즉, 일제는 고대부터 일본의 속국이라는 억지주장과 무능한 민족으로서 마땅히 우월한 일본인에 의해서 통치를 받아야 하며, 사대를 한 민족으로서 자신들에게 사대를 당연히 해야 한다거나, 당쟁을 일삼는 양반은 무능하면서 착취를 일삼는다고 하여 패망의 원인을 두고 서로에게 원망하게끔, 정치지도자와 민중을 이간질하는 식민사관으로 스스로 민족의 정체성을 비하하게끔 조장하였던 것이다.

또한 '조선인과 마른 명태는 두들겨 패야 맛이 난다'고 하였던 것이 변모하여, 고대 한국으로부터 이어온 '안의 문화'를 대립적인 구도를 만들어 한민족 스스로 '여자는 마른 북어처럼 두드려야 한다고' 하거나, 더불어 '엽전은 별수 없어'라고 하며 냉소적인 패배주의를 형성하여 자승자박의 상태로 자멸케 한 사실이다. 뿐만 아니라, 한민족의 정체성인 '홍익인간'의 삶으로 인류에 실로 엄청난 공헌을 했음에도 불구하고, 제국주의의 혹독함으로 자포자기의 상태에 이르도록 일제는 한민족이 거짓을 일삼는 나약한 민족으로 만들어갔다. 이는 마치 자신이 연애를 하면 로맨스요 남이 하면 불륜이라는 식의 논리로 일관성이 없는 것처럼, 자신이 부도덕하면서 상대를 가르치겠다는 이율배반적인 소위 '똥 묻은 개가 재 묻은 개를 나무란다고' 하는 우리 속담에서 이해할 수 있다.

다시 말해서 자국의 이익을 위하여 다른 나라까지도 고의적으로 역사를 왜곡하고, 인종차별하며 서로가 원망하는 구조를 유도하여 초토화하였음에도 불구하고, 상당한 공헌을 하는 것처럼 이중적 부도덕으로서 총체적으로 사악했음을 말하는 것이다. 즉, 고조선의 '홍익인간 사상'은 한민족의 정체성이라는 점과, 고대 중국에서 고조선을 두고 동방예의지국이라 하였던 사실을 볼 때, 태고로부터 문화민족으로서 유구한 역사를 갖고 있는 도덕국가였음을 부정하고자 하는 자체가 손바닥으로 하늘을 가리는 어리석은 짓을 하였던 것이다. 다시 말해서 고대중국의 통치이념에서 가장 중요한 덕목을 예(禮)라고 한 사실로 볼 때, 제의를 주관한다는 의미가 있는 예(禮)를 중시했던 동이족의 정통성을 이은 홍익인간 한민족의 독특한 문화를 높이 평가한 사실을 일제가 애써 무시하였음을 말하는 것이다.

이는 동양에서 서구 자본주의를 극단적인 경박한 것으로 폄하하였던 것과 달리, 동양문화의 변방에 있었던 일본은 서구 자본주의를 생존양식으로 받아들였기 때문이다. 그리고 일본역사에서 자국민을 오랫동안 억압하였듯이, 일제식민지 당시 한민족에게도 상당한 억압을 하며 혹독했던 사실을 상기해 볼 때, 동서양이 구현하고자 했던 인간 존엄에 대해서 무관심한 국가였음을 알 수 있다. 하여 무력엘리트주의를 지향하는 닫힌사회였던 전통 일본이 '일본제국주의'로 쉽게 변모하여 주변국을 식민지로 만든 것은 기아, 폭력을 이용한 착취기술과 공포통치로 인간의 도덕성을 무너뜨렸던 자신들의 풍토에서 비롯되었음을 알 수 있다.

물론 당시의 서구에서는 식민지에 대해서 실익이 없음을 알게 되었고, 제국주의를 유발한 초기 자본주의를 전향적으로 검토하는 상황에 있었음에도 불구하고, 유럽을 답습하기 바빴던 것은 세계흐름을 읽지 못한 무지에 의한 독선의 결과일 것이다. 하여 부계우월주의가 만들어낸 초기 자본주의가 인간에게 독이 되었던 사실을 한민족이 식민통치로 인한 혹독한 경험이 오늘날까지 잔재되어 사회통합에 어려움을 겪고 있다. 하여 근대사회가 되었음에도 불구하고, 사랑보다 공포에 더 많은 비중을 두는 부계적 가치에 충실했던 제국주의를 통해 부계적 가치를 이해할 수 있다.

그리고 오늘날 자본주의 속성에 충실코자 하는 비복지적인 신자유주의가 등장하면서 1대 99라는 절대적 양극화로 위험한 사회가 됨에 따라 부계적 가치의 성질을 이해할 수 있다. 하여 모계와 부계를 각각의 한축으로 제도화하여 어느 정도 균형을 이룰 수 있는 '모민주의' 정치로 과거의 잘못을 되풀이하지 않도록, 모계적 가치를 내재한 민주주의를 공고화하기 위해 모계적 분배양식의 세계화를 위한 모민주의 체제로 역사 발전해야 함을 알 수 있다.

논변한 내용을 다시 한 번 간추려 보면

첫째, 인류의 문명을 열었던 모계사회를 이어 혈통주의를 근간으로 하는 부계사회의 등장으로 인구가 급격히 증가함에 따라 사유제와 화폐경제로 진입하면서 풍요한 평화로운 삶은 막을 내렸다. 이로 인한 만성적인 재화의 부족을 겪게 됨에 따라 신분제로 닫힌사회가 되었고, 이는 생로병사의 중심에서 역할을 하였던 여성의 지위가 하락하게 된 원인으로 볼 수 있다. 이는 부계사회가 각박한 현실로 인하여 애써 영성을 거부하면서 영적장치가 퇴보하였기 때문일 것이다. 하여 부계적 가치에 의해서 만들어지는 사상이나, 제도 등으로 만들어진 위험한 사회를 극복하기 위한 체제로 모민주의가 성립되어야 함을 알 수 있다. 따라서 지구촌시대를 살아가는 신인류는 모계적 분배양식을 근간으로 하는 적극적 복지사회의 세계화를 위해 인간의 여성성이 배양되는 과정이 필요함을 알 수 있다.

둘째, 부계혈통주의와 전체주의를 근간으로 하는 부계사회가 사회협동의 결과물을 노동보다 신분으로 얻는 것이 훨씬 크기 때문에 신분제를 공고화하였다. 즉, 모계신본주의사회가 제정일치사회로서 종교사회였던 반면, 부계사회가 등장하면서 만들어진 신분제 강화의 수단으로 종교가 정치의 수단으로 전락하였던 것이다. 예를 들어 모계신본주의사회는 인간은 주체임에 따라 순환·진보하는 자체를 목적으로 생각했지만, 부계사회는 항구적 권력의 유지를 위해 자연신, 태양신이나, 인격신인 부계유일신에 의해 권력을 부여 받는다는 왕권신수설에서 인간이 객체가 되는 상반된 사실에서 상반됨을 이해할 수 있다. 따라서 중기 모계사회는 종교사회로서 다생을 산다고 생각함에 따라 비 혈통주의사회였지만, 부계사회는 정치사회로서 1회적인 삶으로 생각함에 따라 부계혈통주의가 어떠한 것보다 우선했음을 이해할 수 있다.

예를 들어 부계혈통주의가 어떠한 체제보다 강하다는 사실은 20세기 말 구소련의 경우 공산당이 몰락했음에도 불구하고, 간부들이나 부유층은 자본주의에 충실하면서 여전히 강력한 힘을 갖고 있다는 사실에서 이해할 수 있다. 뿐만 아니라 부계적 가치가 주류를 이루는 세상에서는 어떠한 체제이든 권력 집중 현상이나, 소유 집중 현상 등 절대적 양극화가 나타나는 것이다. 하여 모계신본주의사회가 공유제를 통해서 인간 존엄을 보장했던 것처럼, '천부인권'의 실질적 내용인 '천부소유권'을 보장할 수 있는 이성의 한계를 인정한 '소유상하한제'가 지구촌시대를 살아가는 신인류에게 부합됨을 이해할 수 있다. 즉, 모계사회가 살아서 사람으로 죽어서 영혼으로 순환 진보하는 독자적인 '나'는 '너'와 같은 주체로서 내가 함께 이룩한 사회협동의 결과인 문화에 지배를 받으면서, 동시에 '천부소유권'이 내재되어 있다고 생각한 것이다.

셋째, 닫힌사회로서, 부계사회는 착취를 정당화한 신분제로 인하여 부패했으며 타율적인 사회였음을 이해할 수 있다. 반면에 열린 사회로서 모계신본주의 사회에서는 신의 후손으로 인간은 본질적으로 선한 존재임에 따라 자율성을 중시했으며, 선한 목적을 위해 순환·진보한다고 믿은 사회였다. 이는 상대주의 사고방식인 '음지가 양지되고, 양지가 음지로 되며, 영원한 강자도 없고 영원한 약자도 없다'고 한 우리 격언에서 이해할 수 있다. 즉, 인간 상호간의 우열은 있지만, 부계와 모계는 우열이 없음에 따라 시대적 요구에 따라 부계적이든, 모계적 생활양식이든 적합한 것을 선택하여 사회를 이끌어 갈 수 있는 것이다. 다시 말해서 동양의 음양철학은 각각 다른 성질인 음양의 균형을 이루어야 한다고 생각함에 따라 각 지역별 여망과 환경의 변화, 사회의 필요 등에 의해 누구든 주체가 될 수 있음을 말하는 것이다. 따라서 사람 '人' 자는 남녀가 서로 돕는 보완적인 관계임을 알 수 있음에도 불구하고, 절대존재의 명령으로 어느 하나가 종속되는 것을 정당화하는 것은 성악설적인 인간을 만들어가는 원인으로 볼 수 있다.

넷째, 혈통주의를 근간으로 하는 부계사회에서는 남녀가 혼인할 경우, 여성의 능력이나 재산은 가부장에게 편입됨에 따라 여성의 능력개발이나 재산을 상속치 않으려는 경향이 있었다. 물론 한민족의 경우 여성이라 할지라도 성씨를 상속했을 뿐만 아니라, 공평한 상속을 한 사실을 최근 발견된 사대부 집안의 문집이나, 문서나, 기록 등으로 알 수 있음에 따라 예외라고 할 수 있다. 또한 오늘날 우리나라의 현행 상속제도는 유증이 없는 한 출가한 여성에게도 상속권이 있다. 물론 부계혈통주의의 정서에 의한 유증으로 상속을 결정하였을 경우, 여성에게 상속권이 없는 것은 문제로 남아 있다. 만약 '모민주의' 분배양식이 성립한다면 여성에게 최소 상속이 보장될 것이다.

다섯째, 근대사회가 성립되었음에도 불구하고, 부계우월주의에 의해서 실질적으로 남녀평등이 구현되지 못하여 여성의 삶이 지속적으로 불리하다면, 근본적으로 문제점이 있음을 인정하여 탈 부계주의적인 '모민주의' 체제로 변모해야 할 것이다. 물론 남녀불평등으로 인하여 얻는 이득보다 차별로 인한 불이익이 훨씬 크다면, 부계는 '결자해지'(結者解之)의 태도로 인류의 이상인 적극적 복지사회를 구현하는 데 협력해야 할 것이다. 왜냐하면 일관성이 없는 엘리트주의가 세상에 기여하는 총량에 비해서 차별로 인하여, 대다수 사람이 불행하게 되었다면 퇴출되어야 하기 때문이다.

모계적 가치로 생활정치를 열다

마지막으로 대모신의 후손으로서 인간은 이타적 우수한 사람과 이기적 우월적인 사람과는 구분할 수 있다. 예를 들어 고대로부터 보이지 않는 세계를 다양한 방법으로 보여준 신인(신선)과 성인군자들은 사람들 스스로 신의 후손임을 깨닫기를 설파하고 언행일치로 몸소 실천하여 증명했으며, 아울러 이를 구현코자 하는 적극적 봉사자로서 정치지도자, 종교지도자 등과 물심양면으로 인간답게 살도록 연구하는 철학자, 인문학자, 과학자, 우수 예체능자 등은 우수한 사람들이지만 우월주의적인 사람들이 아니라는 사실에서 이해할 수 있다. 다시 말하면 엘리트라는 말은 우수하다는 의미이지만, 엘리트주의는 우수한 사람이 우월적 지위를 획득하여 지식과 정보를 독점하고 사물을 처리하거나 사람을 대하는 방식을 의미함에 따라 내면적인 부문이 취약하거나 도덕적으로 열등한 사람도 있다는 의미이다. 따라서 부계가 우수한 사람이 많은 것은 사실이지만, 남성 자체가 우월한 것은 아니라고 볼 때 부계우월주의는 모순적임을 알 수 있다.

이에 대해서 R. 사이먼은 엘리트주의가 일관성이 없음을 다음과 같이 쓰고 있다. 즉, "실제로 엘리트주의자들은 일반적으로 모든 사람에게 이해될 수 있는 원리에 의거하여 그들의 차별을 정당화하려고 하기 때문에 그들 스스로가 자신의 근본적 차별 원리의 자의성을 입증하는 셈이다. 그리하여 '사람들은 여자는 여자이기 때문에 책임 있는 자리에 앉으면 안 된다'는 말보다 '여자는 아이를 기르는데 더 정서적으로 적합하기 때문에 책임 있는 자리에 앉으면 안 된다.'라는 말을 더 경청하게 된다."라고 했다.(127) (같은 책 p.104) 따라서 부계주의를 근간으로 발전한 결과로 위험한 세상을 극복하기 위해 탈 부계주의적인 사회로 변모해야함을 인식하고 있음에도 불구하고, 부계주의는 인류의 위대한 문명과 첨단과학기술시대를 이룬 사실을 부정할 수 없음에 따라 현실적으로 부계주의의 종말과 함께 새로운 체제를 구현하기가 쉽지 않음을 이해할 수 있다.

예를 들어 어떠한 목적지를 가야 하는 버스가 운전기사가 심장마비로 차량이 멈추었을 때, 승객 중에서 면허를 갖고 실제 운전을 할 수 있는 사람은 도덕적으로 경멸하는 범죄자였고, 한 사람은 면허만 있을 뿐 운전이 서툰 사회적으로 존경받는 인격자였을 경우, 현실적인 이유에 의해서 범죄자의 양심에 맡기고, 운전을 부탁할 수 밖에 없는 결론에 이르게 된 경우에서 이해할 수 있다. 즉, 이기적 우월주의로 인해 인류의 대다수가 인종차별이나 불행한 삶을 겪은 사실을 알고 있음에도 불구하고, 쉽게 바꿀 수 없을 만큼, 부계주의가 오랫동안 의식을 지배하고 있음에 따라 모계의 지도력을 배양할 엄두도 내지 못할 뿐만 아니라, 아예 믿지도 않음을 말하는 것이다. 따라서 버스가 운전 경험자에 의해서 다음 목적지에 무사히 도착해야하는 것처럼, 부계사회가 만든 자본주의도 인류의 행복한 삶을 위한 임시방편임에 따라 언제나 인류의 삶에 적합한 새로운 사상이나 체제로 수정할 수 있는 준비를 동시에 해야 함을 알 수 있다.

아무튼 부계적 가치로 편향되어 발전한 결과로서, 무한소유의 탐욕을 정당화한 자본주의가 과당경쟁을 유발함에 따라 마치 고래싸움에 새우 등 터지는 것처럼, 여성의 삶이 고단해지고 있다. 특히 서구 여성은 동반자로서 인정받지 못했고, 오랫동안 극단적으로 폄하된 가혹한 삶에 의한 깊은 상처로 후유증이 남아 있는 가운데, 자본주의에 의한 인간의 상품화로 소외된 여성이 더 많은 피해를 보고 있는 것이다. 그리고 여성이 더욱 잘할 수 있는 복지나, 양육, 건강 식단 등의 분야조차 소득을 위한 직업으로 전문화되고 산업화함에 따라 대다수 여성들은 가족건강과 복지를 위한 생산자였음에도 불구하고, 소비자로서 변모함에 따라 여성은 경제적인 면에서조차 남성에게 종속되는 경향이 있다.

또한 서구적 가치인 자본주의가 세상의 주류를 이룸에 따라 각 지역의 문화나, 동양적 가치가 표류를 하게 되었다. 즉, 직관(영감)이 발달한 모계사회를 이어 중기 모계사회의 원시음양사상을 이은 음양철학에 근거한 한의학이나 불확실한 미래를 예측하여 현재를 설계한 역학이나, 인간의 한계를 위로한 무교 등 행복한 인생을 위해 만들어졌던 것이 배금주의로 인하여 쇠퇴하는 과정에 있는 것이다. 하지만 상대주의적인 음양사상은 배타적이거나 극단적이지 않으며, 모순과 대립의 성질이 아닌 화합과 조화에 더 의미를 두어 성장보다 안정을 중시한 사상임에 따라 지구촌시대를 살아야 하는 신인류에게 적합할 것이다.

이는 음양 사상은 남녀가 질적으로 다른 주체로서 총량이 같으며, 상호간 부족한 부분을 보완해야 하는 관계로 생각하여 존중과 조화를 중시함에 따라 지구촌시대에 구현해야 할 남녀평등원칙에 부합하기 때문이다. 물론 지구촌시대에서 요구되는 적극적 복지사회의 구현을 위해 부계와 모계가 각각의 한 축으로 역할을 하는 생활정치가 세계화되어야 하기 때문이다. 즉, 신인류에게 적합한 새로운 정치경제질서로서 부계적 가치와 모계적 가치와 균형을 이루는 '모민주의' 분배양식을 근간으로 적극적 복지사회를 구현하는 생활정치시대가 된 것이다. 이는 지구촌시대는 탈 양극화, 관용(박애)정신, 환경보호, 생명존중, 만족할 줄 아는 태도, 삶의 질 향상 등이 충족되어야 하는 시대이기 때문이다. 따라서 오늘날 위험한 시대를 극복하기 위해, 민주적이고 복지적인 여성이 국제 NGO로서 생명녹색운동에서 주류를 이루고 있는 것처럼 신인류의 이상인 적극적 복지사회를 구현하기 위해 여성이 생활정치를 주도해야 함을 이해할 수 있다.

5. 모민주의 세계화의 당위성

근대사회가 성립된 지 200년이 지났음에도 불구하고 여권신장은 더디며 현실에서 남성과 대등한 수준이 되지 못하고 있다. 이는 모권사회에서 모성이 분배의 중심이 된 원시공산제로 남녀평등을 이룬 반면, 부권사회는 여성의 고유한 특성에 의해서 만들어진 종교조차도, 부계우월종교로 변모케 하여 남녀 차별을 정당화한 세월이 오랫동안 문화로 공고화되었기 때문이다. 따라서 근대 민주주의사회가 성립된 후, 20세기 초 소극적 복지국가로 발전된 것은 사실이지만, 비복지적인 신자유주의로 퇴행하고 있음을 상기해 볼 때 부계주의의 종말을 선언하고, 모계적 분배양식을 근간으로 하는 '모민주의' 체제로 적극적 복지국가를 구현해야 함을 알 수 있다. 즉, 부계와 모계가 상호 보완하는 주체로서 여성인권이 만족할 만한 상황에 이르게 되는 새로운 체제인 모민주의로 진보해야 인류의 이상인 적극적 복지사회가 세계화된다는 뜻이다. 이를 생각하면서 여권신장을 논해보자.

중세 유럽은 암흑기(3세기~13세기)를 벗어나면서 불확실성이 만연되어 14세기 르네상스(문예부흥운동)가 일어나게 되었고, 이어서 탈기독교적인 세속적인 자연법사상이 새로운 인권개념으로 등장하게 되었다. 이는 동양의 인본주의와 달리 피조물사상에서 연유한 독특한 인본주의로서, 인간은 누구나 하늘로부터 부여받은 기본권으로서 '천부인권'을 갖고 있음에 따라 인간은 존엄한 존재로 여겨야 한다는 자연법사상을 말하는 것이다. 물론 기독교문화를 근간으로 한 서구사회는 여성을 남자의 갈비뼈 한 조각으로 만들었다고 폄하하면서, 여성들은 소외되어 논외였지만, 이후 모든 인류를 포괄하는 시민혁명의 인권선언을 근간으로 하는 근대사회가 성립됨에 따라 여성은 결사로서 여권신장이 가능케 된 중요한 사상이라 할 수 있다. 따라서 태고부터 음양사상을 근간으로 한, 인본주의 전통을 갖고 있는 동양이 덕치주의로 인간의 기본권을 보장한 것보다, 서구의 자연법사상은 인간의 기본권을 법치주의로 뚜렷하게 보장한다는 점에서 구체적이고 획기적임을 이해할 수 있다.

즉, 인본주의적 인간 존엄을 구현하기 위해 성립한 근대민주주의가 소극적 복지국가를 넘어 인류의 이상인 적극적 복지국가를 가능케 한다는 점에서 인류의 위대한 유산임에 틀림이 없는 것이다. 다시 말해서 여권신장이 근대사회의 성립으로 상당히 진전되었으며, 남녀평등은 실정법상의 권리로 차별금지법으로 명문화되었다는 점과 집회결사의 자유가 보장되어 미래를 위한 발언권이나 미래를 이끌어갈 권력을 만들 수 있을 뿐만 아니라, 법을 해석하는 기준으로서나 모계적 분배양식을 구현하기 위한 체제도 스스로 만들 수 있게 됨에 따라 인류가 위기를 극복할 수 있는 희망을 갖게 되었다는 점에서 의의가 큰 것이다.

물론 서구의 기독교문화에 의해 형성된 독특한 환경에서 소외된 여성들과 사회적 약자들에 대한 연민을 가진 훌륭한 남성들과 우수한 여성들의 오랜 투쟁의 결과라는 점에서 매우 중요한 의미가 있다. 이는 모계가 엄연히 존재하며 태고로부터 인간을 재창조하면서 모성애로 인류의 구심력을 형성하고 있음에도 불구하고, 하늘에서 뚝 떨어진 사람처럼 여성을 무시하고, 객체로서 소외하여 엄청난 고통을 주었지만, 생태적으로 보살핌에 능한 슬기로운 모성은 인내를 미덕으로 생각하며 자녀를 훌륭하게 양육한 결과, 위대한 선각자나 훌륭한 지식인 등을 탄생케 한 결과였다고 할 수 있기 때문이다. 물론 인생의 궁극적 목적으로서, 원만한 순환 진보와 행복한 인생을 위해 나눔(사랑, 박애, 자비)을 실천하는 삶에서 해답이 있음을 깨닫게 되어 몸소 실천하였던 것은 어머니의 극진한 보살핌과 양육으로 성장한 성인(신인)들은 모성애를 통해 신의 본질을 이해한 결과로 볼 수 있다. 하여 인간은 막연한 피조물이 아닌 실존하는 어머니의 모성애에 의해 성장하고 있음을 알 수 있다.

적극적 복지사회로 역사발전

국가기능을 국민의 기본권 보장에 있다고 한 로크적인 국가에서 인류의 염원인 적극적 복지사회를 구현하는 데 한계가 있다. 이는 부계적 가치를 근간으로 하는 문화적 토양에서 형성된 관습이나 정서에 의해 무의식중에 여성에 대한 편견을 갖고 있는 만큼, 부계적 토양에서 성장한 남성이 유리하기 때문이다. 하여 개인우선의 소극적 권리(개인주의)를 보장하는 로크적인 국가는 여성에게 불리하고, 양성평등원칙을 지킬 수 없음에 따라 적극적 복지사회가 구현하기 어려움을 알 수 있다.

따라서 자본주의 체제에서 만들어지는 사회적 합의의 결과물인 법(성문법적 규칙, 약속 등)은 어떠한 면에서 여성 자신과 별로 상관없는 것으로 인식하게 됨을 알 수 있다. 예를 들어 남녀평등을 법률로 성문화되었다고 할지라도, 현실적으로 지켜지지 않음에 따라 법의 실효성이 없음을 여성들이 인식하는 사실에서 이해할 수 있다. 또한 근대 민주주의사회와 배치되는 실질적 남녀불평등이 심화되는 이유는 자본주의사회에서 사람들은 소유에 더 많은 관심을 갖게 됨으로써 유발되는 권리충돌의 결과로 만들어지는 사회적 손실이 사회적 약자로서, 여성에게 전가되고 있기 때문이다.

즉, 인간 존엄을 구현하기 위해 성립한 근대사회와 자본주의체제가 불합치함에 따라 유발되는 불안정성으로 복지적인 여성이 힘들어진 결과인 것이다. 이는 1789년 만인이 평등하다는 인권선언을 하고, 민중의 지지를 받아 시민혁명을 성공했음에도 불구하고, 여성의 선거권은 20세기 초에 여성의 결사에 의해서 획득하였으며, 세계 제2차 대전 후 소극적 복지사회가 구체화되었지만, 오늘날 다시 자본주의 원칙에 충실하고자 하는 신자유주의가 대세를 이루게 되어 여성이 힘들게 된 사실에서 이해할 수 있다. 따라서 오늘날까지 인류는 '천부인권'을 보장하는 자연권에 머물러 있지만, '천부소유권'을 보장하는 적극적 자연권으로 자연권의 의미가 확대되어야 실질적인 남녀평등이 구현될 수 있음을 이해할 수 있다. 또한 부계하나님의 이름으로 성직자들에 의해서 1860년대까지 노예제도의 정당화에 열을 올렸다는 사실과, 더불어 배타적 인종차별을 통해서 가난한 백인노동자들은 차별당하는 자신의 처지를 위로받았으며, 백인우월주의에 매달려 유색인종에게 가학적 행동을 행사함으로써, 자신의 인격을 스스로 파괴한 사실로부터 자본주의가 인간을 극단적 경향으로 변모케 함을 알 수 있다.

예를 들어 자본주의의 속성으로 만들어진 제국주의로 인해 식민지나 자국민이 사회주의를 선호하는 경향으로 체제 붕괴를 우려한 나머지, 20세기 초에 소극적 복지국가를 천명했음에도 불구하고, 수천만 명이 살상된 세계 제1차 대전을 치렀으며, 세계 제2차 대전 중 나치가 600만 이상의 유대인을 절대유일신의 이름으로 학살이 자행된 사실에서 이해할 수 있다. 하여 이전투구를 위해 끝없이 투쟁하는 성악설적인 인간성을 배양하는 자본주의 생활양식으로 인권선언을 정치적 수사정도로 생각하게 되었을 뿐만 아니라, 인간 존엄과 배치되는 약육강식의 논리로 이루어진 절대적 양극화, 생태계 파괴 등으로 인하여 위험한 사회가 형성됨에 따라 자본주의는 불행한 인생을 만드는 체제로 인식하게 되었다. 이처럼 자본주의시대에 이르러 만들어진 살기 위해 죽이는 연구를 한 결과로 볼 수 있는 핵과 재래식 무기 등은 지구를 몇 번씩이나 전멸케 할 수 있는 가공할 파괴력과, 더불어 개인화기의 첨단화로 테러를 쉽게 할 수 있음을 생각해 볼 때, 당장이라도 부계주의의 종말을 선언하고 새로운 길로서 모계적 분배양식을 근간으로 하는 적극적 복지사회가 세계화되어야 함을 알 수 있다.

하지만 인류는 인간 상호간에 행복한 인생을 도와주는 상생을 하기보다 죽이기 위한 상극의 경쟁을 한 결과, 오늘날 예측불능의 위기에 처해 있음에도 불구하고, 대다수 사람들은 자본주의를 진리처럼 믿고 자본주의적인 심성을 배양하고 있는 가운데, 막연한 희망과 자만심으로 가득함에 따라 위기를 위기로 느끼지 못하고 있는 것이 문제가 되고 있다. 즉, 인간은 스스로 슬기롭다고 생각하거나 소비를 통해 유지되는 자본주의의 장점만을 홍보함에 따라 오늘날 절대적 양극화로 고통을 당하고 있음에도 불구하고, 인류가 합리적인 선택을 하여 생지옥을 만들지 않을 것이라고 굳게 믿고 있음을 말하는 것이다. 하여 내면을 탐구하면서 외부를 이해하고자 했던 모계사회가 개인을 독립적인 주체로서 '상생의 삶'을 살아가기 위한 분배양식인 공유제를 한 사실을 상기해야 할 필요가 있다.

왜냐하면 부계사회가 등장한 후, 오늘날까지 부계주의가 편향적으로 발전한 결과로서 자본주의 체제가 대량소비로 인한 절대적 양극화, 환경오염, 천재지변, 인간성 황폐화 등으로 회복불능의 상태로 위험한 사회가 되었기 때문이다. 즉, '소극적 자연권'을 보장하는 자유주의사회에서 대다수 사람이 겉과 속이 다른 이중적 태도를 갖고 사회가 어떻게 되든 상관없는 무책임한 행동을 한다면, 위험한 사회가 될 것이다. 다시 말해서 문화적 존재로서 인간은 개인성과 사회성이 균형을 이루어야 함에도 불구하고, 편향적인 경우 위험한 사회가 됨을 말하는 것이다. 예를 들어 서구의 자유주의(개인주의)를 두고 민본주의를 근간으로 하며 조화를 중시한 동양에서는 무익무덕(無益無德)하다고 생각했던 사실에서 이해할 수 있다. 실제로 무한소유욕을 정당화한 자본주의가 이기적 심성을 편향적으로 발달하게 함에 따라 인간의 궁극적 삶의 의미를 이해할 수 있는 인간의 사회성이 퇴보하여 인간성 황폐화가 만연되고 있다.

즉, 과거 소규모 경제에서는 자본주의가 원만히 작동하지만, 오늘날처럼 자본주의가 만들어낸 천문학적인 규모에서는 대다수 인류가 발전 속도를 따라잡을 수 없음에 따라 아무도 책임을 질 수 없는 위험한 사회가 되는 것이다. 다시 말해서 지구촌시대는 천문학적 규모에 맞는 체제가 세계화되어야 함을 말하는 것이다. 예를 들어 모계적 분배양식으로 과학기술을 발달하게 하여 우주시대를 열면서 일상생활은 완만한 여유를 갖게 하는 모민주의가 적합할 것이다.

대우주와 연동된 소우주 인간을 고려

모계신본주의사회는 직관적으로 전체를 이해하였던 반면, 부계사회는 힘든 현실세계를 통해 내면을 이해하고자 하였다. 물론 부계사회는 내면과 외면을 분리하여 생각함에 따라 첫 단추의 오류처럼 인간의 선한본질의 근간이 되는 내면세계를 이해하기 어려웠을 것이다. 즉, 공기처럼 보이지는 않아도 바람으로 알 수 있음에도 불구하고 없다고 생각하는 것과 마찬가지일 것이다. 예를 들어 수박의 겉이 푸르다고 속까지 푸르다고 생각하는 것과 마찬가지일 것이다. 이는 차원이 다르면 서로 볼 수 없고, 몸과 마음으로 느낄 뿐이라는 투명인간의 예에서 이해할 수 있다.

예를 들어 인간이 생존해 있을 때, 생태학적으로 형성된 기억과 사후의 타인이 이미지로 기억된다는 점에서 이해할 수 있다. 물론 인간의 이성의 한계를 인정하며 겸손한 태도로 자신을 성찰하기를 집중한다면 직관적으로 이해되는 영역이다. 반면에 빙산의 일각인

유한한 물질세계를 통해서 무한한 내면세계를 이해할 수 없음에도 불구하고, 아는 척하는 경박한 경우도 있다. 따라서 지구촌시대를 사는 신인류는 물질의 일부로서 인간이 아닌 소우주로서 인간을 생각하고 이에 합당한 생활양식으로 살아야 됨을 이해할 수 있다.

즉, 부계적 가치에서 발현된 자유주의 분배양식보다 모계적 가치를 근간으로 하는 모계적 분배양식이 공고화되어 인류의 이상인 적극적 복지사회의 구현을 위한 체제로 역사 발전해야 하는 것이다. 다시 말해서 포스트자본주의로서 경제민주화를 구현하기 위한 모민주의 사회로 역사 발전해야 함을 말하는 것이다. 하지만 생태적으로 민주적, 복지적인 여성에게 적합한 적극적 복지사회의 구현을 위해 정치권력의 반 이상을 여성이 획득하기 위한 결사를 해야 하는 어려운 문제가 있다. 이는 헌법이 보장한 인간 존엄을 유지하기 위해 국가의 보호를 받을 수 있는 장치가 있지만, '천부인권'의 내용인 '천부소유권'으로서 물적 기초를 보장하는 모계적 분배양식을 근간으로 하는 체제를 통해 인간 존엄을 적극적으로 구현해야 하기 때문이다. 물론 전체주의 국가로부터 억압을 극복하기 위한 방편으로 만들어진 자유주의가 물질풍요로 인생을 행복하게 만들 것으로 믿었지만, 오늘날에는 오히려 환경오염이나, 과소비, 양극화, 복지축소, 인간이기를 포기하는 인간성 황폐화 등을 유발하면서 인간을 불행하게 만들고 있기 때문이다.

하여 모계적 가치를 근간으로 하는 민주주의가 자유주의의 수단이 아닌 목적이 되는 사회가 되어야 함을 알 수 있다. 즉, 인류의 이상인 민주주의를 공고화하기 위해 생태적으로 복지적이며 민주적인 여성이 탈자유주의적인 온전한 민주주의로서, '모민주의'시대로 역사 발전해야 하는 것이다. 물론 오늘날 민주적 생활양식이 보편화되었고, 인류의 이상으로서 적극적 복지사회를 구현할 수 있는 조건이 성숙됨에 따라 가능한 것이다. 특히 존재의 삶을 지향하는 지구촌시대와 어울리지 않은 부계적 분배양식을 강화함에 따라 유발되는 위험한 사회를 극복해야 하기 때문이다. 즉, '존재의 삶'을 살 수 있는 능력을 갖춘 신인류에게 적합한 체제를 세계화해야 함에도 불구하고, 1대 99라는 절대적 양극화를 유발하는 신자유주의로 '소유의 삶'을 강화하는 것은 위험을 자초하고 있는 것이다. 다시 말해서 인류가 한 단계 더 진보한 단계인 인간의 민주성을 충족케 하는 적극적 복지사회의 세계화가 순리임에도 불구하고, 역사 퇴보를 하고 있음을 말하는 것이다.

또한 부계적 가치에서 발현된 자본주의가 이기적 심성을 배양한 결과, 인간의 삶을 지탱해주는 모성의 구심력이 약화됨에 따라 사회기초조직인 가족의 붕괴나 도를 넘는 가족이기주의 등으로 사회문제의 원인이 되고 있기 때문이다. 뿐만 아니라 근대사회가 인권을 제도적으로 보장하고 있다할지도, 경제적인 이유로 선언적 의미에 머무르게 함에 따라 사람들은 실질적으로 인권이 보장되는 제도가 성립되기를 바라고 있다. 특히 자본주의가 '풍요 속에 빈곤'을 특징으로 함에 따라 상대적으로 빈곤감을 느끼며 소비욕구가 증가되는 만큼, 소비욕구를 충족하기 위해 내면세계보다 형이하학적인 경제적 부분에 더 많은 관심을 가질 수밖에 없는 구조에서 인간은 결코 행복한 삶을 할 수 없기 때문이다.

물론 인류의 보편적 가치가 된 자본주의에서 살아남기 위해 자본주의 심성을 배양하며 살았기 때문에 자본주의발 위험한 사회를 극복하기 쉽지는 않을 것이다. 예를 들어 부계편향의 정치에서 부계와 모계가 각각의 축으로 하는 생활정치로 적극적 복지사회를 구현하는 것이 바람직함을 알고 있을지라도, 자본주의가 인간의 원초적 본능을 자극하며 욕구를 배양한 결과가 신자유주의로 나타난 사실에서 이해할 수 있다.

참고로 모계신본주의사회가 인간 스스로 신의 후손임을 믿음에 따라 인간을 재창조하는 모성을 존경했으며, 공유제 사회로서 내면의 세계를 탐구하여 외면을 이해하고자 한 직관이 발달한 사회로 행복한 인생을 살았다고 추정하고 있다. 즉, 모권사회가 수만 년을 나름대로 풍요하고 평화로운 생활의 질이 높은 사회를 유지할 수 있었던 이유가 모계적 분배양식에 있었던 것이다. 다시 말해서 모성애를 근간으로 이루어진 모계사회에서 모계가 분배권을 가진 공유제 분배양식으로 행복지수가 높았음을 말하는 것이다. 반면에 부계사회가 빙산의 일각인 가시적인 외면의 세계를 탐구하며 내면의 세계를 이해하고자 한 사유제 사회로서, 수많은 전쟁으로 인한 곤궁한 인생을 행복지수가 낮은 삶을 살았다고 할 수 있다. 물론 수많은 전쟁을 치르게 하였으며, 남녀차별을 뚜렷하게 한 원인이 될 것이다. 이처럼 '존재의 삶'을 살았던 부계사회에서는 여성의 지위가 높고, 평화로웠던 반면, 부계사회가 '소유의 삶'을 지향함으로써 불안정한 사회가 되었으며, 여성의 지위가 추락했음을 알 수 있다.

예를 들어 부계사회의 여성의 지위가 매우 낮았던 것은 모계의 원시음양론을 이은 동양의 음양론이 양이 우선하는 경향으로 발전하였다고 주장하거나, 부계유일신에 의해 인간이 창조된 피조물로서 믿은 서구 부계사회에서는 여성이 남성에게 종속된 존재로 폄하한 것이나, 더불어 고대 부계사회의 영웅탄생설화는 모성의 잉태를 부정하고, 알에서 태어났다고 하는 등의 사실에서 이해할 수 있다. 하여 근대사회가 인간 존엄을 구현하기 위해 성립한 사회라면, 남녀가 평등했던 모계신본주의사회처럼, 존재의 삶을 살 수 있는 체제가 세계화되어야 함을 알 수 있다. 따라서 '천부소유권'을 보장하는 '모민주의' 분배양식인 '소유상하한제'로 실질적 인권보장으로 남녀평등을 이루는 체제가 성립되어야 함을 알 수 있다.

모계신본주의사회의 신념을 긍정

모계신본주의사회가 내면세계를 탐구하여 인간을 신의 후손이라고 믿은 사실을 오늘날 첨단과학기술시대를 이룩한 사실로부터 어렴풋이나마 이해할 수 있게 됨에 따라 모계신본주의사회의 공유제가 인류에게 적합함을 이해할 수 있다. 이는 인간이 신의 후손으로 외면의 근원인 무궁한 내면세계를 인간의 본질로 믿은 모계신본주의 사회의 인간관이 합리적임을 통찰력으로 알게 되었기 때문이다. 예를 들어 수년전 어떤 유명 피자회사에서 사람값에 대한 연구를 발표한 일이 있었는데, 사람의 값은 500억에 이른다고 한 것이 좋은 예가 될 것이다. 물론 인간을 돈으로 환산할 수 없지만 환산해본 후 자본주의사회가 행복한 인생을 구현하기 힘든 사실을 이해하게 되었다는 점에서 상당한 의미가 있다. 즉, 자본주의가 인간을 상품화하면서 인간은 스스로 싸구려로 만들고 인생이 아닌 축생의 삶을 살고 있다는 사실을 극명하게 보여주었다는 점일 것이다.

따라서 2012년 현재 70억 세계 인구가 살고 있는 지구에서 현 시가로 자본금 500억 규모의 회사가 불과 수천 개 정도임을 생각해 본다면, 상생의 삶으로 행복한 인생을 살아갈 수 있는 '모민주의' 분배양식인 '소유상하한제'가 현실적 대안임을 이해할 수 있다. 물론 여성의 가치도 500억 이상이며 모성의 재창조의 능력과 세상의 구심력으로서 모성애 등을 감안하면 남성보다 배로 비싼 1,000억 정도 임에 틀림없을 것이다. 하여 부계적 가치로서 자본주의가 세상의 대다수 사람을 절대빈곤층으로 전락케 하고 있으며, 인간의 선한 심성과 소우주라는 높은 가치를 싸구려로 만들어 간다는 사실 등을 깨달은 신인류는 부계주의의 종말을 선택할 것을 예상할 수 있다. 이는 근대사회가 성립된 지 200년을 넘겼고, 첨단과학기술시대가 되었음에도 불구하고, 사회적 약자나, 여성의 경우 인간 존엄의 당위성을 천명한 자연법사상이 절대적 양극화로 유명무실하게 되었기 때문이다. 즉, 부계주의가 오랫동안 공고화되어 있음에 따라 근대정신인 자연법사상이 실효성이 없음을 말하는 것이다.

하여 자연법사상에 충실하기 위해 부계주의의 종말을 의미하는 체제인 '모민주의'로 적극적 복지사회를 구현해야 함을 이해할 수 있다. 물론 모계신본주의사회가 인간을 순환·진보하는 영적 존재로 믿었던 것이나, 나눔의 실천을 궁극적 삶의 의미로 생각한 나눔의 수행으로 영적 진보를 할 수 있다고 생각한 것이나, 오늘날 인류가 사회적 약자(노약자, 장애인, 고아, 모자가정 등)를 돕고 개선하기 위한 복지주의의 공고화를 인류의 지상과제로 생각하는 것 등을 상기해 볼 때, 역사 발전의 방향성이 적극적 복지사회의 구현에 있음을 알 수 있다.

하여 부계주의가 주류를 이룸에 따라 사회진보의 방향이 부계적 가치를 지향하는 것처럼 보이지만, 실제로는 인간의 구심력으로서 모성애를 근간으로 하는 모계적 가치를 향해서 나아가고 있음을 알 수 있다. 따라서 모계적 가치로서 복지주의를 공고화하는 체제를 만들어 가는 것이 인간의 도리임을 이해할 수 있다. 즉, 인간답게 살기 위해 타인의 삶을 인간답게 살도록 돕고자 발현된 모민주의가 적극적 복지사회의 구현하는 데 용이한 것이다. 물론 자본주의가 만드는 위험한 사회를 통해 인생의 궁극적 목적인 행복한 인생은 소유를 위한 성장보다, '존재의 삶'을 통해 안정을 추구할 때 다가온다는 사실을 인식한 결과이다. 따라서 지구촌시대에 적합한 모계적 분배양식을 보편적 가치로 세계화하기 위해 생태적으로 민주적이며, 복지적인 여성들이 '모민주의' 체제에서 주도적인 역할을 해야 함을 알 수 있다.

인류의 반인 여성의 행복한 인생

마지막으로 모계사회는 공유제로 적극적 복지사회를 구현했지만, 부계사회가 등장하고부터 인류의 이상으로 남아 있다. 즉, 태고로부터 인류는 적극적 복지사회를 염원한 결과가 모계신본주의사회로 나타났지만 부계사회에서는 실현된 바가 없었음을 말하는 것이다. 이는 부계사회가 생태적으로 민주적이고, 복지적인 여성의 정치참여를 거부했기 때문이다. 하여 생태적으로 복지적인 여성이 적극적으로 정치참여를 할 수 있는 체제가 성립되어야 적극적 복지사회의 구현이 가능함을 알 수 있다. 물론 정치가 현실세계에서 가치분배의 문제를 결정하기 때문이다. 즉, 당면한 과제를 해결하기 위한 과정으로서 정치는 복지사회 구현을 위한 합리적 분배양식을 결정할 수 있는 유일한 수단인 것이다.

이는 제정일치의 모계사회를 이은 부계사회는 정교가 분리되면서 정경일체의 사회가 되었으며, 근대사회에서 정치경제가 분리되었지만, 사실은 정치를 중심으로 종교와 경제가 연동되어 있는 사실에서 이해할 수 있다. 예를 들어 민주주의 정치가 민주주의를 공고화하기 위한 새로운 민주적 분배양식을 근간으로 하는 체제를 성립할 수 있다는 사실에서 이해할 수 있다. 하여 분배권을 부계가 정치를 독점함에 따라 여성의 경제적 독립이 불능하게 되면서부터, 남성에게 종속되었음을 이해할 수 있다. 즉, 정치적으로 소외된 여성은 남성의 동반자임에도 불구하고, 마치 전쟁포로처럼 무장 해제된 상태로 성차별을 받았던 것이다. 또한 권력과 소유가 비례하는 부권사회가 공고화되면서 권력을 잃은 모계는 태고로부터 고유한 일이었던 종교에서도 퇴출되면서, 경제적 독립이 불가능하게 됨에 따라 재산과 권력을 획득할 수 없는 여성은 소유물로 전락되었다.

즉, 부계사회에서 만든 부계우월종교에 의해서 여성의 본업이었던 종교에서 신자로만 있게 되면서 경제적 독립이 불가능하거나, 여성 상호간에 불신이 형성되는 것 등은 무 권력에서 비롯되었던 것이다. 물론 태고로부터 이어진 원형종교로 한민족의 무교가 모계제사장으로 이어진 것은 예외라 할 수 있다. 따라서 상대주의 철학자였던 아리스토텔레스가 '인간은 사회적 동물이다'라고 하여 여성도 정치의 주체가 될 수 있다고 주장한 사실은 매우 중요한 것임을 알 수 있다. 이는 헤브라이즘(유대주의)이 세계화되기 수백 년 전 아리스토텔레스가 인간을 재창조하는 여성이 마땅히 정치권력을 획득할 자격이 있음을 주장했기 때문이다. 이처럼 여성들은 남성의 동반자로서, 인간 완성의 한 축으로서 마땅히 주체적이고 능동적인 삶을 살아야 함에도 불구하고, 정치 소외로 인한 굴욕과 더불어 성적 존재로 혹독한 삶을 살아야 했음을 알 수 있다. 다시 말해서 부계사회는 자연친화적인 여성을 마치 자연물처럼, 대상(객체)으로 삼아 돈벌이의 수단이 되거나, 소모적인 존재로 상품화했음을 말하는 것이다.

아무튼 서구 여성들이 기독교문화로 인하여 오랫동안 소외되어 있었지만, 마르크스가 산업화로 노동과 임금을 교환하는 사회가 되면서, 자신이 만든 것이 없어지며 상품이 주체가 되고 사람이 객체가 되어 소외된다고 주장함에 따라 여성은 새로운 소외를 다시 맞고 있다. 즉, 자본주의 사회가 인간이 주체가 되지 못하고, 돈이 주체가 되고 인간은 객체로서 상품화함에 따라 부계사회가 등장한 후 오늘날까지 여성의 경우 별로 달라진 것이 없음을 말하는 것이다. 하여 인간을 소외하는 자본주의가 주류를 이루는 한, 위험한 사회로 퇴보할 수밖에 없음을 이해할 수 있다. 다시 말해서 서구사회의 뿌리 깊은 절대주의 풍토에서 만들어진 자본주의 체제가 세계화하는 한 위험한 사회에서 벗어날 수 없음을 말하는 것이다.

물론 주체로서 인간을 스스로 객체로 전락케 하는 '소유의 삶'을 부추기는 자본주의를 넘어 주체로서 '존재의 삶'을 살기를 권장하고, 물질적 기초를 보장하는 온전한 민주주의인 '모민주의'가 성립되어야 위험한 사회를 벗어날 수 있을 것이다. 하지만 부계주의에서 발현된 자유주의와 모계주의로서 민주주의와 결합하여 만든 반쪽 민주주의에서 온전한 민주주의로 진보한 '모민주의'를 세계화하는 데 어려움은 있다. 다시 말해서 지구촌 시대는 첨단과학기술로 온전한 민주주의가 가능하게 되었음에도 불구하고, 부계일변도의 역사적 경험과 진보로 익숙해진 사람들은 현실에 안주하고자 하는 경향이 있음을 말하는 것이다. 이는 인생이 짧다고 생각함에 따라 변화로 인한 부담보다 반쪽 민주주의에 적응되었기 때문이다. 이는 현실생활에서 선거를 할 때마다 누가 당선되어도 똑같다고 하는 푸념과 정치무관심 현상에서 이해할 수 있다. 즉, 전체주의 사회로서 부계사회는 변화를 할 때마다 불안정했으며, 변화를 한다 해도 여전히 부패를 반복한 역사적 경험을 통해서 알고 있음에 따라 변화를 두려워하고 있는 것이다.

또한 포에르바하(L. Feuerbach, 1804~1872)는 사람들이 관념적 신을 만들어 인간 최고의 것을 신에게 양도하여 경배하면서 인간 문제를 신에게 위탁하는 것이 자기소외의 근원이라 했다. 다시 말해서 인간이 만든 신이 주체가 되고, 인간은 스스로 객체가 되어 신으로부터 소외된 사람이 종교집단에 소속되어 개인의 의미가 없어진다는 뜻이다. 이는 아마도 유일신체제의 서구 사회가 스스로 피조물로서 평가 절하하면서부터 부패를 당연하게 생각했던 이유가 될 것이다. 반면에 인본주의 전통이 있는 동양은 인간을 소우주로 인정하여 주체로서 자율성을 강조하였다. 하여 동양의 천명사상은 스스로 자기완성을 위해 '수기치인'의 삶을 행복한 삶으로 생각한 사실에서 서구 부계사회와는 본질적으로 다름을 이해할 수 있다.

물론 동양에서는 인간은 대모신의 후손으로 우주가 있기 전 있었던 존재로서, 육화되어 순환 진보한다고 믿은 모계신본주의사회의 유습을 이었다고 할지라도, 다생의 순환적 삶을 믿은 모계고유의 제의권(祭儀權)을 박탈함과 동시에 '천부소유권'을 보장한 공유제를 사유제로 전환하면서, 성악설적인 인간을 양산하는 전체주의 사회였다는 점에서 공통점이 있다. 아울러 동양의 부계사회는 민본주의로, 서구의 경우 자연법사상을 근간으로 하는 근대사회를 만들었지만, 동양의 민본주의는 백성이 하늘이라고 했음에도 불구하고, 신분제로 분배는 불공평했으며, 서구의 민주주의는 주권재민이라고 했지만 대다수 사람은 굶어죽을 권리밖에 없었던 표리부동한 모순으로 가득한 사회였다는 점에서 같은 것이다.

하여 지구촌시대를 맞이한 자연법사상은 '천부인권'의 내용으로서 '천부소유권'까지 확장하여 모계적 분배양식을 보편화해야 함을 알 수 있다. 즉, 자연법사상에 충실한 '존재의 삶'을 위한 적극적 복지사회가 구현되어야 함을 말하는 것이다. 왜냐하면 무한소유를 정당화하는 자본주의가 중산층이 주류를 이루는 다이아몬드형 사회로 인간이 꿈꾸어왔던 풍요한 사회가 될 것으로 생각한 것과 달리, 인간 존엄을 구현코자 하는 자연법의 취지와 배치하는, 빌프레도 파레토의 법칙인 20대 80의 양극화 사회로 발전하여 오늘날은 1

대 99의 절대적 양극화로 민주주의를 위기로 몰아넣고 있을 뿐만 아니라, 물질과 정신 등 모든 면에서 파국이 예상되기 때문이다. 즉, 지구촌시대는 자본주의 분배양식으로 살아갈 수 있음이 증명된 것이다.

아무튼 불안정한 사회일수록 여성이 불행했던 역사적 경험에서 볼 때, 절대적 양극화로 사회가 불안정하게 된다면, '남적론'처럼 내심 저항의식이 배양될 것이다. 그리고 자본주의가 영육의 불균형을 초래함에 따라 형성된 부조화의 결과로 생명경시풍조의 만연과 환경오염, 자원고갈 등으로 먹이사슬의 붕괴로 생명체계에 위협으로 나타나고 있다. 문제는 실제로 과거의 인류가 재앙을 맞이하더라도 경제규모가 작은 사회로 슬기롭게 대처했지만, 거대경제규모가 된 오늘날 인간의 욕구가 급팽창하면서 만들어진 초대형 재앙은 첨단과학기술로도 감당불능이라는 과학적 결론에 있다.

아울러 국가존립의 정당성을 자연법사상의 구현에 있는 근대 기능국가가 오늘날 절대적 양극화로 인해 기능이 상실함에 따라 위험한 사회로 고착화되고 있다. 이러한 현실을 감안한다면, 수정자본주의가 규정하는 소극적 복지로서 생활권보다 적극적 복지를 위한 물질적 기초를 보장하는 모민주의의 '소유상하한제'가 세계화하는 것이 인류의 당면과제임을 이해할 수 있다. 따라서 지구촌시대가 요구하는 인류의 구심력으로서 모성성의 강화와 배양을 위한 체제로서 '모민주의'가 세계화되어야 하는 것은 시대소명임을 이해할 수 있다.

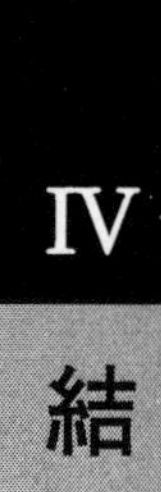

IV 結

이미 앞에서 소개한 가련한 옥순이의 경우 자신의 태만이나 잘못으로 일어난 일이 아니었음에도 불구하고, 울며 겨자 먹어야 하는 모순으로 가득한 사회에서 살고 있음을 우리는 알았다. 예를 들어 자본주의의 속성에 의해 형성되는 '풍요 속의 빈곤'이라는 현상으로 인하여 배양되는 소비욕구와 허영심의 자극 등으로 무너지는 도덕성에 의해 묵시적 매춘행위가 점증하고 있으며, 취약계층의 여성이 쉽게 함정에 빠져 돈의 노예가 되고, 이후 사람의 노예로 전락하여 자포자기의 인생을 살고 있다는 사실에서 이해할 수 있다. 하여 자본주의로서는 복지사회를 구현하는 데 한계가 있음을 알 수 있다.

이는 대한민국 헌법 제1조에서 '모든 국민은 인간으로서 존엄과 가치를 가지며, 행복을 추구할 권리를 가진다. 국가는 개인이 가지는 불가침의 기본적 인권을 확인하고 이를 보장할 의무를 가진다.' 라고 명문화되어 있지만, 현실적으로 그렇지 못한 사실에서도 이해할 수 있다. 하여 옥순이의 처지를 상기하면서 앞에서 논변한 것을 정리한다면 의미가 있을 것이다. 즉, 우리는 동서양의 가치관, 우주관, 문화적인 차이 등을 살펴본 결과, 남성보다 여성이 사회적 지위가 현저히 낮았던 이유가 정치소외로 시작하여 부계편도의 문화적 풍토에 의해 만들어진 법과 제도에 있음을 알 수 있었다. 또한 근대 법과 제도가 성립되었음에도 불구하고, 부계주의 풍토는 여전히 남아 의식을 지배하며 정서로 작용되고 있음에 따라 남녀평등을 위한 차별금지법의 실효성에 문제가 있음을 이해할 수 있었다.

즉, 문화적 존재로서 인간은 태고의 모권사회에서 여성이 약간 우월한 가운데 남녀평등을 이루고 있었지만, 사회적, 자연적 환경의 변화에 의해 등장한 부계사회가 남녀 차별을 공고화한 것이 오늘날까지 정서로 남아있음을 말하는 것이다. 뿐만 아니라, 직관이 발달한 모계사회는 평등한 내면세계를 탐구하며, 인간을 있는 그대로 보아 인간의 민주성(독립성. 개체성)을 존중하였던 반면, 부계사회는 불평등한 인간의 외면적 현실세계에 비중을 둔 문화가 오늘날까지 주류를 이루고 있기 때문으로 볼 수 있다. 즉, 인간은 시대적 상황에 적응하기 위해 스스로 가치를 재창조하는 문화적 존재임을 말하는 것이다.

다시 말해서 인간은 시대적 상황과 필요에 따라 정치적 통제로 가치를 배분하며, 욕망과 염원을 스스로 규율하는 문화적 존재임을 말하는 것이다. 하여 인간은 이기심과 이타심을 동시에 갖고 있는 이성적인 존재인 까닭에, 스스로 지역실정에 부합되는 생존양식(문화)에 의해 욕망의 조절과 분배적 정의를 구현하기 위한 인간의 문제를 해결하는 현실적 수단으로서 정치적 결정을 하는 문화적 존재임을 알 수 있다. 예를 들어 모계신본주의사회에서 신의 후손으로서 남녀가 평등하게 참여한 신정정치가 인간의 종교적 심성과 부합되는 공유제 분배양식을 설정한 사실에서 이해할 수 있다.

민주주의의 공고화

정교일체 사회였던 모계사회가 잉여생산물로 인하여 인구증가, 교역확대 등으로 복잡해짐에 따라 모계는 존재의 삶의 핵심인 종교를 담당하고, 부계가 정치를 담당한 정교분리의 결과, 부계가 정치 독점을 하게 되었으며, 이후 정치에서 소외된 여성은 종교에서도 퇴출되었다. 물론 부계사회에서 인간을 재창조하는 여성이 동반자임에도 불구하고, 정치참여를 하지 못했으며 종교를 주도할 수 없음에 따라 인간의 종교적 심성이 약화되었을 것이다. 하여 만약에 모계사회와 같이 남녀가 대등하여 남녀상호간에 견제와 균형을 이루었다면, 인간의 종교적 심성의 강화로 영적감응장치가 발달하게 되면서 행복한 인생을 살았을 것으로 추정할 수 있다.

이는 모계신본주의사회는 제정일치사회로 종교를 위한 정치였던 반면, 부계사회는 권력과 소유와 비례함에 따라 유발된 과격한 권력투쟁으로 인하여, 정치를 탐욕의 상징처럼 불신하게 된 사실에서 이해할 수 있다. 예를 들어 절대봉건제의 억압과 부계에 반동하여 유발된 시민혁명으로 근대사회가 성립되어 정치와 경제가 분리된 사실에서 이해할 수 있다. 물론 구시대는 절대봉건제로 권력을 양극화했으며, 근대사회는 자본주의로 소유의 양극화하고 있다는 점에서 별로 달라진 것이 없다. 하지만 자본주의가 절대적 양극화를 형성하여 위험한 사회를 만들게 됨에 따라 민주정치에 대한 무관심으로 정치무용론까지 대두하고 있다.

즉, 오늘날 절대적 양극화로 경제적 자유주의가 강력해짐에 따라 민주정치는 위기를 맞고 있을 뿐만 아니라, 민주정치 자체에 대한 부정적 시각으로 형성된 민중의 공격성은 무정부상태를 연상케 할 정도가 되었으며, 자본주의의 무정부적인 속성으로 인하여 정치가 무력해지고, 민주적 권위까지 부정하면서 정치지도자에 대한 무시와 경멸이 일상화되고 있는 것이다. 다시 말해서 국민권익을 위한 적극적 봉사로서, 투쟁과 자기희생을 감수하는 훌륭한 정치지도자들까지도 지도력 상실과 한계로 민주정치가 표류하고 있음을 말하는 것이다. 하지만 문화적 존재인 인간은 마치 물고기가 물을 떠나서는 살 수 없듯이, 인간에게 정치는 살아 있는 동안 꼭 있어야만 하는 희망처럼, 오늘보다 내일은 더 나을 것이라는 기대를 충족시켜주기 위한 필수적이며 끊임없는 정치적 결정을 해야 하기 때문에 경제민주화를 구현할 수 있는 모민주의로 민주주의를 공고화하는 것이 바람직함을 알 수 있다.

이는 인간이 환경의 변화에 적응하기 위해 스스로 만든 문화로 삶을 재창조하는 능력이 있을 뿐만 아니라, 스스로 만든 가치로서 문화(삶의 양식)에 의해 복종하며 살아가기 때문이다. 즉, 지구촌시대를 맞이한 신인류는 '존재의 삶'을 살아가기 위한 체제를 성립해야 하는 것이다. 다시 말해서 인간이 만족할 수 없는 '소유의 삶'을 위한 정치는 종말을 고하고, 인간의 선한 심성과 부합되는 '존재의 삶'을 위한 모계적 분배양식을 근간으로 하는 새로운 정치경제제도가 성립되어야 하는 것이다.

이러한 의미에서 정치무용론이나 무정부주의적인 것조차도 정치행위가 되는 것이다. 다시 말해서 자기중심적인 단순한 동물과 달리, 문화적 존재로서 인간은 가치지향적임에 따라 이를 이루고자하는 정치가 필수적임을 말하는 것이다. 즉, 행복한 인생을 살고자 하는 인간은 현실세계에서 제약이 많으며, 이성의 한계로 인하여 유발되는 끝없는 갈등에 대해서 비록 불만족스럽다 할지라도 정치적 결정을 통해 현실을 극복하고자 하는 존재인 것이다. 따라서 인간의 삶 자체가 불완전한 까닭에, 정치적 결정도 완벽할 수 없다는 사실을 알고 있는 인간은 정치적이면서도 정치에 대한 불만이 항상 있음을 알 수 있다.

문제는 불만의 정도가 될 것이다. 예를 들어 모계사회는 종교를 위한 정치로 남녀가 조화를 이루는 가운데, 비교적 불만이 적었던 반면, 부계사회는 차별을 정당화한 닫힌사회임에 따라 계급투쟁이 일상화되어 있었다는 사실에서 이해할 수 있다. 물론 모계사회가 불만이 거의 없었던 것은 원시공산제와 소규모의 정체된 사회였던 것도 이유가 되겠지만, 분권적인 데서 원인을 찾을 수 있다. 이는 부계사회에서 승자의 항구적 통치를 위해 불평등을 정당화하는 신분제를 유지하기 위해 중앙집권적부패가 만연했던 사실과 비교함으로써 이해할 수 있다. 예를 들어 부패한 구시대는 시민혁명으로 무너졌고, 인간에 의한, 인간을 위한 분권을 근간으로 하는 민주정치를 천명한 근대사회가 성립한 사실에서 이해할 수 있다.

하지만 자본주의체제로 인한 절대적 양극화로 민주주의가 위기에 몰리는 위험한 사회가 되고 있음에도 불구하고, 자유민주주의는 경제적 자유주의를 위한 민주정치임에 따라 양극화를 해결할 수 없음을 증명하였다. 이는 배금주의로 인한 사회통합의 어려움이나, 정경유착이나, 정상배 등으로 민주정치에 대한 불만은 정치혐오

증을 가질 만큼 팽배하고 있음에도 불구하고, 방치하며 오히려 자유주의를 강화하는 신자유주의로 문제 해결을 하고자 하기 때문이다. 즉, 자본주의가 사유재산의 보호라는 강자의 논리에서 발전된 사적 자치의 소극적 권리를 근간으로 함에 따라 자본주의발 무정부적인 경향이 심화되고 있는 것이다. 이는 정치권력이 권력의 양극화를 통한 지배의 영구화를 도모하기 위해 만들어진 구시대에 반동하여 자본주의 체제가 만들어졌기 때문이다.

다시 말해서 부계사회가 정치권력을 통해 탐욕을 채우기 위한 무자비한 착취로 유발된 부패와 폭력이 난무한 사회를 극복하기 위해 국가 개입을 거부하는 자본주의가 등장했다. 예를 들어 제국주의시대 선진자본주의 국가의 경우 자국의 이익과 채권의 실효성을 보장받기 위한 실력행사를 위한 군비확장을 한 사실에서 이해할 수 있다. 이는 홉스가 '칼이 없는 계약은 말의 성찬에 불과하기 때문에 국가권력이 필요하다'고 주장한 것과 동일한 의미로 볼 수 있다.

문제는 부계주의 토양에서 만들어진 자본주의가 원칙적으로 국가개입주의를 본질적으로 거부하면서도, 무한한 자본축적을 위해 정경유착을 하는 표리부동한 것이나, 구시대 권력양극화와 같은 절대적 양극화를 유발하는 것이나, 자원고갈과 지구온난화, 환경오염, 생태계파괴 등을 만들면서 위험한 사회가 되었다. 즉, 첨단과학기술시대를 이룩했음에도 불구하고, 절대다수가 불행한 인생을 살게 된 사실로부터 '소유의 삶'이 행복한 인생을 보장하지 못함을 알게 된 것이다. 다시 말해서 행복한 인생을 만드는 역사 발전 방향성과 배치됨을 말하는 것이다. 하여 탈자본주의로서 새로운 모계적 분배양식을 위한 정치문화가 조성되어야 할 것이다.

예를 들어 지구촌시대를 사는 신인류는 부계주의로 인하여 인류의 한 축인 여성이 오랫동안 소외되고 무력화되었음을 시인하는 것으로부터 시작하여 보상적 차원에서 실질적인 양성평등을 구현할 수 있는 '모민주의'체제가 적합할 것이다. 즉, 역사 발전의 방향성이 행복한 인생을 만드는 과정으로 볼 때 오늘날에 이르러서도 여전히 유효한 것이다. 이는 모계신본주의사회가 공유제로 남녀평등을 실현한 것처럼 태고로부터 '존재의 삶'을 추구하고, 인류의 구심력을 이루고 있는 모계를 정치의 한 축으로 제도화해야 양극화(차별) 문화를 극복할 수 있음을 알 수 있기 때문이다. 즉, 문화적 존재로서 인간은 스스로 창조한 문화를 갖고 있으며, 신의 후손임을 증명하는 양심을 근간으로 하여 스스로 창조한 문화에 지배를 받고, 이를 통해 형성된 도덕성으로 차별을 극복했던 것이다.

하여 우월적 지배자가 피지배자를 통치하였던 구시대의 정치문화에서 알 수 있듯이, 인류는 인간의 도덕성을 무너뜨리게 하는 원인인 양극화, 불평등, 극단적 경향 등을 넘기 위해 새로운 모계적 분배양식을 보편화할 수 있는 정치문화가 형성되어야 함을 알 수 있다. 즉, 부계와 모계의 각각의 특성에 맞는 역할을 할 수 있는 모민주의 체제가 세계화되어야 함을 말하는 것이다. 이는 근대사회가 인간의 민주성과 부합되는 사회를 만들 것을 천명하였음에도 불구하고, 부계편도의 정치는 여전한 가운데 자본주의가 탐욕을 배양한 결과로 양극화나, 인간의 상품화 등으로 만들어진 위험한 사회를 극복해야 하기 때문이다. 물론 탈 양극화를 전제한 새로운 모계적 분배양식을 만들기 전 탈 부계적인 정치문화가 형성되어야 할 것이다. 다시 말해서 부계적 가치를 근간으로 하는 정치문화에서 벗어난, 부계와 모계를 각각의 축으로 하여 견제와 균형을 이루는 민주주의를 공고화하고, 복지주의에 충실한 권력구조가 성립되도록 사회적 합의가 있어야 함을 말하는 것이다.

물론 인류가 급속도로 발전한 것은 절대주의를 벗어난 철학적 상대주의를 근간으로 하는 경험주의에 의한 민주적, 과학적 사고와, 더불어 근대민주주의가 성립되고부터였다는 사실을 상기한다면 모계주의가 이미 주류를 형성하고 있다고 볼 수 있음에 따라 모민주의와 같은 새로운 체제의 성립으로 민주주의가 공고화되는 단계에 있음을 이해할 수 있다. 그리고 오늘날까지 부계편도의 정치사회에서 살아감에 따라 모계가 열등한 것 같지만, 실상은 모계사회가 인류의 원형사회로서, 행복지수가 높은 사회였으며, 문명의 시원을 이룬 엄청난 공헌한 결과에 의해 부계사회가 등장했다고 볼 수 있기 때문에 부계와 다른 측면에서 대등한 수준임을 알 수 있다. 예를 들어 인류의 절박한 문제들이 있을 때마다 마치 백신프로그램처럼 모성애를 근간으로 한 원형종교에서 2차적으로 발전한 종교가 문제를 해결한 사실을 상기한다면, 태고부터 있었던 모계주의가 인류의 역사 발전의 한 축으로 함께 언제나 하고 있다는 사실에서 이해할 수 있다. 하여 지구촌시대를 사는 신인류는 인류의 원형사회로서 모계신본주의사회가 구현했던 공유제 분배양식이 적합함을 알 수 있다.

위험한 사회의 극복

다음 몇 가지를 살펴본다면, 오늘날 인류가 당면한 문제의 원인을 이해할 수 있을 것이다. 물론 정치 편에서 다시 한 번 논변이 있을 것이다.

첫째, 적극적 복지사회가 구현되어야 하는 근본적인 이유는 무한 소유를 정당화하는 부계주의 토양에서 만들어진 비복지적이고 절대적 양극화를 정당회하는 신자유주의가 위험한 사회를 형성하고 있기 때문이다. 그리고 불안정한 상황에서 취약한 여성이 우선하여 곤경에 처하게 되었다. 물론 인류의 반인 여성이 부계사회가 등장하면서부터 고난을 겪었으며, 누적되어 오늘날까지 힘든 삶을 사는 원인이 되고 있음에 따라 문명화된 오늘날 마땅히 개선되어야 함에도 불구하고 지속적으로 여성을 곤경에 처하게 하는 것은 태고부터 함께하는 인간 동료이며, 뿐만 아니라 첨단과학기술시대를 함께 살아가는 문명인의 도리가 아닐 것이다.

뿐만 아니라, 부계주의가 종말을 고하지 않으며 주류를 이루며 살아감에 따라 인류의 구심력인 모성성이 약화되면서 대다수 인류가 문명을 가장한 야만의 시대로 인식하게 되어 대반격을 꿈꾸며 공멸을 각오하는 집단의 발생을 방조하거나, 묵시적으로 동조하는 등으로 변질되고 있다. 예를 들어 도덕성을 명분으로 지구의 멸망까지도 서슴지 않을 것 같은 자살테러를 자행하고 있다는 사실에서 이해할 수 있다. 따라서 수천 년간 부계질서로 인해 10대 1 정도의 차별을 당한 여성에 대해, 보상적 차원에서 생태적으로 복지적이며 민주적인 여성이 권력의 반을 갖고 적극적 복지사회를 구현하기 위한 체제가 성립되도록 사회적 합의와 협동이 필요함을 알 수 있다. 예를 들어 인간 존엄을 위한 적극적 복지사회의 구현을 위해 가족복지의 중심을 이루는 모성에게 보상적 정의 차원에서 국가가 가족복지를 위한 기본수당을 지급하는 것도 대안이 될 것이다.

둘째, 근대사회의 성립으로 신분제가 폐지되었음에도 불구하고, 노예제를 허용한 사실과 지배자의 양심에만 의존한 사실로부터 우월주의가 여전했음을 이해할 수 있다. 마찬가지로 인권선언을 명분으로 성립된 근대사회가 남녀평등을 선언하고 있지만, 부계편향의 사회에서 남녀의 생태적 특성을 고려하지 않은 불공정한 경쟁을 지속하였다. 즉, 현실적으로 여성은 종속적인 관계에서 벗어날 수 없었던 것이다. 물론 오늘날까지 별로 달라진 것이 없다. 따라서 남녀차별 문제는 스스로 결사를 하여, 마치 노동조합처럼 조직적인 힘을 비축하여 여성자신의 생태적 본능에 부합되는 체제를 만드는 것이 바람직함을 이해할 수 있다. 즉, 어떠한 형태이든 여성의 입장을 대변하고 여성이 주류를 이루며 모계적 가치를 근간으로 하는 정당을 만들어야 할 것이다.

왜냐하면 사회적 약자로서 개인 여성이나 조직화되지 않은 소수 친목단체의 여성들이 남성의 횡포에 맞서 저항을 한다 할지라도, 부계주의를 근간으로 하는 부계편도의 정치체제에 맞서는 조직화된 정치적인 힘이 없다면, 여성을 뒷북을 치는 수다스런 사람으로 폄하하는 데 익숙한 사회정서가 개인 여성으로 흩어지게 하고 심지어 희생을 당하게 하기 때문이다. 이는 부계사회가 되면서 구조적으로 개별적인 존재로 살게 된 여성은 조직문화에 익숙지 못하였기 때문이다. 실제로 여성들은 출산 양육 등으로 근대사회가 된 후에도 남성들보다 비교적 뒤늦게 사회생활을 함에 따라 조직적이지 못한 사실에서도 이해할 수 있다. 다시 말해서 남성의 경우 조직의 경험이 빠름에 따라 정치적인데 비해서 대부분의 여성의 경우 조직 속에서 성장하는 과정이 없거나 늦게 참여함에 따라 개별적인 경향이 있으며 정치적이지 못하다는 의미이다.

하여 닫힌사회였던 부계사회가 차별을 통해 얻어지는 이익이 큼을 인식하고 있음에 따라 남성은 마치 부계동일체처럼 조직화하여 여성을 인류 최초의 노예로 만든 사실을 상기한다면, 반드시 여성이 주체가 되는 정당이 있어야 함을 알 수 있다. 따라서 좋은 국가로 발전하기 위해서는 실질적 남녀평등을 구현하기 위해 결사를 지원하거나, 제도의 보완이 필요함을 이해할 수 있다. 다시 말해서 부계주의적인 관점에서 볼 때, 복지는 시혜로 볼 수 있지만, 모계주의에서 볼 때 복지는 행복한 인생을 위한 적극적 권리이기 때문에 권리의 담지자(擔持者)로서 여성이 적극적 복지사회를 구현할 수 있도록 정부는 협조해야 함을 말하는 것이다. 이는 권리가 없는 도덕률은 의미가 없는 것처럼, 자연권이 실정법으로 규정이 되었다 할지라도, 부계적 가치를 근간으로 하는 문화적 바탕(사회 정서)에 의해 실효성이 없다면, 종이호랑이에 지나지 않기 때문이다. 하여 인간의 적극적 권리로서 행복권을 보장하기 위해 인간의 품위 유지를 위한 물질적 기초인 '천부소유권'을 보장하는 '모민주의' 분배양식을 세계화해야 함을 알 수 있다.

셋째, 부계적 가치에서 발현된 자본주의는 무한축적을 정당화함에 따라 필연적으로 만들어지는 양극화로 인하여, 과당경쟁과 과소비로 이어지면서 남획과 난개발 등에 의한 자원고갈과 더불어 자연환경의 파괴로 인한 먹이사슬의 붕괴, 온난화, 산성비 등으로 인한 희귀질병이 만연하게 되었다고 할 수 있다. 뿐만 아니라, 인간의 상품화로 인한 인간소외는 정서를 불안정하게 하고 있으며, 아울러 극단적 개인주의(탐욕주의), 배금주의 등으로 인한 과격한 경쟁은 인간 상호간의 불신으로 이어져서 인간다움의 특성인 유대관계가 무너짐에 따라 인간성 황폐화가 진행되고 있다. 이로 인해 유발되는 증오심은 개인화기의 첨단화와 함께 테러기술을 발달케 하였으며, 절대적 양극화의 공고화는 인간성 황폐화를 낳고, 세상자체를 부정하는 부류가 형성되고, 확산됨에 따라 여러 신념체계에 의한 핵 자멸까지도 생각하는 사람들이 점증하고 있는 것은 심각한 문제라 할 수 있다.

이러한 일련의 일들은 인간의 사회성보다 개인성에 편파적인 자본주의로 인한 것임을 이미 오래전부터 경고하였다. 물론 이러한 경고를 간과하고 있는 세계자본주의로서 신자유주의는 1대 99라는 절대적 양극화를 가속화한 결과 절대다수의 인류를 불행하게 하면서 인류의 미래를 어둡게 하고 있다. 이는 성매매의 확산과 여성이 성적 존재로 급락하고 있는 가운데, 세상의 구심력을 이루는 모성성은 물질문명이 발달하는 것과 반비례하여 약화되고 있다는 사실에서도 이해할 수 있다.

즉, 오늘날 인간이기를 포기한 엽기적인 범죄나 날로 흉포화와 지능화되는 범죄가 폭발적으로 증가하는 이유는 부계편향의 극단적인 사회가 됨에 따라 상대적으로 균형을 잡아줄 인간의 여성성이 고갈되어가고 있는 것이다. 문제는 1회적 삶을 근간으로 함에 따라 형성된 양극화사회가 인간에게 내재된 여성성을 고갈케 하면서 만들어진 치유불능의 자포자기의 상태를 오랫동안 방치한다면 증오심의 배양으로 인류가 멸하여 없어지는 것을 정의로 포장하고 신념화한 집단 정신병적인 결과를 인류는 감당할 수 없는 것이다. 예를 들어 핵에 의한 공멸을 시도할 수 있음을 자신도 모르게 단계별로 서서히 다가감에 따라 설마 했던 일이 현실로 나타날 때가 있다는 사실은 이미 태평양전쟁을 종식했던 일제에 두 차례에 걸쳐 핵폭탄을 투하한 것이나, 2011년 3월 일본 후쿠시마에서 쓰나미로 인한 핵발전소 사고나, 1986년 체르노빌 원자력발전소의 사고 등을 통해 엄청난 피해를 경험한 것으로부터 이해할 수 있다.

이는 모든 것의 시작인 내면세계에 대해서 직관으로 이해한 모계사회는 불멸하는 '나'를 알게 됨에 따라 '존재의 삶'을 하였지만, 부계사회는 외면적 포장으로 인해 내면세계에 대해서 여러 가지 이유로 알지 못함에 따라 1회적인 '소유의 삶'을 지향한 결과로 볼 수 있다. 참고로 모계신본주의사회의 '해혹복본'의 신념에서 물질이 다양한 형태로 변하면서 영원한 것처럼, 인간도 물질과 영혼으로 순환·진보하는 존재로 생각하였으며, 영혼은 원소로서 성질은 같지만 각각 내용이 다르다고 생각한 사실에서 이해할 수 있다.

이처럼 모계사회가 인간의 내면세계의 탐구를 통해 외면세계를 이해하고자 하여 균형을 이루었던 반면, 부계주의를 근간으로 하는 사회는 외면세계를 통해 내면세계를 이해하고자 한 결과, 주체로서 인간이 물질을 향유해야 함에도 불구하고, 소유욕으로 인해 물질이 주체가 되고 인간은 소외되었기 때문에 무책임한 행동을 한 결과는 재앙이 되어 돌아옴을 알 수 있다. 즉, 인간은 필요 이상의 탐욕을 부릴 때 부자유하게 되며 불안정하게 되면서 눈에 보이는 것이 없는 오만함의 결과는 다수에게 피해를 주게 되는 것이다. 하여 자본주의로 인하여 탐욕이 극도로 배양이 된 결과로서 절대적 양극화로 위험한 사회를 극복할 수 있는 체제를 준비하고 적응을 위한 연습해야 함을 알 수 있다. 물론 내면과 외면이 균형을 이루어 물질을 향유하기 위해 만든 공유제로 '존재의 삶'을 구현했던 모계신본주의사회의 분배양식처럼 모계적 분배양식을 근간으로 하는 적극적 복지사회에서 살아가는 것을 연습해야 한다는 뜻이다.

물론 구원의 여신인 모계유일신과 함께한 모계신본주의사회는 순환진보의 목적인 행복한 인생을 살기 위한 조건으로 나눔을 실천하여 풍요하고 평화로운 세계였음을 최근 인류학자들에 의해 행복지수가 매우 높은 사회라고 보고하고 있는 데 근거하고 있다. 그리고 중기 모계사회로서 모계신본주의사회는 인간을 모계유일신의 후손임을 믿고, 인간의 양심에 의해 자율적인 삶을 중시하였던 것을 생각해볼 때, 근대사회를 열게 했던 자연법사상보다 더 인간적이고 믿음직하기 때문이다. 하여 인생의 궁극적 목적인 행복을 다수가 누리기 위해 역사 발전하고 있음을 상기해 볼 때, 인류 전체가 불행한 삶을 살게 만드는 부계적인 분배양식은 종말을 고해야함을 이해할 수 있다. 왜냐하면 이미 자본주의의 세계화로 제국주의에 의해 촉발된 세계 제1차, 제2차 대전의 경험을 통해 물질의 노예로 전락한 인간의 어리석음을 충분히 이해했음에도 불구하고, 부계적 분배양식을 고수하여 위험한 사회가 되었기 때문이다.

이타심을 배양하는 모민주의의 세계화

마지막으로 에리히 프롬(Erich From, 1900~1980)은 『소유나 존재냐』(1976)라는 그의 저서에서 존재의 중요성을 강조했다. 이는 인류가 지속가능한 삶을 살고자 한다면 공존할 수 있는 삶으로 발전되어야 함을 일깨워주고 있다. 이는 오직 사심을 동기유발로 자본주의가 1대 99라는 절대적 양극화사회를 만들어간다면, 종국에는 인간 상호간에도 연대가 무너져 어느 누구에게도 도움을 받을 수 없는 외톨이가 되어 존재의 의미를 잃게 되기 때문이다. 마치 끓는 냄비 속에 있는 미꾸라지가 살기 위해서 두부 속으로 파고 들어가지만 모두 죽는 것처럼, 이기심을 배양하는 자본주의가 무한축적을 정당화함으로써 만들어지는 양극화는 세상을 병들게 함에도 불구하고 모두를 치료불능 상태에 이르게 할 뿐만 아니라, 존재 자체를 위협하는 위험한 사회가 될 수 있음을 경고하고 있는 것이다. 다시 말해서 탈자본주의 사회가 되어야 함을 권고하고 있는 것이다.

이는 인간은 주체적 존재로서 사회적 책임이 있을 뿐만 아니라, 이기심과 이타심이 균형을 이루며 살아야 함에도 불구하고, 자본주의가 불타는 이기심을 배양하면서 급격히 감소한 이타심으로 인하여 인간성 황폐화가 만연되었기 때문이다. 예를 들어 자본주의발 위험한 사회가 형성되었음에도 불구하고, 해결하기보다 한 단계 업그레이드된 자본주의에 충실한 신자유주의가 원칙적으로 행정(복지)국가를 거부함에 따라 인류가 힘든 인생을 살게 된 사실에서 이해할 수 있다. 물론 인간의 이기심과 이타심의 균형을 이루게 하는 민주적 통제가 제대로 작동되지 못하는 것도 사실이다. 따라서 격동의 시대를 살았던 에리히 프롬은 자본주의 속성으로 인해 만들어진 제국주의가 두 차례에 걸친 세계대전으로'소 잃고 외양간 고친' 역사적 경험을 통해 탈자본주의적 '존재의 삶'을 대안으로 제시한 사실을 두고, 신자유주의로 역사 발전하고자 하는 것은 퇴보이며 오류임을 이해할 수 있다.

이는 제국주의로 고통을 경험한 인류는 당시의 새로운 분배양식으로 사회주의를 대안으로 생각하여 자본주의의 종말을 바랐던 결과, 자유주의가 민주주의에 한발 양보한 수정자본주의국가인 소극적 복지국가를 구현하면서부터 생태적으로 민주적이고 복지적인 여성의 여권신장이 획기적으로 이루어졌던 사실을 상기한다면, 적극적 복지사회로 역사 발전하는 것이 당연하기 때문이다. 또한 '소유의 삶'을 근간으로 하는 자본주의사회는 자본주의 심성의 배양으로 인하여 위험한 사회를 만들고 있는 것은 사실이다. 하여 신자유주의는 자본주의의 모순으로 인해 만들어진 고육지책(苦肉之策)의 사상임을 알 수 있다.

예를 들어 국가자본주의는 자유경쟁을 정치적 결정에 의해서 시장을 활성화하여 어느 정도 양극화를 극복할 수 있었지만, 세계자본주의시대(글로벌시대)로 진입한 오늘날, 세계분업과 자유무역, 국제금융의 활성화 등과 함께 무한경쟁으로 인하여 유발되는 만성적인 재정적자로 국민부담의 증가와 폭발적 복지수요, 절대적 양극화,

스태그플레이션 등으로 고비용저효율사회가 되면서 인간이기를 포기하는 사람이 거대한 세력으로 잠재된 사실에서 이해할 수 있다. 하여 인류가 위험한 사회를 극복하기 위해, 에리히 프롬이 제시한 '존재의 삶'으로 역사 발전해야 함을 알 수 있다. 즉, 자유주의를 위한 절차적 정의로서 민주주의를 넘어 경제적 민주주의(경제민주화)로 민주주의가 공고화되어야 함을 말하는 것이다. 다시 말해서 온전한 민주주의로서 '모민주의'를 성립하여 적극적 복지사회의 구현을 세계화해야 함을 말하는 것이다.

아무튼 자본주의 속성에 충실한 신자유주의가 당리당략을 위한 정당이나, 정당의 사당화나, 상업적 정치인이 다수가 된 소위 '정상배 정치' 등을 부추김에 따라 정치 불신으로 인한 민주적 권위까지 무시당하고 있다. 즉, 정상배 정치지도자가 80% 이상이 되면, 민주주의정치가 위기를 맞게 되고, 정치는 자본가의 자본축적을 위한 수단으로 전락된다고 한 것이다. 다시 말해서 자본주의가 발달할수록 유발되는 수많은 부정적인 문제들로 인하여 위험한 사회가 됨을 말하는 것이다.

즉, 인류의 이상으로서 민주주의가 행복한 삶을 위한 수단이면서 역사 발전의 목적이기도 함에 따라 민주주의의 정치적 의무로서 일차적 의무인 복지주의를 공고화하는 데 있음에도 불구하고, 자본주의가 '소유의 삶'을 지나치게 강조한 결과인 것이다. 이는 자본주의가 탐욕을 능력처럼 배양한 나머지 민주주의의 이상인 '존재의 삶'을 망각하게 만들었기 때문이다. 즉, 시민혁명으로 근대사회가 성립하면서부터, 인간이 주체로서 행복한 삶을 위한 분배양식을 스스로 결정할 수 있는 자격(권리)을 획득하였기 때문에 인류는 민주주의를 지키고 공고화해야 할 의무가 있을 뿐만 아니라, 지구촌 시대를 사는 신인류는 반쪽 민주주의를 벗어나 온전한 민주주의인 모민주의로 적극적 복지사회를 구현하여 '존재의 삶'을 살게 만들어 가는 것이 신인류의 도리임을 깨달아야 하는 것이다.

즉, 민주주의가 자유주의에 의해서 수식된 반쪽(형식적) 민주주의는 사회적 합의에 의해서 합리적인 분배양식을 결정해야 할 민주주의 정치적 의무를 다할 수 없음에 따라 인류는 형식과 내용이 일치하는 온전한 민주주의를 성립하여 적극적 복지사회의 세계화를 위해 노력해야 하는 것이다. 물론 이미 민주적 생활양식으로 '존재의 삶'을 살았던 중기 모계사회로서 모계신본주의사회를 상기해본다면 그다지 어려운 일이 아닐 것이다. 이는 인간은 시대적 상황에 따라 스스로 재창조한 생활양식을 통해 적응하고, 가지를 치고, 꽃을 피우며 오늘날까지 살아왔으며, 신인(성인)들의 삶과 가르침을 따르는 가운데, 공존을 위한 사회적 책임을 감당할 능력을 배양하며 오늘날까지 살아왔기 때문이다. 또한 모성애를 구심력으로 살아온 인간은 결코 파멸될 수 없는, 불멸하는 선한 존재이기 때문이다.

물론 인간이 본질적으로 지혜롭고 선하다는 사실은 원형사회인 모계신본주의사회에서 인간의 궁극적인 삶의 목적은 신의 후손으로 '해혹복본'의 신념을 구현하기 위해 나눔을 생활화하고, 수많은 순환과 진보를 통해 신선이 되고자 한 데서 근거하고 있다. 하여 모계신본주의사회의 경우 내면을 탐구하며 '존재의 삶'을 살았고, 부계사회는 외면을 탐구하여 '소유의 삶'을 살고 있음을 생각해 볼 때,

지구촌시대를 살아야 하는 신인류는 행복한 인생을 위해 부계와 모계가 공존하는 새로운 모민주의 체제로 역사 발전해야 함을 알 수 있다. 즉, 지구촌시대는 인간 상호간의 유대강화가 필요함에 따라 인간의 유대감을 분절화하면서 위험한 사회를 만드는 자본주의가 부적합한 것이다. 다시 말해서 지구촌시대는 '존재의 삶'을 우선하는 적극적 복지사회의 구현을 위해 필요한 물질적 기초를 보장하는 모민주의의 '소유상하한제' 분배양식이 적합함을 말하는 것이다.

물론 지구촌시대를 맞아 신인류로 거듭난 오늘날 인류는 인간의 개인성과 사회성이 균형을 이룰 수 있는 능력을 갖추게 되었으며, 동시에 소유와 존재의 균형을 이룰 수 있는 첨단과학기술로 가능하게 되었다. 이는 이미 '사회적 기업'이나, 생활의 질 향상, 녹색생명운동, 생활정치 등으로 나타나고 있음에 따라 경제적 민주주의로서 모계적 분배양식이 세계화될 날이 머지않음을 예상할 수 있다. 이는 인류가 처해진 각 지역의 환경의 변화에 따라 여러 지역의 모계사회나 부계사회가 등장하였지만, 삶의 궁극적인 목표인 행복한 인생을 살고자 하는 것은 어떤 시대이든 어느 사회나 동일하기 때문이다. 하여 인류가 모계신본주의에서 여성이 주체가 되어 행복지수를 높였던 것처럼, 앞으로 세상에서 생태적으로 복지적인 여성이 지역사회의 복지를 위한 생활정치의 주체가 되어야 적극적 복지사회가 구현될 수 있음을 알 수 있다.

물론 현대사회가 남녀평등을 차별금지법으로 실효성을 보장하고 있지만, 대다수 여성은 정치적, 경제적으로 무력한 것은 사실이며, 실제로 부계의 보조역할 정도에 머물러 있음에 따라 새로운 정치의 주체가 될 수 있을까? 하고 능력을 의심하고 있다. 이는 아마도 부계적 가치의 공고화와 부계우월주의(엘리트주의)적 논리로 축적된 결과물들이 우리 의식을 지배하고 있기 때문일 것이다. 물론 권력 양극화로 부패한 구시대가 시민혁명으로 퇴출된 것처럼 절대적 양극화를 유발하는 자본주의는 '존재의 삶'을 우선하는 인류의 의식혁명으로 인하여 퇴출이 될 것이다. 아울러 고대 희랍의 안정된 사회요건을 타인들의 평균소득의 5배 이하로 제한해야 한다고 했던 절대주의 철학자 플라톤의 정의는 오늘날에도 유효함을 알 수 있다.

이는 플라톤의 제자로서 상대주의 철학자였던 아리스토텔레스의 분배적 정의에서 조화로운 사회가 성립되기 위해 제일의 조건으로 '부의 균형'을 이루어야 한다고 주장한 것과 흡사하다. 하여 지구촌 시대에 적합한 '모민주의'의 '소유상하한제'는 개인 자산이 10년 단위로 사회평균의 5배 이상이 된다면 유예기간을 두어 5배 이하가 되도록 기금이나 세금으로 환수하여 '부의 균형'을 이루는 것이 바람직함을 알 수 있다. 그리고 모계적 분배양식인 '소유상하한제'로 적당한 규모와 경쟁으로 시장의 자동조율이 가능함에 따라 축적되는 잉여가치를 시급히 필요한 모성에게 배분할 수 있다. 물론 세금으로 환수된 것은 모성의 적극적 권리로서 출산, 양육 등 가족복지를 위한 수당청구권의 재원으로 되거나, 세금으로 환수되지 못하는 부분은 명예로운 기부로 충당할 수 있을 것이다. 이는 가족복지나 사회복지의 성격이 있는 대가족의 노약자를 배려하기 위한 실비보상의 성격인 가족수당을 국가가 모성에게 지급하기 위한 재원을 확보해야 하기 때문이다. 따라서 무한축적을 정당화하는 부계주의의 부자연스런 오류를 '소유상한제'로 보완하며, 모계주의로서 '천부소유권'을 보장한 '소유하한제'는 인간답게 살 수 있는 최소한의 물질적 기초를 보장하는 것을 결합한 '소유상하한제'가 조화로운 사회를 만들게 됨을 알 수 있다.

아무튼 모계신본주의사회가 순환 진보하는 '나'는 지구를 다시 돌아올 곳으로 생각하거나, 다른 행성으로 여행하기 위해 준비를 하는 곳으로 생각하였으며, 지구에서 육화된 이유는 편견을 수정하기 위한 것으로 생각했다. 이는 이성적 존재로서 인간은 세상을 보다 살기 좋은 곳으로 만들어야 하는 이유로 볼 수 있다. 물론 신인류는 태고인류의 염원이었던 '존재의 삶'을 구현할 능력이 갖추어져 있다. 하지만 자본주의 세계화(글로벌)로서, 신자유주의는 국가자본주의에서 시행되고 있는 토지소유상한제, 보유세의 중과세, 과중한 상속증여세, 복지확대, 시장정상화를 위한 간섭, 관료제의 강화 등을 벗어난 탈 복지국가로서 최소정부를 구현하여 '소유의 삶'을 강화코자 하고 있다.

즉, 비복지적인 자유주의에서 진보한 소극적 복지국가를 이어 지구촌시대에 적합한 적극적 복지사회로 역사 발전하지 못하고 있는 것이다. 물론 부계주의가 종말이 되어야 적극적 복지사회를 구현할 수 있음을 오늘날 사회를 통해 인식하게 됨에 따라 탈자본주의 사회를 준비하기 위한 여러 대안을 제시하고 있다. 이는 인간의 마음이 '소유의 삶'에 지쳐서 행복한 인생이 '존재의 삶'에 있음을 확신한 결과로 볼 수 있다. 물론 무한한 상상력을 가진 슬기로운 인간은 스스로 창조한 문화로서 국면을 전환할 수 있는 문화적인 존재임에 따라 상생의 삶을 위한 제도를 만들어 극단화된 사회를 극복할 수 있는 자신감에서 비롯된 것으로 볼 수 있다. 따라서 오늘날 인류가 이룩한 첨단과학기술은 태고로부터 인류복지를 염원한 결과로 볼 때, 자동화기술에 의한 높은 생산성, 정보통신과 컴퓨터의 무한한 활용, 이동수단의 다양화 등으로 발달한 것은 적극적 복지국가를 구현하기 위한 수단으로 이해하는 것이 합리적임을 알 수 있다.

참고문헌 (제4의길 제2권)

(90) (로버트 하일브르너, 강철규 역, 『21C 자본주의』, 현대정보문화사, 1993, p.48)

(91) (같은 책 p.50)

(92) (강강화, 『자본주의 성립과 발전』, 국민경제제도 연구원, 범신사, 1991, p.7)

(93) (R 하일브로너, pp.57~58)

(94) (하일브르너, p.28)

(95)(김성원 편역, 『혁명기의 여성들』, 한울림, 1985, pp.12~13)

(96) (같은 책 p.20)

(97) (같은 책 p.93)

(98) (같은 책 p.249)

(99) (루드비히 폰 미제스, 이지순 역, 『자유주의』, 한국경제연구원, 1990, p.20)

(100) (E. K Hunt, 정연주 역, 『자본주의 전개와 이데올로기』, 비봉출판사, 1986, p.55)

(101) (같은 책 p.27)

(102) (고철기, 『자본주의 종말』, 물병자리, 1998, p.88)

(103) (하일브르너, p.54)

(104) (김광현, p.90)

(105) (강광하, p.26)

(106)(하일브루너, p.43)

(108) (하일브루너, p.45),

(109) (하일브루너, p.39)

(110) (베벨, p.149)

(111) (고철기, p.22)

(112) (고철기, p.41)

(113) (고철기, pp.58~59)

(114) (하일브루너, p.121)

(115) (하일 브루너, pp.132)

(116) (하일브로너, p.133)

(117) (하일브로너, p.133)

(118) (하일브로너, p.141)

(119) (하일브로너, p.54)

(120) (강강화, p.98)

(121) (서진영, 『여성은 왜』, p.274)

(122) (N. 보위·R. 사이몬, 이인탁 역, 『사회정치철학』, 서광사, 1986, pp.32~33)

(123) (베벨, p.284)

(124) (사이몬, p.78)

(125) (같은 책 pp.81~82)

(126) (펄벅, 김진욱 역, 『젊은 여성을 위한 인생론』, 범우사, 1987, p.20~22)

(127) (같은 책 p.104)